张祥龙文集

第 1 卷

海德格尔思想与中国天道

商务印书馆
创于1897 The Commercial Press

总　序

这套《文集》有十六卷，绝大多数是我 1992 年留学回国后的著述，只有一篇阐释塔斯基真理定义（收于第 3 卷）的文章，上世纪八十年代就已发表。但是，如通常的情况那样，这些著作的源头要遥远得多，属于我们曾生活过的那个跌宕起伏的时代；被表达的思想本身也经历着某种变迁，这已经被某些评论者注意到；而这思想在未来的命运，则无法预测了。

诸卷的具体特点，很难被归总，但就其思想风格而言，可以有一个极简易的形容，即"思在边缘"。"边缘"意味着它有临空涉险的一面，逼得所思摆脱现成，甚至蹈虚而行；但也有坚实的一面，言之有据，从事实到逻辑，皆不敢杜撰。而且，边缘也指哲学的特性，不像常规科学那样有范式可依，有实验可证，又不像文学那样可随发奇想，动人于无理之中。哲学要讲理，但要讲到终极处，也就是边际处，那里的道理就会放光。贺麟先生曾几次对我说：真理不只是正确，而是能够感动人的光明[1]，为艰难乃至黑暗人生带来根本的希望。斯宾诺莎的生活和哲理，皆含此真理。我的哲学起点，就在

---

[1]　贺先生在这方面的想法，可参考他《我对哲学的态度》一文。见其《哲学与哲学史论文集》，商务印书馆 1990 年版，第 586 页。

这黑暗与光明的交接处。^①说到"思"，它对我而言不限于概念化的思维，尽管也一定要厘清它们，但关键处却要破开茧壳而成为可飞翔者，也就是可应机直觉者，可意会者，可凭"纯象"^②或时势而行者。

很粗略地讲，《文集》大致涵盖这么几个向度。（1）深度解读现象学。"深度"既指进入其文本深层、有自家领会特点（重原时间的晕流性及其被动发生性，重思想方式如海德格尔的"形式显示"，等等），也指具有东方的，首先是中国哲理的相涉意趣。现象学的重心于我似乎是海德格尔思想，这在上世纪九十年代及其后的一段时间中确是如此，但实际上（詹姆士引导的）胡塞尔，特别是他的发生现象学才是真正的源头。这许多年来，舍勒、列维纳斯等也越来越被我看重。（2）对西方和中国、印度哲理的诠释和比较。这"比较"并非是现成式的，就像拉两个人来比较其身高、性格、思想等，更不是以一方为标准来比量另一方，而是意在"发生"，也就是在应机的对比中产生出在任何一边都没有的新东西，如同升音与降音、元音与辅音……的对立结合中产生语词及其意义。所以，对比可以是有形的，如我的不少著作所做的，但也可以是细微的甚至无形的，间接地表现于对东西思路的叙述和翻译的特别方式中。（3）阐发儒家

---

①　参见本《文集》第 15 卷《摸索仁道——随笔集》第二部分。

②　"纯象"（reines Bild）由康德的《纯粹理性批判》提出。它由人的纯粹先天的想象力（的生产性的综合）所构成，又称为"图几"（Schema，图型）。纯粹先天的想象力是人最为原发的心灵能力（《纯粹理性批判》A118、A124），而纯象指一种前概念的、使得知性概念与感性直观的结合可能的纯综合，是"人类心灵深处隐藏着的一种技艺"（《纯粹理性批判》A141），首先指先验的原时间（《纯粹理性批判》A138、A142）。它暗示着一条非概念、非对象化的致思道路，为胡塞尔和海德格尔所重视。具体的解释可于此《文集》第 1、2 卷中讨论海德格尔的《康德书》的地方见到。它与王树人先生阐发的"象思维"也有呼应。

哲理及相关传统。它依据原始文本乃至历代注疏，但有独特的理解（如揭示"时"是理解儒家及先秦的关键，孔子音乐出神境界及其思想后果，董仲舒"拒秦兴汉"学说与语言的特别之处，般若中观与如来藏心学的结合效应，宋明理学和心学的源头、境界与缺憾，罗近溪赤子之心说的卓越，等等）。这理解既与现象学及另一些当代西哲流派的提示相关，又受到过其他思想乃至科学如量子力学、人类学、博弈论的激发，更有一些是说不清来源，就在人生经历的熬炼和与文本对话中产生的。说到底，我对儒家、道家、佛家哲理的领会和体认，许多是超语言的，在家庭、遭遇、技艺和自然中蓦然来临。

（4）自家思想的表达。与以上三者有内在关联，但更为重要的，如刚刚所言，是独自的涌现。每有心领神会处，都是人生的喜悦。要害在于，找到非对象、非概念（这于许多从事哲学的心智来说就等于不可捉摸的混沌）却更可直观领会和结构化表达的思与言的方式。斯宾诺莎哲学既是概念内涵化的，又是形式（含"象"）直观化的。从最初理解的斯宾诺莎那里，我攀行过两条路：先到康德、黑格尔，在克尔凯郭尔、叔本华那里转向，经詹姆士、柏格森引导，到达现象学，特别是其时间观和源构成观；另一条是从斯氏之"神与自然合一"之论（经维特根斯坦前期的"图象-逻辑形式"和"不可说者"）到庄子和老子，体会自然生态化的天道，再到儒家的核心——家与孝。它们的交汇点是阴阳道论。

阴阳首先不是平衡论，更不是两点论，而是原发生论；为了能生而又生，必须有"互补对生"结构。现象学时间的发生源即时晕，由滞留与前摄这互补对生的阴阳所构成（海德格尔思想转向时，曾

借重老庄的阴阳说）；而道家的"万物负阴而抱阳"，要到儒家讲的
"亲亲而仁"的代际时间晕流中，才获得了人际的原发道性，也才真
正进入了《易》象所示"几微"之"时中"。此阴阳化的时间晕流乃
意义、意识、存在的根源，是不离人生的活太极、真太极，由此而
思，才能看到至情（亲情、爱情、友情）中如何有至理，情势、冲气、
权能域、潜意识如何经由"纯象"或"时势"而再应机地"坍缩"为
各种"对象"，比如场、势、习俗、道德、利益、关系网、系统、个体、
自我意识、分子、原子，当追究到微粒子或原能波的地步时，对象性
又开始消隐，"二象""叠加"与"纠缠"无可避免。只有能看到意
识源头就是时晕之阴阳发生流，既不能被全归为脑神经网络，也不
能被形而上学化为笛卡尔式的"我思"，才能领会到人为什么可以
"官知止而神欲行"[①]，也就是在一切感性、知性的官能之前或之后，
还有"阴阳不测之谓神"的"入神"可能，即神秘体验的可能。正是
这种体验，往往成为历史的发端，无论是通过宗教家、诗人、艺术家、
手艺家，还是通过科学家和思想家。"神就是（阴阳大化之能动）自
然"，绝非虚言。

　　如果这个思想的确站在了"边缘"上，那么它不会不以自己的
方式眺望和关心未来，既有中国哲学、中华文明的未来，也有儒家
的未来和人类的未来。我在北大哲学系毕业后，一心想搞自然保
护，除了受庄子影响外，也确有追求思想内在的生命和朝向未来的
隐义。老庄，于我不止于隐士的境界，而隐晦的海德格尔，则启动
了我对技术化未来的深思。留学第一门课的教材中有《瓦尔登湖》，

---

　　① 《庄子·养生主》。

让我从此倾心于梭罗这位自然的情圣。而自身的"亲亲"（家人之间的相互亲爱）经历，为我打开了儒家之门。对于我，哲学从来都活在人生本身的内在缝隙乃至断层之中，如茫茫黑夜中一支摇曳的火把和宁静深处的背景音乐，又如危难时的一线生机和想象另类将来的出奇能力。如果你在此《文集》中找到了这样的思想，无论是古老儒家的新生命，东方与西方乃至人与自然交融共生的可能，还是助人破开各种形式的"热寂"或"黑暗森林"的契机，那就正是这套书所要追求的。因为，我们的儿女、孙儿女乃至父母和祖先，都可能通过它们而与我们相遇和重逢。

由于《文集》中少量卷册当年形成时的情势所迫，以致与其他卷册的内容有部分重合。这次勉力删除重复的部分，个别卷做了重新组合①，但考虑到读者可能仅选读某单册，而缺失那些内容则意思不完整，所以依然有未尽处，如第 2 卷与第 1 卷内容的部分重合。尽管最早出版这两卷时就做过有关的声明并表达歉意，这里还是要向读者再次致歉！

感谢商务印书馆诸位编辑认真负责的合力工作！特别是陈小文总编和卢明静编辑，前者策划而后者具体实施，使此《文集》得以面世。

张祥龙

辛丑（2021 年）兰月谨撰

---

①　第 12 卷（《儒家现象学研究（卷二）——儒家再临的蕴意与道路》）在删除了与其他卷的重复部分后，加入《〈尚书·尧典〉解说：以时、孝为源的正治》（生活·读书·新知三联书店 2015 年版）一书的主体部分。

修订第 3 版说明

　　这次修订，除修正文中一些不妥之处外，主要是在书末的《附录一》中加了一个材料，即"海德格尔论'道'"第 6 条——"海德格尔致齐格弗里特·布略泽先生七十诞辰贺信（1965 年 8 月 8 日）"。在此信中，海德格尔两次引用《道德经》，用来阐发艺术与现代技术的"冲突"关系。

辛卯年季春

修订新版序 *

　　此书于 1996 年 9 月由北京三联书店首次出版，到 2007 年 8 月又将它的精装修订本付梓，增加了"附录"中的一个材料。这一次中国人民大学出版社要推出它的平装本修订新版，我以三联书店的精装本为基础，修正了此书在打印和表述上的一些不妥之处，涉及标点和一些用语，以达到更为通畅的阅读感。至于意思上的某些补充或调整，绝大部分放到了新加的注释（标以"新版注"）里，为的是尽量保持此书原来的面貌。尽管十几年过去了，我对海德格尔和中国古代哲理的了解也有推进，但当我这次又仔细审读此书时，还是感到它的基本研究特点，更准确地说是它的研究取向——注重海德格尔哲学形成的思想史脉络（比如他在 20 世纪 20 年代初表述的"实际生活经验"本身的"形式指引"的方法论，他与胡塞尔现象学、希腊哲学、康德哲学的关系）；揭示他独特的思想与表达方式，而不止于撮述其著作的概念与命题；在跨文化的视域中突显他和中国古代哲理的特征，而不限于在西方哲学的视野中来评述他；乃至在进行这种跨度很大的对比时，所依据事

---

　　* 本序为中国人民大学出版社 2010 年版序。

实的准确性和所涉及的思想品质的相关性；等等——仍然是我认同的。

此修订新版还新加了人名索引和词汇索引，以方便读者的检索查寻。

当年通过丝绸之路，"西方"的文化，比如印度、波斯、古罗马、西域的文化，随着驼铃声或乘着风帆进入中华。各种外来哲理与宗教，不论是印度教、拜火教、明教、佛教、耆那教，还是犹太教、基督教和后来的伊斯兰教，都曾在这里试过它们的运气。但是，就哲理而言，能够在华夏文化中扎下根，繁衍出新的品种，以其思想改变了中华哲理乃至远东哲理的面貌者，非佛家莫属。说得更准确些，是佛家中的大乘般若尤其是广义的中观派（含如来藏之心识说），让中华哲人以既到位（不再限于格义和比附）又回漾激荡的方式得窥一个新鲜的思想世界，由此而引发出自己的诸佛学宗派乃至后来的宋明道学。到今天，现代中华与呼啸而来的欧美西方打交道，已经超过一个半世纪，但从哲理上看，不是东风压倒西风（比如"中学为体，西学为用"的时代），就是西风压倒东风（自新文化运动以来的状况），一直没有找到能引出深层沟通的触点。在我看来，当代西方的现象学，特别是其中的海德格尔哲学，最有可能成为我们这个时代的般若中观。胡塞尔的现象学可比拟于唯识宗；海德格尔则更近乎龙树中观、《楞伽》、《金刚》到《起信论》，尽管从事实上看，他对于老庄道家更感兴趣（如果龙树能够读到中华经典，他多半也会最属意于庄子）；至于后来法国现象学的诸家，如萨特、梅洛－庞蒂、利科、勒维纳斯、德里达等，则或可粗粗比做小乘诸派，或可比做密宗。

　　无论如何，中国人都应该更深入原本地研究和了解西方及一切于己不同的文明，以便能够充满灵感地来解释它们，并由此而开创出当代的华严、天台和禅宗。那能够赢得未来的"中国道路"，不能仅靠拼凑或就近认定来获得，因为它不仅仅是"在中国的道路"，而是充满了领会契机并能为中国乃至世界带来新的可能性的道。就像海德格尔所说的："'道路'（Weg）很可能是一个语言中古老和原初的词，它向深思着的人发话。在老子的诗化的思想之中，主导的词在原文里是'道'（Tao）。它的'真正切身的'含义就是'道路'。……此道（Tao）能够是那为一切开出道路之道路。"（见本书附录一·2）希望读者能在海德格尔的论著以及像这本书这样的传解中，感受到这样的道路，尤其是，感受到它息息相关于中国命运的道性。

己丑正月祥龙写于畅春园望山斋

目　　录

第二部分　印度与中国古代思想

引　言

　　这本书讨论海德格尔思想与中国古代天道观的关系，并通过这种讨论去揭示一条领会终极问题的古老而又新鲜的思路。作者深刻地意识到这项工作的艰难乃至危险，因为它涉及两种极为不同的思想传统及其关系，其间的跨度之大、旋涡之多，足以使任何现成的对比方法失效，使得绝大多数的对话企图流于肤浅的"格义"功夫。"然而"，就如海德格尔所引荷尔德林的诗句所说，"危险所在之处，也生成着解救"①。这种中西思想对话的困难迫使我们放弃一切概念型的和现成式的比较研究，而寻求一种更根本的、具有语境和史境构成力的探讨方式；这恰恰与海德格尔及中国天道观的基本思路相通，也是任何关于终极问题的对话之所以能有意义的关键所在。

　　因此，这本书中对于海德格尔、中国天道观（儒、道、兵、法等）及其关系的讨论中都有这样一个境域构成的张力背景。没有这种被现象学者称之为边缘域或构成视野（Horizont）的领会晕圈，关于人文现象的比较研究就会或牵强或不及，而达不到相摩相荡、

---

　　① 马丁·海德格尔（Martin Heidegger）：《演讲与论文集》（*Vortraege und Aufsaetze*）（Pfullingen：G. Neske，1978），第32页。

氤氲化醇、"其言曲而中"[①]的对话境界。当两个异邦人走到一起，他们之间的接触样式可以是各种各样的，比如是物品与信息交流式的、契约式的、一方命令或规定另一方的等等。但这些接触方式都还不是**对话**式的，也就是说，接触双方还没有进入一个由当场发生的语境、情境本身所构成的心领神会之中；而这种领会或"投缘"在我们日常生活中经常出现，究其实也正是一切人类生活的根源所在。这种对话境界的出现与否及如何出现往往决定着一个人、一种思想、一个文化的命运与走向。本书的一个中心论点就是：在海德格尔思想和中国天道观之间有着或不如说是可以引发出这种意义上的对话势态，而它在其他的西方哲学学说与中国天道思想之间是难以出现的。这并非是要否认天道思想与作为一个整体的西方哲学的交流的可能，而只是在强调：西方哲学在海德格尔这里发生了某种在中国思想看来是点石成金般的转化，使得中国人可以在这"一点"澄明的发生态中"心有灵犀"地通达西方思想；反之亦然。正是由于海德格尔的解释学存在论的工作，西方哲学对于我们来讲可以不再是隔膜的或概念规定式的，而成为一个有趣的谈伴。历史上，中国人也曾经面对过各种"西方（印度、波斯、古罗马等）"学说的涌入，也曾经在某种投缘的思想（比如般若经，特别是龙树的中观学说）那里遇到了这极为难得的对话情境或缘分，并终于由这情境的摩荡而生出了思想的新种。

然而，进入这样的对话境界并不是一件可以现成办到的事，将海德格尔与中国天道观条分缕析地并置在一起并不等于找到了

---

① 《易·易传·系辞下》。

它们的对话契机。实际上，迄今为止对于海德格尔（特别是其早期思想）和中国天道观的单纯概念式的理解一直在阻碍着真实对话的形成。因此，以下首先要做的就是像现象学的座右铭所说的那样，"到（海德格尔和中国天道观的）实情本身中去"，还它们一个"本来面目"①。这就意味着，去揭示使得它们成为自身的语境、史境和思想视野。这绝不止于一种散漫的"背景分析"，而就是思想和理解的构成。这就要求，一方面，我们不能只限于分析海德格尔著作中的概念或语词含义，还应该将这种分析与相应的哲学史的、神学解释学的、诗的、他本人的思想演变过程的及其写作风格的分析结合起来，给出一个能让他的独特的思想方式充分显现的场景。另一方面，必须**消解**掉 20 世纪以来流行的、而且现在还在流行的治中国"哲学"的概念形而上学方法。这种以西方传统哲学方法为准则来规范中国古代天道观的做法就如同以西医为科学典范来整理中医一样，不仅足以窒息中国思想的本来活力，而且会使任何真实意义上的对话都无法实现。然而，有人可能会问："你难道可以脱离任何今天的哲学观去像古人一样地理解天道吗？"对于这种隐含着"理解原义悖论"的问题，只能这样回答：我无法脱离开今天的思想视野去直接理解古代天道，正如我不能直接读出我的谈伴的心理过程，但我却可以不完全受制于任何**现成的**（vorhanden）的概念哲学立场，去与古代文献发生那只在活生生的阅读体验中**构成的**（konstituierend）理解关联，从而获得一种朝向古代思想世界的视野或视域（Horizont）。这种在语言经历中被

---

① 《坛经》（宗宝本），般若第二。

投射出的构成视域不同于任何一种现成的解释立场；它既不是纯客观的（如果"客观"意味着对象实在的话），也不是纯主观的，而是能引发（ereignen）出那不可事先测度而又合乎某种更本源的尺度的纯领会势态，可用老子"虚而不屈，动而愈出"[①]一语形容之。这种先于概念化的纯势态中蕴蓄着更深广的理性可能和交流的可能。当然，上面讲的这种"消解"或老子讲的"损"可以表现在各个层次。首先是要消解掉西方传统哲学的范畴束缚，不让"主体""实体""形式""本质"等等有二元化宿根的概念事先就主宰我们对孔子、老庄的理解思路，也不允许那种将他们的思想拆卸为"本体论""认识论""伦理学""社会政治哲学"等等几大块就算了事的做法。其次是要消解掉（但不等于硬性地排斥掉）后人对于孔、思（子思）、老、庄等学说的"形而上"解释，比如宋明儒学的和魏晋玄学的解释，而只以对原始文献的读解为根据。

　　为了使我们的读解成为有解释学势态的自然引发，而不干瘪化为寻章摘句和拼凑杜撰，一个更广阔、更有孕育力的思想视野是必要的。为此，不仅对于海德格尔和中国天道观的理解要被牵引到各自的来龙去脉之中，而且，更要超出欧洲哲学和中国古代思想的范围，在古印度的重要学说中找到位于中西之间的第三者或参照者，使得整个对比研究获得新的一维。比如，通过考察印度佛学与正统的奥义书传统的区别，以及这种佛学为什么能以某种特殊的形式（大乘中观）在古代中国的天道思想土壤中生根开花，可以更有对比势态地、也更少任意性地提示出中国天道观的

---

　　① 《老子》第五章。

特性，并同时暴露出西方形而上学与这种天道思想之间的距离。总之，涉及面似乎很宽，但都是为了汇集到一处，去形成领会全书主题——海德格尔思想与中国天道的关系——的最生动清晰的视野。一个人同时看两张有所叠加的航片，可以在直视和余光的交融中形成和维持一个活生生的立体图像的境域。读者能否感受到此书各个部分之间的张力，从中看出只靠平板的概念分析和事实铺摆所无法传达的"被凭空维持者"，是衡量本书成功与否的一个重要标志。当然，下面的讨论会涉及许多事实和概念，特别是有关文字和思想的事实；但这种涉及和剖析的主旨不是要去建立任何解释框架，而只是为了在消解现成的理论束缚之后，构成那能够得机得势地理解中西思想关系的本源视野。处于某个框架特别是哲学体系框架之中的心灵就像走迷宫的老鼠，总已经被拘束在了某种二值体系的安排之中，被逼迫着去最大限度地发挥它的聪明才智，以解决一个又一个难题。它甚至早已忘记，它的原初的、天然的视野已经被剥夺掉了。而在那个活生生的、"虚极而作"的视野中，也就是在那个被各种边缘窥测所投射出并维持住的明了全局的原发视域中，它的整个生存策略、选择方式和种种后果都可以是非常不同的。"是以圣人不由，而照之于天。"① 自由理性的可贵也就在于此。本书的写作和解释方式的目的也就在于：使人尽可能彻底地脱开现成框定，引发出原初视野。读者将会发现，在这种解释下，海德格尔的思想和中国天道观时常显露出与一般的说法不同的面目。

---

① 《庄子·齐物论》。

以下所阐述的就是本书的一些基本思路和所达到的结论。海德格尔思想在形成期受到过胡塞尔现象学，特别是其中"构成边缘域"和"范畴直观"思路的关键启发，找到了一条能够不受制于传统的二元化——比如现象与本质、意识与对象、思想与存在、主体与客体、反思与被反思的二元化——格局的治学思路。不过，由于他精神探求背景（神学解释学、亚里士多德哲学、中世纪神秘主义、拉斯克的学说等等）所造成的巨大和独特的思想势态，他几乎从一开始就对"现象学"有比胡塞尔更到底的或"解释学存在论"的看法。对于海德格尔，"人的实际生活体验"是比直观意向性更原初的思想起点。这种更深透的现象学观使他总能走出一条不落传统窠臼的更本源的第三条道路，通过一个新的视野重新看待和解释几乎全部西方哲学史，首先是古希腊前柏拉图的和亚里士多德的哲学。当涉及这些古希腊人讲的"存在"问题时，他理所当然地认为存在的原义只有在人的原初体验视野中才能被活生生地领会。然而，他发现近代西方哲学专注的主体观恰恰剥夺了或遮蔽了这视野，使得人与世界相互缘发构成的存在论关系被平板化、逻辑化为主体自我与客体对象之间的认识论关系，以至于"存在"变成了一个无家可归的、最空洞的概念。另一方面，他也没有丢弃这样一个近代哲学的见地，即要离开人的视野去直接地或逻辑地理解实在的企图只会产生"其中没有一件事不是可疑的"（笛卡尔语）形而上学。所以，他要以"Dasein"或"缘在"消解掉主体的中心地位，并以这缘在作为人的本源体验视域在存在论讨论中的代名词。这样，以缘在为出发点的探讨被视为"基础存在论"。由于这样一个关键和微妙的转变，整个思想探求就进入了存在论意义上的构成状态或本源的居间状态；每一种缘在生存方式的揭示就绝不仅仅意味着"主体的"或"人类学的"工作，而是从根本上与"世界"相互牵挂（Sorge），并因此而具有开启终极视野的纯思想含义。由此而展开的一波又一波关于缘在的生存方式及其时间视域本性的既切近又空灵的讨论，就产生了 20 世纪最有影响力的一部哲学或不如说是后哲学的著作：《存在与时间》（1927 年）。

这样看来，海德格尔的思想并不像一些评论家所说的那样，与前人的思想特别是胡塞尔的现象学和康德的批判哲学没有根本的正面关联；相反，不深透地明了这种关联，要严格地或具有原初视野地而不是随心所欲地理解海德格尔是不可能的。他与这些前人的主要不同之处在于，他对于哲学问题的解决有着极彻底和敏感的终极要求，绝不安于任何一种还依据现成的理论格局的解决方案。其结果就是，传统的二元化框架在他那里被更完全地消融掉了。比如，胡塞尔的"意向性的构成"、康德的"纯粹知性概念的演绎"、亚里士多德的"时间定义"等等学说，对于他来讲都应该引导到比这些思想家所达到的要更深透无碍的境界。而当他进行这种彻底化或存在论化的工作，即将问题推究到无可再退的终极处时，一切现成的二元区分，就都失去了逻辑的效力，而出现了两方相互引发和相互成就的构成局面。他在 20 年代初视这样的局面为"实际生活经验"本身的"形式显示"，在《存在与时间》中称之为"解释学的局面"，在后期则称之为"缘构引发态（Ereignis）"。这是一种脱开现成理论框架，达到存在的开启真理（a-lētheia）的终极揭示状态，也正是上面讲到这本书的表达方式时所强调的"具有原初体验视域"的状态。存在与思想就在这种缘构视域或境域（Gegend）中一气相通。由此可见，以上关于本书写作和解释方式的考虑与这本书所讨论的对象之一即海德格尔的基本思想方式是内在相合的。讲得更确切一些，海德格尔的思想方式是一种总是追究到问题的终极处，从而暴露出纯构成的缘发境域或理解视域的方式或道路（Weg）。他在晚年一再强调他所写的一切只是"道路，而非著作"[①]的用心也就在此。有了这样一个见识，就会看出海德格尔早晚期的论题和表达风格尽管有重大不同，但确如他自己所坚持的，这种不同并不是基本立场和治学的根本方式的改变。不少海德格尔的评论家则看不到这样一条非现成的思路如何贯通了他的作品，而只看到其前后期"观点"的区别。当然，以下第7和第8两章也将讨论那迫使他放弃《存在与时间》整体写作计划的原因，即他的时间化分析的失偏所导致的原发构成视域的消隐；并将分析他的"转向"方式和转向后的表述特点。简言之，这转向实际上是以新的表达方式回到《存在与时间》前一大半和海德格尔更早时已有的解释学化的现象学的构思方式中，而不是根本立场的放弃。在这个问题上，1989年出版的海德格尔的《哲学论文集（从"自身的缘构发生"起头）》（写于30年代后期）占有一个相当重要的地位。

后期海德格尔思想的一个重要特点就是"语言"在很大程度上顶替了"时间"的地位而成为人的原初体验视域的引发几微

---

① 克兹尔（T. Kisiel）:《海德格尔〈存在与时间〉的起源》(*The Genesis of Heidegger's Being and Time*)（Berkeley：University of California Press，1993），第3页。

（technē）。这种顶替或转换切合于海德格尔思想方式的内在要求，并带来了一系列存在论解释学的后果，并反映在他对于诗、艺术、技术、历史、神、自然和人类前途的种种独到看法中。迄今为止，西方思想家中还没有其他人能够自觉地达到这样一个思维的原发境域。

当我们转向古代东方思想家们的世界，首先感受到的就是一种敏锐的"终极识度"。按照它，终极实在和真理绝不会成为任何意义上的现成对象，不论是知觉的对象还是名相概念把握的对象。终极并不像概念哲学家们讲的那样是最终不变的实体，而意味着发生的本源。本源是无论如何不会被现成化为认知对象的，而只能在直接的体验中被当场纯构成地揭示出来。以柏拉图为正式开端的西方传统哲学就缺少这个识度，总是将终极实在当做最高级的理念对象，相信通过概念的抽象和辩证发展就可以有效地把握或接近它。因此，这种哲学观以数学为知识的形式典范，以逻辑为理性的标志。如果这种方法被证明达不到终极实在，那么对于这些哲学家们——不论他是唯理论者还是经验论者——来说，就没有终极真理或只能有相对化的、实用化的真理可言了。东方的求智慧者则恰恰相反，认为概念化、观念化和表象化只能使我们从根本上被桎梏在"无明"的狭小境地之中，丧失掉体验终极实在的原发视野。只有在前概念或非概念-表象的直接体验中，终极实在和真理才有可能得到领悟。然而，对于这"直接体验"的方式，操拼音文字的古印度人与使用表意文字的中国古人有不同的理解。印度人更倾向于有某种特殊形式和程序、使人能深入地反观自身的内在状态的体验方式，而中国人则对于那个原发视域的时机化和势态化的本性更敏感。因此，在古印度，以不同的名称和形式出现的瑜伽功夫被几乎所有流派视为直接体验真际的不二法门。而在古代中国，就没有某一种修行功夫的独尊地位，虽然那里对于知行合一的强调绝不逊于印度。

尽管瑜伽可能并非由雅利安人带入印度，从《奥义书》时代（西元前 9 世纪至西元前 6 世纪）开始，古印度的智慧已经与瑜伽修行不可分了。对于那些《奥义书》的作者来说，终极的实在——梵（Brahman）——不可能是任何一种存在者，不管它是外在的还是思想心灵中的。所以，要赋予梵以真实的含义，就只能通过"我"的原初体验。但这我是大写的"真我"或"阿特曼（Ātman）"，而不是观念的我或主体。要达到这大我，任何向外的观察和向内的观念反思都不行，只有通过能中止一切观念之流（幻象）的瑜伽实践，去打开一个超凡脱俗的不依据对象的纯意识境界。在这个阿特曼的大我境域中，一切由观念名相招致的二元区分都消失了，我与梵的原本同一性被真确不疑地体证和认定。然而，我们仍可以在这种体证中隐约地感受到一种新的二元区分，即一个由瑜伽修行功夫达到的更高级的超越世界和一个由日常经验和名相经验维持的世俗世界的区分。与之相应，一个求高级的梵我真理的人生与世俗的人生也在颇大程度上有根本的区别。对于一个修行者来说，这种区分似乎绝对必要，不然的话，一生的苦修还有什么意义？这一点在西方宗教和传统哲学中表现得更僵硬：因信而入天堂与因不信而入地狱、逻辑及符合事实之真与反逻辑及不符合事实之假是水火不同炉的。然而，在强调前观念的原初体验的不二实在性的印度思想中，这种高低真俗之分，尽管并不像西方的救与罚、真与假的区分那么干硬，就潜在地是个问题。这个问题到了佛教就变得更尖锐了。

释迦牟尼创立的佛教主张缘起无我的而不是梵我为一的实在观，它的学说根底更清楚地是非二元的、非等级的和不离世间的。但是，就是释迦本人也有离家修行、坐行瑜伽而入三昧的经历。而且，原始佛家、小乘及相当一部分大乘流派都强调瑜伽禅定这种发慧功夫的至关重要，可见一个文化的经典形态能够何等深入地影响哪怕是反叛它的学说的思想方式。不过，这种由"定"入"慧"的讲法和做法说到底与缘起性空的佛家实在观是不相合的。另一方面，将缘起解释为因果和积聚，从而将涅槃解释为脱离开缘起世界的做法也增加了瑜伽禅定的重要性。但是，问题在于，在这样的解释下，佛教与承袭了奥义书传统的婆罗门教及后来的印度教还有什么根本区别呢？龙树（大约活动于西元 3 世纪）是释迦牟尼之后最敏锐的印度思想家。他清楚地看出这种种现成化了的解释和实践与佛家最根本的缘起思想是不相容的。在垂范千古的《中论》里，他巧妙地以逻辑制逻辑、以观念破观念，消解掉了他面对的所有现成解释框架，从理论上为缘起中道说打开了一个它本应拥有的"空"（Sūnya）间。他达到的"真俗不二""涅槃即世间"的结论不仅对于印度人来讲是难于理解的，就是中国的许多注释家包括晚近的一些注释者的解释也都是夹生而不通透的。不过，也正是这部《中论》（以及《大乘起信论》中如来藏的心识说）所表达的中道观最强地吸引了南北朝以来中国佛教思想者们的兴趣，引发出了三论、天台、华严和禅宗。惠能和禅宗大师们所达到的正是印度传来的大乘中观识度与中国古代天道观有机交合而生发出的一个纯缘起的大境界。这种缘起中观见地在印度的消退，从思想角度上说，最终导致了那里的佛教向印度教的回归和消亡。

在古代中国，与印度的情况不同，人的终极体验被认为是与"人生世间"这个最原本天然的视野分不开的。孔子最重视"学"。它的最终含义既非去学习关于现成存在者的知识，也不是脱离了人生日常经验和语言经验的冥会功夫，而是一种学"艺"，比如"六艺"；也就是涵泳于当场启发人的"时中"技艺（礼、乐、诗、书、射、御、数等）之中，从而使人在无形中脱开那或"过"或"不及"的、缺少原初视域滋润的思维方式，最终进入"从心所欲，不逾矩"[①]的缘发中和的至诚仁境之中。"仁"绝不只是一个道德原则，而是一个总能走出自我封闭的圈套而获得交构视域的"存在论解释学"的发生境界，与诗境、乐境大有干系。正如孟轲所言，"孔子，圣之时者也"[②]。

老庄对于儒家批评的深意在于：礼乐教化、仁义德行在许多儒者那里又蜕变成了遮蔽人的原初生存视野的、制度化了和伦理化了的框架。真正的配天之德只在那朴真自然、与天地一气相通的道境，也就是人的天然视域之中。这原本的"大道"或（用海德格尔的表达方式来说）"道本身"在一切人为规定的"……之道"之先，比一切是非观念更明白，比一切客观之物更原本。究其实，在（力求）不离人的原发视野这一点上，老庄的道论与

---

① 《论语·为政》。

② 《孟子·万章下》。

孔子和子思的仁、诚学说中所蕴涵的"时中"洞察有着根本的相通之处。只是，老子较少关注以"文"入境的路子，而更看重生存与领会的最佳**势态**的获得。对于他，道境或原初视域并不存在于名利横行、礼繁文昌的"高明"之处，倒是更充分地显露在或被保留在遭人漠视的边缘、暗淡和低下之处，也就是他所说的"虚""无""气""柔""夷""希""辱""下""闷闷""婴孩""水""寂""无为""小""寡"等等；因为在那里社会和文化体制的强制机制最少运作，人生领会的视域和世界的境域还混蒙相融，还在一片穷厄愚朴、冲虚荒蛮中饱含着原发的势态，并且就依此"用之或不盈"的天然势态而"周行不殆"。所以，求道不是求那让人"入彀"的观念知识，更不是礼仪制度和财富强力，而是设法巧妙地摆脱或"损"去它们的强制，让那"无为而无不为"的境域势态周行于我们的人生和思想。"反者，道之动。"① 韩非受到老子影响，深知任何现成的权力，不论从形式上多么至高无上，都是不可靠的、盲目的、可被他人利用的，因而并非真正终极性的。只有任势而行的权力才具有不被遮蔽的原发视野，能洞烛幽微，制人而不制于人。然而，老子用的是天势，韩非子所寻的只是那使君权活起来的术势。《孙子兵法》则将天势和术势的思路引入了对于军争、"用间"这样对抗局面的考虑之中，使之表现得更加神妙诡异。

庄子完全接受老子的饱含天然势态的道论和处世策略，并特别用"风""息""气""水"等等无形大象来彰显人的原本体验视

---

① 《老子》第四十章。

域和境域的纯构成功能。风积气厚，则巨鹏之翼可举，逍遥南徙
六月而不疲；离开江湖渊泉之境，则不论群鱼如何嘘湿濡沫，终
不免处于褊狭短命之地。人生的智慧或道术就在于总能以"无
用""支离""坐忘"等方式避开那致人于死地的框架"机辟"，而
逍遥于不受制于任何现成规定的"无何有之乡，广莫之野"的原
发构成境域之中。这也就是老庄心目中的使道之所以为道的"自
然"的真义。自然并不像西方概念思路所想的那样是一切现成存
在物的集合，它恰恰是最不现成的原发生。与老子相比，庄子更
多地探讨了如何进入这种得机得势的天然境域的方式。老子讲的
"反"，如果不更深透地理解为一切现成形态的反面，而是像许多
后来人所理解的只是以"有"为代表的一组存在形态的反面，它
包含的智慧就会被平板化为一种以"无"为本的新形而上学；而
这正是老子深恶痛绝的。庄子在某种意义上是道家中的龙树，对
于那令人生和思想干涸的总根——受制于某种现成化了的、二元
化了的格局——有着更清楚的意识。他的"齐物论"是中国先秦
文献中的"《中论》"，批评了一切现成化特别是概念现成化的思
想形态。"有"不足恃，"无"亦不可据；关键是消解掉一切二元
分叉的总根，化入"无适"而"用通"的枢机之中，得天然切身
的智慧光明。所以，这种纯境域发生的"明"绝不会被固定于某
一种认知形态里，达到它的途径也是随机而发的。只要有助于摆
脱是非框架，有助于人进入或重入人生的原发体验视域，就都是
使"神降""明出"[1] 的道术。因此，不仅道理上的剥离复明是得道

---

[1] 《庄子·天下》。

的方式，生活中的劳作（其中前反思的"作"与反思还未分裂）也可以在志于道者的手中成为开启道境的技艺几微。语言活动，如果是消尽了表达与被表达的二元化的"大言""寓言""卮言"的话，也是人"应于化而解于物""独与天地精神往来"的体道之术。

"道"在西周时已有了"言道"之意。老庄讲的"道"不仅与这种大言之道不冲突，而且，在《庄子》中，这个道言维度还获得了相当清楚的表达。自王弼以来，"道本无言"的说法流行。这一现象可归结为两个原因：一是看不到语言的非观念表达的道性；二是将道归于一个形而上学的"无"，剥夺了使它活灵活现的语境，使得"言道"成了一个"言其不可言者"的死圈。只是到了禅宗大师的口中，依语境时机而发之"道！"才突破了这类干巴巴的言道死结，开出了一个挥洒自如的言道新天地，从而更明白地证明，语言确实可以是（如果不必然是的话）接引大智慧的法门。

经过这样两方面的解释复明的工作，可以看出海德格尔思想与中国天道观之间确有一个极重要的相通之处，即双方最基本的思想方式都是一种源于（或缘于）人生的原初体验视野的、纯境域构成的思维方式。[①] 这种方式就是海德格尔后期常讲的那条不断地为自身开出新路的"道路"（Weg），也正是他理解老子的"诗思之道""湍急之道"的方式。在世界思想史上，这种不离人生世间而又能构成尽性尽命、诗意盎然的澄明境域的思想方式是极为

---

　① 本书中"视野""视域""境域""境界""缘境""境"是一组同义词。只是，有"视"的词突出人的纯体验的一面；而有"境"的词则更多地意味着这体验的源泉和归宿。不过，很明白，这"视"和"境"水乳交融、相互做成。没有哪个视野中能无境，也没有哪个境界不在视野的构成之中。

罕见的。各类"主义"不是过就是不及、不是唯理论就是相对论、不是实体主义就是虚无主义、不是形而上就是形而下，但都无法开启和维持住一个居间的原发境域。海德格尔领受了胡塞尔现象学的构成势态，却不受制于它的主客构架；破其门而出，却不散漫于心理的、人类学的、过程的、实用的、结构的等等新的现成形态之中，而能在至极处投射出并保持住那充满了可领会契机的原发（Er-eignis）境域，不能不说是西方思想界中一项难能可贵的天才成就。海德格尔之后的思想家们至今为止也还都未能如此饱满地达到这个境域。可见，立学说和破学说易，在立破之间的成境难，而在终极处的成境则是难之又难。正如孔子慨叹的："中庸其至矣乎！民鲜久矣！""天下国家可均也，爵禄可辞也，白刃可蹈也，中庸不可能也。"[①]

然而，中国人最欣赏的学说和艺术都是能成境者，也就是能让我们进入原发的体验视野中者。儒、道、兵、禅的成功在于此，墨、荀、杨的失败也在于此。只有终极境界或终极视野的开启能让中国人最深切地领会其好处和妙处，不然的话就总如隔靴搔痒而不能尽兴。在中国智慧看来，至诚之境、得道之境和透悟之境既不是一种"什么"，也不只是一种"怎么"；既不是主观的，也不只是客观的；既不只是有，也不只是无；当然，也绝不是一种夹生不化的中道；而只能是有无相生、主客相融、虚实不二而成就于人生体验中的动人境界。它有神性，但不是人格神；它有诗意，但不只是心理感应；它富于智巧，但又不只是机巧。这活境

---

① 《中庸》第三和第九章。

或原初视野不能被把捉为任何形而上或形而下者，却又不神秘，而是最明白地和可亲可近地时机化在人生的体验之中，并使这体验如鱼得水。所以，要能长久地保持在这种境域的最饱满形态中，也就是"得仁""得道""得悟"，就不能只靠某一种修行方式，特别是那离开了天然生存体验的方式，而必须能在最不拘形迹的人生活动中际遇这至境，开示这至境，乘其势而为于无为；不然的话，天势就会因无法周行而流失于一隅，境域就会退潮而去，人生就被胶置于捉襟见肘、非此即彼的体制格局中了。环顾世界思想，这样充满了构成势态的终极洞察只在中国文化中占了主流。而海德格尔作为一个活跃于 20 世纪的德国人，在东方的各种学说中，独对这样一种天道观发生了最浓厚的兴趣，不能不说是思想上的这段因缘使之然。本书在最后的一部分中讨论了海德格尔与中国天道在思想方式、终极实在观以及如何认知实在等等问题上的可相通之处。

　　然而，我们也必须清楚地看到海德格尔与中国天道观之间的许多重大区别。一个最看重源头、视域和境域的学说不可能与它所处的文化、时代没有内在的构成关系。西方的哲学、神学、文学，乃至海德格尔生长于其间的德国南部的精神气氛都是他的"存在"观的土壤。所以，我们可以发现，海德格尔在看待人在世界中的地位、神的含义、语言的地位、人生真正切身的（eigentlich）体验类型，特别是人成为一个"真人"的可能性等等问题上与中国儒、道之间有着这样那样的不可忽视的不同，更不用说他使用语言的方式和讨论的具体问题，比如"存在"问题，都只有在西方文化传统中才可能出现。涉及具体的论点，他有时离儒家更远一些，有时又离道家更远一些。但是，总的说来，由于他的根本思想方式的转换及其与中国天道思维方式的接近，这些差别中的绝大多数并没有成为"硬性的"或足以阻碍有效交流的鸿沟；反倒成了引发新鲜对话的解释学的"距离"。最后两章就分析了这类柔性差别的性质和解释学意义。

第一部分

海德格尔思想

第 1 章　海德格尔其人及其道缘

一、海德格尔的人生道路

一位研究海德格尔的学者认为：海德格尔"从许多方面看来是'一个没有传记或个人经历的人'"[①]。这种讲法不仅不确切，还会在读者中造成误解。它给人的印象是：海德格尔是个纯学院式的人物，了解他的个人经历特别是那些校园之外的个人经历无助于理解他的思想。因此，关于这个人，唯一值得写的是他的"哲学传记"。这种印象之所以误导人，不仅仅因为海德格尔一生中也出现过对于西方思想家来说是不寻常的事件，比如当弗莱堡大学校长并参加纳粹党，战后被勒令停止教学，与萧师毅合作翻译老子的《道德经》等等；而且，更重要的是，他的人生中有一个超出了一般意义上的学术活动的维度。这是一个在教堂的"钟声"里、田野道路上、托特瑙（Todtnau）山间小屋中所经历的独特深

---

① 托马斯·席汉（Thomas Sheehan）：《海德格尔的早年：片断的哲学传记》（Heidegger's Early Years：Fragments for a Philosophical Biography），载席汉主编《作为一个人和一位思想者的海德格尔》（*Heidegger: The Man and the Thinker*）（Chicago：Precedent Publication，1981），第 3 页。席汉在这里引用的是 P. Huehnerfeld 关于海德格尔的一句话。

远的人生境界。这种境界与他所写的学术著作之间有着水与鱼那样的关系；了解它会有助于理解贯穿于这些著作中的基本思想方式，甚至体会到水中的"鱼之乐"。[①]

马丁·海德格尔 1889 年 9 月 26 日生于德国巴登州的梅斯基尔希（Messkirch）镇。巴登州位于德国西南角，与瑞士和法国毗邻，著名的黑森林山脉就在这里。海德格尔是家中长子，父亲弗里德里希·海德格尔（1851—1924）是梅斯基尔希镇中圣马丁天主教堂的司事（Mesner）。这是一种管理教堂杂务的低级神职工作，负责敲钟、看守教堂、挖掘墓地、辅助神父做弥撒等事务。除此之外，他还要做木工，以维持生计。海德格尔的母亲约翰娜·肯普福·海德格尔（1858—1927）也是一名天主教徒。海德格尔有一个兄弟，名为弗里茨·海德格尔。从各种迹象看，这是一个虔诚的、简朴的家庭，它的生活中心就是圣马丁教堂。这座教堂不仅可能是海德格尔名字"马丁"的来源，也是这个小镇的生活韵律的体现。每天数次、礼拜日、圣诞节、复活节，或逢丧事时，钟声都会从钟楼上响起。海德格尔在《钟楼的秘密》（1956 年）这篇短文中既深情又深思地回忆了他与这钟声结下的缘分，其中充满了对时间（或时机）境域的隐喻和象征。文章从圣诞节的晨钟讲起："圣诞节清晨四点半，敲钟的孩子们就来到了教堂司事的家中。"他们来不是为了喝咖啡和吃可口的点心，而是为了等待

---

① 　关于海德格尔引用《庄子·秋水》中"濠上观鱼"（庄子与惠施争论人是否能知水中的鱼之乐）的事实，见帕克斯（Graham Parkes）主编：《海德格尔与亚洲思想》（*Heidegger and Asian Thought*）（Honolulu：University of Hawaii Press，1987），第 52 页。又见本书附录三·1。

（Erwartung）一个不寻常的时刻（Augenblick）：圣诞钟声的敲响。这种等待不是被动的，因为他们就要爬上钟楼去参与这个时刻的构成。"令人无法言传的兴奋之处在于：那些比较大的钟要被事先'摇晃'起来，它们的钟舌却被钟绳固定住了；只有到了这钟被充分地摆动起来时，才'放出'钟舌，而这正是特别的诀窍之所在。于是，这些钟就一个接一个地以最大的音量被敲响。只有训练有素的耳朵才能正确地判断，是否每一下都敲得'恰到好处'。钟鸣以同样的方式结束，只是次序倒过来而已。"①海德格尔接着如数家珍地介绍了钟楼上的七只钟的特点，其中特别提及被称为"小三"的一只小钟，因为每天下午三点敲响它就是包括海德格尔在内的"敲钟的孩子们"的责任。为了这件事，孩子们下午在领主花园和市政厅前的游戏总要被打断。因此，孩子们有时（特别是在夏天）干脆将游戏挪到钟楼里，甚至到它最高的、有寒鸦和楼燕筑巢的顶梁架中。这只"小三"也是丧钟。不过，传送丧事消息的钟声总是由司事老爹本人敲响的。除了敲钟，孩子们还在钟声伴鸣着的弥撒仪式中做辅祭童。……海德格尔就这样叙述着这浸透了他童年和少年的、充满了时间牵挂（Sorge）和恰到好处的韵律的钟声。文章的末尾是这样一段：

　　教堂的节日、节日的前夕、一年四季的进程、每日的晨

---

① 海德格尔：《八十诞辰纪念集（由他的家乡梅斯基尔希镇编辑）》（*Zur 80 Geburtstag von Seiner Heimatstadt Messkirch*）（Frankfurt am Main：Vittorio Klostermann，1956），第 8 页。

昏晌午都交融于这深奥神秘的交缝（Fuge）①之中，以至总有一种钟声穿过年轻的心、梦想、祈祷和游戏。心中隐藏着这钟楼最迷人、最有复原力、最持久的一个秘密，为的是让这钟鸣总以转化了的和不可重复的方式将它的最后一声也送入存在的群山（Gebirge des Seyns）。②

从狭义上讲，这钟声象征着神的时间化和人生境域化。在海德格尔的早期教学特别是关于基督再临的时间性（Kairology）的宗教现象学演讲中，以及他的成名作《存在与时间》中，我们都一再听到过这熟悉的钟声。而且，"以转化了的和不可重复的方式"，这钟声也回响在他后期对荷尔德林诗作的解释之中。那曾经"穿过年轻的心"的钟声势必"将它的最后一声也送入存在的群山"，在那里久久回荡不绝。

家乡给海德格尔的另一种持久的影响来自"田野道路"或"田野小道"（Feldweg）。从他的《田野道路》（1947—1948 年）一文中可知，这条小道从领主花园的大门开始，一直引向埃恩里德（Ehnried）。复活节的时候，这小道在生长着的新苗和苏醒过来的草地间容光焕发；到了圣诞节，它消失在小山坡后面的风雪堆中。无论何时，花园中的老椴树总是从墙后注视着它。从田野中的十

---

① 海德格尔在后期著作中常用"交缝"（Fuge）或"间隙"（Riss）这样的词来形容"技艺几微"（technē）的引发机制。参见以下第 8 章第一节。另外，"Fuge"又有"赋格曲"的意思。

② 此段话末尾的"Gebirge des Seyns"又可译为"存在的隐藏之处"。海德格尔：《八十诞辰纪念集》（*Zur 80 Geburtstag von Seiner Heimatstadt Messkirch*），第 10 页。

字架开始，小道弯向森林。林边生长着一株很高的橡树，下面有一只粗木长椅。就在这长椅上，青年海德格尔读了"伟大思想者们的作品"。每当无法弄通书中的问题时，他就走回到这田野小道上，而这小道给予思想脚步的帮助就如同它给予农人的脚步那样无形无私。"它默默地伴随着小道上的脚步，蜿蜒通过这贫瘠的地域。"[1]海德格尔接着讲到由小道牵动着的森林、橡树、父亲、母亲和自己的童年游戏。"这田野的道路收拢着一切因环绕着这道路而有其本性（Wesen）的东西，并且将每一个在它上面走过者带入存在（das Sein zutragen）。总是改变着，又总是临近（Naehe）着，这田野路由相同的田地和草坡伴随着穿过每一个季节。……在它的路径上，冬天的暴风雪与收获的时日相交，春天活泼的激情与秋季沉静的死亡（das gelassene Sterben，安时处顺、任其而行的死亡）相遇，孩子的游戏与老者的智慧相互对视（erblicken einander）。[2]但是，就在这独一无二的合奏之中，一切都是清澈的；而田野道路就将这合奏的回声沉默地带来带去。"[3]熟悉海德格尔著作的人，或读了以下第 8 章和第 15 章的人会知道，这些谈田野道路的文字中处处都有他的重要思路的映射。这条田野中的小道绝不只是连接两个地点的一条实用的、线性的路径，而是能够引出一

---

    ①　海德格尔：《八十诞辰纪念集》（*Zur 80 Geburtstag von Seiner Heimatstadt Messkirch*），第 11 页。

    ②　海德格尔曾用"相互对视"解释他后期的主导词"Ereignis"（自身的缘起发生）的词源义。参见《同一与区别》（*Identitaet und Differenz*）（Pfullingen：Guenther Neske, 1957），第 25 页。而且，引文中给出德文原文的词大多也是他用来表达纯思想的词。

    ③　海德格尔：《八十诞辰纪念集》（*Zur 80 Geburtstag von Seiner Heimatstadt Messkirch*），第 14 页。

个发生境域的"交缝"或"几微"(technē),对于这位以"道路,而非著作"[①]为思想生命的人而言,这道路本身就在"召唤"(Zuspruch,鼓励,劝说)。"不过,只有有人、有生来就活在这召唤的氛围之中并因此而能听到这召唤的人,这田野道路才能发出它的召唤。……这召唤在一个遥远的来源中产生出了家园。"[②]毫不夸张地说,海德格尔的一生就是在努力倾听这田野道路的召唤中度过的。就在这田野道路的氛围中,他读到布伦塔诺讨论亚里士多德"存在"观的书,被唤上纯思想的道路;为了解决其中的问题,他又走上通向《存在与时间》的"现象学道路";以后,又是"通向语言的道路";最后,与本书的题目直接相关,他以这发生境域化了的"道路"来理解和解释老庄的"道"或中国的"天道"[③],一点不假地"在一个遥远的来源中产生出了家园"。实际上,"道路"(Weg)这个词在他的著作中的地位就相当于"(自身的)缘构发生"(Ereignis),有着比"存在"(Sein)还更本源的含义[④]。

1903 年,十四岁的海德格尔到离家五十公里之外的孔斯坦兹中学读初中。海德格尔的家境绝不富裕,当地人也没有让孩子上中学的风气,海德格尔的父亲之所以愿意送海德格尔去几十公里之外的一所由耶稣会办的中学里去读书,是因为海德格尔当时已有了做一名神父的愿望。并且,由于他的天赋和杰出表现,已从

---

① 克兹尔:《海德格尔〈存在与时间〉的起源》(*The Genesis of Heidegger's Being and Time*),第 3 页。

② 海德格尔:《八十诞辰纪念集》(*Zur 80 Geburtstag von Seiner Heimatstadt Messkirch*),第 13—15 页。

③ 参见附录一·2、三·7。

④ 海德格尔:《在通向语言的道路上》(*Unterwegs Zur Sprache*)(Pfullingen:G. Neske,1986),第 260 页注释。

一个与天主教有关的基金会得到了一笔学生的定期生活补贴。初中毕业以后，他又获得了一笔供梅斯基尔希的青年人到弗莱堡研究神学的奖学金。这笔奖学金一年只授予两名学生。这样，在1906 年，海德格尔进入弗莱堡（位于梅斯基尔希以西约一百公里处）一所教会办的文科中学读高中，直到 1909 年。从此，他的生活与弗莱堡以及周边的黑森林地区结下了不解的因缘。

1907 年夏季，正读高中的海德格尔回家乡度假，与一位也是回家度假的格约伯（K. Groeber）神父相遇。这位多年的邻居和"父辈的朋友"希望这个有志于神父事业的年轻人能通晓亚里士多德的形而上学，以便熟悉托马斯的神学。在一次田野小道的散步中，格约伯送给快到十八岁的海德格尔一本影响他一生事业的书：布伦塔诺（F. Brentano）的博士论文《根据亚里士多德论"是者"（Seiende）的多重含义》。此书唤起了海德格尔对于"存在"或"在""是"这个问题的强烈兴趣，并引发了这样的疑问："既然'存在'有这样多的意义，哪种是它最根本的含义呢？"[①] 尽管当时他无法找到满意的答案，但此问题久悬于心，促使他多方索求、苦苦思考，反倒引他超出了神学的视野而走上了探究"存在的本义"的哲学思想道路。

在高中的最后一年（1908 年），他读到了荷尔德林（F. Hoe-lderlin）的诗。这位对他来说是"诗人中的诗人"的作品将成为他后期写作的一个灵感来源。同年，他也读到神学教授卡尔·布亥

---

① 海德格尔:《朝向思想的实情》(*Zur Sache des Denkens*)（Tuebingen：Max Niemeyer，1976），第 81 页。

格（C. Braig）的书《论存在：存在论引论》。此书大量引用亚里士多德、托马斯和苏阿瑞兹的文字，并探讨了许多基本概念的词源。它对海德格尔的思想和写作风格都有一定的影响。

1909 年，海德格尔进入弗莱堡大学读神学，以实现他少年时就怀抱的做一名神父的梦想。在那里他得以亲聆布亥格教授的教诲。不久，这位神学院的年轻学生得知有一位布伦塔诺的高足叫埃德蒙·胡塞尔（E. Husserl），在约十年前写了一本叫《逻辑研究》的书。海德格尔立即借来此书阅读，期望从中找到那个被布伦塔诺唤起的存在问题的答案。他当时无法理解这本书，但它在以后的许多年间一直吸引着他。后来，通过拉斯克的中介以及与胡塞尔的直接交往，这本书成为他获得一种新思路的关键。在 1909 年至 1911 年之间，海德格尔特别关注"圣经文字与神学思辨思想之间的关系；简言之，即语言与存在之间的关系"①。为此，他阅读 W. 狄尔泰和 F. 施莱尔马赫的解释学著作。然而，新鲜的环境逐渐改变了这位神学学生的思想和追求，而一场迫使他暂时休学的病患也让他重新思考自己的未来。四个学期以后，海德格尔决定放弃神学而以哲学为他的专业。当然，他对神学依然有浓厚兴趣，但他已认定，一切研究都必须以实际生活和思想本身而非任何教条为前提。在大学中，海德格尔广泛地研读了哲学、人文科学和自然科学方面的著作，并喜欢读荷尔德林、里尔克（Rilke）、特拉克尔（G. Trakl）的诗；陀思妥耶夫斯基的小说、克尔凯郭尔（S.

---

① 海德格尔：《在通向语言的道路上》（*Unterwegs Zur Sprache*），第 96 页。

Kierkegaad）和尼采的书。1912 年，海德格尔发表了一篇关于实在问题的文章和几篇书评，表现出他对于康德、亚里士多德、胡塞尔思想的强烈关注。现象学、新康德主义、新经院哲学构成了海德格尔思想形成期的重要学术背景。

1911 年投身于哲学时，他的头一个愿望就是到哥廷根大学，在胡塞尔指导下学哲学。但由于经济问题，这个愿望没有实现。在弗莱堡大学，他较多地选了当时著名的新康德主义教授里克尔特（H. Rickert）的课程。通过它们，海德格尔接触到了这位老师以前的一位学生埃米尔·拉斯克（E. Lask，1875—1915）的思想。按照海德格尔的讲法，拉斯克"处于［里克尔特和胡塞尔］这两者之间，并努力去听到古希腊思想家们的声音"[①]。海德格尔的这位师兄深受胡塞尔的范畴直观学说的启发，提出了"投入的经验"（Hingabe）、"反思范畴"、"范畴的投入经验"等新概念，极有力地促成了海德格尔关于**"实际的生活体验"**和**"形式指引"**的思想。它们带有强烈的生存解释学的倾向。[②] 在某种程度上，海德格尔是通过拉斯克而理解胡塞尔或现象学的。1913 年，海德格尔答辩了他的博士论文《心理主义中的判断学说：在批判和实证方面对于逻辑的贡献》。实际上，这篇论文反对心理主义，认为逻辑不能还原为心理过程。它里面引用了不少拉斯克的观点。也就是在这一年，

---

① 席汉主编：《作为一个人和一位思想者的海德格尔》（*Heidegger: The Man and the Thinker*），第 22 页。

② 参见以下第 16 章第二节的讨论。如果可能的话，读者在读完了本书第 2 章后，就应先读这一节，然后再顺序往下进行。它给出了有关海德格尔思想方式的形成的重要线索。

胡塞尔的名作《纯粹现象学和现象学哲学的观念》第一卷出版，引起海德格尔的注意。

1914 年，第一次世界大战爆发。海德格尔于当年 8 月被召入伍，同年 10 月因病退出。因此，他从 1915 年至 1917 年在弗莱堡的邮局工作，以充兵役。但这项工作想必不很繁重，以至于他在这一期间并没有停止学术活动。1916 年，海德格尔以一篇名为《邓·司各脱的范畴和意义学说》的论文以及 1915 年《在历史科学中的时间概念》的演讲取得了讲师资格，并到母校弗莱堡大学任教。同年，胡塞尔前来接任里克尔特的教授席位，海德格尔设法与这位现象学的创始人建立了又像师生又像朋友的亲密关系。因此，他得以熟悉胡塞尔在教学中实施的"达到现象之'看'的一步步的训练"。但是，海德格尔从这种要求摆脱一切前提的"还原"训练中所得到的不是无生存时间和历史维度的"本质"，而是饱含存在论的解释学意义的"人的实际生活体验"，以及对于亚里士多德和整个古希腊关于"存在"的思想的新鲜体认。在这方面，胡塞尔的那本早期现象学著作《逻辑研究》，尤其是该书的第二卷中的"第六研究"，给了海德格尔以极大的帮助。1918 年，海德格尔成为胡塞尔的正式助手。除此之外，海德格尔与康德哲学特别是《纯粹理性批判》第一版中"演绎"和"图几论"①部分的对话很有助于形成一种与存在问题紧密相关的时间观。

按照克兹尔的考证，海德格尔在 1917 年至 1919 年之间经历

---

① 参见第 4 章第 106 页注释②。

了一次"宗教信念上的转变"①。实际上，这种转变在他的大学时期已经开始，但这一次带有更激进的学术思想性。它的主要特点是：对于已获得的立场——主要指天主教和经院神学立场的剥夺，以及现象学感受的彻底化。这种感受以新康德主义为前导，并从艾克哈特（Eckhart）所说的那种"无执的"、与"他"（指上帝）神秘合一的体验中得到了帮助。②因此，在胡塞尔眼中，那时的海德格尔已是一位"自由的基督徒"③。由于这些转变，他开始更多地关注路德新教的神学思想。从 1919 年开始，海德格尔在弗莱堡大学开了一系列现象学的课程，但与胡塞尔的"本质直观"的路径不同，他对现象学的理解的根子扎在"人的实际生活体验的解释学"之中。1920 年至 1921 年，他在"宗教现象学引论"的课程中阐述了表达这种"实际性"（Faktizitaet）的现象学方法："形式显示"或"形式指引"（formale Anzeige），并对保罗书信做了时机化的（kairological）现象学解释，"先行地"显示出了《存在与时间》的方法论特点。

1922 年 10 月，海德格尔以一篇关于亚里士多德的五十页手稿赢得那托普（P. Natorp）的高度赞赏，因而被马堡大学聘为副教授。这篇手稿中的思想创新力就来自他的解释学化了的现象学观。1923 年 8 月，海德格尔开始在马堡大学任教。他在那里的教学非常成功，以能使古代哲学闪发出新意而著名。也就在同一年，他

---

① 克兹尔：《海德格尔〈存在与时间〉的起源》（*The Genesis of Heidegger's Being and Time*），第 8 页。

② 同上书，第 81 页。

③ 同上书，第 72 页。

开始正式撰写《存在与时间》这本书，多年来的思想探究这时汇成了一条越来越鲜明的思路。这本书的"原型"① 见于海德格尔 1924年 7 月 25 日在马堡神学学会做的题为《时间的概念》的演讲。他在 1925 年夏季学期开的名为"时间概念的历史：历史与自然的现象学导论"的课程讲稿可视为此书的第二稿②。它的"准备性的部分"是《存在与时间》所没有的关于胡塞尔的"意向性"和"范畴的直观"的讨论。开课几个月后，由于哈特曼教授将离去，马堡大学提议海德格尔接任这个教席，条件是他必须尽快出版一部著作。在这个压力下，海德格尔于 1926 年春季假期的三个月中，回到托特瑙山，依据"第二稿"写出了《存在与时间》的前二百四十页。然而，送交柏林教育部审批的稿子在数月后被驳回，认为它"不充分"。1927 年 2 月，《存在与时间》全文出版，在短期内就获得了巨大的国际影响，成为 20 世纪不多的几本最重要的哲学著作之一。不过，这本书的整体写作计划遇到了某种内在的困难，以至于他再也没有能够正式地完成它（参见本书第 7 章头两节）。1928年，海德格尔回到弗莱堡大学，接替退休的胡塞尔任哲学讲座教授。《存在与时间》出版以后，海德格尔很快发现这本书被人"误解"了③。于是，在 1929 年，海德格尔出版了《康德与形而上学问题》，表明他与康德《纯粹理性批判》的创造性对话如何从思想上

---

① 克兹尔：《海德格尔〈存在与时间〉的起源》(*The Genesis of Heidegger's Being and Time*)，第 315 页。

② 《海德格尔全集》(*Gesamtausgabe*)(Frankfurt：V. Klostermann)，第 20 卷。

③ 海德格尔：《康德与形而上学问题》(*Kant und das Problem der Metaphysik*)(Frankfurt：Klostermann，1991)，XV。

打开了"存在"与"时间"的道路，从而更准确地说明了自己学说的位置和含义。此书和后来出版的《现象学的基本问题》以及论文《时间与存在》等在一定程度上填补了《存在与时间》原计划中的空白。

以 30 年代初的"论真理的本性"为标志，海德格尔的思想发生了"转向"（Kehre）。这种转向比较集中地体现在他于 30 年代中后期写的一大组文章和笔记之中，80 年代末以《哲学论文集（从"自身的缘构发生"起头）》为名发表①。转向之后，他关心的问题和所用的术语都有较大的改变。但是，诚如他自己一再坚持的，他并没有放弃前期的基本思路和立场，因为这思路本身就已经包含了和要求着这种"转向"。

1933 年初，希特勒和他领导的国家社会（纳粹）党上台。同年 5 月，在一种非常的气氛和形势中，海德格尔出任弗莱堡大学校长，并参加了国家社会党。在 5 月 9 日的就职仪式上，他发表了题为《德国大学的自我主张》的演说。但是，他在这个位置上只干了十个月。于 1934 年 2 月辞职并继续从事教学。大约从那时起，海德格尔的注意力逐渐转向语言、诗、技术、道路和缘构发生等问题，同时也从事解析哲学史上的各种重要学说的工作。

1945 年 4 月，盟军攻占弗莱堡所在地区。法国占领当局立即开始了一项在大学中的反纳粹行动。由于 1933 年的那段历史问题，海德格尔被列为审查对象。他的房子一度被没收，本人则间或被当局唤去回答问题，并被勒令停止一切公开的教学。这条禁令到

---

① 《海德格尔全集》（*Gesamtausgabe*），第 65 卷。

1951 年才取消。

　　1946 年春天，仍处于被审查状态、并因此而深感苦恼的海德格尔在弗莱堡市中心的木材市场与中国学者萧师毅相遇，由此造成了他们当年夏天共同翻译老子《道德经》的一段重要经历。就在这次合作之后数月，海德格尔写出了《关于人道主义的信》，并于 1947 年在山中创作了题为《出自思想的体验》的诗，充满了荷尔德林和老庄的气韵。

　　托特瑙山位于弗莱堡以南二十五公里处。在它之上的海拔 1 150 米处有一所海德格尔的小屋。从 20 年代起，他在课余或假期就时常回到这里来。海德格尔的短文《我为什么要留在此地？》（1934 年 3 月 7 日）这样描述这所小屋："它有一块长七米、宽六米的平面面积，低垂的房顶覆盖着三个房间：兼作客厅的厨房、卧室和书房。再往上，是草地和牧场，一直延伸到深暗的、长着古老高大的枞树的森林边。一切之上，是清澈的夏日天空。在它灿烂的境域中，两只山鹰缓缓盘旋。"[①] 这所小屋、它周围的山野和农家，属于海德格尔的人生中最生动的那个维度，也就是他童年和少年时徜徉于其中的田野道路的更成熟廓大的表现。他的精神生命在这里才最饱满地舒展，化入自然天地的质朴和辉煌之中。这是他的"工作世界"，但不是以我为主的和牵心于外务的人工工作世界，而是让山野和纯朴人生的境域来推动的"四时行焉，百物生焉"的工作世界。"我的全部工作是由这山岭和山民维持和导

---

　　① 　席汉主编：《作为一个人和一个思想者的海德格尔》（*Heidegger: The Man and the Thinker*），第 27 页。

引着的。"① 他将自己的纯思想工作视为与农人的劳作同一性质，也就是说，与那从山上往下拖柴的农家孩子、缓缓地在山坡上赶着牛羊的牧人和用木瓦维修自己房屋屋顶的农人的工作没有什么本质区别，而完全不同于城里人和新闻媒介那种往往把事情弄得肤浅和糟糕的做作。这篇文章写于他辞掉弗莱堡大学校长后一个月，其中流露出了"归去来兮"的欣喜。他从根子处就尊重并认同山民的生活方式，认同这"多少个世纪以来一直生根于阿雷曼和施瓦本土地上的人民"；讨厌那些从城里人和文化人的角度来谈论"人民性""乡土性"的喧闹。在空闲时，他坐到农人屋舍中的火炉边，与他们一起默默地抽着烟斗，要不就说些山里农家的话题。他还特别回忆了一位老农妇，她能说充满了意象的老方言。就在前一年，这位八十三岁的老妇人还爬上山坡来看望海德格尔，"用她的话讲，为的是看看我是否还在那儿，别让'什么家伙'神不知鬼不觉地把我偷走了"。她去世的夜里，一直与家人说着话。"就在临终前一个半钟头，她还将她的问候送给那位'教授先生'。比起那些大报上刊登的关于我的哲学的绝大多数的机敏报导，这样一种记忆要珍贵得不知多少倍了。"② 为了这一切，他断然拒绝了柏林大学对他的聘任邀请。"[山中的]孤独将我们的全部生存抛入一切事物存在（Wesen）的寥廓的近邻之中。"③

　　50 年代以后，海德格尔的生活中没有多少外在的事件，更多

---

　　① 席汉主编：《作为一个人和一个思想者的海德格尔》（*Heidegger: The Man and the Thinker*），第 28 页。

　　② 同上书，第 29 页。

　　③ 同上书，第 28 页。

的是"出自思想的经历"。值得一提的只有，1966 年 9 月 23 日，他接受了西德《明镜》杂志记者的采访，回答了他与纳粹政权的关系的问题，并谈了对于现代工业文明的看法。按照双方的约定，这次采访的记录只能在海德格尔死后发表。1976 年 5 月 26 日，马丁·海德格尔在弗莱堡去世，享年八十七岁。按照他本人遗愿，他的遗体被送回家乡梅斯基尔希，于 5 月 28 日葬于该镇公墓他父母的墓边。圣马丁教堂的钟声想必又一次敲响，为这位挚爱自己的家园、实际上是一个没有现成边界的人类家园的思想者送行。

二、海德格尔的道缘

海德格尔在第二次世界大战之后才比较多地公开谈论中国的"道"。这个事实往往造成了这样的印象，即他只是从 40 年代后期才开始关注道。可是，实际上，早在 1930 年，海德格尔就已经能在学术研讨会中随机地援引《庄子》来说明自己的观点了。当年的 10 月 8 日晚，海德格尔在不来梅（Bremen）做了题为《论真理的本性》的演讲。这就是他思想"转向"后期的开端。第二天，又在克尔勒（Kellner）家中举行了学术讨论会。当讨论涉及"一个人是否能够将自己置于另一个人的地位上去"时，遇到了困难。于是，海德格尔向房子的主人索取一本德文版的《庄子》。一位叫亨利希·比采特（H. Petzet）的参加者回忆了当时这个戏剧性的场面："海德格尔突然对房屋的主人说：'请您借我《庄子》的寓言集用一下！'在场的听众被惊呆了，他们的沉默让海德格尔感觉到，他对不来梅的朋友们做了一件不很合适的事情，即当众索取一本根本无人知晓的书并因而会使克尔勒先生难堪。但是，克尔勒先生却一秒钟也没有迟疑，只是一边走一边道歉说他必须到书房去找。几分钟以后，他手持布伯（M. Buber）翻译的《庄子》回来了。惊喜和如释重负，人们鼓起掌来！于是海德格尔读了关于鱼之乐的故事［即'秋水第十七'末尾的'庄子与惠施濠上观鱼'的一段］。它一下子就更强地吸引住了所有的在场者。就是那些还不理解'真理的本性'的演讲的人，思索这个中国故事就会知道海德格尔的本意了。"[①]

这样一个事实表明了什么？《庄子》绝不是一本易读的书，要能贴切地引用其中的寓言来阐释思想更要求长期的、反复的阅读和思考。而且，一般读道家著作的顺序是先《老子》后《庄子》，或起码在读庄子时要"解老"。再者，海德格尔的治学从来都是厚积而薄发，除非有大量的阅读和思想上的对话做后盾，他绝不轻易提到某位思想家及其言论。所以，从比采特的这个回忆可以推断，海德格尔起码在 1930 年之前的一段时间内，就已认真阅读过《庄子》《老子》，并与之产生了思想上的共鸣和交流。这对于一位受过天主教神学训练、以重现西方思想的本源为己任的大思想家来说，是极不寻常的事情。他必定是在道家学说中找到了某种与他最关切的思路相关的东西，才会有这种令当时的德国人先是"惊呆……沉默"、既而"惊喜和如释重负"的非常之举。而且，更具体地说来，阅读老庄很可能与他思想的转向有某种内在关系。

---

① 海因里希·比采特（Heinrich Wiegand Petzet）：《不来梅的朋友们》，见《回忆马丁·海德格尔》（*Erinnerung an Martin Heidegger*）（ed. Guenther Neske, Pfullingen: Neske, 1977），第 183—184 页。

　　30年代的大半时间里和40年代前半期，海德格尔生活于纳粹统治下的德国。他始而积极投身，希望借此潮流一展自己"匡时济世"的抱负，但旋即失望退出。"道"如何伴随他度过这一段时间，我们还不得而知。[①]可以肯定的只是，老庄的思想并未离开他。因此，当40年代中期，天翻地覆的人世和个人遭遇使他进一步脱却了"人们"（das Man），退隐于思想的最深处时，让他得到安慰的是中国古人的智慧，而他的第一个愿望就是要到老子的五千言中去寻求一个新境界。1946年春，萧师毅与正在接受占领军当局审查的海德格尔在弗莱堡的木材集市广场相遇，由此引发了两者之间的这样一段对话：

　　　　"萧先生，如果人们从你所写的同一段文字得出两种截然相反的结论，你会有何感想呢？"海德格尔以这样一个突兀而又有些刺激性的问题使我吃了一惊。"你看这是怎么搞的，纳粹挑出我的《存在与时间》中的一段话：'海德格尔先生，从你书中这一段话看来，你不是一个雅利安人。'但现在，你们的盟友法国人在我面前指出同一段话，说：'海德格尔先生，从你在书中写的这一段话看来，你是一个纳粹。'你看，萧先生，同一本书的同一段落居然能够产生如此不同的结果。你

---

　　① 由于新材料（见本书末尾附录的一·5）的发现，我们现在知道海德格尔于1943年撰写了《诗人的独特性》一文，其中引用并翻译《老子》第十一章，以便理解荷尔德林的独特性所在。他的讨论涉及"存在论的区分""存在""时间""历史""诗性"等一系列重大问题。对于这个材料的介绍和分析，参见本书作者的另一部著作，即2007年由商务印书馆出版的《海德格尔传》第二版第17章。

对此有何评论？"

……

　　在有些不知所措之中，孟子（孔子之后的最伟大儒者）所说的一些话出现于我心中。"海德格尔教授，您问我对纳粹和盟军这些断论的看法，我只能给您一个中国式的回答。我感到他们那些肯定有问题的解释说明的是一件事情，即人们今后必须更用心地研究您的哲学。如果能够得到适当的解释，您的哲学对未来将起相当大的作用。孟子说过：'天将降大任于是人也，必先苦其心志，劳其筋骨，饿其体肤，空乏其身，行拂乱其所为，所以动心忍性，曾［增］益其所不能。……然后知生于忧患而死于安乐也。'"海德格尔显然被这段话深深打动了。从那以后，我们再也没有谈及这个问题。也就是在这次相遇中，他提出由我们一起合作来翻译《老子》。我高兴地接受了这个提议。[①]

　　在这段叙述中，海德格尔的那种"被夹在两者之中"的状态以一种令他本人苦恼的形式表现了出来。但是，他却没有或无法到天主教会或任何一种西方的意识形态中去得到最需要的支持，反倒是被一个东方哲人的话"深深打动了"。他的思想特点、这种思想的命运，以及他本人对东方的亲近感，于此可见一斑。而且，他当下主动提出的建议是翻译萧师毅那天并未提及的《老子》。这样一

―――――――――

　　① 帕克斯主编：《海德格尔与亚洲思想》(*Heidegger and Asian Thought*)，第94—96 页。

个严肃的、要消耗大量时间和劳作的愿望也绝不可能出于一时冲动，而应是多年宿愿的及时"开启"（Erschlossenheit）和"显现"。

海德格尔与萧师毅合作翻译《老子》的过程和结尾也是富于含义的。1946年夏季学期一结束，每个星期六，萧师毅就到海德格尔的山间小屋去进行这项工作。很可能是在海德格尔的提议下，他们并不参照其他人的翻译，而是直接与《老子》的原文打交道。而且，他们也并不严格按照此书的顺序进行翻译，而是先着手于那些涉及"道"的章次。海德格尔不只是要从文字上翻译出《老子》，他更要与这本书的中文文本进行直接的对话，并首先获得对于"道"的语言体验。由此看来，他多年阅读德文本的老庄的经验已在他心中聚集了要直接理解中国"道"的要求。海德格尔进行这项合作的具体方式更是说明了这一点。萧师毅写道："海德格尔实质上是在考察，深入地、不知疲倦地、无情地询问。他追究原文中的符号关系，这些关系之间的隐秘的相互引发，以及在这种相互引发中产生的每一种可想象得出的意义的上下文。只有各种意义的完全整合到位才使他敢于去决定一个思想形式的轮廓，并由此去将中文原文的多层含义清楚地、和谐地转化为西方的语言。"[1]可以想见，这种研究式的或海德格尔式的"翻译"不会进行得很快。到整个夏天结束时，他们只搞了八章。萧先生虽然意识到这个合作的成果会带来轰动性效应，但是，正如他所说的，"我必须承认，在我们的工作中我无法摆脱掉一种轻微的焦虑，那就是海德格尔的笔记已超出了翻译的范围，这种倾向使我这个翻译

---

[1]　帕克斯主编:《海德格尔与亚洲思想》(*Heidegger and Asian Thought*)，第96页。

者和中间人感到不安"①。萧师毅的"不安"确有道理。很明显，海德格尔的目的和做法不只是一般意义上的翻译，即按照萧师毅告诉他的意思用德文相应地写出《老子》的译文。他最需要的乃是一种摆动于两个语言之间的思想上的实际交流。通过这种没完没了的"自身缘构发生式的"（ereignend）询问，海德格尔想获得对于"道"的直接语言经验。不过，这并不是说海德格尔是在打着"合作翻译"的幌子而利用他人。海德格尔的一生中似乎没有出版过什么翻译作品，尽管他精通不少种外文。因此，在这次空前绝后的翻译工作中他几乎完全是个新手。很自然地，他是在用他平日读书、写作、教学的风格来从事这项工作的，而这却会令萧师毅感到"焦虑"，因为他只习惯于一般意义上的翻译方式。终于，萧先生决定不再继续这项合作了。直至 60 年代，当萧师毅再次携友访问海德格尔时，后者还不无遗憾地提及萧师毅的退出②。确实，思想的分量毕竟比单纯的翻译沉重不知多少倍！

　　尽管这次合作没有取得翻译成果，却深远地影响了海德格尔，形成他与道家关系中的一段大因缘。波格勒这样讲："虽然这次对老子的翻译没有进行很久，它却是一个要使西方哲学的源头与伟大的东方传统中的一个源头相遭遇的努力。这次经历在一个关键的形势中改变了海德格尔的语言，并给了他的思想一个新的方向"③。说这次遭遇给了海德格尔思想"一个新的方向"，可能有些夸大了，因为海德格尔与道家的交流不会晚于 20 年代末；而且，

---

　　① 帕克斯主编：《海德格尔与亚洲思想》（*Heidegger and Asian Thought*），第 98 页。
　　② 同上。
　　③ 同上书，第 52 页。

作为一个整体的海德格尔思想与中国天道观从来就不是隔膜的。但是，说这个经历"在一个关键形势中改变了海德格尔的语言"，却有几分道理。从 1947 年的《出自思想的体验》和《关于人道主义的信》开始，海德格尔的作品中的语言有了越来越多的道家痕迹。更重要的是，通过这次合作所提供的"中文经历"，海德格尔对于自己的"道性"信心大增，以至在 50 年代和 60 年代初几次在正式出版的著作中言及"道"和老庄，形成了他与"道"相沟通的高潮期。在公开出版的海德格尔的著作中，已发现五处与道家有关的文字。两处直接说到"道"，三处引用《老子》和《庄子》的原话来阐发自己的思想。本书附录的第一部分已译出了全部有关的段落，最后一章的第三节也将直接讨论它们的含义，这里只做一个先行的说明。

在《同一的原理》（1957 年）中，海德格尔将"中国的主导词'道'（Tao）"与古希腊的"逻各斯"以及他自己思想中的主导词"自身的缘构发生"（Ereignis）相提并论，认为它们所显示的乃是思想最原发的体验境域，因而是"难于［被现成的概念词汇］翻译"的。这些思想的充分实现将导致技术机制的消解，即从它当今的统治地位回转到在一个缘构发生的境域中的服务。在这样一个生动的、和谐的、充满原初意义的境域中，人将更真态地赢得自身的缘发本性①。《语言的本性（Wesen）》这篇文章出于海德格尔 1957 年 12 月和 1958 年 2 月在弗莱堡大学做的演讲，收入《在通向语言的道路上》。在这里，海德格尔直接讨论"老子的诗化思

——————————————

① 海德格尔：《同一与区别》（*Identitaet und Differenz*），第 24—26 页。

想"中的"道"的含义。他认为这个词的原本意义是"道路";而且,与绝大多数的注解者不同,他不认为这个"道路"的意义可以被抽象化为更"高"的什么东西,而就应该在"道路"(Weg)的原初意义上理解它。对于海德格尔,如上节讲到的,与人生和天地相沟通的道路不只是连接两个现成点的线路,而是引发本源境域的几微,而且就是这自身引发着和维持着的终极境域本身。他这样写道:

此"道"(Tao)能够是为一切开出道路(alles be-weegende)的道域。在它那里,我们才第一次能够思索什么是理性、精神、意义、逻各斯这些词所真正切身地要说出的东西。很可能,在"道路"(Weg)即"道"(Tao)这个词中隐藏着思想着的说(Sagen)的全部秘密之所在……此湍流驱动和造成一切(alles be-weegenden),并作为此湍急之道(reissenden Weg)为一切开出它们的路径。一切都是道(Weg,道路)。①

对于思想者的思想来说,此道路应被视为一种域(die Gegend)。打个比喻,这个域化着(das Gegnende)的域是一块给予着自由的林中空地,在其中那被照亮者与那自身隐藏者一起达到此自由。这个给予自由并同时遮蔽着的域的特点即是那个造路的驱动。……但是,"Be-weegen"这个词意味着:此域给出道路。根据施瓦本和阿雷曼地区的方言的古老用法,"weegen"可以表示开辟出一条道路,比如通过深雪覆

① 海德格尔:《在通向语言的道路上》(*Unterwegs zur Sprache*),第198页。

盖的旷野而开辟出一条道路。[①]

由此简单的说明和引证已可看出，中国的道在海德格尔心目中代表了最本源的一条思想道路，与他本人最深切关注的问题——语言的"全部秘密之所在"、技术对人的统治、作为存在本义的"自身的缘构发生"等等——以及思考这些问题的基本思想方式息息相关。至于在什么意义上或以什么确切的方式相关，则正是这本书要一步步地去揭示的东西。

在 1958 年发表的《思想的根本原则》一文中，海德格尔引用了《老子》第二十八章中的"知其白，守其黑"[②]。又在1962年做的《流传的语言和技术的语言》的演讲文章中援引了《庄子》"逍遥游"末尾关于"无用大树"的一段话[③]。这两处直接讨论的都是技术问题。在海德格尔看来，现代技术与西方形而上学有着重要的思想关联。它只去追求揭蔽状态的光明和有用，以至产生出了原子弹爆炸时"比一千个太阳还亮"的致命的光明，并将一切包括人生形态按照单一的有用标准"冲压"成型。它看不到，"黑暗"的、"无用"的维度对于人生的极端重要性。一个清新真实的人生和世界一定是那能够巧妙地发生于这两者之间、并维持住"黑暗的光明"和"无用之大用"的缘构境域。这"发生"和"维持"，却都与"技艺几微"（technē）和"诗意的构成"（Dichtung）有关了。

在出版物中，还有一些被别人报道出来的有关海德格尔与道

---

① 海德格尔：《在通向语言的道路上》（*Unterwegs zur Sprache*），第 197—198 页。

② 参见附录一·3。

③ 参见附录一·4。

的关系的事实。比如，据萧师毅和另外一些人的回忆，海德格尔
的书房中挂着他请萧师毅写的一对条幅，上书《老子》第十五章
中的两句话："孰能浊以止，静之徐清？孰能安以久，动之徐生？"
萧师毅并在中间加一横批："天道。"①萧师毅在其回忆中又提到，海
德格尔在弗莱堡的保鲁教堂所做的《技术与转向》的演讲中讲道：
"如果你要用任何传统的，比如本体论的、宇宙论的、目的论的、
伦理学的等等方式证明上帝的存在，你就贬低了他；因为上帝就
像道（Tao）那样是不可被言说的。"②波格勒则报道海德格尔在
1960 年于不来梅做的题为《象与词》的演讲中，使用《庄子》第
十九章"达生"中的"梓庆为鐻"的故事来拒绝在美学讨论中流
行的质料与形式的二元区别③，等等。

　　从 50 年代初到 70 年代，海德格尔还在出版物和一些场合讲
过他对"东西方思想"的"交汇"的看法。他 50 年代的言论是比
较积极的，希望"使欧洲和西方的说（Sprache）与东方的说进入
对话，以便在此对话中有某些东西从一个共同的本源中涌流出来、
被歌唱出来"④。到 70 年代就变得比较谨慎了。下面这段话说出了
他的愿望和遇到的困难之所在："对于我，与那些相对于我们来说
是东方世界的思想家们进行对话是一桩一再显得急迫的事情。在
这个事业中的最大的困难，就我所见，来自这样一个事实，即在
欧洲或在美国，除了很少几个例外，几乎没有什么［思想家能］

---

①　帕克斯主编：《海德格尔与亚洲思想》（*Heidegger and Asian Thought*），第 100 页。

②　同上书，第 9 页。

③　同上书，第 55—56 页。

④　海德格尔：《在通向语言的道路上》（*Unterwegs zur Sprache*），第 94 页。

通晓东方的语言。另一方面，将东方的语言翻译为英文，就如任何一种译作一样只是一种权宜之计。"[1] 对于海德格尔，与东方思想的对话是"一桩一再显得急迫的事情"。但困难来自这样一个事实：他和大多数西方哲学家无法阅读用东方语言写成的原文。结合前一段的引文，可以看出，"语言""说话"在海德格尔与东方思想的对话中是一个最令他牵挂或烦心（Sorge）的问题。这也正可说明他与萧师毅合作的前因、进程和后果。他的思想需要直接的语言环境就像鸟需要空气、鱼需要水一样。

有了这样一番疏通，我们就可知道，当海德格尔于 1966 年《明镜》记者访问时讲"只有一个上帝能救我们"和"思想的转变只能通过同源同种的思想"[2] 时，他并非又回头皈依了靠教会维持的天主教或完全否认东西方实质交流的可能，而只是在否认那种达不到源头——原本意义上的"语言"或"说"——的概念式的东西方思想的比较和搬弄。而他心中的"上帝（神）"和"逻各斯"，如前面所提到的，乃是与"道"有着深切关联的思想的本源。顺便说一句，海德格尔从未对"道"说过任何迟疑性的话。而且，在他的已经发表的公开出版物中，唯一被讨论和推崇的东方哲理思想只有"道"。于此可见他治学之谨慎和与"道"的特殊因缘。费舍-巴尼克尔记叙道：虽然海德格尔从早年就与日本学者多有来

---

[1]　海德格尔 1970 年写给在夏威夷召开的"海德格尔与东方思想"的会议的信。见《东西方哲学》（*Philosophy Last & West*）杂志，20 卷，30 期，1970 年 7 月。参见附录二·2。

[2]　席汉主编：《作为一个人和一位思想者的海德格尔》（*Heidegger: The Man and the Thinker*），第 62 页。

往，"但从中国人那里学到了更多的东西"①。而且，读了上一节的人会看出，海德格尔对于中国道的长久、深刻的兴趣不只与他的学术思想相关，在更深切的意义上是来自他天性中质朴自然而又充满诗境的那个维度，也与他在田野道路上和托特瑙山间的原初体验大有干系。因此，他的乡土意识并不妨碍他与万里之遥、千载之上的一个异国思想的沟通，并可以用"施瓦本和阿雷曼地区的方言的古老用法"来解释"道"的开路本性。而他心目中的古希腊和基督教的"神"，也竟可以与中国的"天道"发生合乎时机的对话。

---

① 参见附录三·6。

第 2 章　海德格尔的现象学起点

要了解海德格尔的思想方式，一个很自然的起点就是去理清他与胡塞尔的关系。海德格尔曾在出版物中数次指出胡塞尔的现象学对于他思想形成所起的关键作用[①]。还在更多的地方指出他所理解的现象学从一开始就与胡塞尔的不同。理解这两点——海德格尔为什么能从胡塞尔那里得到解决"存在"问题的重要启发，以及他的学说在什么意义上与胡塞尔的不同——是理解海德格尔的思想，尤其是它的"严格性"的绝对必要的步骤。然而，在目前这个阶段，理解第一点似乎是更重要的。

胡塞尔创立的现象学是当代西方欧陆哲学发展的一个里程碑。它最重要的贡献是揭示出了一种新的哲学思考方法的可能，或一个看待哲学问题的更原初的视野。胡塞尔二十三岁时在维也纳大学获得数学博士学位，并从事过短期的数学方面的工作。1884 年至 1886 年，他在维也纳听到了布伦塔诺的课，后者关于"意向性"的讲述使得他的思路大开，从此决定献身于哲学事业。1891 年他发表了《算术哲学》一书，对数学和逻辑的基础从意识心理的角

[①]　参见海德格尔：《存在与时间》（*Sein und Zeit*）（Tuebingen：Neomarius，1949），第 38 页注释；海德格尔《朝向思想的实情》（*Zur Sache des Denkens*），第 82 页。

度进行分析。他的"心理主义"倾向受到了现代数理逻辑的创始人弗雷格的批评。1900 年至 1901 年，胡塞尔发表了两卷本的《逻辑研究》，对逻辑研究中的心理主义包括他自己过去的一些思想进行了多方面的批判；而且，更重要的是，他用"意向性"这个居于主体和（感觉经验）对象之间的更本源的思路来理解"意义"的纯构成，并以此为基点，论述了现象学的一些基本思想和方法。此书标志着 20 世纪现象学运动的开始。这之后，他经历了某种思想危机，最后以 1913 年发表的《纯粹现象学和现象学哲学的观念》第一卷（《纯粹现象学通论》）一书作结，完成了从"描述现象学"到"先验现象学"的过渡。其后，他对于意向性构成的思想又有更丰富的论述，阐发了建立在时间意识的"被动综合"基础上的发生现象学。在他生命的最后十年中，胡塞尔更多地关注"主体间性"问题，提出了"生活世界"的学说。

以上这个简介中有几点值得注意：第一，作为现象学创始人的胡塞尔与现代分析哲学之父弗雷格之间发生过严肃的和有积极后果的思想交流。这两大潮流虽然在后来的几十年间完全"断交"，但却都是以对逻辑和数学基础的研究为肇端，并因而都极为关注意义问题。第二，胡塞尔与海德格尔从同一位思想家（布伦塔诺）那里获得了某种重要的启发，但两者受到激发的路径是不同的。第三，海德格尔受惠于胡塞尔的思想，而胡塞尔后期关于生活世界的讨论有可能受到过海德格尔思想的反馈影响，尽管他自己的意向边缘域学说已经包含了这种理论可能。下面让我们来看一下胡塞尔现象学的基本思路，它如何影响到海德格尔存在思想的形成，以及海德格尔不同于胡塞尔之处。

一、胡塞尔的现象学

胡塞尔认为哲学从一开始就想要成为一门严格的科学，但不幸的是，一直到他那时为止，哲学还根本不是这样一门严格的学问。虽然有过苏格拉底、柏拉图、笛卡尔和康德等人的努力，但哲学一直未找到一个真正严格的起点。所以，"作为科学它还没有开始"[①]。为什么会这样呢？在胡塞尔看来，其原因在于哲学家们还未能真正摆脱根深蒂固的"自然主义"的思想方式。采取这种思想态度的人将我们认识的对象和认识的可能性都视为现成给予的和不成问题的。所以，这样的认识和思考从一开始就已经处在某种前提规定的框架中，而缺少一种体验的和反思的彻底性。在这个意义上，这种思维和它所依据的经验不是一个真正的起点，也不可能有一个内在严格的构成机制。因此，对于胡塞尔来说，找到一个"无（现成）前提的开端"就成为一切抱有严格科学"理念"的哲学探索的最重要的任务。而这个"理念"或"观念"（Idee）只有在一门"纯粹的现象学"或"现象学的哲学"中才能实现。

1. 胡塞尔为何看重布伦塔诺的意向性理论

胡塞尔从布伦塔诺的讲课中获得了什么灵感，以至他一生的

---

① 胡塞尔:《作为严格科学的哲学》，见《胡塞尔短篇著作》（*Husserl: Shorter Works*）（ed. P. McCormick & F. Elliston, Notre Dame: University of Notre Dame Press, 1981），第 167 页。

学术事业都被其改变了呢？简言之，这就是布伦塔诺关于意向性（Intentionalitaet）的思想，而它的提出则出于区分物理现象与心理现象的需要。在布伦塔诺看来，说心理学是一门关于"心灵"的科学是不合适的，既含糊又带有形而上学的味道。他认为心理学只能是关于"心理现象"的科学，而将真正的心理现象与物理现象区分开就是获得一个科学的心理学概念的关键。什么是心理现象呢？布伦塔诺写道："每一个呈现在感觉和想象中的表象（Vor-stellung）都是心理现象的一个实例；这里的表象不是指被表象的东西，而是指表象活动本身。"① 这样，听一种声音、看一个有色的对象、感到冷或暖、对这些感觉的想象，乃至思考、判断、回忆、期望、怀疑、相信等，都是心理现象的实例。此外，每一种感情，比如高兴、愤怒、失望、喜爱、厌恶等，也是心理现象。那么，什么是物理现象的实例呢？按照布伦塔诺的看法，它们包括我看到的某种颜色、某种形状和某种景观，我所听到的某种音乐和声音，我所感觉到的冷、热和气味，还有在我的想象中对我显现的类似现象。

可以看出，在布伦塔诺这里，这两种现象的不同在于心理现象指的是表象活动本身，而物理现象则仅是被表象的东西。这样，如果心理现象是听和看，相应的物理现象就是被听到的声音和被看见的色彩或形状。按照这思路，物理学要研究的乃是纯粹的物理现象之间的关系，完全不必考虑对于这些现象的表象过程。而

---

① 布伦塔诺：《从经验观点看的心理学》（*Psychologie vom empirischen Stand-punkt*）（Hamburg：F. Meiner，1973）第一卷，第 111 页。中文引自《现代西方哲学论著选读》，陈启伟主编，陈维刚、林国文译，北京大学出版社 1992 年版，第 187 页。

心理科学则应研究心理现象即表象活动本身。从以上的说明中还可以看出，心理现象是将物理现象包含于自身之内的更复杂的一种现象。没有哪个心理现象可以是一个纯粹的表象活动而不含有被此活动表象出来的东西，"表象"这个词的动词（vor-stellen）即具有"将某物置于面前"的意思。所以，任何一种心理现象或表象活动必然有一种物理现象所没有的内在的双层结构，即表象过程、被表象的东西以及两者之间的关系，而不管这种被表象者是否实际存在。于是，布伦塔诺选择了一个中世纪经院哲学中使用过的词，即"意向性"，来刻画这一所有表象活动和心理现象都具有的特性。他写道："每一心理现象可以用中世纪经院哲学家所说的对象的意向性的（亦即心灵的）内存在（Inexistenz），以及我们略为含糊地称之为对一内容的指称、对一对象（不一定指实在的对象）的指向，或内在的客体性这样的东西来刻画。"[1] 这也就是说，任何心理现象都是一种意向性的活动，即对某个内在对象的指向和提现。这种指向和提现的方式，如前面的那些例子所显示的，可以很不同；但这个基本的意谓-被意谓的构造是存在于一切心理或意向性活动中而不存在于物理现象中的。在知觉中总有某物被知觉，在判断中总有某物被肯定或否定，在爱、恨、怀疑、相信中总有某物被爱、被恨、被怀疑、被相信，等等。根据这样一种考虑，布伦塔诺断言："这种意向性的内存在是为心理现象所专有的。没有任何物理现象能表现出类似的性质。所以，我们能

---

[1]　布伦塔诺:《从经验观点看的心理学》（*Psychologie vom empirischen Standpunkt*），第124—125页；中文版，第197页。译文根据德文版重译。

够为心理现象下这样一个定义，即它们都意向性地把某个对象包含于自身之中。"①

　　这样一种对于心理现象的刻画为什么能给胡塞尔的现象学提供一个"阿基米得点"，从而为他心目中的"作为严格科学的哲学"提供了可能性呢？从表面上看，这样一种意向性所能表达的只是一种经验的、内在于意识的、与实存问题无关的结构，依靠它怎能解答关于客观认识以及最终实在的问题呢？这个问题涉及上面已提到的胡塞尔对于哲学应具有的"严格性"的理想。在他看来，以前所有的哲学都还不是一种具有自身规范性或完全自立的学问，总已包含了某种外在的前提，以至各种任意的思想能够在哲学中泛滥。胡塞尔去获得这种最终的严格性的策略是：找到一个无可怀疑、无所预设的绝对确定性，并且在此确定性中发现某种可以构成客观性的机制。他之所以能在布伦塔诺刻画心理现象的"意向性"中看到了实现这个策略的可能，是因为：首先，深受"笛卡尔的沉思"的引导，胡塞尔认为无可怀疑的确定性只能在人的内知觉或意识中找到，而意向性的内存在恰是作为一切心理的和意识的活动的特性提出来的，因此是具有绝对确定性的纯粹现象。再者，与所有通过反思达到的内在对象不同，意向性包括一个双层的表象结构，即表象行为、被表象的东西以及它们之间的关系。这就提示出了一种"构成"（Konstitution）的机制，虽然它在布伦塔诺那里还是那么微弱。但是，对于胡塞尔来讲，"一

---

　　①　布伦塔诺:《从经验观点看的心理学》（*Psychologie vom empirischen Standpunkt*），第 125 页；中文版，第 198 页。

切问题中的最大问题乃是功能的问题，或'意识的对象性的构成'的问题"①。布伦塔诺讲的意向性在胡塞尔眼中就潜在地具有了这种"功能"。

选择这样一个起点绝不是没有负面后果的。"意向性"所具有的强烈的心理学特性使得胡塞尔一生的学术事业都面临一个挑战，这就是：如何在意向性的内存在中构成认知的客观性（对象性）、可交流性和原发性；而且，在这种构成中不可借助于任何超出直观给予的先验原则，以便不破坏严格科学所要求的那种绝对自明性。胡塞尔思想的最大吸引力就在于它在这种纯现象的构成方面所取得的一些突破，而它所遭到的合理批评也都与它处理这种构成的不足有关。他的思想和方法有时被批评为仍带有过多的心理学或经验主义的色彩，有时则被指责为一种离开了体验构成的先验主义和实在论。确实，在他的现象学中，"内在性"原则一直从根本上制约着"构成"原则，使得后者虽然具有思想上的刺激力，但却不能充分地实现其存在论意义。

2."还原"与构成着的意向边缘域

为了建立一门关于纯粹现象而非仅仅心理现象的科学，胡塞尔面临的第一个任务就是要改造布伦塔诺的意向性学说，尽量清除其中的心理学的和自然主义的倾向，剥露出更纯粹的构成机制。为此，他在 1907 年之后提出了"现象学的还原"。按照《现

---

① 胡塞尔:《纯粹现象学和现象学哲学的观念》第一卷（*Ideen zu reinen Phänomenologie und phänomenologischen Philosophie*, Erstes Buch）（Den Haag: M. Nijhoff, 1976），第 196 页。译文参考了中译本（李幼燕译）和英译本（W. Gibson 译）。

象学的观念》(俗称《小观念》)和《纯粹现象学和现象学哲学的观念》,还原(Reduktion)意味着自然主义的终止,即将一切关于某种东西"已经在那了"的预设"悬置起来",或使其失效。也就是说,任何一个命题,如果包含对于某种超出了自身给予范围的断定,这种超越的东西就要被过滤掉或"放入括弧中",以使之失效。自然主义立场所夹带进来的必须与该命题本身的纯意义"分离"开来。通过这种还原,我们所达到的就是那些自身显现的纯现象。这也就是"一切原则的原则"所表达的那种态度:"**任何在'直观'中原本地**(即所谓在其有血有肉的现实性中)**呈现出来的东西,**(对之)我们只按照它自身给予的那样,而且也只在它自身给予的界限之内来接受它。"

胡塞尔的还原法与笛卡尔的怀疑方法的不同之处在于:第一,笛卡尔的怀疑法在本质上是一种逻辑式的排除法,将一切可怀疑者否定掉;而胡塞尔的方法则是一种旨在超出是非两极的中性化方法,即只将关于存在的现成设定取消掉,而命题的纯意义以及在自身给予的限度内的现象都保留了下来,并且由于冒充顶替者的消失而第一次活生生地出现于我们的视界之中。现象学的"看"就是要训练一个人只看他的看所当场构成的东西,而不看那些由于自然主义的习惯伪造出的东西。所以它既非心理主义,亦非超越的实在论,而是在"不及"与"过分"中间的更原初者。这就是现象学"到事情本身中去!"的口号的含义。第二,笛卡尔的方法所造成的是研究范围的缩小,最后只剩下一个孤立的"我思,故我在"的命题。与之相对,实行还原法的结果是研究范围的扩

大，并因此而发现了"一个新的科学领域"①。第三，笛卡尔的方
法导致研究对象（"我思"）的抽象化和实体化；而还原法按胡塞
尔的期望会导致研究对象的丰富化和现象的本质化。这也就是说，
还原从根本上讲是一种松绑，将现象从自然主义的现成设定中解
放出来，从而暴露出此现象本身的构成结构和本真质（Eidos）。这
种有普遍性功能的本质也不是能与现象分离开的抽象实体，而就
是纯现象之流所不断地显现者。第四，从以上的对比中可以看出，
笛卡尔的方法从根本上说来还是一种概念抽象方法，具有逻辑思
维非此即彼的二值性。胡塞尔的方法则运作于体验直观之中，寻
求的是一种中性化了的、构成化了的、在一切彼此分别之先的纯
现象，是一种破执显真的直观显示方法，有类似于印度瑜伽之处。
所以，尽管海德格尔并不关注这个方法的外在方面，对于它那种
志在寻求非现成的原初意义的方向也是完全赞同的。他在《存在
与时间》中的一个注释中就称赞胡塞尔使"经验的（现象的）"和
"先天的"研究直接地相互关联起来②。

　　通过还原，我们所得到的是自身（被）给予的现象，或由意
向行为本身所构成的意义。在《逻辑研究》中，他不讲还原法，
但极细致地讨论了这种方法所要暴露的意向性的纯"意义"和"形
式"的构成。这里，一个关键问题是要将这种纯现象或纯意义与
经验主义者（比如贝克莱和休谟）讲的被给予的"观念"或"印

---

①　胡塞尔：《纯粹现象学和现象学哲学的观念》第一卷（*Ideen zu reinen Phänomeno-
logie und phänomenologischen Philosophie*, Erstes Buch），第 65 页。

②　海德格尔：《存在与时间》（*Sein und Zeit*），第 50 页注释。

象"区别开来。这种感觉观念的被给予性依然受到自然主义立场的隐蔽操纵，是完全被动的现成表象。所以，每个感觉观念或印象本身都是个别的、孤立的和没有构意结构的。它们被（错误地）认为是意义的承载者，可实际上却需要外在的形式规范来使得它们具有可交流的意义。胡塞尔所讲的在意向中构成的现象和意义则不带有自然主义的存在设定。所以，这种现象是比任何一种现成的内在对象要更原本，是超出了一切肯定和否定的纯意义或本真质。更关键的是，它本身中包含着非心理、非对象的构意机制，并不是现成的对象。为什么我们能够**有意义地**去说那些**不存在**的东西？这个问题曾使从柏拉图到迈农（A. Meinung）之间的许多哲学家殚精竭虑而不得其解。胡塞尔不像他们那样只去寻找一种使不存在者在某个意义上存在的意义载体，而是通过消除自然主义立场达到一种被当场构成的意义，它已不再受对存在的肯定与否定的影响。以这种方式，胡塞尔给这个问题的解决带来了希望。它的原本性不仅表现在能经受各种样式的"修正"或"变样"（Modifikation），即便在幻想中也能被给予，更表现在它与意识本身的相互内在关联上。这也就是说，从来不是先有（一个盒子那样的）意识，后有（一些被送进来的）现象，而是，每个意识都是**对某物的意识**[①]，每个现象（但不包括"感觉材料"或"hyle"）中都有这样一个构成纯意义的意向性结构。所以，它不是任何传统意义上的现成物，既非经验主义的现成物（感觉印象），也非唯理

[①]　胡塞尔：《纯粹现象学和现象学哲学的观念》第一卷（*Ideen zu reinen Phänomenologie und phänomenologischen Philosophie*, Erstes Buch），第 35、84 页。

主义的现成物（理式、范畴）；而是必须在直观中被意向性地"构成""充实"（Erfuellung）或本真地给予的"意向意义"和"充实意义"。总之，由于现象不再被认为是现成给予的，而是在一个连续的意向之"流"或"上下文意境"中构成的，这现象本身就必定已包含了这种构成所给予的意义，以及这种"意义"上的本真质。因此，胡塞尔并不是一个如不少人认为的柏拉图主义者。他的思想的基本方式已超出了传统概念型哲学的框架，从方法论上是非抽象的、构成式的。许多抽象的二元区分，比如现象与本质、个别与一般、对象与意识、直观与理智、属性与实体，对他来说已不再有效，或不完全有效了。这就是胡塞尔对于现代西方哲学的一个决定性的贡献。

但是，具体地讲，意向行为或意识作用（Noesis）是如何构成（konstituieren）意向对象或一个意识中的统一体呢？这就涉及胡塞尔意向性学说中极为重要的"构成边缘域"（Horizont）的思想。在这方面，胡塞尔曾受到詹姆士（W. James）意识流思想的影响。它认为，要在直观体验中达到对某物的意识，体验的根本方式不可能是感觉表象的，也不会是概念规范的，而只能是在一个有边缘视野的意向境域中所进行的。总之，一切意向性的体验中都有一个围绕在显示点周围的边缘域，它总已在暗中匿名地、非主题地准备好了下一步的显示可能性。这样一个边缘域，詹姆士称之为环绕意象的"光环"、心灵的"泛音"和"灌液"①，具有潜在的

---

① 詹姆士：《心理学原理》，唐钺译，商务印书馆 1965 年版，第 103、106 页。又参见詹姆士：《心理学》（*Psychology*）（Cleveland and New York：The World Publishing Company，1948），第 160—166 页。

构成和统一化的功能。在《纯粹现象学和现象学哲学的观念》第
一卷 35 节，胡塞尔描述了他对于面前书桌上一张白纸的知觉。他
对于这张纸的每一个清楚的视知觉都只能是从一个特定的角度的
观看，知觉到的也只是关于这张纸的一个特殊侧面（Abschattung，
侧显，投影）；对于这一点，感觉经验论者比如贝克莱和休谟也会
同意。但是，胡塞尔认为我们所知觉的比这还要多，因为我们确
实是在将这张纸作为一个连续的对象而非一个个感觉印象来知觉
的。这如何可能呢？他通过描述这个知觉的构成域来回答。任何
一个清楚的知觉都带有一个体验的背景，在这个例子中就是围绕
着这张纸的一个逐渐消隐的视域空间，其中有书、钢笔、墨水瓶，
等等。它们在潜在的意义上也被知觉或直观体验到了，胡塞尔讲：

> 对于任何物（Ding）的知觉总是带有这么一个**背景直观**
> （或背景观看，如果"直观"总是包含被朝向［一个东西］[1]的
> 状态）的晕圈。并且，这也是一种"意识体验"。简言之，这
> 也是一种"意识"，特别是**对**所有那些处于被同时观看到
> 的客观背景中东西的一种"意识"。[2]

从这段话中可看出，胡塞尔心目中的"对某物的意识"与体
验的构成域是紧密相关着的。通过这种域状的构成，意向对象而
非仅仅感觉印象才成为可能，因为它使一个个的知觉经验从一开

---

① 引文中的方括弧，都是引者所加，以补足语气和意思。

② 胡塞尔：《纯粹现象学和现象学哲学的观念》第一卷（*Ideen zu reinen Phänomeno-logie und phänomenologischen Philosophie*, Erstes Buch），第 71 页。

头就以某种隐蔽的、边缘的、前伸后拉的方式交融（但非混合）
为"一气"，不仅与刚过去的经验保持着相互构成的关系，而且为
可能有的知觉"准备下了"与已有知觉的意义上的联系。

　　这样一个"焦点和围绕带"的构成结构在一切意向活动中都
存在，不管它是知觉、回忆、期望、判断、怀疑、相信、情感投
入等等。"对某物的意识"的真义也就在此结构中。胡塞尔分析的
"现象学时间"或"内在时间"（与"客观的宇宙时间"不同）就
是对这样一个构成域的更原本的揭示。每一时间体验都有这样一
个结构，即以"现在"为显现点、以"未来"和"过去"为边缘
域的连续流。时间体验不可能只发生在一点上，而必然带有预持
（Protention）和对过去的保持（Retention）。这三相时态从根本上
就是相互构成和维持着的。胡塞尔在《论内时间意识的现象学》
（1928 年）一书中比较清楚地描述了这种境域构成的而非线性的时
间观，对海德格尔思想的发展应该起过作用。不过，由于拉斯克
的影响，海德格尔从《逻辑研究》中更多地看出了一个"解释学"
的维度。在胡塞尔这一边，很可惜的是，由于他还受制于先验主
体观和某种程度上的观念（Idee）实在论，这现象学的时间观中的
纯境域构成的思路没有被彻底展开，时间意向结构与其他意向结
构的关系也没有得到应有的追究①，更没有像海德格尔那样从中引
出存在论的结论。

　　下面的一节将表明，胡塞尔的现象学的最可贵之处对于海德

---

　　① 这一情况在胡塞尔后期的发生现象学阶段，通过"被动综合"等学说，得到了
很大的改善。

格尔来说在于它的构成思想，即在意向体验中通过视域的连续交融而直接构成非心理非对象的纯意义或意向相关者，从方法论上就既避免了经验主义，又避免了唯理主义。它与西方传统哲学，包括新康德主义、世界观哲学、意志主义、直觉主义的路子都不一样，因为它能在以前被认为只属于"盲目的"直觉之处发现构成结构和意义形式。它提示出这样一种可能，即思想获得一种非概念的或原初体验的严格性的可能。至于胡塞尔所使用的具体方法，比如还原法，在海德格尔看来则不一定是必须遵循的。

二、范畴直观与"存在"系词

海德格尔从 1909 年开始阅读胡塞尔的《逻辑研究》。此后的十几年间，这本书一直是他形成自己的"存在"观的一个重要动力，即便在胡塞尔的《纯粹现象学和现象学哲学的观念》第一卷（1913 年）发表以后仍然如此。具体地讲，《逻辑研究》如何激发了海德格尔的思想呢？在《我的现象学道路》（1963 年）一文中，我们读到海德格尔的这样一段话："1919 年以后，我在胡塞尔身旁边教书边学习，自己练习现象学的看（Sehen），并在一个研究班中以一种变化了的方式尝试对于亚里士多德的理解；此时，我的兴趣又一次移向《逻辑研究》，特别是该书第一版中的第六研究。那里对于感觉的和范畴的直观所做的明确区别在它的范围内向我揭示出了确定'存在的多种意义'［中哪个是其本原义］的方式。"① 这段

_____

① 海德格尔:《朝向思想的实情》(*Zur Sache des Denkens*)，第 86 页。

话不仅告诉我们胡塞尔的《逻辑研究》在海德格尔的存在论思想的形成中所起的作用，而且指出了对他来讲是最重要的具体章节，即"第六研究"中的第六章，题为"感觉的和范畴的直观"①。海德格尔在他生前发表的著作中一直未具体讨论这"第六研究"是如何影响他的。但是，1977 年出版的《四次研讨会》和 1979 年出版的《时间概念史导论》（海德格尔 1925 年夏季在马堡大学的讲课稿）弥补了这个缺憾。

这第六章的题目，即"感觉的和范畴的直观"似乎与康德在《纯粹理性批判》中的一个思想有冲突。康德在那里反复申明这样一个道理：对于人来讲，不可能有"范畴的直观"，只能有感觉的直观和依据这种直观而起作用的知性的范畴。胡塞尔在这里却要讲"范畴的直观"。但究其实，这种表面的对立，虽然的确代表了两者治学方法之间的重要差异，以及胡塞尔思想的新异之处，却绝不是一种正题和反题的矛盾关系。用胡塞尔自己的话，这第六研究的第六章"所关心的是范畴的诸客观形式，更确切地说，是在客观化行为（Akte）领域中的'综合功能'。通过这种功能，这些客观形式得以构成，并达到'直观'和这种意义上的'知识'"②。这里所表达的倒是与康德《纯粹理性批判》中"纯粹知性概念的演绎"的主旨颇有相通之处。两者都是要追究"这些客观形式（范畴）得以构成，并达到'直观'和这种意义上的'知识'的途径"。而且，两者都注意到了这种途径与"时间"的深刻关联。

① 胡塞尔:《逻辑研究》第二卷第二部分（*Logische Untersuchungen*, Zweiter Band, Ⅱ. Teil）（Vierte Auflage, Tuebingen: Max Niemeyer, 1968），第 128—164 页。

② 胡塞尔:《逻辑研究》（*Logische Untersuchungen*）第二卷第二部分，第 128 页。

不过，胡塞尔的"范畴直观"直接点出了在康德那里通过"演绎"中的"先验的想象力"而曲折表达的意思，即人的思想（知性的范畴）与人的感觉经验（感性的直观）本来就是内在相关的。而且，通过胡塞尔后来提出的边缘域构成的学说，不管是现象学时间视域构成还是知觉视域的构成，特别是通过内时间视域进行的被动综合或前对象化的构成，这种范畴直观的形成机制也在一定程度上得到了揭示。从这些角度看来，胡塞尔的范畴直观学说具有更高的思想价值。

海德格尔之所以特别重视这一章，不仅因为它讨论了"范畴的直观"，而且运用这种超出了概念抽象与经验直观的新颖方法来分析系词的"是"或"存在"（Sein）的含义，从而在更直接的意义上为海德格尔提示了一条理解"存在"（Sein）的纯构成的新路。

胡塞尔将"感觉的直观"看做直接的感官知觉，在其中个别的意义意向（比如一个名词的意义）被意向性行为充分地执行或充实（erfuellt）。他写道："在感官的知觉中，在我的视觉落下的瞬间，这所谓'外在的'事物'在一下子中'显现。它提现这事物的方式是**质朴的**、不要求建基的（fundierend）或被建造于某个基础之上的行为的机制。"[1] 但是，对稍复杂一点的，即具有普遍性和谓词关系的知觉以及意义表达来说，就需要更高级的直观行为来执行。这就是所谓"范畴的直观""有依凭的（belegende）直观"，或"建基的行为"。当我看见一张白纸并说"白纸"的时候，我似

---

[1]　胡塞尔：《逻辑研究》（*Logische Untersuchungen*）第二卷第二部分，第147—148页。

乎只表达了我所见到的。对于判断来说也是这样，我看见这纸是白的，就说："这纸是白的"。在传统的经验论者乃至绝大多数唯理论者看来，这种知觉和表达的方式与感官知觉的方式没有什么重要的不同，最多不过是简单知觉与复合知觉这样的程度上的不同而已。两者的"意义［都已］在知觉之中"①。"白纸"中的"白"只是对应于这张白纸的"白的方面"而已。但是，胡塞尔认为这种看法漏掉了在这类认知中包含的另一种行为的执行功能。"白纸"中的"白"只是"部分地"与作为感觉对象的白纸中的颜色方面相重合，另有一"多出的意义"已被包含于这种比较复杂的知觉之中。这就是一个"形式"（Form），它在直接的感觉显现中得不到执行和构成②。这也就是说，此白纸在较复杂的知觉中乃是一张白色的纸。知觉的"质的方面"或"直接的知觉"达不到这个"多出的"形式。更重要的是，胡塞尔认为执行这种形式的行为从根本上说还不是概念的抽象，而是一个构成性的而非规范式的范畴的直观。特殊与普遍、现象与本质就是在这种构意的直观行为中相交相遇。

胡塞尔关于感觉直观的学说表明他的思想方式中仍有经验主义和心理主义的成分，而且会引起这样的疑问，即一个无"形式"的直接感觉在什么意义上是可能的？但是，他关于范畴直观的学说却提示出了（但并非真正说清楚了）一种看待哲学问题的新思路。在由柏拉图开创的传统哲学中，个别与普遍、感觉与思维、

---

① 胡塞尔：《逻辑研究》（*Logische Untersuchungen*）第二卷第二部分，第130页。
② 同上书，第131页。

现象与实在的关系是外在的。这也就是说，这些对立的双方被认为从逻辑上是可分的；而且，一般都认为前者（个别、感觉、现象等）是通过直观给予的，而后者则不是。至于两者以什么方式发生了关联，则各有各的说法。在这样一个思想模式中，"存在"的意义被视为属于此两方中的某一方，特别是（按照唯理主义者）属于后者或实体。这种形式实体不能在直观中被给予，而必须通过"回忆"或概念的抽象从眼前的现象中引导出来。海德格尔称之为"存在者之存在"（das Sein des Seienden）。胡塞尔思路的新意就在于从某一个角度突破了这种二元的思考方式。它指出，在"高"于感觉而又还不是概念的居中层次上，或原初体验本身中，已有形式、意义或理性行为的运作。而且，从现象学的观点看，这是更本源的构成。在这个层次上，个别与普遍、经验与思维、现象与实在从根本上就不可分；提现个别（"这张白纸"）的直观的建基行为必然要连带出或构成一个"多出来的"形式（这张**是**白色的纸）。后者与前者虽然有别，但已不是在传统看法中的那种外在的和认识领域上的区别，而是构成中的地位和角色的区别。依照这样一个思路，就会产生这样的问题：如果传统的二元分支不成立了，那么，与这种范畴直观的构成洞见相匹配的"存在"的含义是什么呢？

在第六章的两节（43 和 44 节）中，胡塞尔运用他的范畴直观的思路讨论了作为系词的"存在"或"是"（sein）的意义。它们对于海德格尔来说是极有启发性的，尽管还谈不上问题的真正解决。胡塞尔同意康德"存在不是一个实在的谓词"的讲法。对于胡塞尔，"实在的"（real）意味着不在构成的顶尖之处或边缘域中。

所以，"存在"或"是"不是表述知觉的对象，不是这对象的部分和特点，也不是将此对象结合为复合对象的"实在的统一形式"。他讲道："我能看见颜色，但无法看见颜色的存在（farbig-sein，又可译为'颜色的实是'）。""**存在或'是'是绝对无法知觉的。**"①而且，这"存在"的意义也不能按照传统的思路被看作是由"内感官"，即对于心理行为和判断的"反思"给出的。"存在或'是'只能通过判断而被理解"，如果这"判断"意味着构成式的"执行"（Erfuellung）而非一个由反思给出的判定的话②。反思将直观所知觉的作为内在的对象来把握，比如，"金子"的"黄色"，却不能活生生地体验（erleben）那在判断中构成的事态或"是"态，比如"金子–是–黄色"（Gold-ist-gelb）这样的事态③。所以，胡塞尔讲："事态和（在系词意义上的）存在的根源不存在于对判断的反思中，亦不存在于对判断的执行的反思中，而只存在于判断本身的执行中。"④现在我们就面临着一个两边较劲的充满张力的局面。一方面，用胡塞尔的话讲就是："存在（'是'）不是判断，也不是某个判断的实在的构成部分。它也不是某个外在或内在的对象的实在的构成部分。"⑤另一方面，存在（"是"）又不能脱离开判断的构成，只有在直观的判断体验中，作为系词的存在（是）才能够被给予我们或令我们理解。正是通过这样一个间不容发的思想局

---

① 胡塞尔：《逻辑研究》（*Logische Untersuchungen*）第二卷第二部分，第138页。

② 同上书，第140—141页。

③ 同上书，第140页。

④ 同上书，第141页。

⑤ 同上书，第139页。

面，海德格尔在某个重要的意义上达到了对于存在的意义的"确定"。在 1973 年海德格尔主持的查黑根（Zaehringen）讲座的记录中有这样一段重要的话：

> 在全部传统哲学（除了它最早的［前苏格拉底的］希腊开端）中，决定存在的唯一基础是判断的系词。海德格尔对此评论道：这是一个虽然正确、但不真的决定。通过对于范畴直观的分析，胡塞尔将存在从它固着于判断的状态中解放了出来。这么一来，对此问题的整个调查领域就被重新定向。如果我提出关于存在的意义的问题，我就必须首先超出将存在作为存在者之存在的那样一种理解了。……［这也就是说，］为了能够一般地展现存在的意义这个问题，这个存在必须被给予，以便通过它去询问它的意义。胡塞尔的贡献就在于提现出了这种存在，使其显现于范畴之中。凭借他的这个贡献，海德格尔继续讲道，我终于获得了一个基础：存在不是依据推导而产生的纯概念。[①]

在这段话中，海德格尔首先提到传统哲学的做法，即将存在的意义视为由判断中的系词所决定的东西。根据以上对胡塞尔"第六研究"第六章的介绍分析，这就相当于胡塞尔所排斥的那种将"存在（'是'）"视为判断的一个构成部分的做法。依照这种看

[①]　海德格尔:《四次研讨会》(*Vier Seminare*)(Frankfurt: V. Kostermann, 1977)，第 115—116 页。

法，存在的意义就会"固着于判断"之中，并且可以作为反思的对象"依据推导"或通过语法分析被把握。这样理解的"存在"只能是一种"纯概念"或一种"存在者之存在"，与海德格尔心目中的"存在本身"有着原则性的不同。在海德格尔看来，胡塞尔的最重要贡献就在于通过范畴的直观学说，在某种程度上指向了一种先于任何概念反思的纯存在，被判断的构成所要求的更本源的存在。可以看出，海德格尔这里的解释比胡塞尔的论述更深透，引出了一种存在论解释学的思路。这种从根本上就超前一步的存在是一切意向性构成的"基础"。"这个存在必须被给予，以便通过它去询问它的意义"；这就意味着存在是先于任何现成状态的最本源构成，是在最"边缘"的境域（比如还未被执行或充实的意向意义、时间境域）中就已出现了的构成。实际上，这构成与这境域就不可分。"助跑［的势态］决定了一切"①，就在所谓"边缘域"那里，一切存在论的重要问题就已经出现了。存在必须永远先于任何二元分叉就"有"了②，然后才能"通过它去询问它的［多种］意义"。

由此可见，"存在者之存在"与"存在本身"的不同并不在于是否区别了"存在"（Sein）与"存在者"（Seiende），因为传统形而上学家们同样相信他们已区别了作为实体的存在与作为现象的存在者；真正的不同在于区别存在与存在者的方式，即概念抽象的方式还是非（先）概念的构成方式。

---

① 海德格尔：《形而上学引论》（*Einfuehrung in die Metaphysik*）（Tuebingen：M. Niemeyer，1987），第 134 页。

② 克兹尔：《海德格尔〈存在与时间〉的起源》（*The Genesis of Heidegger's Being and Time*），第 231 页。

三、为什么"在胡塞尔那里没有存在的问题"?

上面的讨论表明,在海德格尔的存在思想的形成期,胡塞尔的意向性构成的学说曾起过关键的作用。但是,在《哲学的终结》《关于人道主义的信》等文章中,海德格尔还是断言胡塞尔的现象学"没有调查作为存在之存在［存在本身］的问题"①。海德格尔的查黑根讲座所讨论的一个重要题目就是:"在什么意义上我可以说在胡塞尔那里没有存在的问题?"②

上两节表明,胡塞尔通过"范畴的直观"这种构成思路讨论了"是"或系词"存在"的意义,并在意向性的范围内探讨了这种构成的境域发生机制。这种处理方式激发了海德格尔关于存在的思想,即一种先于一切存在者之存在的、被人的生存"朝向"视野投射出的本源存在的思想。在这个意义上,海德格尔承认胡塞尔的《逻辑研究》"轻轻地触及到了存在的问题"③。但是我们也可以看出,胡塞尔的研究尽管提示出了一种看待终极问题的新方法,他的学说中却还是掺杂着心理学的和感觉经验论的成分,整个理论(而非它的方法中最有活力的那一部分)也未脱开传统的形而上学和认识论的构架。这些都使他无法走向一种在海德格尔看来是更纯粹的关于"存在本身"的思想。后面的章节将显示,海德格尔与康德之间也有这样一种若即若离的关系。

---

① 海德格尔:《朝向思想的实情》(*Zur Sache des Denkens*),第 77 页。

② 海德格尔:《四次研讨会》(*Vier Seminare*),第 110 页。

③ 同上书,第 111 页。

　　就在上面所引的那一段谈到"胡塞尔的贡献"的话后，海德格尔马上说道："但是，胡塞尔没有超过的一点是：在他赢得了作**为被给予者**的存在之后，他就不再做进一步的发问了。他没有去展开'存在意味着什么'的问题。胡塞尔在这里根本没有看到可能存在的问题的影子，因为下面这个思想对他来讲是不言自明的：'存在'意味着对象的存在。"① 的确，这样一个思想特点贯穿了胡塞尔的著作，即认意向性的构成物或构成中的被给予者——不管它是"形式""意向对象"，还是"先验主体性"——为最终的存在，因而不再去追究此构成性的"给予"所提示出的更本源的存在论问题。② 与之相反，海德格尔是带着布伦塔诺的博士论文所唤起的古典的"存在问题"和一个深厚的神学解释学的思想冲动去看待这种体现在范畴直观中的意向性构成的。他深厚的哲学史功底使得他能"见机而作"、追本溯源而成其大观。所以，在查黑根的讲座中，海德格尔提请听众注意，虽然他和胡塞尔都从布伦塔诺开始，但两者的起点所依据的著作是不同的，胡塞尔所依据的是布伦塔诺的《从经验观点看的心理学》(1884 年)，而唤起海德格尔哲学兴趣的则是布伦塔诺早期的《根据亚里士多德论"是者"的多重含义》(1862 年)；海德格尔微笑着说："我的布伦塔诺是亚里士多德式的！"③

　　从思想上讲，胡塞尔达不到"存在问题"的一个重要原因就

---

　　① 海德格尔：《四次研讨会》(*Vier Seminare*)，第 116 页。

　　② 这一情况在胡塞尔后期的发生现象学阶段，通过"被动综合"等学说，得到了很大的改善。

　　③ 海德格尔：《四次研讨会》(*Vier Seminare*)，第 123—124 页。

是，他的构成学说没有被充分和彻底地展开，还限于还原出的意
向性之中。这里，虽然自然主义的立场从表面上被避免了，现象
与本质、个别与普遍的二分法被克服了，但主客相对的传统形而
上学的存在论前提却依然有效。意向性的构成方式仍然受制于主
体认识客体这个大模式。因此，尽管他发现了范畴直观，但还是
认为基本的直观是"让'外在的'事物'在一下子中'显现"的
感觉直观；这就使得范畴直观失去了存在论的意义，因为它所处
理的、所"建基"于其上的从根本上讲是感觉直观所提供的现成
感觉材料。换句话说，它并不能与"存在本身"打交道。海德格
尔的师兄拉斯克在运用胡塞尔的范畴直观思想时，割去了这条经
验主义的和实在反映论的尾巴。他认为逻辑上赤裸的实际性或人
的原初体验已经涉及人的范畴直观活动，尽管这里的范畴形式还
不被意识反思着，而只被活生生地体验着[1]。我们从来就以一种完
全投入（Hingabe）的方式直接体验到了这总是多于现成存在者
的"形式"，并通过与概念抽象不同的范畴活动（他称之为"反思
的范畴"）而思考它[2]。这种范畴实际上可理解为主要由语言中的虚
词（介词、连接词、副词）和中性代词表示出来的关系结构。这
些结构属于活生生的体验本身，不能被固定化和对象化。（参见
以下第 16 章第二节后半。）在思想形成期的海德格尔深受这种拉
斯克化了的范畴直观学说的影响，并进而通过人的"实际生活体
验"、"形式指引"（这里的"形式"与传统的具有"普遍性"的形

---

　　[1]　克兹尔：《海德格尔〈存在与时间〉的起源》（*The Genesis of Heidegger's Being and Time*），第 27 页。

　　[2]　同上书，第 37 页。

式完全不同）、"时机化"等思路越来越深透地开掘出它的存在论含义。在海德格尔看来，人的"实际性"（Faktizitaet）首先不是意识观念，而是在时间境域中自身构成和维持着的历史存在。这"原本的某物"（司各脱讲的"这个"或"haecceitas"）具有原发的独特性，因而无法被观念普遍化。但是，由于它的境域缘发本性，它又总具有非概念的构意机制，并因而总有了某种前反思的境域意义。表达或进入这纯构成意义的方式只能是"形式指引"的或当场揭示的，而不能是表象的和定义的。而且，对于人的这种实际生存意义的理解，只有在某种特定的形势下才会是真正切己的（eigentlich）；这就是，人体验到了自己生存的时境构成，并以无执的决断方式开启、投入和维持于这纯境域的生存势态之中，充分实现出它的时机化本性。海德格尔在解释保罗书信时，就特别揭示出了"基督再临"的时机化本性①。胡塞尔晚年尽管也提出"生活世界"学说，将他意向边缘域的思想推向历史维度，认为在一切科学的观念反思的认知之先已有一个授予意义的"匿名"境域的构成；但这学说本身依然受制于先验主体性的统辖，因而不具备海德格尔的"实际性-形式指引-时机化"思想的存在论意义。

此外，胡塞尔的现象学受制于传统的理论框架的事实还表现在：意向行为（Noesis）与意向对象（Noema）的两极结构实际上是传统的主客二分结构的反映，尽管前一个结构在很大程度上已被功能化了。因此，意向性构成的学说也受到了制约，被意向主

---

　　① 克兹尔:《海德格尔〈存在与时间〉的起源》（*The Genesis of Heidegger's Being and Time*），第 164—191 页。

体注意到的便是"焦点",不被他直接注意到的是"围绕带"。而且,构成虽然要借助边缘域的作用,但构成的趋向是"两极"而非"一域"的。这也就是说,按照胡塞尔也不是很清楚的某种前提的引导,构成的客观一维一定要趋向意向对象的"核心",而它的主观一维则要被收敛入先验的主体性之中。因此,这种构成观并不彻底,不是存在论意义上的。构成域中隐含的存在论的"新方向"还远没有被揭示出来。根据同样的道理,胡塞尔所讲的在最终意义上能与意向的构成境域分开的意向行为的构成物或预设前提,不管它是观念本质、意向对象、当下的原印象,还是先验主体性,从更大的角度看仍然只是一种"现成物",而非被纯构成所要求的"存在本身"。这也就是海德格尔一再强调的他所理解的现象学与胡塞尔的现象学有着重大不同的原因。

第 3 章　海德格尔与古希腊哲学

海德格尔对于"存在的原义"的兴趣是由布伦塔诺的博士论文《根据亚里士多德论"是者"的多重含义》所唤起的，而他对于此问题的解决则受到过胡塞尔现象学的重大启发。亚里士多德认为有这样一门学问，它研究存在之所以为存在，以及存在凭借自身的本性而具有的特性。① 在《形而上学》第五卷中，亚里士多德区别了"存在（'是'）"的四种含义：（1）偶性；（2）范畴，包括实体、质、量、关系、主动、被动、地点、时间等等；（3）真假；（4）潜在或现实。布伦塔诺的书就主要讨论这四种含义。按照布伦塔诺，范畴意义上的存在乃是"存在"或"是"的主要含义。这本书使得海德格尔在青年期的许多年中苦思"存在的原本意义究竟是什么"这一问题。合乎情理地，他在布伦塔诺的学生胡塞尔的《逻辑研究》中，特别是在后者用"范畴直观"来阐释系词的"存在"或"是"的讨论中得到了重要的启发。海德格尔在《我的现象学道路》一文中写道：

---

① 亚里士多德：《形而上学》，第四卷，第一章，1003a20。译文参考吴寿彭的中译本（商务印书馆1981年版）和几个英译本。以下提供亚里士多德著作引文出处时，只在括弧中给出亚里士多德著作的统一页码和行码。

从那里［即关于胡塞尔的《逻辑研究》的教学中］我得
知了一件事，尽管开始时还是由猜测而非有根据的见识引导
着。这就是：意识行为的现象学所讲的现象的自身显示曾被
亚里士多德，并在所有的希腊思想和希腊人的缘在（Dasein，
生存境域）中被作为揭蔽之真理（alētheia）而更本源地思
索。这种揭蔽之真被古希腊人理解为正在场者的无遮蔽状态
（Unverborgenheit）、它的泄露，以及它的自身显现。由现象
学的研究所再发现的那个支撑着思想的势态实际上是希腊思
想乃至哲学本身的根本特性。

这样一个见识越是决定性地对我清楚地显示，这样一个
问题就变得越是更紧迫：那按照现象学的原则必须被经验为
"事情本身"的东西是在何处和以什么方式被决定的？它是意
识和它的对象性呢？还是在其无遮蔽和遮蔽状态之中的存在
者的存在呢？

于是，在现象学思想势态的明示下，我被带到了关于存
在的问题的道路上来。这个问题又被激活了，又令我不宁，
但其方式与以前布伦塔诺的博士论文所引发者又有不同，解
决这个问题的道路比我预想的要更漫长。它里面包含了许多
停顿、曲折和歧途。①

这段话不仅表明胡塞尔与海德格尔的关系，也表明海德格尔如何
进入到古希腊的存在世界中去。胡塞尔在意识行为的现象学中

---

① 海德格尔:《朝向思想的实情》（ *Zur Sache des Denkens* ），第 87 页。

所揭示的"现象的自身显示"的构成思想以及（海德格尔这里未提及的）拉斯克的带有解释学含义的现象学思路对于海德格尔是极重要的，因为非如此他就无法真正超出唯实论和唯名论的争论，解决那困扰了他多年的关于存在的原义的问题。[①] 作为一个现代人，海德格尔几乎只能依据这条现象学之路再进入古希腊的存在。但是，这种"再进入"一旦发生，胡塞尔的现象学马上就显得不够原本了，因为它在存在论上还是通过"意识和它的客观性"来经验"事情本身"，而不是将其作为揭蔽的真态存在或正在场者的无遮蔽状态来理解。

　　在以下对于海德格尔与古希腊思想关系的探讨中，乃至在理解海德格尔的全部思想中，上一章所讲的胡塞尔的现象学的构成观是一个关键性的引子。然而，正如以上已经指出的，这种构成观的存在论含义没有被充分开发出来。换句话说，它里边的构成境域本身还没有被视为终极的存在，而只是构成先验主体性和意向对象的绝对必要的过渡带而已。在拉斯克思想的帮助下，海德格尔从方法上突破了这种局限，也就是找到了一种理解和谈论这构成着的境域（还没有任何主客分化的人生体验）的思路和表达方法。这就是他在 1919 年前后形成的关于人的历史"实际性"的解释学化了的现象学思路和"形式指引"的表达方法。这种实际性学说中充满了原初的"时间"含义，而形式指引方法则与真理的揭蔽（alētheia）之说大有干系。通过这样一个更原发的现象学

---

① 参见开普托（J. D. Caputo）：《海德格尔与阿奎那》（*Heidegger and Aquinas*）（New York：Fordham University Press，1982），第一章。

视野，海德格尔看到了古希腊思想的存在论的构成含义及其时机化（Zeitigung）[1]的方式。亚里士多德之后的观念哲学家们从来都失去了这个视野，只知在已板结了的概念层次中纵横捭阖而已。

一、前柏拉图思想——西方哲学的真正源头

对于古希腊哲学，最常见的理解是：它始于泰勒士的命题"水为万物之本源"，经过一两百年的酝酿，到苏格拉底发生了重大的转折。苏格拉底的弟子柏拉图和再传弟子亚里士多德完成了这个转折，并吸收了前人思想中的合理之处，从而达到了希腊哲学的最高点，为其后两千多年的西方哲学奠定了一个概念哲学的"范式"。所以，柏拉图和亚里士多德可称为西方哲学的真正奠基人。海德格尔对希腊哲学的看法与这样一个传统模式既有相似之处，更有深刻的不同。相似之处在于他也承认柏拉图、亚里士多德二人的思想决定了两千多年的西方哲学的基本路子，在这个意义上是西方传统哲学或形而上学的"起点"。但是，海德格尔认为这个"起点"并非思想本身的"源头"。相反，"这个起点（Beginn）倒毋宁是对此源头（Anfang）的遮蔽，一个可说是无可避免的遮蔽"[2]。

西方哲学的真正源头在哪里呢？海德格尔认为是在前苏格拉底或前柏拉图的古希腊哲学中。当然，海德格尔反对"前柏拉图

---

① 海德格尔：《存在与时间》（*Sein und Zeit*），第 235 页。

② 海德格尔：《什么叫做思想？》（*Was Heisst Denken?*）（Tuebingen：Max Niemeyer，1954），第 98 页。

思想"这个词的传统意义，即认为柏拉图（亚里士多德）为古希腊哲学的最伟大的思想家，以他为准而称那些以他的哲学为逻辑归宿的思想为"前柏拉图的"，而称那些以他的哲学为模本的思想为"后柏拉图的"[①]。在海德格尔看来，阿那克西曼德、巴曼尼德斯和赫拉克利特是前柏拉图思想家中的佼佼者。他们所代表的思想构成了西方哲学的真正本源。在那里，逻各斯还没有退化为逻辑，思想的（存在论解释学的）严格性还没有被判断的严格性所冒充。最重要的是，"存在"本身的本源的揭示力还没有被压瘪为一个最普遍又是最空洞的概念。与"进化观"相左，海德格尔认为"起源是一切伟大中最伟大者"[②]。它的光辉久被遮掩，造成了现今西方文明的衰退。出路就在于"重复"或"重新获得"（wiederholen）此源头，将其转化为一新的起点[③]。

1. 古希腊文中"存在"的含义

海德格尔认为，古希腊人特别是前苏格拉底思想家们思考最根本实在的方式与后来的概念形而上学者们的方式是很不一样的。在某个重要意义上，前者可以被看成是"现象学的"，虽然完全不带有胡塞尔现象学的主体主义和心理意义。这也就是说，对古希腊人来讲，"存在"不是抽象概念所把握的最普遍对象或意义，而是一个与人的存在息息相关的出现、打开（去蔽之真），并活生生

[①]　海德格尔:《什么叫做思想?》(Was Heisst Denken?)，第 112—113 页。

[②]　海德格尔:《形而上学引论》(Einfuehrung in die Metaphysik)，第 12、119 页。

[③]　同上书，第 29—30 页。

地保持在现场 [1]。这也就是说，"存在本身"对于古希腊人来说是与"纯显现""生成""直观中的思想"相互构成的。所以，海德格尔关于古希腊"存在"的讨论，总是与纯构成意义上的"逻各斯"、"去蔽之真"、"技艺"（technē）联系起来，充满了当场发生、揭示和保持住的存在论的域性。

　　古希腊人在人的"乐于去看"中去理解认识的根本。为了某个具体的目的去看某个对象只是原本的"看"的退化了的形式。原本的看就只是看，因为人天生就能看，也爱看。当然，这种看并不只限于视觉，而是表示一种直观中的纯知觉构成。从这里可以知道为什么布伦塔诺用来刻画心理现象的"纯表象"和胡塞尔讲的意向性的构成会帮助海德格尔看到古希腊人的"看"的视界。当然，古希腊人的看具有存在论的含义。亚里士多德在他讨论存在论的著作《形而上学》的一开篇处就讲："看的牵挂（Sorge）从根本上就属于人的存在。" [2] 在一个更本源的意义上，海德格尔将巴曼尼德斯讲的"to gar auto noein estin te kai einai"（通常翻译为"因为思维与存在是同一的"）理解为"存在乃是那在纯直观中的自身显现，而且是只在此看中被发现的存在" [3]。所以，胡塞尔讲的那个贯通个别与普通、现象与本质的现象学之看，在海德格尔那里获得了存在论或本体论的含义，并反映在了他对巴曼尼德斯的解释之中。在这里，存在与纯直观意义上的思维发生了先于概念的根本关联。下面，让我们更具体地看一下海德格尔对于这种古希腊

---

　　[1]　海德格尔：《形而上学引论》（*Einfuehrung in die Metaphysik*），第 11 页。

　　[2]　海德格尔：《存在与时间》（*Sein und Zeit*），第 171 页。

　　[3]　同上。

智慧的解释。

海德格尔认为，希腊文中的一个词"physis"表达了"存在"（古希腊文中为"eon"）的意思。人们经常将这个词与"（物质的）自然"联系起来，但海德格尔认为它的原义是："出于自身的开放（比如一朵玫瑰花的开放），自身打开着的展现，以及那在此展开中显现自身并保持在那里、经受住它［的状态］；简言之，即那样一个开展着的和逗留不去的存在域（das Walten）"①。从这样一个观点看，"physis"或"存在"既非任何意义上的对象或对象的集合，也非仅仅指某个变易的过程，而是一种发生着和主宰着局面的根本存在域。所以，我们可以在中文中将"physis"译为"原在"。它不只是神秘主义者所讲的超言绝象的本源，因为它虽然先于任何概念把捉，却是出现、打开并在此开显中保持住自身的。人不仅在原本的意义上知道此显现，而且从本质上就属于它。因此，按照海德格尔的看法，历史上将"physis"译为拉丁文的"natura"，乃至后来将它解释为"物质的自然"，甚至进一步抽象化为"物理学"（physics），就都失去了这个词的原本存在论的含义和力度。其实，西方形而上学（metaphysics，字面为"后物理学"）如果像亚里士多德讲的那样是研究"存在之所以为存在"的学问，它的真正源头就只在此"physis"（"原在"）之中②，而非在一个更抽象和更逻辑化的"后－physis"的领域之中。

---

① 海德格尔：《形而上学引论》（*Einfuehrung in die Metaphysik*），第 11 页。
② 同上书，第 13—14 页。

2. 存在与逻各斯（思想，说）

　　许多关于西方哲学史的著作往往将巴曼尼德斯与赫拉克利特的学说视为前柏拉图思想中的两极。从表面上看，巴曼尼德斯主静（"只有存在存在"），赫拉克利特主动（"万物皆流"）。于是人们便用"本体与现象""存在与变易""唯心与唯物""唯理论与经验论"这些概念框子将两者对立起来，并进而在柏拉图与亚里士多德的学说中寻找对此两者的更高的综合。海德格尔不同意这一流行看法。他认为："赫拉克利特与巴曼尼德斯所说的实际上是相同的。"这一主张的根据就是现象学的构成观和由此深化而成的存在观或本体观。

　　海德格尔将这种构成观充分地存在论化，认为"存在"绝不会像"存在者"或"存在者之存在"那样被现成地给予，而必是一种最本源的发生和构成。所以，他认为作为"physis"的存在的原义应是"出现、自身展现、打开见光和保持在那里"。这样理解的"存在"与赫拉克利特所讲的那团"在一定的分寸上燃烧和熄灭的永恒的活火"[①] 确实就若合符节了。存在与生成（变易）、存在与显现通过存在论意义上的构成或赫拉克利特讲的"斗争"而相互贯通乃至相互依存，并不需要凭借概念的辩证法而达到更高的综合。所以，海德格尔写道："对于古希腊人来讲，'站在自身之中'就等于'站在那儿'（Da-stehen）或'站在光明之中'（Im-Licht-stehen）。存在就意味着显现（Erscheinen）。显现并非是偶然伴随存

──────────

　　① 《古希腊罗马哲学》，北京大学哲学系外国哲学史教研室编译，商务印书馆1982 年版，第 21 页。

在的一个附加特性。存在就是作为显现而存在的"①。而且，"由于
存在者本身存在着，它就将自身置于并站在去蔽之真之中"。这样
看来，前柏拉图的古希腊思想家认为存在、显现和原真三者从根
本上就是声气相通的。通过海德格尔的解释，它们都脱掉了主客
二分的形而上学框架所赋予的那层外在的概念硬壳，回到了原本
的拓扑型的相互需要和相互构成的状态之中。比之胡塞尔讲的纯
现象、意向对象和本真质的构成思想，海德格尔所理解的"现象
学存在论"确实要更彻底得多了。

　　在海德格尔看来，古希腊人有一种"揭示存在的热情"。这其
中所包含的（自身）斗争之惨烈和体验的人生命运之深沉，反映
在俄狄浦斯这样的悲剧角色身上。"一步步地，他必须前去揭开遮
蔽，而那最终将使他只能通过挖去自己的双眼而忍受；也就是说，
通过去掉他的一切光明，让深夜的黑暗笼罩住他。而且，双目失
明，呼叫着请人们开门，以便向他们显现，这个人是一个什么样
的人。"②

　　存在与思想的分离是西方形而上学的一个重要标志，它的一
个表现就是将思想的本性视为"逻辑"，或认逻辑为"思想的科
学"③。其实，逻辑乃是逻各斯（Logos）的退化形态，就如同"理
式""实体"是"原在"的退化形式一样。逻辑恰恰免去了对原
本思想的需要，使之蜕变为无真理和原在引导的技术和概念系统。
而且，用"先验逻辑"和"辩证逻辑"的方式去克服传统逻辑的

---

① 海德格尔:《形而上学引论》（*Einfuehrung in die Metaphysik*），第 77 页。
② 同上。
③ 同上书，第 81 页。

不足也不是解决问题的办法。海德格尔相信，只有追索"逻各斯"
的原义才会有助于重新认识存在与思想的真实关系。

　　按照海德格尔的看法，"逻各斯"的原本意义是"收拢"或
"收集"（Sammlung），后来衍发出"谈话"和"说"的意思[①]。"收
拢"是指将不同的东西置于一处，但又不取消它们之间的区别。这
个意思与"physis"或"原在"所意味者——"出现、打开并保持
住"——有某种关联。但是，只是通过赫拉克利特和巴曼尼德斯
这两位"关键性的思想家"，它们在古希腊哲学的开端处才真正从
思想上拱合了起来。通过分析赫拉克利特《残篇》第一节和第二
节，海德格尔得出结论：赫拉克利特的"逻各斯"意味着"那正
在收拢着的被收拢性，即原本的收拢。"[②] 这一具有强烈现象学存在
论特点的理解将逻各斯与原在的含义贯通了起来。海德格尔讲：

　　　　逻各斯是这种稳定的收拢，是存在者立于自身之内的
　　被收拢。这就是存在。所以在《残篇》第一节中"kata ton
　　logon［按照这个逻各斯］"与"kata physin［按照原在］"具
　　有相同的意思。原在（physis）与逻各斯（logos）是相同的。
　　逻各斯在一种新的但又古老的意义上刻画着存在：那存在着
　　的在自身中直立着和显明着，在其自身中和凭借其自身被收
　　拢起来，并且在此收拢中保持住自身。eon 或存在从根本上就
　　是 xynon 或被收拢着的在场。xynon 并不意味着"普遍的"，

———————

① 海德格尔:《形而上学引论》（*Einfuehrung in die Metaphysik*），第 95 页。

② 同上书，第 98 页。

而是那在自身中收拢所有事物并将其保持在一起者。①

我们可以看得很清楚，正是现象学构成的识度使得海德格尔对逻各斯和存在的理解生动化、当场现身化和前概念化了。结果就是，此两者在一个更原本的视野中相互融通了起来。海德格尔对于这些希腊字的词源分析固然不能说是不必要的，但在这种根本性的问题上，更重要的是思想本身的走向和视野。

按照海德格尔的看法，正是由于赫拉克利特具有"逻各斯［思想之原义］即存在"的本源识度，生命的存在才与死似相反而实相成。所以，赫拉克利特的《残篇》第八节中的第一句话（通常译为"互相排斥的东西结合在一起"或"对立者统一起来"）应被理解为："相反者来回运作，从这个到那个；从它们自身中，它们收拢自身。"②又将这节中讲的"斗争"解释为："对立者之间的斗争是一种收拢，植根于结合；这就是逻各斯。"③与传统的译文和理解相比，海德格尔的解释的一个独特之处就是将对立者之间的"统一"和"斗争"看作是有个"着落"或"地方"（topos）④的。这也就是说，它们是被"收拢"和"保持"于一个存在论的域（原本意义上的"结合"或"Zusammen-hang"）之中，而并非是一种抽象的辩证概念关系。根据这同一个识度，"万物皆流"这个赫拉克利特的学说，就不能被发散地理解为一切都在持续不停地变化，

---

① 海德格尔：《形而上学引论》（*Einfuehrung in die Metaphysik*），第 100 页。

② 同上。

③ 同上。

④ 同上书，第 50—51 页。

而应被理解为："作为全体的存在者，在其存在中，被来回地从对立者中的一个抛向另一个；存在是斗争和涌动的收拢。"[1] 这一理解很令人联想到海德格尔后期常讨论的 "Ereignis"（可译为"自身的缘构发生"）的思想。

巴曼尼德斯说过的最著名的话之一就是："to gar auto noein estin te kai einai"。通常的翻译是："因为思维与存在是同一（相同）的。"[2] 这样的译解似乎与海德格尔对前柏拉图思想的看法不矛盾，但是海德格尔还是认之为是一种"错解"[3]。因为它没有追究"思维""存在"和"相同"（"同一"）的古希腊含义，而是站在后世的主客分离的思想模式中去断言思维与存在的同一。在这样的视野中，这个命题是抽象的和缺乏存在论的根基的，并没有达到存在与思维的原本的统一。

巴曼尼德斯在《残篇》第六节开端处讲的那句话 "Chrē to legein te noein teon emmenai" 的通常翻译是："我们不能不这样说和这样想：只有存在物是存在的。"[4] 海德格尔则将这句话译为："所需要的是，这个'让其位于眼前'，也就是'带到注意之中'：存在者之存在"（Es braucht das Vorliegenlassen so（das）Indie-Acht-nehman auch：Seiendes seiend）[5]。其中与我们眼下的讨论最相关者是 "legein"（逻各斯）与 "noein"（知觉或思想）的关系。按照海德

---

[1]　海德格尔：《形而上学引论》（*Einfuehrung in die Metaphysik*），第 102 页。

[2]　《古希腊罗马哲学》，第 61 页。

[3]　海德格尔：《形而上学引论》（*Einfuehrung in die Metaphysik*），第 104 页。

[4]　《古希腊罗马哲学》，第 51 页。

[5]　海德格尔：《什么叫做思想？》（*Was Heisst Denken?*），第 136 页。

格尔的解释，这个新翻译传达出这样的意思：（1）从出现的顺序上看，legein 先于 noein；也就是说：作为"让其位于眼前"的逻各斯收拢了和保持住了直观着的思想所"带到注意之中"的东西①。（2）两者都出现于"存在者之存在"的前面。这表明，需要两者的相互结合以表达出"思想"的含义，以便回应那自身被揭蔽者或存在②。这便是巴曼尼德斯《残篇》第五节中"noein"的真义。至于那句话中的"to auto"，并不指逻辑意义上的"相同""同种类"或"同一"；而是现象学构成意义上的"相互对撑者的相互属于"（Zusammengehoerigkeit des Gegenstrebigen）③。

　　总结以上所说的，巴曼尼德斯《残篇》第五节——"to gar auto noein estin te kai einai"（一般译为"因为思维与存在是同一的"）——就应被译为："此'让其位于眼前'本身也就是在场者的在场"④；或："知觉（直观着的思想）与存在是相互共属的"⑤。在这样的理解中，作为"让其位于眼前"和"知觉"着的思想（逻各斯）就与作为"在场者的在场"以及"自身显现、打开并保持在那里"的存在很贴切地相互贯通了。经过海德格尔的这样一番解释，我们看到，巴曼尼德斯和赫拉克利特在解决"思想与存在的关系"这个最重要的问题上确实具有极相似的思路，即一条现象学存在论的思路。

---

① 海德格尔：《什么叫做思想？》（*Was Heisst Denken?*），第 125 页。

② 同上书，第 125—126 页。

③ 海德格尔：《形而上学引论》（*Einfuehrung in die Metaphysik*），第 108 页；海德格尔，《什么叫做思想？》（*Was Heisst Denken?*），第 147 页。

④ 海德格尔：《什么叫做思想？》（*Was Heisst Denken?*），第 147 页。

⑤ 海德格尔：《形而上学引论》（*Einfuehrung in die Metaphysik*），第 111 页。

二、柏拉图和亚里士多德

按照海德格尔的看法，古希腊哲学的伟大到亚里士多德就结束了[①]。这也就是说，前柏拉图的尤其是赫拉克利特和巴曼尼德斯的关于"存在"和"逻各斯"的见地，在亚里士多德之后的世纪中已基本上不复存在。以柏拉图和亚里士多德的名义，概念形而上学统治了西方哲学两千年之久。通过中世纪、笛卡尔、康德、黑格尔到尼采，这个形而上学传统也耗尽了它的"可能性"。虽然今天它的余脉尚存，但一种非概念型的纯思想已经出现了，它为新时代的人们打开了一个理解存在和人本身的更本源的视野。以下就让我们先来看一下完成或结束古希腊思想的两位大思想家——柏拉图和亚里士多德——的地位，然后探讨这种"衰落"的原因和结果。

海德格尔对于这两位思想家既有称赞又有批评，如不仔细审辨，很容易根据海德格尔的某一段话就得出偏颇的结论，或者被他从不同角度发表的不同评论弄糊涂。在这两者之中，海德格尔与亚里士多德的关系要更微妙得多，因为在他酝酿《存在与时间》期间，亚里士多德的著作曾是他进行对话或借题发挥的重要对象。关于这段"亚里士多德情结"，下面会专门讨论。这里我们首先要弄清海德格尔如何看待此二人的哲学与前柏拉图思想的关系。

总的来说，海德格尔认为在柏拉图和亚里士多德（特别是后

---

① 海德格尔：《形而上学引论》（*Einfuehrung in die Metaphysik*），第 13 页。

者）那里，古希腊人对于"原在"的一种重要的识度——作为现在进行时态的在场者的在场——"仍然能被知觉到"，尽管它的词意已变得狭隘了①。这也就是说，对于柏拉图和亚里士多德，存在仍然是一种活在眼前的显现、打开和保持，而非完全无时态的"最普遍的概念"或抽象孤立的"范畴"②。所以，海德格尔讲："所有古希腊的伟大的思想家，包括亚里士多德，都非概念地思想（denkt begrifflos）。"③但是，在柏拉图和亚里士多德那里，古希腊的哲学确实经历了重大的改变，使得对于"存在"的抽象概念式的理解成为可能。在柏拉图那里，它表现为将"存在"理解为"理式"或"理念"（idea）④。亚里士多德则将"逻各斯"狭隘化为"陈述"⑤，尽管他没有将真理视为（作为陈述的）逻各斯的属性⑥。这些做法使得一种关于存在的逻辑观得以出现⑦。这种思想方式上的偏移到了后来的柏拉图主义者和亚里士多德主义者手中就发展成了整套的概念体系和方法，为西方两千多年的传统形而上学建立起了一个正统"范式"。在这个意义上，柏拉图和亚里士多德的思想确实是西方哲学（如果它是"形而上学"的代名词的话）的"起点"。但是，在海德格尔心目中，柏拉图哲学与柏拉图主义、亚里士多

---

① 海德格尔：《形而上学引论》（*Einfuehrung in die Metaphysik*），第 12 页。

② 海德格尔：《存在与时间》（*Sein und Zeit*），第 1—6 页；海德格尔：《形而上学引论》（*Einfuehrung in die Metaphysik*），第 130 页。

③ 海德格尔：《什么叫做思想？》（*Was Heisst Denken?*），第 128 页。

④ 海德格尔：《形而上学引论》（*Einfuehrung in die Metaphysik*），第 139 页。

⑤ 同上书，第 44、142 页。

⑥ 海德格尔：《存在与时间》（*Sein und Zeit*），第 33 页。

⑦ 海德格尔：《形而上学引论》（*Einfuehrung in die Metaphysik*），第 130 页。

德哲学与亚里士多德主义是很不一样的，就如同在我们心目中孔子思想与董仲舒的"儒术"大有区别一样。对于这两位古希腊思想家而言，存在仍然是个炙手可热的问题①，但是，在后来的"学派哲学"中，存在论的构成见地丧失殆尽，"存在"成了最贫乏或最"不成问题"的现成物了②。所以，我们在这里看见两个"下降"：第一个是从前柏拉图的古希腊思想下降到虽然还是虎虎有生气但却已露败象的柏拉图和亚里士多德的思想；第二个则是从这两人的思想下降到经过各自学派解释的柏拉图和亚里士多德的"主义"。到了近代，在各种主体主义、心理主义泛滥的气氛中，存在的古义更是被完全闷裹住了。依海德格尔的看法，前两种形态代表了古希腊思想的伟大时期，但却是第三种形态（"主义"）主宰了西方形而上学的历史。赫拉克利特和巴曼尼德斯的思想是西方哲学的真正源头，因为它们通过"逻各斯"和"存在"开出了西方哲学的大路径，决定了它的基本问题。但是，这源头在历史上是通过这两次"下降"或"退化"而隐蔽地起作用的。柏拉图和亚里士多德的地位之微妙，就在于他们处于一个从本源的开端到形式上的起点的中间，而且，这个退化了的起点正是以他们的名义存在的。因此，针对柏拉图、亚里士多德的后继者之不肖，海德格尔就会赞扬这两人思想中还有活力的那一部分，并力图恢复

---

① 海德格尔：《存在与时间》（*Sein und Zeit*），第 2 页；海德格尔，《形而上学引论》（*Einfuehrung in die Metaphysik*），第 31 页。

② 海德格尔：《形而上学引论》（*Einfuehrung in die Metaphysik*），第 92、141 页以下；海德格尔：《存在与时间》（*Sein und Zeit*），第 1 页；海德格尔：《什么叫做思想？》（*Was Heisst Denken?*），第 128 页。

其本来的真面貌。而当他批评这两位公认的西方哲学泰斗时，却是在将其与前柏拉图的更原本的思想做比较而言的。

海德格尔欣赏柏拉图的《智者篇》和《巴曼尼德斯篇》，因为在这两篇对话中，"存在"依然是一个令人牵挂的问题[①]。至于海德格尔对于柏拉图的"理式（idea，eidos）论"的批评，是非常仔细并有同情理解的，为的是揭示这个与古希腊的"原在"思想相关联的理论蜕变为后世形而上学的途径。在他看来，"理式"说对于原在（physis）的体验在一开始处是息息相关的。上面已讲过，原在意味着当场出现、开启和保持，而柏拉图的"理式"则意味着在此显现中的可见者或可见的方面（eidos），当然包括精神的眼睛所看见或"知觉"者[②]。在这个意义上，柏拉图的哲学依然追随着巴曼尼德斯和赫拉克利特的思路。但是，问题出在将显现的"后果"视为显现本身[③]。"事情的关键并不在于［是否该］用理式来刻画原在，而在于将理式认做是对存在的唯一的和权威的解释。"[④] 正是由于在一些"对话"比如《国家篇》中，柏拉图似乎表达出了这后一层意思，而后人又认之为柏拉图思想的正统模式，而不考虑这些说法出现的"对话"背景，古希腊人关于存在的现象学式的理解才衰落了。由于只有理式被认为是存在，原在中的其他含义就被挤到了一边，成为"假象"和"不存在"了。在显现中出现的不再是活生生的原在，而只是干瘪化了、表象化了的现象。"真理"

[①] 海德格尔：《存在与时间》（*Sein und Zeit*），开篇辞、第 2、6、39 页；海德格尔：《什么叫做思想？》（*Was Heisst Denken?*），第 135 页。

[②] 海德格尔：《形而上学引论》（*Einfuehrung in die Metaphysik*），第 138 页。

[③] 同上书，第 139 页。

[④] 同上。

也因此不再被认为是依据原在的自身显现力的揭蔽，而被视为模仿和复制的"正确性"①。在前柏拉图的思想中，显现作为"让自身站入结合处"从根本上打开或构成了一个现象学意义上的空间。但是，正统的理式论遮蔽掉了这种构成关系，使现象出现于一个外在的、已经被完成了的空间之中②。总之，原在与真理的切近关联在概念化的理式论中消失了。

　　大致以《存在与时间》的出版为界，海德格尔对亚里士多德的阐述可分为两个阶段。在头一个阶段里，海德格尔在亚里士多德那里欣喜地发现了一个前人未能看到的原本现象学的维度。他的注意力主要集中于开发这个古老而丰富的思想矿藏，并因此而迈出了写作《存在与时间》的第一步。1927 年特别是 1930 年之后，他就更客观、准确地评估了亚里士多德在西方哲学史上的地位，指出他与柏拉图的共同之处，也就是应对西方思想的逻辑化和形而上学化负责的那一面。

　　从 1921 年到 1924 年年底，海德格尔几乎是连续不断地开出有关亚里士多德著作（《尼各马科伦理学》《形而上学》《物理学》《论灵魂》等）的课程，将他正趋丰满的解释学化的现象学思路延伸到这位谈论"存在之所以为存在"的大师的思想中，志在解决十几年前由布伦塔诺的书引起的关于"存在原义"的问题。这一段热烈的亚里士多德情结的一个成果就是 1922 年 10 月他寄给那托普的那一份五十页的手稿。它是计划中的关于亚里士多德哲学的一本书的"引论"，包括题为"对亚里士多德的现象学解释：关于

────────────

① 海德格尔:《形而上学引论》(*Einfuehrung in die Metaphysik*)，第 141 页。

② 同上书，第 139—140 页。

解释学形势的说明"的前二十八页和一个二十二页的"概述"①。由于它，海德格尔被马堡大学聘任为副教授。这份手稿在某种程度上可以被视为《存在与时间》的"零点开端"②，其中出现了相当一批那本书中的专门术语和表述意向。然而，这本原计划在胡塞尔主编的《年鉴》上发表的书的写作遇到了"极大的困难"，于 1923 年年中就停顿了下来③。代之而起的是另一本书的写作计划，即以 1924 年 7 月的"时间概念"为先导的《存在与时间》。这本书将他解释亚里士多德的全部现象学和解释学的纯思想都吸收了进来，但抛掉了那个本来就不尽合适的"亚里士多德框架"。不过，不可避免地，这本新书中仍然保留了相当一部分解释亚里士多德的痕迹。

海德格尔在亚里士多德哲学中发掘出了哪些现象学思想呢？或者说，海德格尔是如何将自己的解释学的现象学思想应用到对亚里士多德的解释中的？第一，在基本的观察角度上，海德格尔不认为亚里士多德的存在论是概念的或逻辑的。亚里士多德认为"存在不是一个属"，而且，真正的存在（ousia）首先是全体的存在。在这样的大前提下，理解和表达（逻各斯）只能是"形式指引"的，而非概念化和普遍化的④。因此，亚里士多德在构造范畴概念时，始终受着现象学的直接经验的引导，绝不像流行的解释

① 克兹尔：《海德格尔〈存在与时间〉的起源》（*The Genesis of Heidegger's Being and Time*），第 249 页。

② 同上书，第 250 页。

③ 同上书，第 269 页。

④ 同上书，第 224 页。

所说的那样是逻辑化了的[1]。第二，海德格尔强调亚里士多德思想
所依据的是直接经验的"观看"本性，也就是前面已提到的现象学
的"看"。亚里士多德《形而上学》的第一句话一般被译为"求知
是人类的本性"；但是，海德格尔却将其中的"知"（eidenai）依
据前荷马时代的用法解释为"看"，而将其中的"本性"（physis，
前文译为"原在"）解释为"怎样存在"或"存在方式"。所以，
在他 1922 年夏季学期的亚里士多德课程中，将这句话译为："活
在看中的驱动或在视觉中的完全沉迷构成了人类的存在方式。"[2] 在
这种看的实际性里，人才会存在。看得越多，他就越是一个人[3]。
由此，他将这"知"的同源词"eidos"（通常译为"形式""理
式""本质"）和"idea"（一般译为"理念""理式""观念"）都
理解为由这"看"所构成的"容貌""显现""方面"。由这种当场
构成的显现，衍申出了"形式"或"理式"的含义。存在本身被
视为"理式"决定了西方后来的存在论和逻辑学的大格局；而且，
后人完全忽视了这"理式"与当场构成着的"看"或"直观知觉"
（noein）的内在关系[4]，似乎它只与思想的抽象有关。因此，第三，
原在（physis）在亚里士多德那里还保存着前柏拉图思想的活力，
它并不"是什么"，而是与"变化"（kinesis）有关的一种"怎么"
或存在方式，也就是由"看"所引发的存在与生成的交融。这

---

① 克兹尔：《海德格尔〈存在与时间〉的起源》（*The Genesis of Heidegger's Being and Time*），第 231 页。

② 同上书，第 239 页。

③ 同上书，第 240 页。

④ 同上书，第 231 页。

样，存在本身（ousia，通常译为实体）也绝不能与看的当场构成无关。按照海德格尔的考查，存在本身或"ousia"在亚里士多德那里并不主要意味着概念化的、与人的实际体验和时间性无关的"实体"，而是"parousia"（在场、来临）这词的略写，意味着在场性（Gegenwaertigkeit，Anwesen）①，并因此而具有"（当下）现在"这种时间化的方式。换句话说，在亚里士多德和古希腊人这里，存在是有时态的，即现象学时间意义上的现在进行时态。海德格尔曾与人讲到：在 1922 年至 1923 年间，他有过一次极重要的"精神上的闪光"，领会到或"看"出了"ousia"对于古希腊人意味着"不断地在场"，朝向"现在"这一时相。可以想见，如果没有现象学、解释学（包括神学解释学）的思想基础，这种"闪光"是不可能出现的。

第四，有了这样一些思路，"真理"就不会被理解为思想或陈述与存在状态的"符合"，因为存在的原本状态根本就不是一种"什么"或可与之符合的对象，而是在时境中构成的在场。对于这种原发的经验，一切表象和概念都已失效，只有不离其本身的"形式显示"（又译作"形式指引"）或"揭开蔽障"（a-lētheia）才能与之打交道。而这种显示和揭蔽之所以可行，也正是由于这在场本身就包含领会的可能性。"揭蔽"就意味着不从外面去判断它，而只是将这存在本身的在场状态的先概念含义揭示出来，从边缘域带引到眼前来。而这也正是逻各斯的本义：将原初的某物就其

---

① 克兹尔：《海德格尔〈存在与时间〉的起源》（*The Genesis of Heidegger's Being and Time*），第 291 页。

所是地（als）、不离当场状态地揭示出来①。当然，这种逻各斯的揭示和"收集"打破了巴曼尼德斯的"一"或纯存在，因为它将事物本身的"就其所是"的表达结构或"作为某某"（als）的结构公开了出来，造成了"多"。海德格尔在 1922 年的"那托普手稿"中认为亚里士多德在《形而上学》第七卷一开始讲的"存在（'是'）有多种含义"（布伦塔诺的《根据亚里士多德论"是者"的**多重含义**》就与此直接有关）就有这样的逻各斯的意义。人注定了要投入在场的揭示，活在真理的打开状态之中，也就不可避免地要将事物"就其所是地"公开出来。但是，就在这里，逻各斯也还是不同于表达现成命题的陈述，而是那使这种陈述可能的先行打开、先行具有。由此亦可见得，海德格尔讲的揭蔽"真理"尽管带有古希腊思想和语言的外貌，但其中的思想原委却只有到他在 1919 年前后形成的解释学化了的现象学识度中去找，不然的话，就总会令人莫"明"其妙。

此外，海德格尔在亚里士多德的《尼各马科伦理学》中还发现了时机化的时间思想。在第二卷中，亚里士多德说道："然而，为了得到美德，知识这个条件并不重要，另外两个条件［有意识地选择了美德行为本身；坚定不移地实施该行为］却并非不重要，反而是决定性的；因为正义的和节制行为的重复才能导致获得这些美德。"（1105b1—5）海德格尔从这段话中看到了时机化的处境；也就是说，美德在亚里士多德那里是非现成的，无法一劳永逸地

---

① 克兹尔：《海德格尔〈存在与时间〉的起源》（*The Genesis of Heidegger's Being and Time*），第 266 页。

按照某种原则被确定下来，而是必须先被"选择"或"做出决断"（proairesis），而且被一再地"重复"，以新鲜的势态维持住它。这种决断和重复显示出一种比"不断地在场"还要更原本的时间性。亚里士多德本人也意识到了这种时间性超出了他的"存在本身"（ousia）的本体论，所以承认居于过度与不及之间的"中道"不仅很难实现，而且很容易丧失。"这也就是为善如此艰难的原因"（1109a25）。在海德格尔看来，情况之所以是这样，就是因为"中道"在这里意味着"时机化的时间"（kairos），也就是"'在适当的时间、适当的场合、对于适当的人、为了适当的目的、并以适当的方式'（1106b21）感受和行动"①。时间是它自己的原则；本身不可被重复，而只能通过预期到整个形势可能性的决断选择来不断地维持。

在第六卷中，亚里士多德认为人的灵魂的理性部分可分为两种，一种与不变的事物打交道，被称为"科学的"或"认知的"理性；另一种与可变的事物打交道，被称为"核计的"理性。前一种理性的最高体现是建立在科学之上的"智慧"（sophia，"哲学"的意思就是"爱智慧"）。后一种理性涉及两种行为方式："技艺"（technē）和"明智"（phronesis），而以明智为它的最高体现。柏拉图没有区分这两种"智"，表明他对于能与变化周旋的明智的不敏感。亚里士多德区分了它们，但按一般的解释，他还是认为智慧、而不是明智为最高的理性或揭蔽功能。可是，照海德格尔的解释，明智在亚里士多德那里起码是潜在地优于思辨智慧，因为

①　克兹尔：《海德格尔〈存在与时间〉的起源》（*The Genesis of Heidegger's Being and Time*），第298页。

它与人最牵挂的东西，与生存的时机境域息息相关①。明智的功能是给予人的行为以"清澈的视野"，揭蔽见光；而且，由于它永在时域之中，总需要重复地赢得和维持，人们就有可能让情绪遮蔽住它，而不能明智起来。然而，科学的理论知识可以被遗忘，明智却不会被遗忘（1140628—30）；它的被遮蔽只意味着退化、被情绪歪曲。所以，依照海德格尔的看法，亚里士多德的"明智"就意味着"良知"（Gewissen），它不会被完全忘记，总要在人生中"重复"地、不受控制地发出声音，因为它的揭蔽方式根本就不是理论认知的②。而且，明智的真理或揭蔽对于人本身、对于他的整个（而非任何外在和局部的）生活是有益的；换句话说，明智考虑的起点和终点是重合的，都在人的自身之中。所以，亚里士多德讲："善的［好的］行为本身就是目的"（1140b6）。对于海德格尔来说，这种"以自身为目的"（"为其本身起见"）或"为……起见"（Um-willen）恰恰从"形式"上显示出了缘在（Dasein）的本性③。缘在的生存和实践既是起点又是目的，它就是它的实现之缘。这种解释与《存在与时间》中对于"缘在"所讲的那段著名的话从方式上也是相通的："它在存在者身份上的特长在于：这个存在者在它的存在中是**为了**（um）这个存在本身而存在。"④ 由以上的介

---

① 克兹尔:《海德格尔〈存在与时间〉的起源》(*The Genesis of Heidegger's Being and Time*)，第 303—304 页。

② 同上书，第 305—306 页。

③ 海德格尔:《存在与时间》(*Sein und Zeit*)，第 84 页。

④ 同上书，第 12 页。这么来翻译这段话，是取 "um" 的字面上的意思。更准确的译文应该是:"它在存在者身份上的特长就在于：这个存在者在它的存在之中**就牵涉**到（um geht）这存在本身。"

绍可以看出，海德格尔与亚里士多德的对话何其紧张、专注，而且是"以［解释学的现象学的古希腊化这个］自身为目的的"。从纯思想的角度来讲，他的解释不仅有根据，而且极为精彩和引发"新意"；但是，从文献学考证的角度看来就有可争论之处。不过，我们从中可以感到，海德格尔是多么热切地要将他的新思路用来解决西方哲学中最古老的"存在"或"本源"问题。不了解这个大背景（包括下一章所讨论的"康德背景"），对于《存在与时间》中的许多"怪词"，比如"缘在""牵挂""去蔽的真理""决断""时机化"等等的理解就总是在"隔靴搔痒"。

从 20 世纪 30 年代开始，在《形而上学引论》（1935 年）中，我们发现海德格尔较多地指出了亚里士多德思想的局限。比如，海德格尔认为亚里士多德在《解释篇》中将逻各斯视为陈述的做法导致了西方形而上学中的另一个教条，即认逻辑为逻各斯、言语和思想的本质[1]。虽然亚里士多德自己没有说过，但后人按照这个看法走下去，就得出了真理乃是陈述的性质、因而依据于陈述的学说。在这样一个逻辑化了的视野中，逻各斯的"收拢"和"揭蔽"（"让其显现并维持在眼前"）的原义不见了，代之而起的是"对某个现成物的言说和思考"这样的含义。相应的，存在就坠落为被言说和被置于眼前的存在者。关于存在的学说也就变成了关于范畴和范畴序列的理论[2]，一种统治西方哲学二千年之久的、以"理式"和"范畴"为主导的概念理性就顶替了古希腊早期的

---

① 海德格尔：《形而上学引论》（*Einfuehrung in die Metaphysik*），第 130 页。

② 同上书，第 142—143 页。

当场构成的存在思想。

三、古希腊哲学衰落的思想原因和语言表现

上一节的分析从大的思路上说明了古希腊思想的精华是如何遗失的，但关于这个衰落的原因，海德格尔还有进一步的论述。首先，就在前柏拉图的比如巴曼尼德斯的存在学说中，就含有了后来的二元分裂的萌芽。这表现在，讲"自身显现"就隐含了这个显现的外观（Aussehen）；而"说话"和"陈述"也包含了一个被说者。换句话说，任何一个揭示都包含了对被揭示者的收拢和保持。海德格尔认为，这后者会不可避免地遮蔽住前者而成为关注中心，使原在（physis）在思想的历程中被从出的存在者之存在顶替掉[1]，逻各斯的揭蔽本身也就被"被揭示的东西"或"被说出的东西"掩盖住。巴曼尼德斯通过强调存在与逻各斯的相互属于、相互牵引而让它们"出现于无遮蔽"之中，但"知觉"和"收拢"还是要主宰对于存在者的本源揭蔽。所以，"真理的本性［即'揭蔽'，Unverborgenheit］无法被保持在它的原发的本源之中。揭蔽，这为了存在者的显现而构成的空间，倒塌了。'理念'和'陈述''实体'（ousia）和'范畴'（kategoria）被作为这倒塌后的废墟而拯救了出来"[2]。对于海德格尔，真理从"揭蔽"到"正确"的无可

---

[1]　海德格尔:《形而上学引论》(*Einfuehrung in die Metaphysik*)，第 144—145 页。

[2]　同上书，第 145 页。

避免的转化才是古希腊哲学衰落的"内在根源"①。因此，海德格尔认为古希腊所特有的"在场态势的在场"（das Anwesen des Anwe-senden）的存在论识度，虽然有极深刻的揭蔽本性，却含有二元论的种子。其原因就在于此存在者的在场并没有特别显明**在先的**揭蔽性②，反而将此在场只理解为持续地保持。尽管这种看法中已有时间境域的构成，但由于它只偏于"现在"这个时相，就极容易引到无时境可言的"实体"的学说上去。同理，巴曼尼德斯在《残篇》第六节一开始讲到的"存在者之存在"，处于作为揭蔽的"存在本身"和形而上学的"实体"之间。其中包含的存在与存在者的二重性的裂痕在后人手中被抽象化为概念的二元论。通过这种歪曲了的形式，古希腊精神决定了西方哲学的道路。海德格尔认为正是这种二重性或二元分叉的思想方式将西方哲学与印度和中国哲学区别了开来③。

总之，尽管海德格尔在古希腊的存在论中看到了一种真切的现象学思路，他还是认为古希腊思想家们未能认识到这种现象学的道路必然带有的"**在先的**眼光"（Vorblickbahn）④，这就是使得一切理解可能的"视界"（Perspektive）本身，也是现象学构成理论中最"边缘"的，同时也是最本源的"地平域"或"视域"。海德格尔自己要做的事情就是要将此隐蔽的视域"置入光明之中"（ans

---

① 海德格尔：《形而上学引论》（*Einfuehrung in die Metaphysik*），第 145 页；克兹尔：《海德格尔〈存在与时间〉的起源》（*The Genesis of Heidegger's Being and Time*），第 303 页。

② 海德格尔：《什么叫做思想？》（*Was Heisst Denken?*），第 144 页。

③ 同上书，第 136 页。

④ 海德格尔：《形而上学引论》（*Einfuehrung in die Metaphysik*），第 89—90 页。

Licht stellen）。在他的前期著作中，此视域被作为"时间"而暴露；他的后期思想则经常地将此"自身缘构发生的视域"（Ereignis）当做语言的本性而揭示出来。

　　海德格尔曾更具体地探讨了语言演变如何反映出古希腊和西方哲学中的"存在"（"是"）的意义的改变。"存在"这个词在大多数西方语言中来自"是"的不定式（modus infinitivus），比如德文中的"sein"和希腊文中的"einai"。但是，按照海德格尔，不定式不是（动）词的原初形式，而是由较早的词的形态演变而成。最早的词既有动词的功能又有名词的功能，相应于"存在"的原初形态"physis"，其意思就是"出来站立在那里，持续在场"。这种站立着的原在，要通过获得一个自身的界限而显现出来。相应的，词的"直立着的"基本形态也要有自己的界限，并可以通过希腊人所讲的"enklisis"（"偏斜到一边"）或"ptōsis"（"变式"）来获得更多的限定性，以显现出或泄露出潜藏的含义①。所以，对于名词形式来说，就有所谓格位、数和性的变化，动词形式则有数、时态、语态的变化。

　　海德格尔认为，词的基本形态在名词那里的表现是主格单数（比如，"ho kyklos"，意为"这个圆"），它的动词表现则是第一人称单数的现在时（比如"legō"，意为"我说"）。它们就如同"physis"所表达的那样："出现并站立在我们眼前"，具有自身的界限和在场性②，对于这种基本意义的偏斜（enklisis）可以泄露出

---

① 海德格尔：《形而上学引论》（*Einfuehrung in die Metaphysik*），第 45—46 页。

② 同上书，第 49 页。

在原词中潜伏着的含义。比如，"legō"（"我说"）的一个变式是"lexainto"，它的含义是："他们（正被说到的这些人）可以被说成是和被称作"（比如，叛徒）[1]。这个变式相较于基本词，泄露出了一个不同的人称（第三人称）、不同的数（不是单数而是复数）、不同的语态（被动态而非主动态）、不同的时态（不定过去时而非现在时）和不同的语气（不是陈述的而是祈愿的）。由此可见，这种意义上的偏斜，相应于索福克里斯的《安提格尼》合唱词所讲的人的"奇之又奇性（通过技艺对于原力的篡改和泄露）"[2]，并没有切断与原初词的在场性的联系，因而也是揭示性的。但是，另一种词的偏斜则不是这样。这种变式不显现词的人称、数、语气这些"界限"，因而使之**"偏斜成了不定式"**（*enklisis a-parempha-tikos*）[3]。比如由"legō"变为"legein"（"说"）。经过拉丁化，这种不定式更是被完全抽象名词化，失去了原词的一切明显的和潜伏的当场显现力，转变为一种单纯的、现成的、不变的（这与在场的持续有原则的不同）"意义"了。这种变化相应于哲学上由"存在"（"是"）的在场性领会到抽象的实体观的形成和流行。前文已讲到，海德格尔认为"ousia"在亚里士多德那里还保持着它的古义，即"持续地在场"，只是到了后来的学派哲学家手里才完全板结成了一抽象自存的"实体"。

　　除了这种语法转换与思想演变的比较之外，海德格尔还探讨了"存在"在印欧语言中的三种词源义，即"es"，意为"生命"；

---

① 海德格尔：《形而上学引论》（*Einfuehrung in die Metaphysik*），第 49 页。

② 同上书，第 112 页。

③ 同上书，第 51 页。

"bhu"，意为"出现"；"wes"，意为"保持住"①。尽管做了这些研究，海德格尔还是认为"存在的问题不是一桩关于语法和词源的事情"②。我们并不能只通过使用第一人称单数现在时或了解到"存在"的词源义就进入能够理解存在原义的视域之中。所需要的倒是探讨语言的本性与存在的关系，以及"时间"视域的存在论意义。

---

① 海德格尔：《形而上学引论》(*Einfuehrung in die Metaphysik*)，第 54—55 页。
② 同上书，第 66 页。

第4章　海德格尔对康德的解释
——先验想象力和时间纯象

按照前期海德格尔的观点，正确地看到和解释时间现象乃是解决一切存在论问题的前提。"存在的意义"只有在一种原本的时间观中才能被真态地显示[①]。古希腊存在论的出色之处就在于包含了对于原初时间的某种领会，而它的衰败也正是由于这种领会的局限和消失。胡塞尔的现象学最引人之处——境域构成思想——正是在探讨时间问题时充分地显示了出来，而这种意识现象学的局限乃至内在的不一致也在时间与先验主体性的关系问题上暴露了出来。所以，尽管海德格尔从胡塞尔的现象学得到了方法论上的关键启发，也通过拉斯克的帮助而领会到了现象学方法的解释学含义，但他本人用来理解存在本义的时间观却不能只从胡塞尔和古希腊人那里去现成地得到。还有两种探讨直接影响过他对于时间的理解，其一是神学解释学，其二是对康德《纯粹理性批判》的解释。前一种研究将放到本书的第16章讨论，这一章则讨论海德格尔与康德在时间问题上的对话。按照海德格尔的说法，"康德是第一个和仅有的一个在调查时间维度的道路上行进了一段距离

[①]　海德格尔:《存在与时间》(*Sein und Zeit*)，第18页。

的人，或者，他是第一个和仅有的一个让时间现象逼迫着自己走了一程的人"[1]。沿着这条时间之路向前，我们才有希望"严格地"理解《存在与时间》这本书。

一、作为"存在问题引论"的《康德书》

海德格尔对康德的创造性的解释在他生前发表的著作中主要见于《康德书》。它的真正书名是《康德与形而上学问题》（*Kant und das Problem der Metaphysik*），发表于 1929 年。在第一版序言中，他明确说明此书就是他构思《存在与时间》第二部分（未发表）的产物[2]。它出版后，受到了一些新康德主义者，特别是卡西勒的批评。时隔二十多年，当海德格尔于 1950 年在第二版序言中回顾此书的命运时，做了一些很有意味的评论。首先，他承认这本书从"历史比较语文学"的观点看确实有弱点，那些说他的解释"扭曲"了康德的第一批判的指责也是有根据的。但是，海德格尔认为这些指责忽视了一个更重要的事实，即此书是"在思想者之间发生的意义深长的对话"的结果，它遵循的规则与历史比较和文字考据的路子完全不同。换句话说，后期海德格尔虽然承认他的《康德书》不符合一般文献学的解释，但相信它的长处在于对思想本身的激发和归依。所以，他在第四版序言（1973 年）中写道："此康德书一直是关于存在问题的引论，试图以一种引起问题

---

[1]　海德格尔：《存在与时间》（*Sein und Zeit*），第 23 页。

[2]　海德格尔：《康德与形而上学问题》（*Kant und das Problem der Metaphysik*），xvi。

的迂回方式引出由《存在与时间》所造成的关于存在的更深入持久的成问题性。"①

在第四版序言中，海德格尔更清楚地讲明了，写作《康德书》的动机是要通过与康德对话廓清人们对《存在与时间》的误解。他写道："前面这些片断评语提出了出版康德书的决定性动机：到1929年，事情已经很清楚，《存在与时间》中讨论的存在问题被人们误解了。在准备1927年至1928年冬季学期的讲稿时，我的注意力被引到关于［先验］图几论②的那一章。我因此而窥见到范畴或传统形而上学中的存在的问题与时间现象的关联。这样，《存在与时间》的提出问题的方式就引导出我对康德的解释。康德所写的文字成为了一个避难所，因为我在康德那里寻求对我所提出的存在问题的支持。"③

所以，对《康德书》可以从两个角度去看，一是上面引文中讲的，此书是对《存在与时间》的基本哲学方向的进一步阐明。

---

①　海德格尔：《康德与形而上学问题》（*Kant und das Problem der Metaphysik*），xv。

②　一般将"Schema"译为"图型"，"Schematismus"译为"图型论"或"图型说"。这种译法的弊病在于"型"字的意思太僵板，无法表达出处于感性与知性"之间"的"纯象"（rein Bild）的微妙含义。这里将"Schema"译为"图几"，是取《易·系辞》"几者，动之微，吉之先见者也""知几其神乎"之意；尤其是要利用"几"与"象"在《易传》中的密切关系，以彰明"Schema"与"rein Bild"（纯象）的内在联系。此外，"几"在"系辞"中也具有一种非概念的、向前投射（"吉之先见者"）的认知意义；这正是海德格尔心目中作为纯象的时间所具有的特性。此外，"几（微）"在中文中有"处于有无之间"的意思，在以下第8章用来翻译海德格尔讲的"technē"（它与"Schema"的含义有相通之处）也比较合适。"几"与"机"在中文中的同源关系也恰可用来影射海德格尔后期一再阐述的"technē"（几微、技艺）与"Technik"（机械化技术）的内在关联。

③　海德格尔：《康德与形而上学问题》（*Kant und das Problem der Metaphysik*），xiv。

二是倒过来看，如海德格尔在第一版序言和第四版序言中所说的，将它视为能够从思想上引出《存在与时间》问题的"'历史性的'导论"或"关于存在问题的引论"[①]。对于一个有近代西方哲学史，特别是德国古典哲学知识背景的人，此书实可作为《存在与时间》一书哲学思想上的导论来读。有了这样一番"格致"的经历，就不易被《存在与时间》那种似乎是凭空起问、独往独来的表达方式弄得茫然失措，而将其轻易地归为反理性的神秘主义或存在主义了。

二、《康德书》的基本思路

此书论述的重心在第二部分的 B 部分和第三部分。第四部分在前面讨论的基础上揭示出［海德格尔所理解的］《纯粹理性批判》第一版与《存在与时间》的内在联系，也有极为重要的意义。《康德书》的基本思路是这样的：首先，与流行看法，比如新康德主义不同，海德格尔认为《纯粹理性批判》所处理者从根本上讲并不是一种关于自然科学和演绎科学如何可能的知识理论或认识论，而是关于存在论知识或这个意义上的形而上学如何可能的存在论或本体论（Ontologie）的问题。所以，他在几个部分的标题中反复称之为"为形而上学置基"。当然，这种置基的视野和目的远比传统的形而上学更原本。所以，他又称此置基为"基础存在论"，

以示它要探求的是关于存在论的可能性问题。

海德格尔认为，决定此"置基"方向和本质的基本出发点在于，人的存在和认识从根底和结构上就是有限的（endlich）。按照海德格尔所理解的康德的论证思路，人的知性必依靠感性直观，而此直观不是神所具有的创造的或智的直观，而是人所具有的接受型的直观。此直观不能创造它的对象，而只能让对象被给予。基础存在论的问题就是要弄清这种"对象被给予"的原初条件。

"对象被给予的条件"在康德之前的形而上学中几乎还不成其为"问题"。按照胡塞尔，甚至康德本人在《纯粹理性批判》的第二版中也没有真正彻底地追究这个问题。海德格尔同意胡塞尔的"彻底的"研究立场，但却没有以后者的"意向性中的对象构成"为探求存在的意义的基本路子，而是沿着康德《纯粹理性批判》第一版的"先验演绎"的思路向更深处展开。

此先验演绎的问题在《纯粹理性批判》中表现为"先天综合判断如何可能"的问题。按照海德格尔的看法，康德的先验演绎所关注的主要不是如"先验感性论"中所处理的那种断言或命题（apophantic）综合的问题，比如"5+7=12"因先天的纯直观形式而可能，而是直观与知性**如何能**在判断中达到确切综合这样的"存在论的综合"① 的问题。这是因为有限的感性直观必须与知性通力合作方能使"对象"而非仅仅的"杂多"在认知中被给予；而

---

① 海德格尔:《康德与形而上学问题》（*Kant und das Problem der Metaphysik*），第 39 页。

追究这种"通力合作"的可能性就是真正意义上的综合问题。只有通过此存在论的综合，感性直观才能被知性思想，知性的概念也才能获得直观。在论述这一问题时，海德格尔所倚重的是康德《纯粹理性批判》的第一版原文，而认为第二版从已取得的重要成果那里"退缩"了。他强调，直观和知性这样两个认知能力的综合绝非通过"简单的并列"就能完成。这综合必发自一"共根"①。这就是康德在《纯粹理性批判》第一版中所推重的作为第三种基本的认识能力的"**想象力**"（Einbildungskraft）②。按海德格尔的理解，想象力居于感性直观和知性统觉之间的这种中间地位乃是"结构性的"③。这也就是说，它在这三种认识能力中占据了实质性的"中心"地位，是其他两者所从出的本源。康德在《纯粹理性批判》第一版中被思想本身的内在规则推动，发现了这一新的更本源的维度，其原因就在于只要看到了人类思想的有限性并在"演绎"中追究这种有限认知的可能性，就必然被逼入这一领域。

　　一般说来，想象力是一种无须对象在场的表象能力。然而，康德在演绎中讲的想象力比心理学意义上的想象力要更深刻。它是一种"再生的综合"④，与直观的"把握的综合"和概念的"认知的综合"并列。但是，海德格尔更看重的是康德关于想象力的"先验的综合"的论述。这指的是，当康德要追究人的有限认识如何

　　①　海德格尔:《康德与形而上学问题》（*Kant und das Problem der Metaphysik*），第 37 页。

　　②　同上书，第 161 页；康德:《纯粹理性批判》（*Kritik der reinen Vernumft*）（Hamburg：Felix Meiner，1956），A94—A95。

　　③　海德格尔:《康德与形而上学问题》（*Kant und das Problem der Metaphysik*），第 64 页。

　　④　康德:《纯粹理性批判》（*Kritik der reinen Vernumft*），A100。

能让对象被给予这样的根本问题时，他需要的不可能仅仅是已预设了对象存在的经验中的想象综合，例如"我想象我祖母住过的房子"这样一个心灵事件中包含的综合，而必须是使对象被原初地成就的纯粹的或先验的综合。比如，不论我想象什么或知觉什么，一所房子、一条线段，我必须借重想象力使在先的表象不完全消失，而与后起的表象发生纯粹的综合，一个对象才能被给予我。不然的话我所知觉者就只能是无意义的碎片，或实际上是什么也知觉不到。因此，康德写道："我们必须承认一种想象力的纯粹先验的综合，它本身为所有经验的可能性提供了基础。"[①]可见，这种想象力的综合不再像感性直观的形式和知性概念那样是规范的，而是纯发生的。它也不再依靠任何其他的心灵能力，独自构成了一切对象知觉的条件。

海德格尔引述《纯粹理性批判》第一版的一段话："因此想象力的纯粹的（产生的）综合的统一原则，先于统觉，是一切知识特别是经验知识之所以可能的依据。"[②]从这段话可知，想象力的纯粹的而非经验的综合比康德在《纯粹理性批判》第二版中强调的"统觉的本源综合"更为原初，而且是"产生性的"（produktiv）。此种产生性与神的无限直观、从无造出对象的创造性（Schaffung）不同，是对象被给予有限存在者的一种先验条件。换言之，这是一种接受式的纯发生。按海德格尔的理解，这种既接受又发生的两面

---

① 康德:《纯粹理性批判》（*Kritik der reinen Vernumft*），A101—A102。

② 海德格尔:《康德与形而上学问题》（*Kant und das Problem der Metaphysik*），第 80 页；康德:《纯粹理性批判》（*Kritik der reinen Vernumft*），A118。

夹逼的要求必是对一先行的"地平域的撑开"（das Offenhalten des Horizontes）[①]，从而构成（bilden）了演绎所要求的先验性。

这一地平域（Horizont）或"回旋空间"（Spielraum）[②] 即是对象被给予人这种有限存在者的最根本的条件。也就是说，只有在这样一个本体的域或本体的空间中，"接受性"与"发生性"这样两个条件才能同时被满足，对象才能"被允许站在对面"（Gegenstehenlassen）。因此它又被海德格尔称为"对象性的地平域"（Horizont von Gegenstaendlichkeit）[③] 和"纯存在论的地平域"（rein ontologische Horizont）[④]。这种存在论或本体意义上的"域"或"游戏空间"即是**时间**。但是，这里讲的时间已比在"先验感性论"所讲的作为直观形式之一的时间原本得多了，这种域性的时间是被先验想象力构造而成的"纯象"。具体的论证是这样的：经验的想象力产生形象或心象，先验的纯想象力则构成（bilden）地平域这样的"纯象"（rein Bild）或"几象"（Schema-Bild）。[⑤] 比如，你可想象出或实际上画出一个由三条直线围成的三角形的形象，它或是一个锐角、或是一个直角、或是一个钝角三角形。但是，你无法想象出一个纯三角形（既非锐角、又非直角、亦非钝角的三角形）的形象。按照康德，我们确实可以在更本源的意义上想象出一个纯三角形。而且，它依然是直观想象而非概念抽象的产物。

---

① 海德格尔：《康德与形而上学问题》（*Kant und das Problem der Metaphysik*），第 127 页。

② 同上书，第 84 页。

③ 同上。

④ 同上书，第 108 页。

⑤ 注意"构成"（bilden）与"象"（Bild）的词源联系。

这就是说，纯三角形是比经验想象空间中可能成形的三角形更纯粹的象或图几（Schema），不是概念或范畴。康德进一步认为，知性范畴要获得直观，或直观能被知性思想，必须通过这种既具有普遍性、又未脱开直观的图几或纯象方可。而能完全满足这种有限认识要求的纯象只有时间，时间无形而有象，具有非概念的纯跨度，是最真实和最普遍意义上的纯象。

海德格尔强调，这作为纯象的时间已不仅是直观的纯形式，更不是通常理解的可被钟表测量和历史记录所规定的时间序列，而是由先验的想象力产生的存在论的地平域或使对象可能的地平域。这样，前面讲到的想象力的产生性与神的创造性的区别的意思就更明白了。想象力所产生的不是一般意义上的对象，而是使对象能够被给予人这样的有限存在者的纯象或存在域。

海德格尔特别要坚持的是，这纯象图几并不仅是从概念到现象的一个无关痛痒的"中间环节"，先验想象力也绝不止是三种并列的认知能力中的一种。任何要彻底地追究有限认识的可能性的调查都会被推到这样的结论：先验想象力产生的纯象是感性直观与知性概念所从出的存在论发生域。

接下来的一个结论就是：先验想象比康德所认为的"统觉"或"自我"更本源，也更在先，是人的本质的更充分的表达。很明显，这个结论违背或超出了自笛卡尔以来整个西方哲学对主体性和认知能力的看法。也正是由于这个原因，康德在《纯粹理性批判》第二版中将想象力已取得的独立和突出的地位取消了，使之作为一低级的能力隶属于统觉。按照海德格尔的解释，这是因为康德感到了先验想象力的中心地位对于他的仍然囿于传统主体

观的批判哲学系统的威胁。此外，海德格尔认为康德"退缩"的
更具体的原因是：他没有**切实**开展《纯粹理性批判》第一版序言
中提到的知性纯概念演绎的"主观方面"①，即没有深究主体的有限
性的存在论后果。沿着这条思路，海德格尔认为他所写的《存在
与时间》就是要去进一步追究人的根本有限性（Da-sein）如何在
一个本源的时间域中揭示出存在的意义。海德格尔下面的一段话
基本上总结了他的《康德书》的意向：

> 康德为形而上学的置基始于普遍形而上学并因而成为关
> 于普遍存在论的可能性的问题。这样就提出了构成诸存在者
> 之存在的本质的问题，也就是普遍存在的问题。为形而上学
> 的置基依据时间，而关于存在这样一个为形而上学置基的根
> 本问题则是《存在与时间》的问题。这个题目［即《存在与
> 时间》］已包含了以上将《纯粹理性批判》主要解释为为形而
> 上学置基的指导性观念。这个观念被这种解释所确认，并指
> 示出基本存在论的问题。②

这段话再清楚不过地表明了在海德格尔的心目中，《纯粹理性批判》
《康德书》和《存在与时间》这三者在"为形而上学置基"这一根
本问题上构成了一个连续统。换句话说就是：海德格尔对康德的

---

① 　海德格尔:《康德与形而上学问题》（*Kant und das Problem der Metaphysik*），
第 166 页；康德:《纯粹理性批判》（*Kritik der reinen Vernumft*），A16—A17。

② 　海德格尔:《康德与形而上学问题》（*Kant und das Problem der Metaphysik*），
第 202—203 页。

解释在某个意义上从思想上打开了通往"存在"与"时间"之门。

三、海德格尔解释康德的特点

海德格尔与胡塞尔都重视《纯粹理性批判》第一版中的"知性纯概念的演绎"。胡塞尔在《纯粹现象学和现象学哲学的观念》中说:"现象学是近代全部哲学的隐秘渴望。……第一个真正知觉到它的是康德。……例如,《纯粹理性批判》第一版中的先验演绎部分从严格意义上讲已经是在现象学基础上运作了。但是,康德将其误解为心理学的,因此最终放弃了它。"[①] 前面已经讲到,海德格尔曾受过胡塞尔早期现象学的深刻影响,但他有自己的"现象学的道路"。这种联系与差异也反映在对康德的解释上。胡塞尔认为康德在"演绎"中要说而未说清的东西,正是他自己的现象学的纯直观的意向性学说所表达的,即直观本身就是对本质的理解,感性与知性从一起头就不是分开的。所以,康德的演绎本身的结构并未受到重视。对于这种看法,海德格尔也不会反对。但他更要去追究这直观与思想、感性与知性"不可分"的前提。因此,与胡塞尔不同,海德格尔很看重演绎的步骤和结构,认为追究感性直观与知性概念的综合是一个揭示存在论的地平域(或视域)的良机。对于海德格尔来讲,康德在这个问题的逼迫下引出的"先验想象力"比胡塞尔的"意向性"更纯粹,更少心理学色彩,也更与

---

① 胡塞尔:《纯粹现象学和现象学哲学的观念》第一卷(*Ideen zu reinen Phänomenologie und phänomenologischen Philosophie*, Erstes Buch),第 133—134 页。

"存在"的问题相关。而作为存在论地平域和纯象的时间也比胡塞尔的意向构成的时间更原本，因为它清楚地表明了时间是一个最本源的问题，是使最基本的对象知觉可能的存在论前提，而绝不仅仅是意识现象学中的"内在时间意识"问题。很明显，《存在与时间》中的时间维度受到了他的康德解释中引出的时间域的引导。不管怎样，海德格尔、胡塞尔和康德三人的学说是处于十分有趣、既不同又有内在联系的微妙关系之中。

　　从表面上看，海德格尔对康德的解释所直接对抗的是新康德主义对康德的解释。按照它，康德在哲学中发动的"哥白尼革命"的意义在于用一种科学的认识论或知识论代替了传统的形而上学，将知识的根源从外在对象转到了内在主体。一眼望去，海德格尔与这种反形而上学的解释的不同似乎在于他将《纯粹理性批判》解释成了"**为形而上学置基**"。所以，不少人认为海德格尔继承了传统形而上学的存在论问题，而完全忽视了认识论。这种理解是片面的。它的一个后果就是将海德格尔思想解释为新形势下的反理性主义、历史主义或哲学的人类学。它的另一个后果就是使一些人认定海德格尔的早期思想"仍受形而上学的桎梏"，因而将其与他的晚期的公开否定形而上学乃至哲学本身的思想截然分开。其实，海德格尔对康德的解释亦是以追究主体的认知可能性为基点的，他的特点在于进一步彻底追究这个有限的主体获得对象的存在论前提。所以，在他的解释中，**认识论与存在论已紧密交织而不可分了**。比如，想象力在这个解释中既是一种本源的认知能力，又是构成对象域的存在论的条件。他之所以能做到这一点，是因为他在解释中既不依靠形式的逻辑，也不诉诸心理学意义上的认知条件，而是运用了他所理解的现象学"达到事情本身的"方法："让那显示自身者以自己显示自己的方式在自身中被观看。"[①] 所以，他避免了学术界中最流行的对康德的逻辑主义加上心理主义的解释路子。按照它，康德的第一批判被刻画为一种先验主观主义。也就是说，对象要被给予认识主体，必须受到直观的纯形式和知性的纯概念（及统觉）的两重规范，不然就不能被有意义地提交给主体。这基本上是一种以主体统觉为极点的逻辑收敛或过滤的思路，与贝克莱的不同仅在于加入了"先验逻辑"这一"必然和普遍"的内在构架。另一方面，当谈到康德的图几论时，这种解释则将想象力视为在心理学意义上联结感性和知性的环节，认为只有通过这种联结，感性与知性才能通力合作，至于需要这样的联结这一事实所包含的更深刻的意义，就不去追究了。这种处理似乎是在用对认识能力的列举去回答关于认识如何可能这样一个先验的问题，而不是在进行务必暴露有限认识最根本的发生本源的演绎。

在海德格尔看来，逻辑的以及先验逻辑的必然性根本不足以回答"如何可能"这样的存在论和最终意义上的认识论的问题；而将心理学化了的想象力引入演绎也于事无补。唯一的出路是深究居中的想象力的构成本性，由此展开纯象的存在论，并真正说明对象被给予的条件。这是一条非常微妙的中道，极易被任何一种公式化的企图破坏掉。比如，美国的查尔斯·谢尔奥弗认为"海德格尔一直把存在论用来指谓那种知识的内在结构——人类精神

---

① 海德格尔:《存在与时间》(*Sein und Zeit*)，第 34 页。

把它作为一种必不可少的逻辑条件而投射于一切经验内容上"①。这就将人的有限性当做一种"逻辑条件"来理解了。未能看到"先验想象力"对于海德格尔所具有的先验综合性或在先的纯发生性的含义，也就认识不到人的有限性对于海德格尔来说是存在论域的，而非逻辑形式的。有限的人（Dasein），作为"缘"（Da），从根本上对世界是"打开的"（erschlossen），而非"以我为主、顺我者存（在）、逆我者亡（无）"的。海德格尔解释或"扭曲"康德的要义正在于这一点。几乎所有对海德格尔思想的误解都起于不理解这种与先验想象力相关的、依据存在论意义上的开启之域的思想方法。在 1929 年的达渥斯辩论中，卡西勒就是因为只将想象力理解为"一切思想与直观的连接［环节］"②而认为海德格尔的"人的有限性"是否认真理与理性的"相对主义"③。

　　海德格尔对康德的解释与后康德的德国唯心论的差别当然就更明显了。德国唯心论继承了康德"先验逻辑"的倾向，并进而将此逻辑"辩证地"用于无限界或理性界，以此克服"物自身"的不可知性。人与神的区别消泯于"无限精神"的辩证运作之中。海德格尔对此批评道："什么是德国唯心论发动的反抗'物自身'的斗争的意义呢？这就是对康德已赢得的那种认识的越来越彻底的忘却。这种认识就是：形而上学的内在可能性和必然性（即它

　　① 　C. M. 谢尔奥弗：《海德格尔的存在论与"哥白尼革命"》，范进译，见《德国哲学论文集》，第 11 辑，北京大学出版社 1991 年版，第 190 页。

　　② 　海德格尔：《康德与形而上学问题》（*Kant und das Problem der Metaphysik*），第 276 页。

　　③ 　同上书，第 277 页。

的本质）从根底上是由于对［人的］有限性问题的更本源的阐发
和更有效把握而被保持住的。"①这种"忘却"的更具体的原因，按
照海德格尔，就是这个"追随［《批判》］第二版的"德国唯心
论误解了纯粹想象力的真正本质，将它"再解释为纯思想的一个功
能"了②。

四、《康德书》如何打开理解
《存在与时间》之门

对于"时间"的看法深刻地反映出一个学说的思想特性。在
诉诸逻辑理念的唯理论者看来，时间没有真实的存在论地位。这
一说法对于以先验自我为起点的近代唯理论也同样有效。就是在
具有"概念的（辩证）**发展过程**"思想的黑格尔那里，时间本身
也并不提供存在论的真正视野。问题就出在，以逻辑和概念为形
而上学根基的思想不可能对时间"认真"。另一方面，经验论者尽
管不以逻辑、概念为实在，而认感觉经验提供的材料为实在（或
实在的表象），但由于他们视这些感觉材料为现成给予的，而不去
追究感觉经验本身的可能性，真正的时间现象就已经被漏过去了。
感觉经验及其提供的材料只是"在时间之中"罢了。

所以，我们面临这样一个局面，即不但逻辑概念和经验论理
解的感觉经验达不到时间现象本身，这两者的简单相加也同样达

---

① 海德格尔:《康德与形而上学问题》(*Kant und das Problem der Metaphysik*)，
第244页。

② 同上书，第197页。

不到。换句话说，任何将终极实在视为某种可被固定住的对象（海德格尔所说的"存在者"）——不管它是反思的对象（包括所谓"主体性"）还是被经验给予的对象——的做法都会失去经验本身和时间本身。胡塞尔和康德学说的思想命运同样说明了这个道理。

胡塞尔的哲学起点和灵感来源就是这种纯经验（纯现象）的独立身份、它的客观构成性和更深意义上的实在性。所以，他在先验现象学的起步阶段（1901 至 1911 年）就已深感到时间乃是现象学中最重要的一个问题。[①] 他将"现象学的时间"与"客观的时间"（或"宇宙的时间"）通过还原严格地区分开，描述性地分析了现象学时间的三个相度（过去的保持、现在的原初印象和伸向未来的预持）的相互构成，以及它们的边缘域或地平域（Horizont）本性[②]，并且将"时间意识"视为现象学分析中的真正的"绝对者"。但是，胡塞尔又一再慨叹"时间"是一个"最困难的"或"异乎寻常地困难的"问题[③]。其原因归根到底是因为，胡塞尔一方面认识到时间经验本身的极端重要性，甚至涉及自我本身的原初构成；另一方面却认定"先验的主体性"为最高的实在，这样一来，时间

---

① 胡塞尔：《论内在的时间意识的现象学（1893—1917）》（*Zur Phaenomenologie des inneren Zeitbewusstseins (1893—1917)*），鲁道夫·勃姆（Rudolf Boehm）主编，《胡塞尔全集》第十卷（*Husserliana X*）（The Hague：Martinus Nijhoff，1966），第 279—280 页。

② 胡塞尔：《内在时间意识的现象学讲座》（*Vorlesungen zur Phaenomenologie des inneren Zeitbexousstseins*），马丁·海德格尔主编（Halle：Max Niemeyer，1928）；"引言"部分等。又见胡塞尔《纯粹现象学和现象学哲学的观念》第一卷，81 和 82 节。

③ 胡塞尔：《纯粹现象学和现象学哲学的观念》第一卷（*Ideen zu reinen Phänomenologie und phänomenologischen Philosophie*, Erstes Buch），第 81 页。

就成了"一个完全**封闭了的**（ab-geschlossen）问题领域的名字"①，而并不真是现象学的"绝对的"根基了。时间被困在先验主体性的意识构成的范围之中，无法充分舒展它的存在论含义。正因为这样两个原则（时间和先验主体性）的冲突，时间对于胡塞尔就只能是一个无法真正解开的"谜"。②

康德在《纯粹理性批判》中以两种不协调的方式来处理"时间"。本来，按照这本书的大构架和康德所持的唯理主义原则，时间只是感性知觉的两个形式之一，其先验综合力的来源归根到底是出自"统觉"或"我思"。但是，由于康德同时也受到休谟经验主义原则的逼迫，并敏感地认识到人的有限本性，他在"纯粹知性概念的演绎"那一部分中，就被演绎本身的要求"拖曳着"走进了一个更原本的时间维度之中。他惊异地发现时间以及构成时间的先验想象力属于比感性、知性乃至先验统觉都更原初的一个构成领域。这虽然是思想本身的需要，但却与他基本的唯理主义立场格格不入。为此，照康德自己的说法，他虽然在"演绎"这部分"下了最大的工夫"，但却始终面临"一项异常困难的任务"。原因就在于这演绎本身的要求会将思想带到一个让他所固守的原则不知所措的境地。因此，他不得不在第二版中特意改写了这部分。通过这个改写，他钝化了思想本身的锋芒，使先验逻辑和范

---

① 胡塞尔：《纯粹现象学和现象学哲学的观念》第一卷（*Ideen zu reinen Phänomenologie und phänomenologischen Philosophie*, Erstes Buch），第 182 页。

② 同上。这种理解时间的根本含义的困境，在胡塞尔晚年的发生现象学阶段，有所缓解，但是还说不上真正的解决，因为先验主体性的特权地位仍然稳固。

畴的原则起码在形式上统一了局面。先验综合力的最终来源不再
是想象力，而是统觉的先天要求。

海德格尔之所以特别看重康德《纯粹理性批判》第一版所提
供的这个契机，有数重原因。第一，"演绎"中的思路如胡塞尔所
说的，确实与现象学的"达到事情本身"的努力有相通之处。第
二，"演绎"从根底上是一种存在论的探讨，运作于先验逻辑与感
觉经验之间，从而逼出了先验的想象力这样一种新的理性功能和
时间这样一个纯现象学的本体维度。这种现象学的境界虽然只是
一闪现，但比胡塞尔的意识现象学的时间观，在某种意义上要更
纯粹、更符合"存在与时间"这个主题的要求。实际上，《康德书》
所讲的"人的有限性"和"先验想象力"就是海德格尔早期讲的
"人的实际生活体验"和"形式指引"在这新的解释形势中的反映。
进一步引导到《存在与时间》的"缘在"和"牵挂着的时间性"。
第三，康德的思想一直是哲学人士特别是德国哲学界关注的中心，
通过重新解释它，海德格尔才有可能用大家都熟悉的语言和思路
来澄清那些对《存在与时间》的误解。第四，海德格尔本人在写
作《存在与时间》之前和中间，曾从与康德和新康德主义者们的
对话中获得重要的帮助。所以，他的《康德书》亦有重温以前的
思想历程，并为《存在与时间》提供一个思想上的导论之意。

所以，《康德书》虽然是在解释《纯粹理性批判》，其大思路
却与《存在与时间》相互呼应。《存在与时间》以"缘在"（Da-
sein）及其"在世间"为引子，逐步揭示这缘在的存在方式和缘构
成本性，即"牵挂"（Sorge）和"时间性"。通过这个纯时间的视
野，"存在"的自身的缘构成（Ereignis）原义才初露端倪。《康德

书》则顺着康德的思路走，但随处都加以深化并暴露其存在论的含义。于是人的根本有限性被视为"演绎"的真正起点，由它引导着去追究对象如何能被给予的条件。这里，人的"有限性"起到了缘在之"缘"的功能；即因其有限，就必须在此界限之中传达出对象或世界能够呈现给人的条件。而且，更重要的是，"有限"（End-lichkeit）还意味着能自身维持的"终极"（Ende），也就是"缘在"对于海德格尔的含义："在其存在中是**为了**这个存在本身而存在"[①]。所以，康德的"如何可能"的问题实际上是一个具有"终极"意义的存在论问题，既非概念和表象方法可解决，亦无法再推透。这样，一种前概念的维度就被合理地逼出或揭开。"先验的想象力"就如同"牵挂"那样，不但要出现于形而上学的根基之处，而且不能只与感性、知性无关痛痒地并列在那里。它必须被突出到一个最中心和最本源的地位才能满足有限存在者的知觉要求。而这先验想象力的最纯粹和最本真的形态也同样是"时间"，当然既不是宇宙时间，也不仅是胡塞尔的内时间意识，而是被存在论的演绎所要求的那种在所有的内外区分、主客区分之先的时间的纯构象。

以这种方式，海德格尔的《康德书》将人、先验想象力（时间）和存在这三大端绪在存在论的深度上一环套一环地贯穿了起来，它们各自的原义只有在这种相互贯穿和相互揭示中才得以显现。比如，是先验想象力而非先验的主体性构成了人的本质，而这种先验想象力和时间又只有在人这种根本的有限存在者那里才

---

① 海德格尔:《存在与时间》(*Sein und Zeit*)，第 12 页。

有存在论的意义。而且，只有在这种知觉的前概念的边缘域中，一个世界境域才可能在一切直观感觉之先就被给予了，而"存在"的问题才找到了一个非主非客、亦主亦客的解释学情境，并因而得到某种意义上的解决。以这种方式，《康德书》将全部西方哲学特别是近代哲学所关切的"为形而上学［和哲学本身］置基"的问题与《存在与时间》所讲的那些似乎是全新的思路和词汇连属贯通了起来。《存在与时间》要做的就是这样一项工作：实现西方哲学自前柏拉图时代以来就怀有的"隐秘渴望"——为哲学和形而上学找到一个真实不欺的基础。至于这个基础的暴露是否会危及整个传统形而上学的方法，就另当别论了。

第 5 章 《存在与时间》(一)

　　海德格尔从 1923 年开始写作《存在与时间》，到 1927 年时只完成了全书计划的三分之一左右，即原计划中六个分部中的两个。迫于形势的需要，此书就以这个残缺的面貌于 1927 年发表于胡塞尔主编的《哲学与现象学年鉴》第八期上。就如同一件新出土的古希腊雕像，它的残缺不全不但未掩盖其魅力，反而使人遐想得更远。这本书是海德格尔思想的奠基作品（magnum opus），不真切地理解它就进入不了这个思想最微妙生动的中心部分。

　　海德格尔一直没有忘记这部书的完整计划。在他生前发表的《康德与形而上学问题》（1929 年）、《形而上学引论》（1935 年）、《现象学的基本问题》（1975 年）、《朝向思想的实情》（1969 年）等书中，他讨论了未完成部分中的问题。当然，海德格尔的思想总在做拓扑式的发展、翻转和回溯。30 年代后，他不再使用或较少使用《存在与时间》中的许多词汇。但是，《存在与时间》的基本思想方式与他后期的思路并不是分裂的，两者之间柔性的"同一与区别"使得海德格尔的学术事业呈现出层出不尽而又回味无穷的盛况。

一、《存在与时间》的思想线索
——缘在（Dasein）

要真切地理解《存在与时间》，既不能直接从"存在"入手，也不能从"时间"入手，而只能以**缘在**（*Dasein*）[1]为一条基本线索而向深处展开。这是由写作这本书的整个思想背景所决定的，而前面的三章就旨在将它阐述清楚。由笛卡尔开始的近代西方哲学的特点就是通过"我"或"主体"来理解传统的形而上学问题；因为，在近代人眼中，没有这样一个真正无可怀疑的起点，一切哲学讨论就会流于任意的构造，而无任何自身的规范和中肯可言。康德、胡塞尔、拉斯克、狄尔泰都是这样看的。而且，他们对于思想的最重要贡献也就在于以更深刻的方式阐释了"我"的含义。海德格尔不可能不依从这样一个大的思想势态来进行他的存在问题探讨。然而，他也很清楚，将"人"首先规定为"主体的我"是一条只会断送全部思想深意的死路。所以，他只能取一条中道，即以更本源的方式来理解人，并从这里去开发出古代哲学问题的现代意义。在这方面，他从现象学特别是解释学化了的现象学那里得到了最关键的启发。"人的实际生活体验"的学说表明其思想

---

① 将"Dasein"译为"缘在"的比较详细的理由，本书作者已阐述于《Dasein 的含义与译名》一文。见《德国哲学论文集》，第 14 辑，北京大学出版社 1995 年版，第 35—56 页。下文中也将谈及这个译名问题。

又及：此文后来又转载于拙著《从现象学到孔夫子》（商务印书馆 2001 年版）第 5 章。

已经撑开了主体人性观的最坚硬外壳，而"形式显示"或"形式指引"的说话方式使他能够贴切地表达出这种纯构成的人性观的思想蕴意。而且，正如前几章所表明的，他发现胡塞尔和康德，不管是通过"意向性"还是"演绎"，都达到了构成境域的思路，但却都因为受制于（先验）主体观而无法让这思路向深彻之处发展。他由此而深知，从基本的思想方式上突破主体人性观才能赢得了一个存在论的新视野。他的"缘在"就旨在提供这样一个关键性的思想契机，使得现象学的构成境域识度可以充分地伸展到存在论的领域中。

因此，"缘在"就代表了这样一条维持在思想刀刃上的思路：既不失去由"主体"指示出的人的关键性的存在论地位，又要清除掉人性观中的主体主义；既要保持住这条通道，又要吐出卡在其中的鲠骨。这之所以可能，就是因为海德格尔将现象学的"原发体验"中包含的"构成域"的思想推到了对于人的全部生存本性的理解中。简言之，缘在就是解释学和现象学化了的人本身。胡塞尔讲的那种在范畴直观中被构成的、非心理非对象的、居中的纯（境域）意义，或康德讲的非表象非概念的先验的想象力，在这里获得了一个存在论的彻底体现："缘–在"（Da-sein）不是别的任何东西，而只是它的"缘"（Da）。这"缘"就是前面三章从各种角度揭示出的那个纯构成境域的人生化和存在论化。所以，《存在与时间》从一起手处就已经处在一个超出了胡塞尔与康德、而又与他们的构成观密切相关的思想境域之中，并由此而牵动着古希腊的存在问题。理解这本书的最大困难就来自不了解这样一个在西方哲学史上还从未鲜明地出现过的思想境域的特点，也就是一种非主非客的构成境域的实在观和相应的表达方式。海德格尔是经过十几年"艰苦卓绝"的思想历程才最终达到了或"开启和收拢住"了它。充分体会前面三章中讨论的那些思想原委，以及海德格尔自家思想刚形成时（1919 年）的两个重要学说——人的"实际生活经验"的源初性及其"形式显示"——的特点（见以下第 16 章第二节后半），是进入这样一个缘在境界的必经之途。

由于要探讨"存在原义"这样一个古希腊的或亚里士多德化了的问题，海德格尔在这本书中不再使用"历史的我"（1919 年）和"实际的生活体验"（1920 年）这些更早时期中使用的、具有类似思想功能的词，而使用自 1923 年在他的手稿中出现的"缘在"。这个词（"Dasein"）在现代德文中的意义是"生存""存在""生活"。但是在哲学著作中这个词往往具有更深的含义。在海德格尔这里，它是指人的生存。而且，它对于海德格尔来讲是具有内部结构的，即"Da-sein"。这个结构中的后一部分（"sein"）清楚地显示出它与"存在"或"是"的密切关系，前一部分（"Da"）则"形式（地）指引"出存在或"是"的方式。

缘在就是"我们自己总是的那样一种是者或存在者"[①]。用这种讲法，海德格尔表明人的本性的问题就是一个存在（"是"）论的问题。而"是"或"存在"的问题也就是人或缘存在的问题。另一句话则点出了这种我们自己总是的这种存在者的特点："它在存在者身份上的特长就在于：这个存在者在它的存在之中**就牵涉**到这个存在本身"（ es diesem Seienden in seinem Sein *um* dieses Sein

---

① 海德格尔：《存在与时间》（*Sein und Zeit* ），第 7 页。

selbst geht）①。这句话表明了缘在（或缘存在）与存在本身之间的一种根本的相互牵引和相互构成。缘在已经"在它的存在之中"，却还要去"牵涉到这个存在本身"。这说明缘在已经牵涉入存在，但却不是以现成的方式属于这个存在；它在一切现成的种属，比如"理性的动物""会说话的动物"之先，以"牵涉"或"成为"这存在本身的方式卷入了存在。在海德格尔表达思想的关键处，往往出现这种"形式指引"或表达方式上的旋涡结构。不了解它们所凭依的思想势态，要想进入被这种在相互牵引之中"对撑开"的解释学情境是极难的。海德格尔解释亚里士多德的"好的行为本身就是目的"（1140b6）这句话时曾讨论过这个"为了……起见"（Umwillen）结构的相互牵引的含义（参见以上第3章第二节）。对于他，这种说法就表明缘在的生存（实践）既是起点又是目的，它就是它的实现之缘。这个"Um-willen"与上面引文中的"um geht"（牵涉到）有着形式上的和意义上的联系。在他对胡塞尔和康德的理解中，都有这样一个在相互牵引中成就自身和存在（是）性的思路。在胡塞尔那里，范畴和直观的相互牵引揭示了系词"是"或"存在"的纯构成意义；在康德那里，知性与感性的相互牵引则逼迫出了使对象"是其所是"的先验想象力的本源"综合"的地位。海德格尔在这里就是要用这"缘在"之"缘"将此构成着的相互牵引以最鲜明的、最难于败坏（为某种现成属性）的方式表现出来，"让它出现、打开并保持在现场"。

　　"Da"（缘）在德文中是个极为活泼和依语境而生意的词，有"那里""这里""那时""于是""但是""因为""虽然""那么""这个"等多种意义。而且，还常常与别的词一起组成复合词，比如

---

　　① 海德格尔：《存在与时间》（*Sein und Zeit*），第 12 页。

"dadurch" "dafuer" "damit" 等等。海德格尔用它来表示人是这样的一种存在者，它（他 / 她）总是处在解释学的情境构成之中，而且总是在**彼此的相互**牵引之中打开了一个透亮的（有意蕴的）生存空间或存在的可能。所以，这个"Da"具有相互引发、揭示开启、自身的当场构成、以自身的生存活动本身为目的、生存的空间和境域、与世间不可分、有限的却充满了发生的契机等意义。考虑到这些因素，中文里的"缘"字可以用来比较贴切地翻译它。这不仅仅是因为"缘"字基本上具备了这些含义，而且由于历史上的佛经翻译使用了这个词，使它那些含义在一千多年的中印文化交融的语境中被酿出了更加丰富微妙的思想韵味。而且，龙树的《中论》消除了佛家"缘起"说中的种种杂质，比如因果缘起说、聚散缘起说，给予了这"缘"以无任何现成前提的或"空"（sūnyatā）的"存在论"含义。

在《存在与时间》的第一章，海德格尔用了一个更透彻相关的"牵引"方式来刻画缘在。即，一方面，"这种存在者的'本性'（Wesen）就在它的去存在（Zu-sein）之中"。另一方面，"这个存在者在它的存在之中**就牵涉**到（darum geht）的存在总是我的（存在）"[①]。这说明，人这种存在者没有任何现成的（vorhanden）概念或经验的本性，而只在"去存在"这种向边缘（前或后）投射的势态中成为自身。这种对于人的本性的纯构成的看法是胡塞尔的现象学和康德的"演绎"从思想上要求但又未能真正达到的。也就是在胡塞尔和康德被卡住的地方，海德格尔迈出了决定性的一步，

---

① 海德格尔:《存在与时间》（Sein und Zeit），第 42 页。

"摧毁"了对于人性的一切现成的看法，比如"先验的主体性""统觉"和"自我意识"。而且，他没有因为这种"摧毁"而坠入虚无主义，他的现象学起点和与"演绎"的对话使他能够在还没有现成存在者的地方保持住了、收拢住了一种纯粹的存在或生存状态（Existenz）。这缘在的去存并不没入一个发散的"坏无限"之中，而是往返回曲地牵连出"我"与"世界"共处的一个境域。海德格尔称其为解释学（Hermeneutik）的处境，并认为缘在之缘（相当于他以前讲的"实际生活经验"的"形式显示"境域）为一切领会和解释的源头。他这样写道："缘在的现象学是本源意义上的**解释学**。这个词表示解释（Auslegung）这桩事情。"① 与这种意蕴丰满的人性观和存在观相比，古希腊智者讲的"人是万物的尺度"就显得空洞，因为其中的"人"还远没有取得先于"万物"（众存在者）的解释学意义。

二、缘在的在世

《存在与时间》的阐述结构是：从缘在和它的"在世界之中"开始，通过牵挂而达到本书的高潮——时间性的揭示。然后反过头来再解释缘在的各种生存形态的时机化方式。从思想的创新和表达的精巧上看，前一半或达到时间性的前 65 节（占总篇幅的三分之二），明显地更高一筹。思想的新境界被不断地因势利导地开启出来，极少做生硬的理论建构。

---

① 海德格尔：《存在与时间》（*Sein und Zeit*），第 37 页。

所谓缘在的"生存(existenzial)结构",指的是:如果将人视为纯构成性的缘在而非现成的主体或客体,它具有什么样的存在方式(Seinsart)。海德格尔通过三方面来说明这种方式。它们是:缘在与世界、与他人和与自己的关系。这样层层递进,最后逼出缘在的牵挂本性和这种牵挂的纯方式——时间性。

1. 缘在与世界

如果缘在充分地体现出了解释学现象学的构成方式和"先验想象力"所需要的那样一种存在状态,人与世界的关系是怎样的呢?按照海德格尔,它并不首要地是一个主体和一个客体之间传统认识论的关系[①]。也不就是胡塞尔讲的意向行为主体与意向对象之间那样一种还不够彻底的构成关系,而是还没有从存在论上预设任何现成存在者的、完全相互构成的关系。"从没有过一个叫'缘在'的存在者和一个叫'世界'的存在者'并列存在'这么一回事。"[②] 缘在从根本上就"在世界中间"(In-der-Welt-sein),而世界也永远是与缘在相互构成的世间境域。而且这里讲的"构成"不意味着"创造",也不意味着客体必须迁就主体,或主体必须反映客体,而是全部现象学构成思想所指向的那样一种更本源的存在论域的居问引发和维持。从来就没有一个无世界(weltlos)的缘在,也从来没有一个无缘在的世界。在这样一个相互构成的新存在观中,"人"和"世界"的含义同时发生了深刻的变化;从传统

---

① 海德格尔:《存在与时间》(*Sein und Zeit*),第 12、43 页。

② 同上书,第 55 页。

的"主体"与"所有对象的集合"之间的外在关系——不管它是
经验的还是先验逻辑的——转变为相互缘起的,在根本处分不清
你我界限的构成域式的"关系"。

这样一种存在论的形势反映到认知问题上,就从根本处改变
了传统的"认识论"格局。总的说来,海德格尔总是将那些由境域
引发的和相互牵引的认识方式看做是更原本的和更在先的;而视
那些以主客相对为前提的和依据现成的认知渠道(比如感官)的
认识方式为从出的和贫乏化了的。对于他,"认知乃是'缘在'在
世的一种存在方式"[①]。缘在一向就以牵念(Besorgen)的和用得称
手的(zuhanden)等等非概念的方式"知晓"了世界。比如,海
德格尔讲:"正如已经表明的那样,最切近的了解(Umgang,或译
'打交道')方式并不是仅仅的知觉认知,而是操作着的和使用着
[工具]的牵念。这种牵念具有它自己的'认知性'。现象学问题
首要地就是意指在这种牵念中所遭遇的存在者之存在。"[②]从这段话
里可以看出,"牵念"在这里是比胡塞尔的"意向性"更本源的现
象学行为,完全不预设意向主体和意向对象的区别。通过它,我
们直接遭遇到存在者之存在,而不仅仅是意识流构成的意向对象
(noema)。胡塞尔认为海德格尔讲的缘在的在世方式没有经过现象
学还原,因而只是一种哲学人类学,不具备现象学的纯思想含义。
海德格尔则会认为,他这里讲的域型的和缘发的认知代表更纯粹
的现象学识度,完全不受制于传统存在论的前提。实际上,这个

---

① 海德格尔:《存在与时间》(Sein und Zeit),第 61 页。

② 同上书,第 67 页。

问题牵涉到我们对于《存在与时间》这本书的整体理解。它讲的只是人的存在境况和方式呢，还是通过这些方式讲出了一种更纯粹的存在论和认识论的思想？

西方传统的存在论和认识论在一开始就跳过了世界性（Welt-lichkeit）这样一个最重要的缘构现象[①]，而误将那些从这个纯现象上脱落下来的片段认做最原初的认知对象。比如，将"物"（Ding）认做广延的和不可入的对象，毫不意识到它如何源起于牵念的领会方式。在这里，海德格尔用了一个著名的例子，即使用一把锤子时的称手状态（Zuhandenheit）来说明这种更原本的认知方式[②]。按照他的看法，锤子和一切用具的物性并不主要在其对象性或现成性（Vorhandenheit）之中；你对它的各种观察、剖析都不能揭示其真实存在。只有当缘在以一种非专题的、不显眼的、充满了域状的明白劲儿的方式来使用这把锤子时，它的物性或存在本性才被当场揭示和牵带出来。而且，你越是不意识到它的物质对象性，越是出神入化、冥会暗通地运用它，你与它的关系就越是具有缘在与世界的那种开启和保持住的存在论域的关系。

这样一种缘构式的理解充满了《存在与时间》，并以各种不同的形式出现。在胡塞尔那里还处于"边缘"的境域构成以及在康德那里还被统觉辖制着的先验想象力，在这里成了一切理解和存在的根源和缘发中心。这也就是说，缘在与世界之间总有一种似乎是已经调弄好了的、原本上就得心应手的玄冥关系。所以，我们

---

① 海德格尔：《存在与时间》（*Sein und Zeit*），第 66 页。

② 同上书，第 69 页。

对世界总已经有了某种前反思的、类似于用得称手状态所泄露出来的那样一种了解[1]。这种了解首要地和经常地（zunaechst und zumeist）[2]表现为一种不显眼的、平均状态的、日常的和生存空间的理解方式。这种理解和存在的方式尽管还说不上是"真正切己的"（eigentlich，或译为"真态的"），但却绝不缺少原发性，因为它正是缘在与世界的本"缘"关系的一种表现。而且，从存在者角度看来，这种表现具有最切近、最经常的和最"实际的"（faktisch）特点。所以，海德格尔虽然是在讨论缘在的平均状态（Durchschnittlichkeit）以及它的日常存在方式，却绝不是在宣扬一种常识经验主义，而是在严格的意义上讲更纯粹的存在与认知的方式。换言之，这是一种维持在主客交接的刀锋剑尖上的，而且比这两者都更本源的平均状态。

因此，这种不显眼的与世界打交道的方式都是外愚内巧、暗气相通和含势待发的。比如用得称手状态似乎没有本身的专注点，但却有它自己的隐蔽着的看、知和指谓。一旦使用着的工具坏了，比如锤头掉了、刹闸失灵，这种称手状态就立刻以不称手的形式将这用具作为一个现成对象突现出来、指示出来。我们对自己所在的环境总有一种四周打量的隐约了解，它先于对任何特定感觉的和概念化对象的认识。在这种似乎"昏昏察察"[3]的打量（Umsicht）中，没有哪个用具和标志不呈报出一整套的关系构成。这种成套成片的粘黏关系绝不是现成物之间的逻辑的和因果的关

---

[1]　海德格尔：《存在与时间》（Sein und Zeit），第 85 页。

[2]　同上书，第 16 页。

[3]　《老子》第二十章。

系，而是被用得称手状态牵带起来的"缘分"(Bewandtnis)，即因某个东西而涉及另一个东西的缘由。从来没有一个现成的和孤立的缘由或缘分，它们总是处在缘构域式的相互牵扯之中："因……而及……"。所谓"在世界之中"(In-der-Welt-sein)，就是指在此牵扯的缘分之中；在"所去"(Wozu)、"所因"(Womit)、"所及"(Wobei)、"所据"(Woraufhin，或译"所向")、"所 [在其] 中"(Worin)和"所为"(Worumwillen，"为"念作第四声)这样一些纯缘发的存在"空间"之中①。这些都是缘在之缘的各种语境化身，也正是海德格尔在 20 年代初讲的"形式指引"或"形式显示"(formale Anzeige)的更充分的表现。构成这些存在空间的副词、连词和介词(zu, mit, bei, aufhin, in, um)没有能被指称出来的对象意义，只能通过称手的运用而冥会于心。"缘由"(bewenden，以及它的过去式 bewandt)在德文中也是一个"只用于短语"而无现成意义的"域状词"。当然，所有这些域状构成词的源头就在"Dasein"的"Da"之中。这也是本书作者要将"Dasein"译作"缘在"、将"Da"译作"缘"的原因之一。这个"缘"不但消去了一切现象的实体性，而且通过"连-介-副词"所"显示"出的缘由赋予了它们原发的意义方向和空间。这缘在就因这些方向和空间而获得了它的世界。所以，此缘在"在它的存在之中**就牵涉到**(*um* geht)这个存在本身"，而且，它也总是在"去在"(Zu-sein)中成为自身。②

---

① 海德格尔:《存在与时间》(*Sein und Zeit*)，第 86 页。

② 请注意这里讲的"um""zu"及"In-der-Welt-sein"中的"in"与上面提到的"Worumwillen""Wozu"和"Worin"的内在关系。

　　因此，缘在尽管无现成的实体性，却不空寂。它从根本上就有自己的空间、方向和世界。这空间比物理空间要原本得多。它是被处于"心与物"之间的缘构成张力对撑开的缘发境域（Gegend）①。缘在的生存中和日常生活中天然地就有"位置"和"处所"。房子有阴阳面，似乎随便摆放的东西有隐含的位置，使用着工具有其不显眼的活空间，太阳的升落、月亮的圆缺都参与缘在的生存空间的构成。

　　这种在世的原空间并不能被"距离"（Entfernheit）度量；相反，这种空间首先表现为"消除距离"（Ent-fernung），即让缘在在就近处（in die Naehe）与其他存在者相遭遇②。实际上，正是这对现成距离的消除使得生存距离成为可能。这样，原初空间体现了缘在能够在世的本性。当然，并非这种空间使缘在的在世可能，而是相反，缘在的在世本性必然带有生存势态本身要求的空间。这样的空间也就一定具有某种取向性或调准性（Ausrichtung）。这是指一种在境域中取向的活的方向，不是由坐标确定的死方向。"四周打量的牵念就是调准着、取向着的消除距离。"③正是因为缘在的牵念空间具有这种调准的和随机的方向，"标记"（Zeichen）才能够去指示具体的方向。而且，像"左""右"这样的随身的方向和由日常用具构成的环境方向才有可能。

----

① 海德格尔：《存在与时间》（*Sein und Zeit*），第 103 页。

② 同上书，第 105 页。

③ 同上书，第 108 页。

2. 缘在与"人们"

具有这样的一种在世本性的缘在与他人的关系如何呢？不难设想，这种关系绝不会只是"主体间"的关系。正如缘在与世界的相互构成一样，缘在与缘在之间充满了境域式的相互构成和存在论意义上的本源沟通。在这一点上，海德格尔比胡塞尔深刻得多。

对于海德格尔来讲，缘在的"在缘"（Da-sein）首要地和经常地是一种"同在"（Mitsein），也就是说，不仅与世界同在，而且与其他的缘在或人们同在。因此，海德格尔又称这样一个人的基本的存在方式为**"同缘在"**（*Mitdasein*）。它既意味着缘在共同地存在，又意味着每个缘在总已经"在世界中"与他人（die An-deren）一同在缘（mit da sind）了 [①]。当然，这里讲的"同"（mit），绝不仅意味着一种现成的并存，以及这些并存者之间的联系。我们只能在存在论的相互构成的意义上来理解这个"一同"或"共同"；如同他将巴曼尼德斯讲的"to auto"（一般译为"同一"）理解为"相互对撑者的相互属于"一样（参见第 3 章第一节）。

因此，一方面，海德格尔认为我们无法通过笛卡尔式的反思（排除）法乃至胡塞尔的还原法达到真实的"我自身"，因为在那种情况下，缘在恰恰表现为"非我"（Nicht-Ich）[②]；另一方面，海德格尔这里讲的同缘在也不是在主张一种社会决定论或社会与人的相互决定论，即认定人的本质或是由社会条件决定的或是与社会相互决定的。这类看法还是建基于对于人的现成的而非纯构成

[①] 海德格尔：《存在与时间》（*Sein und Zeit*），第 116 页。

[②] 同上。

的看法之上，因而察觉不到人与社会环境之间的相互构成（而非"相互决定"）的微妙之处、缘发之处。这一点到后面讲到缘在的真态的（eigentlich）存在方式时会更清楚。

在日常生活中，在通过工具所揭示的那个缘分世界里，"他人"与我遭遇。但是这他人既不是现成的也不是用得称手的，而是与我的缘在一同在缘。海德格尔这样写道：

> "他人"并不意味着除我之外的、与我形成突出对比的全部的其他者。这些他人在通常情况下倒不如说是与个人本身**无法**区别者，而且个人也（auch）就在这他人之列。这种与他人"也一同缘在"（Auch-da-sein），从存在论上讲，并不意味着在一个世界里边现成的"共同"（Mit）。这个共同是缘在式的；这个"也"（Auch）意味着那作为"在世界之中的环顾牵挂着"的存在的同等性。"共同"和"也"是**生存结构的**（*existenzial*）[1]，不能通过范畴加以理解。在这样一个"**共同在世界中**"的基础上，这个世界总已经是我与他人共享的世界。此缘在的世界是"**共同世界**"（*Mitwelt*）。此"存在于其中"（In-sein）是与他人的"共同存在"（Mitsein）。此世界里边的他人的"在自身之中"就是"共同缘在"（Mitdasein）。[2]

---

[1] 海德格尔在《存在与时间》的导论第4节，区分了"existenzial"与"existenziell"。它们都出自"Existenz"（生存），即缘在的非现成的存在方式——只在"去存在"的动态过程中赢得自身。后者（existenziell）指缘在的存在者状态上的（ontisch）实际生存领会的特点，因此可译为"生存者的"；而前者（existenzial）则涉及对生存（Existenz）结构的领会乃至分析，所以可以译作"生存结构的"。

[2] 海德格尔：《存在与时间》（*Sein und Zeit*），第118页。

缘在之所以能够如此彻底地被他人浸透，就是因为它除了这个纯构成的"缘"（Da）之外，再没有什么可资自守的东西了。它不得不从根本上对此世界和他人开放。当然，这并不是说它完全可以被环境和他人决定。这个开放的缘使一切都相互牵挂或生存式地连成一气，从而绝不仅是现成的、干巴巴的，而是缘生的和充满了可被触发的潜在势态的。也正是出于这个"缘故"，失去自我的存在形态与赢得自我的存在形态可以发自同一个缘在。

在这个意义上，缘在对他人有着像对世界一样的先概念和先于任何现成对象的了解。他人作为一种非实体或非主体集合的缘分总已经在缘在之中了。这就是所谓"同缘在"或"同在缘"的含义。他人完全可以不现身地在场或与个人同在。像隐士一样的孤独生存也就应被看做此同在缘的一种特殊形态①。同理，"牵念"和"牵心"（Fuersorge）也不一定非要表现为与他人的积极的交往或"热乎"；否定性的争执和冷漠的关系同样是一种牵心，而且往往是更常见的牵心和牵念的方式②。海德格尔之所以要用"牵心"和"牵念"这类与"牵挂"（Sorge）相关并带有情绪色彩的词，就是为了突出缘在与他人打交道时的先概念的和缘构成的方式。

循着这个思路，当面对"日常生活中的缘在是谁"这个问题时，海德格尔的回答是："这个'谁'既不是这个人，也不是那个人；不是人本身，不是某一些人，也不是人的总和。这个'谁'是一个中性物，即'人们'（das Man，或译'大家''人家'）。"③

---

① 海德格尔：《存在与时间》（*Sein und Zeit*），第 121 页。

② 同上。

③ 同上书，第 126 页。

这段话的意思是，在通常情况下，缘在既不是一个主体式的个人，也不是这些个人的集合，而是一个被拉开扯平的、域化了的和中性的"人们"。海德格尔这里讲的"中性物"（das Neutrum，或译"中间词"）是他惯有的"中道缘生"思路的一个体现，也是他早年就开始在最原初意义上使用的中性代词"它"（es）的另一种表现[①]。这中性的"人们"既非"此（这里）"又非"彼（那里）"，而是彼此相生的日常之"缘"。尽管这个中性的"人们"只是这种缘分的不真态的存在形态，但它同样是缘发域性的，而非现成的。

这样一个"人们"或"大家"在日常生活中将缘在的自身存在无声无息地取走了。当缘在自认为是为了它自己的利益、兴趣而牵念忙碌时，实际上却是那个混沌、中性和无处不在的人们在主宰着局面。海德格尔对此有不少极为精彩的描述。比如："就在这种不显眼和无法弄确实的状况下，这个'人们'行使它的真正的独裁。人们怎样享乐，我们也就怎样享乐，并让自己痛快；人们怎样看待和判断文学和艺术，我们也就怎样阅读、看待和判断它们；人们如何从群众那里缩回，我们也就如此这般地退回来；人们对什么感到气愤，我们也就对之感到'是可忍，孰不可忍？'这个'人们'是毫不确定的；所有的人（尽管不是作为所有人的集合）都是这个'人们'。正是它规定了日常生活性的存在方式。"[②]这是对人的在世"实际性"的一种生动描述。缘在总有意义的来源，而且这意义也总已是通俗化、平均化了。这一类现象学存在

[①]　克兹尔:《海德格尔〈存在与时间〉的起源》（ *The Genesis of Heidegger's Being and Time* ），第 24 页。

[②]　海德格尔:《存在与时间》（ *Sein und Zeit* ），第 126—127 页。

论的描述看似平白，却处处"氤氲相糅""屈伸无方"，充满了居中"参两"的思想蕴意。[1] 对于缘在的这个日常人性，海德格尔用了"相互同在"(Miteinandersein)、"间隔化"(Abstaendigkeit)、"平均态"(Durchschnittlichkeit)、"削平"(Einebnung)、"公开化"(Oeffentlichkeit)、"减免存在的责任"(Seinsentlastung)和"迎合"(Entgegenkommen)来刻画。这些刻画既有暴露世情文学的敏锐，更有存在论的思想含义。它们表明，缘在的在世是与他人共缘生的同在。其中世事浮沉，浑浑噩噩，莫知其极，正是缘在未了的俗缘本色。那些只知固守主体的学说是绝达不到这个如此切近，又如此难以从概念上理清的纯思想境界的。

三、在缘的方式

《存在与时间》第一分部中的第五章和第六章是一个过渡，从缘在的"在世界中"和"与他人同在"的形态转向它的真正切身的存在形态。所以，第五章"'在其中'本身"讨论缘在的这个"缘"的各种生存样式，而第六章"牵挂——缘在之在"则通过对"畏惧"(Angst)的追究而揭示出缘在的整体结构和本性——牵挂(Sorge)，并进而讨论本源的真理性问题，为进入关于缘在的真正切身的形态的讨论做好准备。所以，第五章靠近缘在的"在世界之中"的形态，而第六章与第二分部中的前三章更相关。在那三章中，海德格尔讨论了缘在的真态存在并由此而引出了"时间性"。

---

[1]　见张载：《正蒙·参两》篇。

1. "在其中""缘"和"存在空间"

缘在总已经"在……之中",比如"在世界之中"。而且,这个"在其中"不是指在一个现成的存在界之中,而是指"正在构成或缘生之中"。第五章就是要进一步展示这种"在其中本身"(das In-Sein als solches)的缘性,特别是它在人的情绪(处身情境,Befindlichkeit)和语言中的表现。首先,海德格尔指明,缘在的"在其中"并不意味着一个现成东西在另一些现成者之中,比如一个主体在一个现成的世界之中。这"在其中"倒是应该被视做缘在的根本存在方式[①]"**此缘在就是这个'之间'(Zwischen)的存在**"[②]。这样一个在生发"间隙"(Riss)中运作的思路可以通过讨论"缘"这个词得到生动的说明。于是就有这样一段关于缘在之缘的重要议论:

> 在任何情况下,这个从根底上被"在世界之中"构成(konstituiert)的存在者本身就是它的"缘"(Da)。按照它的通常意义,"缘"意指"这里"和"那里"。一个"我这里"的"这里"总是从一个用得称手的"那里"来理解自身的;这也就是说,从朝向"那里"的,正在消除距离、取向和牵挂着的存在中理解自身。缘在的这个生存结构的空间(die existenziale Raeumlichkeit)以这种方式决定了它的"处所",而这个生存结构的空间就植根于此"在世界中"。这个"那

[①] 海德格尔:《存在与时间》(*Sein und Zeit*),第132页。
[②] 同上。

里"决定了在**世界**里面所遭遇者。"这里"和"那里"只有在一个"缘"中才可能;这也就是说,只有当一个存在者就是这个"缘"并且已经将作为此"缘"的生存空间打开了的时候才可能。这个存在者在它最切近的存在中携带着这个解除遮蔽的特性。"缘"这个词意味着这个根本性的打开或解蔽状态。通过它,这个存在者(此缘在)与世界的在-缘一起,为了它本身就是这个"缘"。①

这段话以一种"生存空间"的方式讨论了缘在之缘。"缘"在德文中有空间("那里""这里")、时间("那时""于是")、关系("但是""因为""虽然")、连代("那个""这个")等意思。稍稍观察一下它的实际运用就可发现,它所意味的空、时、关系等比概念思维所能把握的要原本和境域化得多,介于虚实之间,依上下文和说话情境而成义。海德格尔在这段话中也就顺势利用了这个词的缘性,强调它不只是"这里"或"那里",而是在"这里"和"那里"之间的不可避免的活转,即通过朝向(zu)"那里"来理解"这里"或"自身"。由此活转而构成的"生存结构的空间"是缘在本性中具有的回旋空间或"间隙",比物理空间要原本得多,与佛家讲的"能含万法"的"世人性空"之"空"(sūnya)②倒确有些相似之处。

这种"空间"所刻画的其实就是胡塞尔的范畴直观学说讲的

---

① 海德格尔:《存在与时间》(*Sein und Zeit*),第132—133页。
② 《坛经》(宗宝本),般若第二。

那种"多出"或"超前"的存在论含义。由于缘在总是在它的去
（zu）在中获得自身之在，所以它在根本处就带有这么一个"在投
射、朝向、牵挂中达到自身"的回旋空间、发生空间或成为自身的
空间。"生存结构的空间"中的"生存结构的"（existenzial）一词，
就意味着"在去存在中成为自身的"①。后来一些人称海德格尔的
思想为"存在主义"（Existentialismus），就是因为这个词的缘故。
当然，海德格尔反对这种不求甚解的称号。作为一种"主义"，这
个活在现场中的空间境域就被封闭掉了。

　　这样一个活转于"这里"（我、自身）和"那里"（世界、他
人）之间的，并是它们的源头的存在空间就是"缘"（Da）。人这
种存在者从本性上无非是缘，也因此总是"携带着"一个开启的、
不能被封死的空间（"能在""可能""处境"乃至"历史维度"）。
缘在的超越并非形而上学的概念超越，而只能被理解为对自身的
超越和对世界、对生存境域的（先行）打开。这便是"在其中本
身"的含义。"中"或"之中"就意味着"缘"，或缘起而性空。
这个生存着的空（间）是人生的真正中心和"情不自禁"地透露
存在真义的窗口。

2. 处身情境与怕

　　人既然是缘在，既然只能在去在之中成为自身的存在，他就
一定是从根本上被打开了的和透露着什么的存在者。所以，缘在
总是发现自己已处在了（befinden sich in）某个情境之中，而且总

---

　　① 海德格尔：《存在与时间》（*Sein und Zeit*），第 42 页。

是以非反思的方式对自身的这种处境有了某种了解。这种存在论境况被海德格尔称为"处身情境"（Befindlichkeit）。它在存在者状态中的体现就是"情绪"（Stimmung）或"具有情绪"（Gestimmtsein）。不容忽视的是，在德文中，"使之具有情绪或某种心情"（"stimmen"或"gestimmt sein"）这个词同时有"给……调音"和"使之相称"的意思。我们知道，海德格尔总是尽可能地去开发语言本身的丰富内涵，尽力让语义的双关成为构造思想意境的机缘。这里，用"Stimmung"这个词就有这样的含义，即缘在的基本情绪不只是主观的，而是缘在与世界之间的那种被缘化了的、调弄好了的境域联系的流露。

"缘在总已是有情绪的。"（[D] as Dasein je schon gestimmt ist.）① 或者，"缘在总已是被调准了的"。之所以会是这样，就是因为缘在**就是**它的缘，总有了一个自身的处境（Sichbefinden）。而它的根本的开放性（"去在"）一定会让这缘发的处境作为情绪而显现。所以，情绪是缘在的在世处境的一个标志。正如人从来就已在世界之中并具有了生存空间一样，人作为缘在从来也不能消除一切情绪。"没情绪"（Ungestimmtheit）恰恰暴露出更本源的处身情境：对自己厌烦的情绪。并以这种方式揭示出缘在身负的一种指不出对象来的境域负担——存在（Sein）、它存在着（Dass es ist）② 。缘在的原本心态既不是经验论者讲的"一块白板"，也不是唯理论者讲的带有先天观念和范畴的"灵魂"或"心"，而是缘生

---

① 海德格尔:《存在与时间》（Sein und Zeit），第 134 页。

② 同上书，第 134—135 页。

之域象或生存空间本身的气象。这样的情绪就绝不只是心理情感的，而是一种缘在的存在论现象。

这种处身情境的一个样式就是"怕"（Furcht）。海德格尔以充满了"势态"（缘分、处所、逼近、可能）的方式分析了怕的处身情境本性。怕的缘境总走在怕的对象之先。我们总是在莫明其妙地怕了之后才一边害怕着、一边弄清那可怕者。只有在自己存在的根本处具有一个处身情境、并且就认同于这个缘境的存在者才"能够去怕"[1]。维特根斯坦在《哲学研究》中讲："我们说：这只狗怕它的主人会打它，但绝不会说：这只狗怕它的主人明天会打它。为什么不这么说呢？"[2] 这段话也表明了"怕"对于处身情境（维特根斯坦在不完全等同的意义上称之为"生活形式"）的依赖。狗的处境总是当下的，不会进入到涉及"明天"这个时间跨度的境域中。它的这种"生活形式"就使得它对于明天的威胁怕不起来。人却总是缘于"人生几何"的时间境域而"忧思难忘"的。

海德格尔称缘在的这种总已先于任何对象地投身于缘域的状态为"在其缘中被投出状态"或"被抛出状态"（Geworfenheit）。这种与"用得称手"和"生存空间"息息相关的被投出状态也就是在世界中的缘在之缘[3]。海德格尔又称这种状态为缘在的"委托的实际状态"（die Faktizitaet der Ueberantwortung）。之所以用"委托"或"托付"（Ueberantworten）这个词，就是为了显示这种"实

---

① 海德格尔：《存在与时间》（*Sein und Zeit*），第 141 页。

② 维特根斯坦（L. Wittgenstein）：《哲学研究》（*Philosophical Investigations*）（Oxford：Basil Blackwell，1953），第 650 节，第 166 页。

③ 海德格尔：《存在与时间》（*Sein und Zeit*），第 135 页。

际状态"中的"越过""漫出"(ueber)和在去存在中"维持住"
自身的凭空缘生的特性。与老子讲的"夫唯道善**贷**且**成**"[1]有隐约
相似之处。这个"实际状态"或"实际性"所代表的解释学化了
的现象学思路在海德格尔初期的思想探讨中曾起过关键作用。

3. 领会(理解)、解释和人的各种语言活动

《存在与时间》的第 31 节至 35 节涉及一般解释学(Hermeneu-
tik)所讨论的一些问题:语言、领会(Verstehen,或译"理解")、
解释、陈述等等。"领会"的问题常常被传统的概念哲学忽视或视
为当然。康德以"知识如何可能?"的方式涉及了这个问题。施莱
尔马赫(F. Schleiermacher)和狄尔泰(W. Dilthey)受到康德的
影响,正面地探讨理解之所以可能的种种条件,从而开辟出了所
谓"一般解释学"的领域。但是,他们的讨论往往受制于具体文本
和理解者的主体心态,或局限于所谓"人文科学的方法论",不具
备康德批判哲学那么广阔的视野和深度。简言之,就是没有达到
海德格尔心目中的存在论所应具有的普遍性和原发性[2]。而我们在
前面(第 4 章)已看到,海德格尔视康德的《纯粹理性批判》(第
一版)为一种基础存在论的探索,虽然并非是完全自觉和成功的。
海德格尔看出,解释学所涉及的那样一种处境(Situation)可以
具有基础存在论的含义,因为它要求一种先于主客(理解者和理
解对象)分离的缘发构成。然而,他并不从"理解文本"这类从

---

① 《老子》第十一章。

② 海德格尔:《存在与时间》(*Sein und Zeit*),第 46、209 页。

出性的解释学处境出发，而是以"存在的意义"及"缘在之缘性"这样的根本存在论问题为开端，以批判哲学的精华为羽翼，更根本和更完整地达到了对于"理解"和"语言"的新看法。反过来说也可以，即他赋予了解释学的处境以基础存在论的含义，从而抛弃了传统的概念型存在论的框架，建立了一种依据缘在而开展出的解释学化了的现象学存在论[①]。简言之，海德格尔使存在论和解释学相互改造、相互贯穿和相互构成。

因此，他对于"领会"的理解就来自于他对于缘在的本性的看法。缘在不是任何可以与它的世缘从逻辑上区别开来的主体，它向来就已经"全身心地"化入了它的世缘中；它就是它的缘或生存的可能性，也因此具有了一种对于这个世缘或这种在世处境的领会，尽管还根本不是观念的和反思的理解。所以，"理解的可能性"的问题就由于缘在的这种非逻辑主体的在缘性、前抛的"混成"[②]性而得到了一个存在论意义上的解决。第 31 节的题目"作为领会的在缘"（Das Da-sein als Verstehen）就是这个意思。缘在本身所具有的领会是一切后起的理解之源（缘），而这个与生俱来的领会不是别的，就是缘在之缘的一种基本存在方式和被打开的状态（Erschlossenheit）。

循着这个思路，可知人作为"在缘"的和"就是缘"的存在者天然地（但非先验逻辑地）就能领会，就属于或被投入了一个根本的解释学处境或意义世界。他以先于反思的方式被这处境浸透

---

① 海德格尔：《存在与时间》（*Sein und Zeit*），第 38 页。

② 《老子》第二十五章。

得"别无是处"，并因此而能在不知语词的实指之前，就有所领会地说着和称手地用着这些语词。不然的话，孩子就不能学会语言，或以一种比成人学习外语更源本的非语法方式来进入这个语言世界。这就是领会的"前抛"（Entwurf，或译"前瞻""投射""筹划"）本性。"在这种存在方式中，缘在**就是**它的纯粹可能性（作为可能性的可能性）。"[1]

这种前抛本性，表明缘在及其悟性"永远要比它事实上所是的'更多'"[2]。它是"能存在"或"能是"（Seinkoennen），必然走在具体的和现成的"在何处""是什么"之前。但这又绝不意味着这缘在比它实际上（faktisch）所是的更多，在实际现象之后还要靠先天的范式或更高的本质来支撑。这是因为它**实际上也就是它的能在**，这生存的本能原知就属于它的实际状况[3]。这就是存在的"超越"或"先验性"对于海德格尔的意义。这微妙的"超出"和"更多"是纯境域的、构成的和出自本身的，毫无概念的痕迹可循。

因此，如果我们用现象学者爱讲的"看"（Sehen）或"视"（Sicht）来理解这种领会，这种看就绝不只是"纯直观"，因为它具有一个前抛的构成视域，并非只是直接感知眼前的现成对象。这个识度将海德格尔的现象学与胡塞尔的现象学在起点处区别开来，并说明胡塞尔讲的"纯直观"的思路中还有"现成的"因素，未能充分追究这种"直观"所以可能的存在论条件。如果他能充分地发掘他的"边缘域构成"学说的终极含义，就会得出与海德

---

① 海德格尔：《存在与时间》（*Sein und Zeit*），第 145 页。

② 同上。

③ 同上。

格尔相似的结论。海德格尔对于康德讲的"先验想象力"的理解
却非常近似于这里讲的领会，以及它在日常生活中的体现——牵
挂着的"环视"（Umsicht）。

　　所以，并非解释（Auslegung）使我们领会和理解，而是这原
本构成着的领会使得解释可能。而且，"解释并不是对领会的审阅
（Kenntnisnahme），而是将被抛入领会之中的可能性整理出来"[①]。
解释原本并非是概念式的和注释式的，不经意地环视就已是对
"世界"的解释，是对抛入领会的可能性的占有。"用得称手"的
状况已有自己的视野，这就是域状的"为……的缘故"（Um-zu）。
这并非因果性的"Um—zu"使被使用的东西"作为某物"（als
Etwas）被非专题地显露出来，所以，像伽达默尔那样将所有解释
的前提——构成域性的领会——说成是一种"偏见"或"前判断"
（Vorurteil）[②]就是不通达的，因为这领会和解释的"先见""先占
有"和"先理会"还根本不是任何判断（Urteil）或观念性的把握，
也说不上让后起的判断来校正。

　　领会通过概念化的解释可以"上升"为（狭义的）陈述（Auss-
age）。具有述谓结构的陈述是解释的一种极端形式。它似乎断绝了
与缘发生网络的内在联系，将原初解释所包含的域性的"作为"
（als）结构转变成了"关于某某"（Worueber）的判断式的"作为"
或"是什么"。许多语言学家和哲学家都视陈述为理解、解释和语
言活动的原本形态，因为单个的陈述就似乎有意义和真假可言。

---

① 海德格尔：《存在与时间》（*Sein und Zeit*），第 148 页。
② 伽达默尔（H. -G. Gadamer）：《真理与方法》（*Truth and Method*）（tr. J. Wein-
sheimer and D. Marshall，New York：Crossroad，1989），第 2 版，第 270 页。

但是，他们未能追究这原本的"意义"如何可能，总是将意义视为某种现成的现象或对象。按照海德格尔的看法，这陈述虽然表面上从因缘关系网中脱开，却只能植根于缘在领会和解释之中，以获得从任何别处得不到的原初意义和可理解性[①]。在这一点上，海德格尔的思想与维特根斯坦的命题意义图像说及命题意义本身的不可表达性（非现成性）的观点倒有某种可比较性，尽管维特根斯坦还未深入到缘在的境地。而且，我们可以见到，海德格尔对于"陈述"的看法与现在流行的、从根本上区分自然科学与人文科学的方法论和"解释学"倾向也不同。陈述所代表的自然科学的表达方式及"解释"所显示的人文科学的表达方式都植根于缘发的领会。因此，海德格尔自 30 年代起，也大量讨论了现代技术和自然科学的根源问题。

除了自身情境和领会之外，在世的缘在之缘（das Da des Daseins）的另一种先于直观和概念思维的开启方式就是言谈（Rede），而言谈的被说出状态（Hinausgesprochenheit）就是语言（Sprache）[②]。言谈并不比处身情境和领会更少本源（缘）性，因此，首先并不是作为传达现成心态和被领会者的交流媒体而存在，而是"在世的处身情境中的领会状态［的］**自身**道出"[③]。正因为这缘在之缘一方面是投射在先的，另一方面又与世界相互构成，这言谈就既可以或首先是非专题的，比如诗、闲聊、双关隐喻等，又

---

① 海德格尔：《存在与时间》（*Sein und Zeit*），第 158 页。
② 同上书，第 161 页。
③ 同上。

在任何情况下是内外相通和"关于某某"（Worueber）的[1]。以这种"缘本"的方式，海德格尔比柏拉图和任何语言哲学家都更深透地解决了语言表达式的意义问题。这问题更为尖锐地表现在了假命题的意义及"圆方""飞马"这样词的所指等具体问题上。"缘"的意蕴超出了符合意义上的真假、伦理的善恶和经验与先验的二分；因此，缘性语言本身就具有先于实证指谓的构意能力。

正是由于言谈的这种缘发构成和内外沟通的域性，它在根本处就总是在"听"（Hoeren）着或领会着缘生在世的声音；比如，与他人同在的"世间音"（舆论、闲言碎语、故事传说）和带有形象含义的"事态音"（行进的兵团、北风、笃笃作响的啄木鸟和噼噼啪啪的火堆），却不会首先听到内心的独白和外在的纯物理音响。而且，在这言谈境域中的沉默（Schweigen）也同样是言谈，往往能更真切地让人领会，因为它更纯粹地依附着这境域本身的开合而"谈"着[2]。

这样一种缘构成的语言观和领会观使我们对以前许多从未引起过哲学家们关注的现象有了全新的理解。海德格尔讨论了"闲谈（Gerede）""好奇（Neugier）"和"双关（Zweideutigkeit）"。对他来讲，这些现象不只是现象学的或语言学的，而是具有存在论含义的缘在的缘构成方式。闲谈比陈述更靠近缘在之缘，因为它建构着和表达着缘在共同在世的平均的、域状的领会。流言蜚语、小道消息之所以有那么大的兴风作浪（或中伤或神化）的能

---

① 海德格尔:《存在与时间》(*Sein und Zeit*)，第161—162页。

② 同上书，第165页。

力，就是因为人首先不是概念理性的主体，而是被这些世缘造就成的共同缘在。人说闲话时、聊天时不在乎所说的是否可被证实或经得住逻辑的分析，要紧的是说得有板有眼、意兴盎然、神乎其神[①]。人领受这种闲话就像鱼领受水、抽烟者领受烟气一样地不知不觉、飘浮不定和胜任愉快。

四、牵挂——缘在的存在

从以上几节的讨论中可以看出，海德格尔关于人的本性的"缘在"观如何改变了整个存在论讨论的模式和基本词汇。传统的唯理论或经验论的方式和相应的词汇，比如"实体""理念""心""物""主体"等等被视为现成的从出者，而缘构成的思路以及像"缘""在世界中""用得称手""大家共在""处身情境""领会""言谈""双关""好奇"这些很少或从未进入哲学讨论的词汇却占有了中心地位。一切都是以能否体现、展示缘在之缘性为转移。

这本书中有两个基本的区别：现成状态与缘构成状态的区别；以及不真正切身的状态与真正切身的状态的区别。前一个区别就是存在者与存在本身（能在）的区别的另一种表述，只是更有方法上的含义；后者从根本上讲来则属于构成态中的两种在缘方式，尽管不真态的生存方式可以被进一步平板化为现成的。所以，第一个区别是最关键的和贯穿海德格尔思想的全过程的，它将海德

---

① 海德格尔：《存在与时间》（*Sein und Zeit*），第 168—269 页。

格尔存在论思路与形形色色的观念哲学区别开来。第二个区别主要出现于他的前期著作中，特别是《存在与时间》中。

上一节中讲的那几种缘在的日常生存方式（闲话、好奇、双关等）属于一个更基本的在世形态——沉沦（Verfallen）或被抛状态（这沉沦在德文中还有"陷入""沉溺于……之中""遭受"之义）；按照海德格尔，它"并不表示任何（伦理的、宗教的）负面评价"①，而是意味着缘在与世界的相互牵挂着的和相互构成着的那样一种状态。缘性的构成不是放枪式的从无生有的创造，而必从根子上是相互的构成。在不真态的形态中，这相互的构成就首先和通常地表现为"被构成"。当然，这被构成态并非指构成的结果，而是指那被遮蔽着的构成态。

因此，这沉沦意味着缘在有根本的开放和缘发的状态。原本就没有什么标准能使我们找到一个更高级的非沉沦的现成状态。缘在总是"首先和通常地"沉陷入了、被裹进了它的世缘；血总浓于水，构成着的被构成境域（比如"家境""父母之恩"）总要亲于后出的相关状态（法律关系）。至于下面将讲到的缘在的真态存在，只是这种根本的牵挂和缠结状态的一种变形②。而且，这缘在陷入的被抛态不是一种因果意义上的被决定状态，因为它的实际根基是"能（存）在"（Seinkoennen）而非现成存在。这身不由己的被抛态中一点不少人的生存自由，而且恰恰是被这根本的自由或无观念自性的缘发而造成。在这被抛态中的沉沦出于一种本

---

① 海德格尔：《存在与时间》（*Sein und Zeit*），第 175 页。

② 同上。

能的逃避（Flucht），即从它的双向构成的"能在"那里逃入到一种境域的平均态中。真正的因缘论既不是创造论，也不是决定论。

以"沉沦"和"被抛态"结束了关于"在……之中"的一系列酣畅淋漓的讨论之后，海德格尔提出这样一个问题：如何揭示以上讨论的那些"存在于世界之中"（In-der-Welt-sein）的种种生存形态的整体结构，以便一针见血地理解缘在的本性？他认为，靠外在的综合达不到这种缘的整体性，所需要的是获得一种更本源的在缘现象，它本身就以某种方式具有这被要求的结构整体性及其各个环节。这现象就是"畏惧"（Angst），一种比"怕"（Furcht）更"原"（缘）初的处身情境。

沉沦逃避自身的能存在。之所以会这样，就是因为缘在畏惧着它自己的这个能在或缘在构成。前文讲到，令人害怕的东西都有一种逼近着的势态的威吓性，而缘在之能存在的本性恰恰最具有势域的威胁性。然而，一般的怕总是在怕着或逃避着某个东西，尽管"能怕"这种缘在形态不能被归结为这被怕者。"畏"在《存在与时间》中却意指着对于**完全不确定者**的畏惧[①]。这种可怕之物的虚无（Nichts）化不但消除不了这让人逃避的威胁性，反倒使它变成一种更纯粹和更根本的势域威胁。这种虚无不仅去除了对现成者的关心，而且消泯了与用得称手状态相应的关系网的限制。畏不是在畏惧什么东西，亦不是畏惧一种通过关系网而会产生的结果，它"所畏惧者就是这个在世界之中"[②]。缘在为什么会畏惧自己的"在世界之中"呢？这是因为在世作为缘在的根本存在方式

---

① 海德格尔：《存在与时间》(*Sein und Zeit*)，第 186 页。

② 同上书，第 187 页。

与缘在有至深的关联，但这种关联又绝无半点现成性，是一纯势态的"成为"和"被抛"，因而具有最纯粹的和最可领会的威慑性。这种不依赖对象的和纯境域的畏比前述的各种缘在方式都更原本；也就是说，它更直接和明白地揭示出了缘在的纯缘发构成的境域本性或最根本的能存在机制。因此，通过畏惧这个处身情境，我们就能把握缘在被抛在世的完整方式或牵挂的方式，并由此达到理解缘在的真态存在方式的入口。

"牵挂"（Sorge）所刻画的就是这个缘在在世的整体结构。它涉及三个维度：首先，畏惧现象表明缘在总已经与它本身的存在可能性缠结在一起，先于任何现成的自身而存在（Sich-vorweg-sein）。其次，这"先于"不是指"先验逻辑范畴"一类的现成在先，而是指被抛在世这种缘构式的在先，因而必表现为"已经存在于一个世界之中的先于自身"（Sich-vorweg-im-schon-sein-in-einer-Welt）。再次，以上两点包含的前后牵引使一种"沉沦着的在……状态里"（verfallenden Sein bei …）的处身情境不可避免。因此，牵挂的总含义就是："作为存在于（世界内所遭遇着的存在者）的状态里的、已经在（此世界）之中的先于自身"［Sich-vorweg-schon-sein-in-（derwelt-）als-Sein-bei（innerweltlich begegnendem Seienden）］[①]。这便是"缘在之存在"（das Sein des Daseins）或"缘存在的存在"，是《存在与时间》这本书所达到的第一个对于缘在本性的整体构成结构的描述，也是海德格尔早年讲的"形式指引（显示）"方法的集中表现，具有重要的意义。

---

① 海德格尔：《存在与时间》（*Sein und Zeit*），第 192 页。

首先，说牵挂是一种"先于自身"，不仅表明缘在的只在"去存在"中去赢得自身的构成本性，而且显示出海德格尔对于康德式的"……如何可能？"①的问题的一种独特的回答方式。缘在就是由它"是其可能性"的方式而使先天综合认知可能的，尽管这生存化了的可能性不能被现成化为主体性、直观形式和先天范畴。然而，这可能性又绝不只是一种"潜能"，等待"形式"赋予它现实性。相反，此生存着的、构成着的可能必然已经以境域的方式存在于一个与之缘起的世界之中了。这样，海德格尔讲的牵挂的在先性就既不同于先验唯理论，又不同于将牵挂心理化的倾向。他通过缘在（而非"主体"）要回答的确是哲学最关心的终极的存在论知识"如何可能？"的问题，其回答方式则超出了传统的先天与后天、形而上与形而下的区别，体现为一种不离世间的超越构成。

这个"存在于……状态里、已在……之中的先于自身"的结构清楚地表明"牵挂"这个词所意指的那种相互缠结、共同发生、保持在现场的存在论的原（缘）发状态。它并不受制于被牵挂的对象，相反倒是具体的牵念（Besorgen）和牵心（Fuersorge）的源头。以这种结构为存在本性的存在者才会畏惧，才能有在先的领会、语言和被抛于世的缘境，也才可能有下面将讨论的缘在的诸真态生存方式。因此，牵挂虽是原初"时间"的在世形态，却不应被看做这种时间的粗糙的和低级的形态，而应被视为其根源。牵挂或缘在之缘具有最切己的和最经常的揭示性，一切可被理解者必通过它而得明白。

---

① 康德：《纯粹理性批判》（*Kritik der reinen Vernumft*），B20—B22。

第6章 《存在与时间》(二)

一、解释学的处境

上一章已经讲到，海德格尔认为缘在"首先和通常地"是处于混世的和失去自身的非真态之中，而且这种非真态的"与他人同在""被抛于世""沉沦"等牵挂状态也不比真态的或真正切身的状态（Eigentlichkeit）更少本源的发生和缘构性。那么，什么是这缘在的真态状态呢？为什么必须通过这种状态才能获得时间这个理解存在本身的视域呢？《存在与时间》第一章讲到，真正切身的或切己的状态意味着缘在"赢得自身"和"占有自身"的形态。但关键在于，这"自身"对于海德格尔已不是任何现成者，以至可以作为一个"什么"去赢得，或通过任何非缘境的理性原则，比如灵魂的实体性、意识的同一性和身体的连续性而得到确认。唯一可能的赢得途径只能是：从构成方式的调整中得到某种自身定准，以区别于在世界境域中随波逐流的缘在形态。

按照海德格尔，这种构成方式的改变就意味着"将缘在作为一个整体置入先有（Vorhabe）之中"，并因此而揭示出"这个存在

者的整个能在(Ganzseinkoennen)"①。这一点也恰是古希腊思想和
胡塞尔的现象学未能做到的。将缘在全体置入先有,就最充分地
暴露出缘在的无任何现成前提的自构成本性,进入了处理终极问
题所需要的那样一种状态。在这种情况下,缘在就不再被"人们"
所左右,而是在"畏惧""朝死""良知""决断"等存在方式中使
这缘境收敛叠加为一个更纯粹和切己的领会势态。

　　海德格尔称这样一个不仅取消了所有前提的实体性,而且去
掉了它们的散漫和依他性的局面为"解释学的处境"或"解释学的
形势"(hermeneutische Situation)。当一个人去解释一本经典,比
如《圣经》或法典时,他必已"先有"了某种依据,比如经典文
本和有关的参考文献;也有了某种"前视"(Vorsight)和"先念"
(Vorgriff)。但是,如果将这些前提和条件包括文本作者自己的意
见视为现成的,它们之间的关系就是散漫的,甚至是互相矛盾的;
因此也就无法消融主观与客观、解释者与解释对象、现在与过去
之间的差距,一个非任意的和有自身定准的成功理解便达不到。
所以,这解释学的形势就要求将所有的前提和依据置入非现成的
先有之中。②这样,如果一个整体的理解毕竟发生了的话,它就必
是具有自身的开启和维持机制的领会;于是一个成功的解释,即
不仅前后一致而且具有前后牵挂着的揭示情境的解释就达到了。

　　这就是哲学的根本问题所面临的那种局面。它并不否认、反

---

　　①　海德格尔:《存在与时间》(Sein und Zeit),第 233 页。
　　②　这一点与胡塞尔的"括入括弧之中"的现象学还原法不能说没有形式上的某种
类似,但其上下文的含义和后果是很不同的。海德格尔的解释学方式更彻底、更缘发、
更不依靠形式上的训练。

而要求有前提，只是这前提条件一定要构成化，不能像概念原则或经验事实那样是现成的。海德格尔讨论的所有缘在的真态形态都旨在更完全和彻底地达到这样一个解释学的处境所要求的缘发状态，以便揭示出在《存在与时间》中被认为是最纯粹的构成境域——时间。

二、朝向死亡存在的存在论含义

如何才能"将缘在作为一个整体置入先有之中"呢？首先，缘在在什么意义上是"一个整体"？从自然现象上看，一个人的全部一生意味着他从出生到死亡的经历。所以，缘在的死亡似乎提供了一个时间上的终极（Ende）。但问题恰恰在于，一旦缘在达到了这死亡，它就不再是缘在而是一个普通的存在者（尸体）了。这样的一个从生到死的整体只能是人类学家、历史学家、医学家们关心的对象，提供不了解决哲学的终极问题所需的那样一个解释学的形势。只有当缘在就在活着的或生存着的时候达到了死亡，这解释学的形势才会出现。这种"活着经历死亡的可能性"可被视为"先天综合判断的可能性"的进一步深化和存在论化，它所要求的答案不（只）是神学的，也不是概念辩证法的，而是此岸世界的和现象学的。

这种可能性恰恰存在于缘在的本性之中。如果缘在被视为"主体"，那么这种"经历死亡（悬欠着的整体）的可能性"就不会活生生地存在着。只有其本性就是在非现成的生存（去存在）之中获得自身的存在者才能"先行到"死亡之中。前文讲到，这缘在的本性是"牵挂"，即"存在于……状态里、已在……之中的先于[现成]自身"。这说明缘在与那能创造可能性的神和只能面对还未实现的可能性的现成存在者都不同，它以牵挂着的方式**就是**它的可能性，"它的'还未'（Noch-nicht）就**属于**它"[①]。海德格尔称这种缘在方式为"朝向死亡的存在"（das Sein zum Tode）。所以，缘在的生存与一颗种子的发展成熟而完成（产生新的种子）不一样，它不用等到发展的尽头才死亡；它从生存于世那一刻起就活在死亡这个最不可避免的可能性或缘分之中，尽管不真态的生存形态以各种方式躲避、掩饰和淡化这个人生中最大的"无常"。在这一点上，海德格尔的有限缘起的人与黑格尔的无限发展的精神主体的区别特别明显。"可能性"对于黑格尔及亚里士多德也并不完全抽象，而是具有目的论的规定性。然而，对于海德格尔，缘在的可能性不是那还等待着实现的目的，而就是最具构成力的实际状态（Faktizitaet）。

因此，海德格尔讲的死亡主要不是指生物学意义上的死亡。从古至今，宗教、神话、形而上学、方术等都力图超越这种死亡。他讲的死亡是指人这种存在者的根本的有限性或终极性，以及由这种有限而产生的一系列与人生在世相适应的思想问题（神不需要思想），即那逼着人非以构成的和牵挂的方式去回答不可的终极可能性的问题，比如"存在的意义""先天综合判断如何可能""善的意义"，等等。如果这死亡是"有漏的"，即可以以某种方式穿越过去的，这些问题就或者不再是终极的，或者能以现成者的存

---

① 海德格尔:《存在与时间》（*Sein und Zeit*），第 245 页。

在方式来回答了。对于海德格尔，这死亡是缘生于世的人绝对不能超过的，并因而是缘在最切身的（eigenst）或最属于"我的"（jemeinnig）可能性。这种切身性将缘在从与人们同在的各种散漫关系中拉了回来。在死亡面前，任何社会关系和社会地位都失效。这样理解的死亡既是缘在在世所朝向（zu）的终结，并因此而规定着缘在的整体；又以这种悬临着的终结剥去了一切不足以回答终极问题的"关系"，将缘在揭示为切身的先行存在。于是，缘在之缘被这种朝死的存在暴露为一个有限在世的但又不能还原为任何现成存在者及其关系的纯境域构成，海德格尔称之为缘在的最切己的"能存在"或"能在"。这就是真正切身的或切己的解释学形势所要求的存在方式。前文所讲到的那种被缘在所"畏惧"的生存情境实际上就是这朝向死亡的在缘形势所逼出的[1]。以这种方式，这最切己的、非关系的和无法超过的死亡使缘在作为一个整体被置入了先有之中。

对死亡的分析及下面将讨论的对良知的分析是《存在与时间》一书的高潮。它以特别清晰和令人可领会的方式把这本书前面的几乎所有重要论述推向了最逼真空灵的境地，是海德格尔解释学化了的现象学的存在论分析中闪烁着最纯粹的思想光辉的两章。为什么只有通过缘在，而非主客体才能理解存在本身的意义；缘在为什么只能在"去（zu）在"中才有自身，也总已经以某种方式有了这切己的自身；《康德书》中强调的人的有限性为什么一定会逼出缘在及其牵挂（先验想象）的构成域；为什么真态的或切己

---

[1]　海德格尔:《存在与时间》（*Sein und Zeit*），第251页。

的缘在形态一定要"在世界之中"；而非真态的在世又势必以这真正切己的缘构为前提；为什么构成性、生存性、用得称手的了解方式对于人这样的缘在而言永远先于现成性、概念规定性和主客分离的认知方式；为什么缘在总有一种似乎悬空前行的领会能力，使它害怕与自身独处，并能以融于"人们"的、闲谈好奇和模棱两可的方式来打发这天生的悟性（死亡的来临是确切的，但死亡到来的具体日期则是模糊的）；为什么缘在的本性必是前挂后牵的，等等；所有这些问题通过对死亡的现象学分析获得了通贯全局的可理解性。而且，它表明，非实体的、非现成的有限生存形态才真正具有存在论的含义，而缠结牵挂的人生在世才是真正无前提的思想根据。海德格尔的死亡分析之所以能使那许多悬空的思路（比如"悬欠着的整体""先行着的已经"，等等）得到直接的可理解性，就是因为这旨在回答终极问题的分析一直依凭着缘在在世的形态。"死亡"和"良知"对于人来讲是活生生的终极，具有生存本身的严格性和切身的揭示力。这正是海德格尔心目中"现象"和"现象学"的本义。如果缺少这样一个意义机制或"几象"（Schema），所能传达的最多也只是"不可能的可能性"[1]这样干绕硬折而少构成意境的话头。自古以来，不知多少圣贤从对死亡的沉思中悟到生存的最终意义，而不只是克服了对死亡的恐惧。这种开悟不会仅仅来自宇宙论的、伦理学的和形而上学的论证，或"生死相依""人终有一死""精神之我不死"这类缺少意境的表达，而只会像孔子、庄子和释迦牟尼那样，从人的缘生境况中得到领

---

① 海德格尔：《存在与时间》（*Sein und Zeit*），第 250 页。

会终极问题的关键。

三、良知与决断

如果缘在确是一个朝向死亡的存在，或就是它的可能性的话，这种纯构成的真自身应该在缘在的在世中有所体现。这就是"良知"（Gewissen，良心，天良）现象。海德格尔将其视为一种非现成的证明，即对于缘在的"能自身存在"的证明；这种切身的能在就是由上面所分析的"朝死的存在"所揭示的。

"良知的声音"或"天良发现"的现象自古以来就引起过不少思想家的关注和争论。神秘主义者、先验主义者、精神实在论者一般都肯定它的真实性；而概念理性主义者、经验主义者和唯物论者则倾向于将它还原为或解释为另一些"更真实"的过程的表现。在肯定良知现象的真实性的人中间，又有两种不同的解释方式。一种认为良知是某种异己的、超人的力量或存在者（比如神）与人沟通的渠道；另一种则认为良知只与人本身相关，比如康德和孟子。海德格尔的立场与最后这种观点比较相近，但亦有极重大的不同。这种观点往往将良知解释为一种道德的声音或本能，没有去追究人的超道德伦理的缘在方式与良知的关联，因而在存在论上是无根的。对于海德格尔，良知所体现的比道德活动和任何一种心灵能力（比如知、情、意）的活动都要更原本。

他认为良知是一种"呼唤"（Ruf）。与"人们"之间的"闲话"不同，此呼唤不嘈杂、不"含糊两可"，也不引起"好奇"；并且，它不依赖物理的声音，也不传达任何具体的信息，比如像道德戒律或绝对命令那样的东西。然而，这呼声清楚明白，有确定的指向，是缘在能够本然领会的。这呼声并不出自超人的力量或"世界良知"，而就来自缘在自己。而且，被这呼声所呼唤者也还是同一个缘在。"**此缘在在良知中呼唤它自己本身**。"[①] 这如何可能呢？难道我的左手能在真实的意义上给我的右手一份礼物，或者我能真正"呼唤"自己而非仅仅进行"内心独白"吗？如果缘在是一个非境域构成的主体，这当然是不可能的。但缘在却从根本上超出了任何一种主体和实体，只在"去在"的前抛、后牵、中挂中得到和维持住自身。因此，这缘在的根底处有一构成的跨度和异化（沉沦被抛）的可能。缘在的"自己本身"（sich selbst）并非任何现成者，而只是一个去构成自身的纯势态——能在。缘在的实际自身却首先和通常地是被抛于世的、难于自拔的沉沦状态，"忘记了"自己的能在真身。所以，这呼唤者乃能在的缘在，这被呼唤者乃是同一个能在的、但已被托付给了某种实际状态的缘在。这呼唤就是缘在纯构成的和不安本分的（unheimlich，可怕的，离奇的）能在本性的不甘沉沦的呼叫，要将它本身从耽于某个既成状况中唤回。[俄狄浦斯王和冉阿让的命运都被这种唤回塑成。] 一句话，良知现象之所以可能，就是因为缘在的本性是"牵挂"而非主体[②]。因此，良知现象"证明"缘在确是"能自身存在"者。

既然良知的呼唤出自于缘在而又听之于缘在，此呼唤不必凭借声音而传播，"无言"或"静默"倒是最强的呼声。又因为此

---

① 海德格尔：《存在与时间》（*Sein und Zeit*），第 275 页。

② 同上书，第 277—278 页。

呼唤是呼向缘在的能在本性，它虽然没有具体的现成内容，也不就是道德上的"不"（否定、斥责、示警），但却有最明确的方向和原初的可领会性。它所表达的是一种更本源的"不"或"无"（Nichtigkeit），即缘在的牵挂本身所具有的那种非现成的、不安本分的生存状态。总在去在的投射（Entwurf）中获得自我的解释学形势从根子上就带有"不"和"无"。良知把这种根本的不现成或无的状态告诉缘在，说道："（你）欠债！"或"（你）有罪责！"。缘在并不需要在道德上犯了什么具体过失（比如亚当偷吃禁果）才欠债或负有罪责（schuldig）。作为实际生存着的缘在，它就已经是有债责的。首先，它参与了自身的构成，对自己的实际处境负有责任；其次，它并不完全局限于任何实际处境，而是从根底处悬欠着、有待进一步构成。这种存在论意义上的有债责境况是一切道德善恶（自由选择）之所以可能的根据，但又比它们更本源。

这里的一个要点就是要看到良知是一个存在论或本体论的现象，绝不应把它的不现成的"无"态染上道德的、心理的、社会的色调。当然，它所呼唤的并非是完全透明的虚无状态，因为这呼唤毕竟传达了"欠债"这样的含义；只是，这种含义的"色"调就如天空的蔚蓝，乃凭"空"构成之色，或缘域的本色，非寻常等闲之可染可净之色罢了。它本身并非道德而是道德之源，而且它不局限于发声的言语而为语言之源。正如前文讨论领会、解释、言说、倾听及语言时讲到的，缘在的缘起生存本性使得它天然就有非现成的领会和语言能力；而最真切最极端的语言和领会现象就在良知的本然呼唤和被领会之中。

正因为此良知呼唤是如此的原本发生，领会这种呼声与"实行"它就很难分开。领会良知呼唤就意味着让自己被良知唤出沉沦的"同在"状态而投射到自身的能在上去。"缘在以领会着［良知］呼唤的方式**听从于它最切己的生存可能性。它［就这样］选择了它自身**。"①这种"选择自身"并非一个主体面对数个可能性的选择，因为这选择恰恰是在构成自身。在这种极端的、解释学的形势下，"选择"与"听从"(hoerig sein)已相互交缠。让自己自发地依从自身的能在就是选择了"**有良知**"，即选择了真正切己的生存领会状态。因此，"**领会呼唤就意味着：要有良知**(Gewissen-habenwollen)"②。"要有良知"比任何发自一个主体的意愿和意志都要原本得多，只能被理解为缘在的最根本能在的打开状态(Erschlossenheit)，即向自己的能在的敞开态，也因此是一种真正切身的状态。

用"打开""开启""开口"(比如"alētheia""Often"等等)这样的词来表示最根本的领会、真理、本真态和缘构发生是海德格尔"行话"的一大特色。如以前所讲到的，这种表达方式始于他对现象学的解释学理解("形式指引")。但它的深层理由、不可避免性和某种片面性在《存在与时间》之中，尤其是关于"良知"和"决断"的讨论中才展示得最充分和微妙。到了"缘在选择自身""向自己最根本的能在的投射"这种缠结缘发的境地，尤其是还要与也是缘构成的(但缺少能在的叠加收敛势态的)非真态状态区别开来，再使用"主体""客体""意志"，甚至单纯的"选择""服从"这些预设了某种现成前提的词语就都不达意了。纯思

---

① 海德格尔：《存在与时间》(*Sein und Zeit*)，第 287 页。

② 同上书，第 288 页。

想在这里被迫放弃任何涉及"什么"的词，而只能用纯势态指引的词语，比如"遮蔽""打开""先行""悬欠""能""朝向""循环"等等。这表明探索已经进入了真正严格的、首尾相接（整体）的存在论的纯显现境地，传统形而上学的拖泥带水的杂质被较彻底地挤净。海德格尔之所以在关键处总要借助某种"边缘"现象，比如"畏惧""牵挂""死""决断"来揭示缘构存在的含义，绝不只是个人的癖好，而是势有必至、理有固然的"选择"。任何一门有根基的学术或一种精神活动，不管它是人文学科、物理学、数学，还是文学、诗、音乐、绘画，当它达到能自立的"纯青"境界时，在其核心处都有这样一种纯指引和自维持（往往被不恰当地说成"形式化""公理化""系统化""操作化""技巧化"）。而且，越是追究其前提，这种特性就越清楚地显现出来。中国古代思想在某个重要意义上对这种终极的纯构成性具有特殊的敏感。"开合""阴阳""反身而诚""惚恍""中道"，等等，都应该被理解为这个终极境地所要求的、有着缘发几微的纯显现方式。不然的话就无味了。

　　当然，海德格尔在这里讲的"要有良知"的打开状态也并不是不会被人误解。如果认为这种"打开态"是像打开一只盒子、罐子那样的开启就失去了它的缘构本义，好像真理与遮蔽（不真）是两种从根底处分得开的状态。这样就失去了缘在之"能在"的缘发生（Ereignis）含义。能在的存在方式先于任何真假分离，而且是使这种分离可能者。这一情况使得海德格尔在《存在与时间》中时而讲缘在的真态使它的不真态可能，人从根本上就在真理之中；时而又讲缘在的不真态一点也不比缘真态更少本源性，后者

只是前者的变式。从《论真理的本性》（1930 年）开始，他就直接
强调打开状态与遮蔽状态不可分了。

这种"要有良知"的"打开遮蔽状态"（Er-schlossenheit）的
最突出的一种形态就是"充分去掉遮蔽（关闭）状态"或"决断
状态"（Ent-schlossenheit）；"Entschlossenheit"在德文中的意思是
"（做出了决定的）坚决状态"，相应的动词是"entschliessen"，意
为"做出决定"。但海德格尔在这里有意地将它作为"打开（Er）-
遮蔽状态（schlossenheit）"这个词的一个变式："充分去掉（Ent）-
遮蔽状态（schlossenheit）"；但亦取它的"做出了决定"的相关义。
译为中文的"决断"似乎有失掉"去掉遮蔽"之义的危险。所幸
"决断"中的"断"字也有"断开"的衍义，因而稍有补偿。

海德格尔的"决断"不是反理性主义的、无存在论根基的抉
择或"向深渊的一跃"。基于以上"领会""朝死存在""良知"的
铺垫，这决断应被视为理性理解终极问题的最原本的自身构成状
态的一种方式。更具体地讲，要有良知就意味着缘在向自身能在
敞开的状态；它使前面讲到的在能存在面前的"畏惧"可能。而
且，良知是在僻静中的呼唤，并被领会或投射为自身的"缘-罪"。
所以，海德格尔写道："我们称这种被突现出来的、通过良知而在
缘在自身中证明了的、真正切身的打开状态——**僻静的、准备好
去畏惧的、向着最切身的债责存在的自身投射——为决断。**"①

这样的决断绝非使缘在与世隔绝，另寻一块净土。它倒恰恰
意味着缘在向着世界的更充分的开放，将自身完全投入最切身的

---

① 海德格尔：《存在与时间》（*Sein und Zeit*），第 296—297 页。

"双重叠加"的能在状态；即以能在的姿态而能在着，因而能自由地面对此世界[①]。这也就是说，缘在的真正切身的存在也同样在缘，同样融于世间境域，只是它这时的缘构境域并不发散到"人们"及种种混世的方式之中，而是具有自身缘构（Er-eignis）的特点。在这种情况下，此缘在之缘（Da）被决断打开为"处境"。这是被双重地充分打开，并因而在极端或终极情况下也不溃散的缘发境域，已经达到了"理解存在的视域"的边缘。"人们"只知道追随一般的环境或情境（Lage）[②]，进不到或把持不住这种纯粹的在世处境或解释学处境。

四、时间性——牵挂的存在论意义

从以上的分析可以看出，缘在的决断（要有良知）与朝死存在有着内在的关联。两者所显示的都是缘在所处的一种极端状况，即必须面对自身和自身的能在本性的状况。一切现成的关系和存在在这里都失效。只是，朝死的存在以缘在的非现成的终点（死）为抛投支点，逼出先行的能在构成机制；而决断则以良知的呼唤和领会为证，揭示了要有良知中的能在的构成态，即充分打开和去掉遮蔽的状态。可见，缘在的先行能在也一定是一种充分的打开状态，而它的充分展开态也一定是先行着的，如果这"先行着的"意味着先于一切现成性的缘构成的话。所以，海德格尔在引

---

① 海德格尔：《存在与时间》（*Sein und Zeit*），第 298 页。

② 同上书，第 300 页。

出时间构成域之前所需要的最后一个能言概念语言所不能言者的纯现象就是这两个状态的交叠共振：先行着的决断（vorlaufende Entschlossenheit）[①]。以此，他更鲜明地揭示出"朝死存在"与"要有良知"中已经鼓荡着的思路，即在朝向死亡终极的先行构成中，决断才能最充分和最无任意性地开示出了缘在的能在本性，具有任何别种认知包括科学认知所不可能有的最切身的严格性。这似乎很符合这样一个人类的直觉，即只有在死亡面前的决断才最真确地暴露一个人的本性。"人之将死，其言也善。"但这个现象必须被"翻译"成前面一再阐释的海德格尔用语所含有的纯构成方式的思路，才能有助于存在问题的解决。所以，可以这样来理解，只有在蔑视一切现成意义的死亡面前仍能牵挂开示者方是真正切身的、"自身存在着的"纯能在或纯构成；先行着的能在就意味着皈依自己能在本性的决断和自由。[②]

这样理解的朝向死亡、决断和能在与传统形而上学所讲的"实体（ousia）""理式（eidos）""终极目的（telos）""逻各斯"等等所意指者有深刻的关联；但是，海德格尔的讨论已超出了概念抽象的范围，有一个传统形而上学中所没有的在世缘中发生的意义机制或牵挂机制，而这正是最关键的。先行决断最充分地显示出牵挂的结构："存在于……状态里、已在……之中的先于自

---

①　海德格尔：《存在与时间》（*Sein und Zeit*），第 301—310 页。

②　当然，反过来说也是必要的，即只有能开启人对于自己牵挂本性的领会的死亡才是纯能在的显现，偶然的死、害怕着的死、牵挂着现成者的死、无肉体痛苦的安乐死等等，都不能算是真正切身的和先行着的死亡。这一点海德格尔未加讨论。他似乎赋予了个体肉身死亡以过多的存在论意义。印度人，特别是佛家对于不切己死亡的可能和含义更敏感，所以有轮回（不真态的死亡）和涅槃（真态的死亡）的区别。

身"。这种结构之所以不是逻辑意义上的恶性循环，是因为它的根子是缘-在而非任何观念实体。缘在只在其去在中才获得自身，而且总已在它的去在中获得了（切身或不切身的）"我"。这就是一切"循环"、相互牵挂和先行构成的根源。其实，从缘在或在缘开始，现象学的探讨就已经进入了非现成的构成态，与传统的哲学研究貌合神离。也就是说，它们关注的问题虽然基本相同，但路子却大不一样了。

从这种缘在的角度看来，这牵挂的结构是一种有发生力的解释学的循环。而且，由于这个循环，构成了一种自身保持性或自我持恒性（Selbst-staendigkeit）。"牵挂"就是不断，所以有连续和持恒；但它又无任何实体来使这持恒现成化，所以又无常而必须自缘自构。萨特批评海德格尔的缘在失掉了"自我意识"这一维，因而变成了"像物一样的、盲目的在自身之中"[1]。他没有看到，海德格尔的缘在分析特别是达到了先行决断这一步的分析，已经比前人的自我分析远为微妙地揭示了"自我"（包括意识的自我）的那些有活力的存在论特性，同时滤掉了传统自我意识观中的"内在的"、私有的、心理的和现成的东西，因为它们对于解决哲学的根本问题毫无用处。佛家禅宗能够又讲缘起（无常，无我），又讲自性；这一境界海德格尔已从思想角度达到了。

在《存在与时间》这本书中，"先行的决断"的重要性还在于，它以最明确的方式打开了**"时间性"**（Zeitlichkeit）的境域。按照

---

① 萨特（J. P. Sartre）:《存在与虚无》（*Being and Nothingness*）（tr. H. E. Barnes, Washington Square Press, 1956），第二部分，第一章，第一节，第 120 页。

海德格尔的想法，这种时间性的揭示从根本上改变了讨论存在问题的格局。**先行的**决断意味着一种朝向纯生存势态的存在方式，即在最切身的、最独特的能在投射之中成就自身的存在。这之所以可能，就是因为缘在是一种只在处境中得自性的存在者。也就是说，缘在从根本上就能够在其生存可能性中逼临或来**到**自身（auf sich *zu*kommen），并且在这种"让自身逼临**到**自身"（Sich-auf-sich-*zu*kommenlassen）的缘构势态中经受住、保持住这种作为可能性的可能性，而不让它坠落为现成的现实性或等待实现的可能性。这最根本和最凭空自构的"去"（zu，朝、向）型的自缘态即是"**将来**"（Zukunft）这个本源现象 [1]。对于海德格尔，这是《存在与时间》这本书中最终极、也最灵虚可悟的一个现象；朝死的存在和决断的先行都是因它而可能，而缘在之所以可以在它最切身的能在中**来到**自身，也就是靠的这个将来（Zu-kunft）中的"去"（Zu）着的"来"（Kunft）[2]。关于它的思考已出现在海德格尔 20 年代初的"宗教现象学引论"的课中。在那里他将保罗讲的基督再临的时间（kairos）解释为这种纯朝向势态的构成。

但是，正如牵挂结构所显示的，先于任何现成自身的将来从根本处就牵引着"已在……之中"。可以在其可能性中来到自身的存在者就一定是有债责的、在悬欠中达到整体自身的在缘者。缘在在先行的决断中领会这种债责，也就意味着它决心承受此缘构宿债，决心作为一切被投抛于世的（Geworfenheit）的根据而存在。

---

① 海德格尔：《存在与时间》（*Sein und Zeit*），第 325 页。

② 同上。

而被抛投于世的存在方式之所以可能，就是因为缘在的将来着的存在能够就是它最切身的"已是"（Gewesen，或译"已在"）。"此缘在在真正切身的将来中**已经**真正切身地**是（在）着**"（Eigentlich zukuenftig *ist* das Dasein eigentlich *gewesen* ）[1]。而此缘在能够真正切身地已经存在着，也正是因为它是将来的。

再者，这先行的决断将缘在之缘充分地打开为当时的处境，从而让缘在无阻碍地遭遇到境域中的在场者和用得称手者。这之所以可能，是由于缘在的当前化（Gegenwaertigen）的缘故。"只有在当前化的意义上作为**当前**（Gegenwart），此决断才能够是它所是者：让它在行动中把握的东西被无阻碍地遭遇到。"[2]

这样，先行的决断就开显出"将来""已在"和"当前"这三个时相；缘在在历尽人世幻境、死亡的煎熬、良知的发现和决断的开悟之后，终于找出了自己的真身所在：**时间性**。海德格尔这样写道："以将来的方式回到自身上来，此决断在当前化中将自身带入处境。这个已在源于将来；这也就是说，这个已在的（说得更准确些就是：已经存在着的）将来从自身中释放出此当前。我们称这样一个统一的现象——已在着的和当前化着的将来——为**时间性**。"[3]它就是切身的牵挂所具有的真正含义，与以上所讲的一切有着千丝万缕的联系。缘在说到底就是这样一种纯缘构着的时间境域。

---

① 海德格尔：《存在与时间》（ *Sein und Zeit* ），第 326 页。
② 同上。
③ 同上。

五、海德格尔时间性的特点

海德格尔揭示出的时间性反映着他的存在观和思想方式。尽管它与亚里士多德的、胡塞尔的特别是康德的时间观有一定关系，但很明显，这是一种在人类的思想史上还从未被达到过的极其新颖并具有深厚的思想力度的时间观和存在观。以上之所以花了如此大量的篇幅一层层地显露出、而非简单地介绍或定义出这时间性，就是因为，它如不从一次次的关于缘在的现象学分析中、在词根和词头的相互映射中吸入纯构成的、但又是切己的思想气韵，在显身时就根本无法被人理解。形象地说，这时间性的思路好比一条凌空飞舞的游龙，只能在缘在的各种生存形态的托浮中才会"得其云而神其灵矣"。以下所做的只是对它的特点做一些扼要的分析。

第一，这不是一种通过任何直观和概念思辨所能达到的时间，而是由缘在之缘（《康德书》中讲的"先验的想象力"和"几象"）的境域舒卷而构成。但这并不意味着它是主观的或只与人的主体性相关。以上的讨论已表明，牵挂着的缘在从根本上超出了或溢出了主体性，因为它的存在已不是现成的了。在它的去在中必有世界、他人和揭蔽之真。尽管如此，如果撇开人的缘在之缘而直接从物理世界和社团世界入手，却不可能达到这真正切己的时间构成态。因此，这时间既非物时亦非心时，而是缘时。它依凭一个本缘的意义机制而成就，无法还原为任何别的东西。

因此，也就是第二点，这时间不像传统的物理时间那样是匀质流逝的、无法止住的和无限的，也不像心时那样有着主观的现成边界，而是一有限而无界的牵挂境域。它的界限就如同"自己的死亡"一样无法被现成化，但却活生生地构成着、塑造着人生世界。

第三，这并非匀质的和有限的时间有自己的趋向，即以三时相中的**将来**为重心或"龙头"。如前所云，这将来不只是指"还未来到"，而是那让缘在自身到来的、无法现成化的能在。此龙头一摆，身尾盘舞。"异哉！其所凭依，乃其所自为也。"[①]之所以是将来而非当前是时间的首要意义，就是因为这作为能在而统领已在和当前的将来最鲜明地体现出了缘在的非现成的缘构本性。在这一点上，海德格尔的看法不同于他之前的所有时间观。

第四，这将来从根本上就与已在和当前相互牵挂而构成一个不可截分的"统一现象"。每个时相都必须在"出离自身"（Aussersich）而与其他时相的相勾连之途中而获得自己的意义。所以，在海德格尔的充满"形式（境域）指引"的表述中，介词、副词而非名词、动词，以及词根、词头的相互照应，具有最微妙的构成含义。他这样写道：

> 将来、已在、当前表示这样一些现象上的特点："去朝向自身"（Auf-sich-zu）、"回到"（Zurueck auf）和"让与……遭遇"（Begegnenlassen von）。"去……""到……""与……"这些现象将时间性作为彻头彻尾的 *ekstatikon*（位移、站出去）而公开出来。**时间性就是这种原本的在自身之中并为了**

---

① 韩愈：《杂说一》。

自身地"出离自身"。因此，我们称将来、已在、当前这些已被刻画的现象为时间性的诸**"出（神）态"**或**"逸出态"**（*Ekstasen*）。此时间性并非先是一存在者［然后］才从自身里走出来；情况倒是：它的本性就是在诸逸出态的协调统一中的时机化（Zeitigung）。①

由于时间的非实体性和非主体性，它不能不在它的逸出态中而非任何现成状态中达到自身和维持住自身，并在"时机化"或"时机成熟"中具体地表现自身。

第五，这种纯构成的、不受任何更高或更低原则操纵的时间不会被超越或"扬弃"（aufgehoben），因为它无现成性可被超越，反倒是使一切领会可能的缘构终极。实际上，在海德格尔心目中，时间是人们看待存在论问题的最基本和逃避不了的视域。它既不能通过空间关系，又不能通过概念范畴而得到理解；反过来讲，即空间与概念必须通过时间而得到领会，倒是正确的。领会最终是一个时机成熟或时机化的问题。

第六，这样的原本时间并非一种特殊的容器，或直观的先天形式，让万物在其中与之一起流逝。它也无法像物理时间或日常时间那样被天体的或钟表的循环运动测量，尽管在它自身里面确有"解释学循环"那样构成着和保持着的机制。这原本的时间性是一切日常时间、世界时间（Weltzeit）、庸俗时间（vulgaeren Zeit）的源头。人们在世的牵念活动，不管直接说出的或隐含着的，都具有时间和时间跨度，其中"当前化"是最突出的时机化方式。

---

① 海德格尔:《存在与时间》（*Sein und Zeit*），第 329 页。

当人们专注于这些活动并用称手的东西（日夜，钟表）度量这些时间跨度时，就进入了"在时间之中"的、被公开了的"**世界时间状态**"，时间本身的朝向将来的牵挂境域就消隐了。当这种还是非专题的、前概念的缘在世的时间形态被进一步削平，就变成了从未来流到过去的一系列现成的"现在"（Jetzt）时刻的序列，世界时间就被**庸俗时间**代替了。以当前化为特征的世界时间本身还具有意指性和可定时性，庸俗时间则失去了这种与用得称手状态相牵连的意谓和指向，只能面对由一个个干巴巴的"现在"组成的序列。所以它就找不到任何还有自身意义的时间起点和终点。这种无根无几的时间就只能是无始无终的或无限的。"人们"就依据这种无决断、无终始的现在序列而不死。这种时间也因此具有了一种被削平了的"客观"性，既属于每个人，又不属于任何人。但是，即便如此平板化的现成时间也以某种扭曲的方式体现着原初时间性的特性①。正因为原初时间是有朝向的，即朝向非现成的将来，这公共的和庸俗的时间流向才是不可逆转的，尽管这不可逆性已经抽缩为一种无可奈何的流逝了。

第七，原本的时间性在根本处有一个由三维逸出态（Ekstase）相互缘构而成的时间跨度，并且从来就以当前化着的和朝向将来的方式而已在（Gewesen）着。这就是说，时间性必然体现为历史性（Geschichtlichkeit），以时间为本性的缘在从根本上就是历史性地生存着。但这种缘构成的历史性与一般人常讲的"用历史观点看问题"很不同。后者相应于世界时间的"在时间内的状态"和庸

---

① 海德格尔:《存在与时间》（*Sein und Zeit*），第 424 页。

俗时间的平板状态，并遵循它们而编写出"世界历史"和各类编年史。按照海德格尔，缘在并非由于总"在历史之中"而是时间性的，而是应该倒过来，由于它本来就是缘构时性的，它才历史性地生存①。狄尔泰的生命哲学的积极意义，如约克伯爵所说，就在于它力图"去领会历史性"本身②，尽管对于这历史性的存在论根据——时间性——还说不上有什么真正的认识。

第八，缘构时间与西方哲学的"存在"问题直接相通。这表明海德格尔所理解的存在既不是一种抽象存在，比如"理式""实体""主体"这些据说已超出了时间的存在，又不是任何"在时间之内"的个别存在。它们都还是现成的存在，是缘构的结果；本身都显示不出存在本身的那种在缘构发生中获得自身的本性。只有在这作为缘在之缘的时间性中，存在本身方进入了领会的视野。另一方面，这与存在本身直接相关的时间也就不可能只是哪一种存在者的存在形式，而必是最根本的"周行而不殆，可以为天下母"③者。

但是，值得注意的是，在揭示出这理解存在的时间视野之后，海德格尔没有马上通过它去直接讨论存在本身的意义，而是掉过头去分析第一分部中的那些缘在的日常生存形态的时机化方式。所以，直到我们目前所看到的《存在与时间》的末尾，"存在的意义"这个最重要的问题并没有得到直接的回答，以致一些人据此而认为此书是一个失败。下面我们将看到，这种说法失之笼统。其

① 海德格尔：《存在与时间》(Sein und Zeit)，第 376 页。
② 同上书，第 398 页。
③ 《老子》第二十五章。

实，海德格尔是个典型的信奉"反者，道之动"①的思想家，总要
在"转向"和"重复"中显示用直接的陈述难于表达的意思。看
来，他是计划在此书的第一部分的第三分部，即"时间与存在"中
达到存在意义的充分暴露。出于种种原因，他未正式写完这一分
部和整个第二部分。但是，他后来也以某种方式做出了交待。除
了以上第 1 章第一节提到的《康德与形而上学问题》和《现象学的
基本问题》之外，在《朝向思想的实情》一书中还有《时间与存
在》一文（1962 年）。虽然它的篇幅与"第三分部"所要求的相去
甚远，但这标题的相同绝不是偶合，因为他在此文中，通过"时
间"与"存在"的"反转"讨论和回答了存在的根本意义的问题。
这也就是下一章第三节要讲到的"自身的缘构发生"（Ereignis）
的思想。

六、亚里士多德和黑格尔的时间观

海德格尔认为亚里士多德的时间观决定了以前西方思想中对
时间的所有看法②。《存在与时间》的 81 节和《现象学的基本问题》
第 19 节就讨论了亚里士多德的时间定义，展示其中的现象学见地，
并说明它与缘在的时间观和存在观的关系。总的说来，亚里士多
德的时间观是以"当前化"这个逸出态为重心的，相当于"世界
时间"的形态；既不同于海德格尔的朝向将来的原本时间，又不

---

① 《老子》第四十章。

② 海德格尔：《存在与时间》（*Sein und Zeit*），第 26、421 页。

等同于完全现成化了的庸俗时间。

亚里士多德的时间讨论见于《物理学》一书，以分析"现在"的含义开始，揭示出其中令人困惑的"疑难"。[①]"现在"似乎没有属于自己的部分：它的一部分曾经存在，现在已不存在，可称之为"过去"；它的另一部分有待存在，现在还不存在，可称之为"未来"。你到哪里去找一个现在本身呢？有的只是"不再现在"和"还未现在"。据此，那些只承认现成存在为存在的人们，尤其是善辩的智者断言时间根本不存在，或只是作为过去与未来的一个界限而存在。（一个这样的界限相当于一个点，没有部分，因而说不上真正的存在。）如果这样看时间，那么芝诺给出的"阿基里斯追不上乌龟"一类的论证就是不可驳的。亚里士多德的时间定义就旨在说明"现在"为什么和在什么意义上真实存在。

当时流行的一个看法是将时间当做一种运动和变化。在亚里士多德看来，时间本身不是运动，因为运动是个别事物在个别地点的变化，而时间与一切事物同在；靠所用时间的多少来测量的运动有快慢之分，时间则无法再求助于另一个时间来测定自己的快慢。但是，亚里士多德又认为时间不能脱离变化而存在。我们只是在感到了变化的时候才感到时间的存在。说确切些就是，只有当我们已经感觉到了运动中的前和后，以及这两个界限中间的一个间隔即现在时，我们才说有时间过去了。"因此，当我们感觉到'现在'是一个，并且，既不是作为运动中的'前'和'后'，

---

① 亚里士多德：《物理学》，张明竹译，第四章第十节，217b29—218a31，商务印书馆 1982 年版。以下引用此书时只在括弧中给出统一页码和行码。

也不等同于作为一段时间的'后'和其次一段时间的'前'，就没有什么时间被认为过去了，因为没有任何运动。但是，当我们感觉到'现在'有前和后时，我们就说有时间。因为时间正是这个——关于前后的运动的数。"（219a31—219b1）这最后一句话，就是海德格尔所引述的亚里士多德关于"时间"的定义。海德格尔的译文是："时间就是在运动中的被数者，而这运动是在先前（早些）和靠后（晚些）的视域中遭遇着的。"①在《现象学的基本问题》中，这个定义被表述为："时间就是被数着的运动的数，而这运动是在前与后的视域中遭遇到的。"②

　　这样一个时间定义有以下几个特点：第一，这种时间是通过计算物体的运动数量而得到的，因而符合日常人们使用各种称手的"钟"而得到的时间观念。它所涉及的"运动"是具体的、被境域中的牵念（Besorgen）行动前概念地领会着的。所以，尽管作为"被数的数"，这时间不同于运动中的物体，这时间也不能被抽象地、宇宙论式地说成是"运动的形式"，因为它与一个进行计数的过程以及牵念于此过程的人不可分。因此，海德格尔认为这时间不仅是"被数者"；"作为被数者，这些现在本身也正在数着，数着被穿越过去的众运动地点"。所以这时间就是"数着的被数者"或"被数着的数者"（das Gezaehlte-Zaehlende）③。这里我们看到的是一个被数者与数数者相交缠的缘构过程。

---

　　①　海德格尔：《存在与时间》（ _Sein und Zeit_ ），第421页。

　　②　海德格尔：《现象学的基本问题》（ _Die Grundprobleme der Phaenomenologie_ ）（Frankfurt：V. Klostermann，1975），第333页。

　　③　同上书，第348页。

第二，这在先前和靠后的视域中被数着的时间就是现在（Jetzt）。在经历运动变化时，这现在也就同时被揭示出来、一同被看到了。因此，海德格尔将亚里士多德的这种时间观进一步理解为："这个在运动过程中被一同数着的，也就是这个被说着的、这个现在，就是时间。"[①] 这是一个有着当前化的缘构机制的、被运动的数托浮起的现在，不只是一个界限。这样的现在使时间可能，并因而并不只是时间的一部分，而就是时间本身[②]。

第三，这现在时间之所以存在，却必然要牵挂到"先前"和"靠后"上去，依据"先前和靠后的视域"而成为现在。不然的话，它就只是一个死点。对运动的计数一定会打开由滞后和期待所构成的这样一个现时存在着的有跨度的境域。所以，这现在从一个角度看来总是不同一的，因为它总是他者（先前和靠后）；但从另一个角度看来又总是同一的，因为他者所构成的也就是现在。这些看法确实与胡塞尔的现象学时间结构分析有相通之处。

但是，第四，这种以现在为重心的时间观中的现象学识度很容易被遮掩，因为对运动的计数过程中的那些微妙缠结的大背景远不如被钟数出的数字更触目、更现成，也更"精确"。于是，这与先前和靠后相缘构的现在就很容易脱开它的"脐带"，成为一个个现成的、可被安排的现在了。时间成了由抽缩硬化了的现在组成的系列。先前变成了"已不现在"，靠后成了"还未现在"。这就是庸俗时间。所以，正如他的存在观一样，亚里士多德的时间

---

① 海德格尔：《现象学的基本问题》（*Die Grundprobleme der Phaenomenologie*），第 348 页。

② 同上书，第 354 页。

观既要对后世两千多年的现成化了、庸俗化了的"现在时间"观负责，又不完全等同于那些被削平了的时间观。海德格尔对于整个古希腊哲学世界都抱有这样一种态度：既要从中揭示出不同于拉丁化了、平板化了的后世哲学的现象学见地，又不满足于它的"现在时"的形态。

曾有一些人注意到海德格尔学说与黑格尔哲学的某种相似之处。两者都注重"历史性"，也都不满意抽象和呆板的实在观。甚至海德格尔本人也承认"就其**结果**而言"，即认时间与存在论问题（对于黑格尔而言就是"精神"）有必然的关联这个看法上，他的时间观**似乎**与黑格尔的时间观有某种近似①。但是，他立即声明，他的思想从根本的方向上与黑格尔学说有原则区别。这种区别在两者的时间观上倒是特别鲜明地表现了出来。

按照海德格尔的看法，黑格尔的时间概念是庸俗时间观的最极端的一种表达。前面已经讲到，庸俗时间观有两个特点：第一个特点是它与世界时间观共有的，即认现在为时间的首要的和真正的形态；第二个特点则是它特有的，即以完全现成化的方式来处置和看待这现在时态。黑格尔的时间观具有这两个特点，而且表达得更为抽象和极端。

追随亚里士多德，黑格尔将时间作为"自然"哲学的问题来处理。而且，相应于他的逻辑学中对于"存在"的态度，他将"空间"和"时间"置于整个自然哲学中最低级的"力学"阶段的开

---

① 海德格尔：《存在与时间》（*Sein und Zeit*），第 405 页。

端处，认其为是"完全抽象和相互外在的东西"①。他的具体论述则是"辩证发展"的，即从最抽象和外于自身存在的空间通过否定之否定的发展而达到时间。时间是空间的真理所在。

空间是自然的外于自身的存在，表现为没有中介的相互并列、无差别性和连续性。空间中的点则做出了区别，因而是对这种抽象空间的否定；尽管这点依然在空间之中。这具有否定性的空间点因其否定本性，就扬弃自身而成为线，继而为面。然而，这否定性却是自为的（fuer sich）或为了［建构］自身的，不会满足于在空间中无差别并列的诸规定性；因而必然要对这否定的结果，即空间中的诸并列规定再施否定，达到有序的或有伸展方向的规定性。这便是时间。所以时间是"否定的否定，或自身相关的否定"②。

海德格尔则特别从"点"的否定之否定来表达黑格尔的时间。点对空间的第一次否定产生的是这样一种空间，即相互外在的和无差别的点的复合体。但空间并不就是点，而是"点状性"（Punktualitaet），或使点之为点可能的"准点性"。此准点性就要求否定第一次否定的结果，即作为无差别并列点的复合体的空间；使空间脱离无差别的并列状态，"有个性地"或自为地确定点的自身性。这就导致有前后序列可言的并有突出形态的点性——时间。海德格尔这样写道："按照黑格尔，这种作为准点的否定之否定就是时

①　黑格尔:《自然哲学》，梁志学等译，第 253 节，商务印书馆 1980 年版，第 39 页。
②　同上书，第 257 节;《存在与时间》（Sein und Zeit），第 429—430 页。

间。"① 这种自为地确立自身的准点只能意味着一系列"现在 - 这里""现在 - 这里"……每一个这样的点就是一个现在点。正是时间之中的点自为地确立了自身的现实性。空间点则完全是抽象的。这种突出的、有自身规定的点就是现在。

如何具体理解以现在为准点的时间本身呢？海德格尔引述黑格尔的一段话："时间是那种**存在**的时候**不存在**、**不存在**的时候**存在**的存在，是**被直观的**变易。"② 并且将它理解为：时间的存在就是现在；一个现在或者已经**不再**是现在，或者还**不**是现在，因而也可理解为**不存在**。这样变易着的现在之所以能够"被直观"，就是因为这现在被黑格尔视为一种观念上的现成者，以至可以像一件东西一样地被直接审视着。因此，黑格尔的时间阐释是沿着庸俗时间的方向进行的 ③。

可以看出，黑格尔讲的时间没有超出亚里士多德的时间观，只是变得更抽象和现成化了。亚里士多德的时间定义中那种相互缠牵的现象学的机制，即在先前和靠后的视野中对于运动的数着的被数，消隐了。代之而起的是出于"自为地确立自身"（向着"主体性"）的进展动机，和否定之否定的规定性。于是，现在不再是一个与先前和靠后相缘起的当前化境域，而是被削平收缩为一个点，即便是有某种自身规定性的准点。虽然黑格尔也讲时间的"变易""耗散"特性，但它们相比于现在都不具有优先地位，正如过去和未来对于他只能通过现在来理解一样。因此，他说：

---

① 海德格尔：《存在与时间》（*Sein und Zeit*），第 430 页。

② 黑格尔：《自然哲学》，第 47 页。

③ 海德格尔：《存在与时间》（*Sein und Zeit*），第 431 页。

"只有现在存在，这之前和这之后都不存在；但是，具体的现在是过去的结果，并且孕育着将来。所以，真正的现在是永恒性。"[①] 这种时间观中缺少了亚里士多德的阐述中所包含的那种在反驳怀疑主义时培养出的现象学的敏锐，已经达不到时间诸相的境域中的"根本相连"了[②]。

对于黑格尔，这样的时间为什么与本质上超时空的概念精神有关联呢？海德格尔的解释是：精神的本质对于黑格尔而言是概念，但这概念并非是抽象的共相，而是要在自在（非我）中达到自为和真正自身的思想本身的辩证形式。这样的概念就必然要走一条否定之否定的发展道路，即先否定掉抽象的自身，深入到非我之中；然后再凭借自为的力量否定掉、扬弃掉非我的异己性，从而达到一个更丰富具体的概念自身。当这概念精神深入到非我——自然界和客观精神——之中时，就会"落入"时间性中，因为时间对于黑格尔而言就是指被直观的、不纯粹的和外在的概念。扬弃非我就意味着消灭时间，达到纯粹的概念和绝对精神。而且，时间和概念都具有否定之否定的形式，概念在时间中的辩证发展毫无困难。

但是，由于黑格尔已削平了和现成化了时间本身的存在论机制，这时间与精神的关系是外在的，甚至是对立的。精神本身和它最高级丰满的形态都不能具有时间性，只是在它必不可少的"入世"阶段才进入时间，并且最终将其作为吸干了的外壳抛掉。

① 黑格尔：《自然哲学》，第 259 页附释。
② 海德格尔：《存在与时间》(*Sein und Zeit*)，第 423—424 页。

简言之，对于黑格尔，时间性和历史性虽然是不可避免的，但却是不真的和非自身的。这与海德格尔认时间为缘在的本源的思想之间确实"有原则上的区别"。

七、对《存在与时间》的总体估价与
"时间性的退化现象"

如何看待《存在与时间》在海德格尔整个思想中的地位关系到对他的基本思想方式的理解，而如何看待这本书的**内部区别**则关系到对他思想特色的深层理解。这本书有前后两个分部；以"时间结构的揭示"（65节）为界，则可分为两个部分。我们看到，此书第一分部写得极为精彩，原创思路层出不穷，分析贴切紧凑；对于传统哲学的重大问题，比如主体、客体、认知、语言、真理等等，有令人耳目一新的看法，且有深远的哲学含义。第二分部中的头三章，即关于死亡、良知、决断、时间的分析，也是极为出色的；尤其是对死亡和良知的生存现象学分析，达到了纯思想与人的根本生存情境的相互渗透交融，可以视为这本书的一个高峰。而且，这些思路在20年代前期已经以某种形式出现在他的讲课和演讲的手稿中，有着深厚的思想基础。但是，从66节开始，我们看到的一个相当生硬的"反转"或"重演"，即回过头来，用时间性结构来确定在第一分部中讨论的那些缘在生存的时机化样式。这种重新解释相当乏味和外在化，没有什么真实的思想含义，似乎完全是出于形式上的考虑。最后两章讨论历史性和庸俗时间的起源，尽管本身是很有意义的问题，但也只是前面的缘在时间思想的一种自然延伸和具体运用。

总之，在取得了"时间性"之后，这本书的思想活力衰退了。海德格尔不断地说前面的分析还远远不够，但又拿不出真正有分量的新思想。由于这种衰退出现于"时间性"之后，且与时间问题有关，我们可以称之为**"时间性的退化现象"**。因此，不能讲这本书"失败了"，因为它在前一大半取得了辉煌的思想成就；但是，它也确实遇到了重大困难，失去了前进的内在动力。

时间性的退化现象为什么会出现呢？简言之，就是思想与现象学境域的分离。在取得时间性之前，他的目标是越来越纯粹地揭示缘在的构成域性，以便利用这样一个思想势态引出时间性。为此，他必须倚重对于缘在（人）的生存现象或生存方式的分析，以开启出一个前人（包括康德和胡塞尔）从未达到过的思想地域，即主客二分失效之后的纯构成的境界。换句话说，他探讨的问题的终极性使得他要说的东西只能通过分析离人最近的生存现象才能获得可理解性。在这样一个意义上，揭示缘在生存方式的存在论特点就绝不仅仅是一种"准备性的"分析，似乎在这之后还有什么更高级更抽象的本质阶段；相反，这种人世境域和缘在境遇恰恰是最高妙的构意机制，使最"悬空"的思想可以为人领会。以往的西方概念哲学的失误就在于视人的生存现象为经验材料，并由此而相信，要探求终极问题就只能借重于无人世境遇可言的概念方法。因此，这类哲学从未达到过可切身领会的真正本源。

海德格尔在《存在与时间》的前三分之二的章节中显示出他具有这样一个认纯思想与人世境界不可分的见地。他声称，非切身的缘在形态与切身形态相比，并不是一种"较少"的存在[1]，它们是"同样原初的"（gleichurspruenglich）。而且，他所致力的工作重心并不在于谴责非切身的缘在形态的堕落，而是揭示这些形态的缘构成的本性，并在真正切身的形态中找到这种本性的完整和充分的体现。离开了人的生存形态这个源头，缘构的、有限的时间性就会失去自身的根子，变得无法理解了。

然而，海德格尔并没有完全贯彻这样一个"思境不二"的见地。他在序言中写道："一旦赢得了这样一个原本地解释存在的视域［即'时间性'］，这样一个准备性的缘在分析就会要求在更高的和真正切身的存在论基础上重复自身。"[2] 认为时间提供了"更高的……存在论基础"代表了一种危险的倾向，即将时间性代表的纯思想与缘在的生存境界分离开来的倾向。于是，在 65 节之后，海德格尔就反过来用时间性这个"流"来说明缘在的生存形态这个"源"，将它们一个个地定位到时间的三相之中。这岂不是本末倒置？从此书的序言和结尾处[3] 可看出，海德格尔的写作计划是：通过分析缘在的生存方式揭示出"牵挂"以及"时间性"，然后依据"时间的特性和样式"或"逸出的时间性的原本时机化方式"来把握存在本身的原初意义。他称这种对存在原义的时间理解为"存在的时间状态性"（Temporalitaet des Seins）[4]。然而，第二分部第四章显示出，这种策略，即用时间的时机化方式来重新解释缘

---

[1] 海德格尔：《存在与时间》（Sein und Zeit），第 45 页。

[2] 同上书，第 17 页。

[3] 同上书，第 19、437—438 页。

[4] 同上书，第 19 页。

在的存在形态的路子缺少真实的思想开启力。原本时间一旦被认
为是更高级的和更真实的，它就脱开了缘在的生存境遇这个生生
不息的现象学脐带，成为带有传统思辨哲学味道的构架。将缘在
的诸在世形态依次放入这个构架之中从根本上讲也还是一种系统
化和形而上学化的做法。如果按照海德格尔的原计划，依据"逸
出时间性的原本时机化方式"[①]来决定存在本身的意义，最多也只
能诉诸"将来"这个前抛的逸出态。但这样理解的存在本身与第
一分部中讲的"领会"和第二分部中讲的"先行的决断"很难区
别开来。也就是说，这样的存在意义并不比依据缘在的生存形态
所达到者"更高级"。此外，海德格尔已分析了亚里士多德的时间
观，认为它从思想方式上决定了两千多年的西方哲学的存在论方
向。按照它，"现在"这个时相或逸出态占有中心地位，因而"在
场"以及由此蜕变成的"实体"被视为存在的本义。现在，如果
海德格尔也依据自己的时间性的某个逸出态（将来）来理解存在，
尽管在思想内容上与前者有重大区别，但从大构架上也还是未脱
尽形而上学的表达方式。看来，是这些困难迫使海德格尔中止了
对于存在意义的第一次冲击，提职的时间限制只是一个外在因素
而已。这位已写出了那许多具有喷薄原发的思想力度的章节的人
已不能再忍受形而上学的构造方式和思想气氛了。

---

①　海德格尔:《存在与时间》(*Sein und Zeit*)，第 438 页。

第 7 章 海德格尔的后期思想(一)

分析海德格尔的著作是为了揭示他的思想方式。为达到这个目的,就必须得到一个能够环顾到他全部思想历程的视野。这样,他的后期思想也必须得到有效的考察。但是,在海德格尔研究中,关于他前后期(大约以 1930 年为界)思想的关系一直是个颇有争议的问题。海德格尔本人也在多处谈过这个问题,比如《关于语言的一次对话》(1953/1954 年)、《关于人道主义的信》(1946 年)、《时间与存在》(1962 年)、《给 W. 里查森的信》(1962 年),等等。不过,一个作家对于自己学说的判断尽管很重要,却也不是最终的。一切应以公之于众的文本为准。所以,本章的头两节就要先讨论海德格尔前后期思想的关系,然后在本章的其余部分和下一章里阐述他后期著作中的主要思路,并揭示他与众不同的思想方式。

一、"转向"的含义

《存在与时间》是一件未完成的作品。之所以会是这样,一个表面上的原因是海德格尔当时急于出版它以提升教授。但这却不能解释为什么在 1927 年之后他仍未正式补全其余的部分。当然,在他后来的一些著作中，他讨论了这些未完成部分中所应处理的问题。但是，这些著作并未以"《存在与时间》下卷"这类的书名发表，也未完全按原书的规格和路子来写。这就让人感到有某种问题或困难发生了，迫使他不得不采取如此迂回的方式来做一件本该一气呵成的事情。而且，在 1930 年特别是 1935 年之后，海德格尔在他的作品中提出了许多新的问题，比如艺术的本质、诗和语言的存在论含义、技术乃至"道"；写作的风格也有改变，新词大量出现，除了讲课稿之外，越来越以短篇文章为主，等等。所以，不少海德格尔的弟子和研究者认为他在 30 年代经历了一个剧烈的思想"转向"（Kehre）。更进一步，一些人，比如 J. L. 麦塔（J. L. Mehta）和 O. 波格勒，将此转向理解为思想方式的根本转折，即从传统形而上学的主体主义转向非主体主义，或"从缘在转向了存在本身"[①]。

从各种事实和迹象看来，海德格尔本人对别人反复诊断的"转向"问题持这样的态度：首先是鼓励，因为这意味着对他本人思想的关注。所以他即便不完全赞同其中的具体观点，也会以某种姿态支持这些论著的发表，比如波格勒和里查森的书，以及 A. 古措尼（A. Guzzoni）在《朝向思想的实情》中对《时间与存在》一文的总结。其次，当他感到这些过分热心的后期追随者离谱太远之时，即要把他的前后期思想完全割裂尤其是把前期思想说得无

重要价值时，就被迫出来纠正这种会导致误解他的整个思想的倾向。比如，他在《关于人道主义的信》和《给 W. 里查森的信》等处都明确表示，他的前期思想并不是主体主义，缘-在（Da-sein）的经验从来就是被存在本身的问题引导着的；被人们没完没了地议论的"转向"既不是思想立场的转变，也不是对《存在与时间》问题的放弃；而是对那本书的思想，首先是关于"缘-在"的思想的决定性的补充或实现，即从"存在与时间"的审视角度反转为"时间与存在"的角度；因此，这样一种反转在《存在与时间》一书就已经开始了。①

后期海德格尔也对《存在与时间》做了一些批评，主要是说，由于在某种程度上使用了形而上学的语言，这个思想本身要求的转向没有被充分地表达出来。② 海德格尔只明确否定过《存在与时间》中的一个特殊观点，即该书第 70 节"将缘在的空间性回溯到

---

① 海德格尔:《给 W. 里查森的信》（1962 年 4 月），见 W. J. 里查森（W. J. Rich-ardson）的书《海德格尔：通过现象学到思想》（*Heidegger: Through Phenomenology to Thought*）（The Hague：M. Nijhoff，1963），第 XVII 至 XX 页。《关于人道主义的信》，见《路标》，第 159 页。

② 《路标》，第 159 页。又见海德格尔的《尼采》（*Nietzsche*）（Pfullingen：G. Neske，1961），第二卷，第 194—195 页。这段文字出自海德格尔 1940 年关于尼采的讲座手稿（1953 年完成），但很明显是后来插进去的。在这段话中，他所说的也基本上是同一个意思，即他在写作《存在与时间》时不得不借助历史所提供的条件（即形而上学语言），以便"说出某种完全不同的东西"。这个努力突然中断了，因为它面临一个它不愿意看到的危险，即"对主体性的加强"。结合其上下文，特别是结合他在其他许多出版物中关于同一个问题所讲的更明确的话，这个短语不应被理解为他在《存在与时间》中所做的努力本身是对主体性的加强，而应被视为这种本质上突破了主体与客体框架的努力受到了历史条件的限制。

时间性"的做法"是站不住的"①。因为原发的空间与时间一样是缘构域性的。所以，他在《时间与存在》中要讲"疏朗见光之域的时-空"（der Zeit-Raum lichtenden Reichens）②。

　　以上数章的阐释应该能够表明，海德格尔的而不是波格勒等人的讲法更接近事实。海德格尔在 1926 年之前的思想历程可以被视为寻求一种超出传统的主、客框架的探讨存在问题的方式。他的最关键的理论突破、他从前人（胡塞尔、康德、亚里士多德）那里所得到的最重要的启发，都意味着这样的一种超出。从胡塞尔的范畴直观，经过拉斯克的解释，他达到了"人的实际生活体验"和"形式指引"的思路；从康德的"先验的想象力"和胡塞尔的时间意识中的"边缘构成域"，他发展出了有存在论意义的时间观和历史观。这些思想都已经突破了传统的主体主义，将人理解为在时境中构成的纯缘在，绝不再是任何有现成本性可把捉的主体了。而且，他认为康德和胡塞尔的局限恰恰就在于还受制于传统的主体观，以致不能将他们已经触及了的境域构成的思路深化到存在论的探讨中去。海德格尔的"缘在"正是在这样一个卡住了多少西方哲学家的地方提出来的。它并不放弃对人的问题的关注，但却志在将我们对于人的理解彻底地现象学化，让它显露出本来的"实情"（Sache）或"实际状态"。以这样的缘在而非主体为"引子"，《存在与时间》中才会出现那样与众不同的和新意迭出的思想大潮。这在"主体主义"的格局下是绝对不会发生的。

---

① 海德格尔：《朝向思想的实情》（Zur Sache des Denkens），第 24 页。

② 同上书，第 17 页。

海德格尔从来没有放弃这样一个基本的思想势态；否则，他到哪里去再找一个思想的源头？"从缘在转向了存在本身"是个相当蹩脚的和"离了谱"的说法。在海德格尔这里，缘在之缘正是理解存在本身的关键，在后期不再强调时间视域的特殊地位的著作中也是这样。语言和技艺同样是缘在之缘，而且是更切近和富于含义的缘分。这一点在下面的讨论中会看得越来越清楚。

对于海德格尔的这样一个讲法即"由于使用了形而上学语言"而未达到《存在与时间》的预期目的，也需要做更深入的分析。上一章的最后一节表明，这本书的问题并不出在"缘在"，而是出在将缘在的存在方式完全归结为时间性的某种时机化形式上。所以，这"形而上学的语言"应被理解为一种传统的表达策略和研究策略。在这方面，海德格尔确实犯了一个重大错误，即想通过思想上的单向发展和仅仅形式上的回转来追求自己的目标。从缘在的"在世界之中"到"牵挂"，从牵挂到时间性，从时间性到存在本身的意义，是一条**单向递进**的路线。达到"更高级的"时间性之后，反回头来确定缘在的在世形态的时机化方式，并进而通过时间的逸出态来理解存在的意义，则是形式上的回转。显然，单向递进的路线是主导的，而形式回转则是牵强的。但问题就在于，缘在的缘构本性与这样一条路线是格格不入的，它的实施只会使缘在失去缘构的境域，使整个讨论失去现象学原初体验的引导。这条路线而不是《存在与时间》这本书的失败证明，在处理"存在的意义"这样的终极性问题时，是没有什么阶段可分的，传统概念哲学的那种系统化方式在这里完全不适用。终极含义只能是纯显现的而非是推导出的。所以，从30年代开始，海德格尔就改变了研究和表达的策略，从单向递进的方式转变为"相互牵引"的策略，即总要为一个主题找到它的相对者，比如为"真理"找到"非真理"、为"时间"找到"空间"、为"存在"找到"语言"、为"当前（在场）"找到"历史"、为"思想"找到"技艺"等等，以便让两者在相交相映中进入缘构成的（ereignende）境域，从而引发出超形而上学的纯思想意义。这就是海德格尔所经历的"转向"的真实含义。毫无疑问，这样的转向已经存在于《存在与时间》的前一大半的篇章之中。那里，缘在与世界、生与死、现在与过去及将来总是交相投映、相互缘构，并在缘在的生存形态中取得了充满领会力的语境。

二、转向的方式——真理与不真性

海德格尔在《关于人道主义的信》中谈到，他的《论真理的本性》可被视为"转向"的标志。他这样写道：

> 如果将《存在与时间》中的所谓"投射"理解为一种表象式的设置，那么就是把它当做主体性的功能了。这种理解没有想到，正如"对存在的理解"只能通过对于"存在于世界之中"的"生存论分析"这个领域而得到思考，这种投射也只应被思考为与存在的敞亮之处的逸出态的关联。当然，对于这样一个非主体性的思想的充分执行遇到了困难。也就是说，当《存在与时间》发表时，该书第一部分的第三分部，即"时间与存在"没有出现（参见《存在与时间》第 39 页）。

这里，一切都翻转过来了。此分部之所以没有出现，乃是因为这个思想无法充分地说出这个转向；靠形而上学语言，这一点是达不到的。《论真理的本性》是我在 1930 年所思考并做的一个演讲，但直到 1943 年才付印；它给予我们一个关于这个转向——从"存在与时间"转到"时间与存在"——的思想上的某种认识。这个转向并非对于《存在与时间》的立场的改变。①

为什么《论真理的本性》能够有助于理解这个从"存在与时间"到"时间与存在"的转向呢？从以上两节的讨论中可以看出，"单向递进策略"使得这样一个转向无法在真实的意义上实现。看来，30 年代初的海德格尔认识到了这一点，所以急于抛弃这个策略，而获得一种"双向"的或形式上"相互引发"的说话方式。《论真理的本性》就代表了在这个新方向上的第一次努力，当然还是相当生硬的努力。

这篇演讲词分为九节。前三节所讲的与《存在与时间》第 44 节所阐述的真理观无何区别。然而，从第 4 节的末尾开始，出现了某种讲法上的变化，反映出他的新的"言说"策略。

1.《存在与时间》中的真理观

《存在与时间》44 节的标题是："缘在、打开状态和真理"。它

---

① 海德格尔:《路标》(*Wegmarken*)(Frankfurt: V. Klostermann, 1978)，第 159 页。

再确切不过地表明了海德格尔所讲的"真理"与缘在及其特性的内在关联。缘在只在其"去在"中获得自身;这样一个讲法就意味着缘在的根底处就有一个开启的构成势态,而真理只能在这个意义上得到理解。海德格尔用了一个古希腊的词"alētheia"来表示这种真理。这个词在传统的哲学译作中也同样被译成"真理"。但海德格尔意在揭示它的词源中包含的现象学见地,因而将它视为由前缀"a-"(非)和词根"lētheia"(遮蔽)组成的一个否定性的词,意味着"去掉遮蔽的状态"或"揭开遮盖而显示出来的状态"。

这样一种真理观与传统的真理符合论有极重大的不同。符合论预设了主客的分离,即一个客观的现实状态和一个主观的思想或判断的分立;而揭蔽说则不预设这种分立。它要强调的倒是,人和思想从根子上与世界不可分;对于这种在一切二元化之先的原发构成状态,我们无法去施加判断,因为它恰是一切意义和"能"去判断的根源;我们能做的只是去揭示它,**让它**不受观念框架干扰和遮蔽地**显现**出来。很明显,这个思路就来自胡塞尔和拉斯克的影响[1],并早已显露于"人的实际生活体验"和"形式指引"的学说中。因此,这揭蔽真理观绝不预设一种现成的遮盖状态,就像遮着头盖的新娘,只待人去揭开它的真实面目;它要说的是,我们和世界所"同是"或"同在"的那样一种缘构状态就正是自身揭示着的和无遮蔽的。人的意识无法控制它、干涉它;相反,人本身就是由它塑成的。揭蔽真理说要讲的就是这样一个认识论与存在论已无法区分的缘构状态。海德格尔这样讲:"先前对于这

---

① 海德格尔:《存在与时间》(*Sein und Zeit*),第 218 页注释。

个缘（Da）的生存结构的构成（existenzialen Konstitution）和这个缘的日常存在的阐述所涉及的不是别的，就是真理的最原本现象。由于这个缘在在本性上**就是**它的打开状态，作为被打开者而打开着和开启着，它从本性上就是'真的'。**缘在就存在'在真理之中'**。"① 这段话尤其是其中最后一句话表明，揭蔽的真理就意味着缘发的构成状态；由于人在本性上就属于它，即便在遮蔽它的时候也还是"存在于其中"，人与世界才从根本上有着一种先于任何实证的牵挂和关联。

在《存在与时间》中，这种牵挂和揭蔽的最充分体现是"先行决断"的开启状态；44 节中给出的那个例子则是这种牵连的一种日常表现。它已涉及"证实"问题，但还是在日常生活的缘构情境中进行的，还没有被削平为对于现成对象的观察实证。它是这样说的：一个人背对着墙说出一个真的陈述，"墙上的这幅画挂歪了"。这个陈述是这样证实自己的，即这个正在做陈述的人转过身去知觉到这幅在墙上歪挂着的画②。这里还没有出现笛卡尔式的和实证主义的怀疑，因为在这个说出陈述的（作为缘在的）人与这幅画之间，并没有一层"表象"的间隔。他知觉到的既不是这幅画的表象，也不是被表象着的这幅画，而就是这幅实在的画本身③。联系到他的下文可知，海德格尔这里用颇为晦涩的语言表达的并非一种依据现成物的实在论，而是缘起构成的存在论和真理观。由于它的根本的缘构开放性，缘在与缘境或世界中的被知觉

---

① 海德格尔：《存在与时间》（*Sein und Zeit*），第 221 页。
② 同上书，第 217 页。
③ 同上。

者之间才找不到任何"心理的"隔阂；缘在做出的真的陈述才能"意味着：这陈述就此存在者本身来揭示或开启这个存在者。它说出这存在者、它显示这存在者，它让这存在者在其被开启的状态中'被看见'。陈述的为真（真理）必须被理解为正在开启着"[①]。很清楚，"揭蔽"和"开启"是与"表象方式"相对而言，意味着缘在所特有的生存方式和领会方式，即无须表象中介的直接与存在者本身相缘相即的方式。真理只有达到这种构成态才能真正超出传统认识论的范围。所以，对于海德格尔，**"只当缘在存在时，才'有'真理"**[②]。这不是唯我论，因为缘在本身与世界相互构成；当然它也不是通常意义上的实在论，因为在这种真理观中，任何存在者从根子上都不被视为现成的。维特根斯坦在《逻辑哲学论》中以生硬的、别扭的方式表达出类似的见地："从这里可以看出，唯我论如果被严格地贯彻的话，就会与纯粹的实在论相重合。唯我论的这个我就抽缩成无延展的点，保留下来的是与这个我相互耦合的实在。"[③]很明显，只要还有一个可把持的主体，或还有一个现成的实在，真理的符合论或贯通论就既不可避免，又无法透彻地解决真理问题。

　　但是，也正是由于缘在只在其抛投的"去在"中构成自身，就不可能找到一个形式上的标准来保证这种构成的真态性，也没有一个先验主体来主持和规范它。换句话说，缘在的缘构和开放是如此彻底，以至对于遮蔽和伪装也是无法拒绝的。而且，遮蔽

---

　　① 　海德格尔：《存在与时间》（*Sein und Zeit*），第 218 页。

　　② 　同上书，第 226 页。

　　③ 　维特根斯坦：《逻辑哲学论》，5.64。

倒是更容易出现，因为缘构成在通常的和大多数情况下被视为**被构成**，因而遮掩了它的纯发生性。

如果细心阅读海德格尔的著作，可以发现"遮蔽"实际上包含两层意思：一是如上面所讲的，出于缘在的缘构本性的遮蔽，可称之为"出自缘构的遮蔽"，它是一种生存的原罪。另一种则是"现成式的遮蔽"，意味着被构成状态进一步缩瘪为现成的存在者。前者相当于缘在的"在世界之中"的状态或"日常状态"，随缘构的暗潮漂游而不真正切身。后者相当于量化的、现成化的、利害化的、完全实证化的平板状态，在其中几乎感受不到缘构的柔性运作，而只见到断裂式的"非彼即此""或真或假"。庸俗时间观和符合真理观就是这种现成式的遮蔽形态。当然，这两种含义很有关联，但也确实是不同的遮蔽形态。"骆驼祥子"的生活形态只能属于前一种，而"葛朗台先生"的生活形态则主要属于后者。

由于有"出自缘构的遮蔽"机制，海德格尔可以这样讲："就其充分的生存论和存在论的含义而言，'缘在存在于真理之中'这句话所说的与'缘在存在于不真性之中'这句话所说的是同样原初的。"[①] 这种在通常情况下令人费解的话只有联系到缘在的缘构境域才可理解；看出它既非矛盾语，亦非在表达相对主义的真理观。然而，我们已经看到，由于"单向递进路线"的影响，在《存在与时间》中，这种真态与非真态、开启与遮蔽的"同样原初性"被打了很大的折扣。紧接着上面引的那句话，海德格尔写道："但是，只是由于缘在是被打开的，它才是被遮蔽的；只是因为世界

---

① 海德格尔：《存在与时间》（ *Sein und Zeit*)，第 222 页。

内的存在者总已经随着缘在被揭启了出来，同样的存在者作为世界内的可能遭遇者才被遮盖（隐藏）或伪装。"[①]这也就是说，尽管有"同样原初"的说法，缘在的开启、揭蔽或真态状况**毕竟要先于**它的被遮蔽和非真态状况。海德格尔需要这种尽管已经很微弱的和不甚协调的层级区别来引导到原本的时间性。其实，"揭蔽"与"遮蔽"都只是从某个角度对于缘构成含义的表述，它们单独或形式上的并列都不足以穷尽"缘"的丰满含义。不过，"同等原初"的说法还是要比"揭蔽在先"更近于"缘"义。

2.《论真理的本性》中的真理观

在《论真理的本性》一文的后一半，对于真与不真的层级区别被否定掉了，"同等原初"成为了主导思路。海德格尔在那里认为，不真性不只是对真理状态的一种后起的遮蔽或从这种状态的坠落，而是就深藏于真理的开启本性之中。为什么呢？因为真理的本性是去存在的（ek-sistent，生存的）自由，即让诸存在者作为它们自身而存在的那样一个开启（das Offen）；而这种就在缘在根底处的开启并不等于所有现成存在者的总和，因为它总已经调准了历史的人与全体存在者之间的境域性的关联。"然而，这种调准并非虚无，而是对于全体存在者或在整体中的存在者的一种隐藏或隐蔽（Verbergung）。正是因为这种'让存在'（Seinlassen）在朝向和揭示某个存在者的单个行为中总让这个存在者存在，它[必定]将全体存在者隐藏了起来。这个'让存在'本身就是一

[①]　海德格尔:《存在与时间》(*Sein und Zeit*)，第 222 页。

种隐藏。就在缘-在的去存在的自由中，对于全体存在者的隐藏缘构发生（ereignet sich）了；这**就是**（被）隐藏性。"① 在这段话里，我们确实看到了一种意味深长的说话方式的"转向"。不真性不再仅仅被理解为一种否定性的、对于某种（真理）状态的"遮盖"（Verdecken），而是被理解为一种有积极含义的"隐藏"（Verbergen），即潜在的发生势能，或能够随机地给出相应存在者的缘发境域。"这种隐藏性拒绝了'揭蔽真理'的揭蔽性，但又不允许它的缺乏。相反，这隐藏性保存了这揭蔽真理的最切己的所有（das Eigenste als Eigentum）。……这种对于全体存在者的隐藏，这个真正切身的不真性（die eigentliche Unwahrheit），比这个或那个存在者的每种被开启状态都更古老，也比'让存在'本身更古老。这'让存在'将已被隐藏者保持在被揭蔽之中，并使自己［在这样做时］朝向那隐藏性。"② 这确实是一个极重要的转向，牵连到海德格尔整个后期用语含义的"位移"，即在《存在与时间》中按照单向递进路线被视为较为低级的词的"扶正"。这些词，比如"非真态""空间""世界""在世界之中""语言"等等，都出于第一分部，被看做缘在在世的方式，从属于更高级的真态形态和时间性。这更高形态的优势曾被视为能"先具有"（Vorhabe）缘在的"整体"③；可是现在，不真的隐藏性也被认为是在先地保存了"全体存在者"。

但是，我们也已看到，就在《存在与时间》中，按照缘在式

---

① 海德格尔：《路标》（*Wegmarken*），第 88 页。

② 同上书，第 89 页。

③ 海德格尔：《存在与时间》（*Sein und Zeit*），第 233 页。

的缘起构成的存在论思路, 这两种形态从根本上还是同等原初的。因此, 海德格尔从《论真理的本性》开始的转向不应被视为对于《存在与时间》一书的基本思想尤其是"缘在"所代表的一系列在世缘之中的思路的抛弃, 而只是标志着对单向递进路线的放弃; 因为这路线导致了"更高级"的、在某种程度上离开了缘在生存境域的时间性。这转向倒是应被理解为重返真态与不真态"同等原初"的立场。我们可以说, 这"同等原初"的讲法间接地表达出了海德格尔的一个意向, 即要重新获得相交相缘的发生境域的愿望。为此, 他需要一种与开启既相对又相关的隐藏, 一种对概念认识密不可透的潜能("大地""神"), 如同中国人讲的"阳"需要"阴"一样, 以便在两者的"争斗"或交构中获得当场构成的境域化思想, 而不是按照某个框架进行的概念建构。这是海德格尔的思想方式乃至个人性格中最强的特色。它比较集中地体现在"缘构发生"这个词的含义之中。

三、自身的缘构发生(Ereignis)
——存在的真义

从 1934 年开始, "Ereignis"这个词经常出现于海德格尔的写作之中[1]。从 1950 年代开始, 这个词就越来越频繁地出现于他的出版物之中。在海德格尔出生百周年之际(1989 年)出版的《海德格尔全集》六十五卷、题为《哲学论文集(从"自身的缘构发

---

[1]　海德格尔:《在通向语言的道路上》(*Unterwegs Zur Sprache*), 第 260 页注释。

生"起头)》更是表明，海德格尔自 30 年代中期开始，就已经将
"Ereignis"视为他思想的中枢和本源。"存在"的真实意义可通过
它而得到理解，但它本身则比"任何可能的对存在的形而上学规
定"要更丰富[①]。"Ereignis"在德文中的意思是："发生的事件"；它
的动词"ereignen"的意义为"发生"。但是，海德格尔要在更深
的和更缘构的意义上使用它。与处理"缘-在"的方式相同，他
将这个词视为由两部分组成的，即"er-"和"eignen"的联合体。
"eignen"的意思为"（为……所）特有""适合于……"。而且，如
上面已提到的，"eignen"与形容词"eigen"（意为"自己的""特
有的"）有词源关系，并因此而与"eigentlich"（"真正的""真正
切身的""真态的"）相关。所以，通过这个词根，这个词与《存
在与时间》中讨论的缘在获得自身的问题和真理问题内在相连。
它的前缀"er"具有"去开始一个行为"和"使（对方尤其是自
己）受到此行为的影响而产生相应结果"的含义。总括以上所说
的，这个词就有"在行为的来回发生过程中获得自身"的意思。海
德格尔还追究过它的词源义"看"。他在《同一的原理》（1957 年）
一文中写道："'Ereignis'这个词取自一个从出的语言用法。'Er-
eignen'原本意味着：'er-aeugen'，即'去看'或'使……被看到'
（erblicken），以便在这种看（Blicken）中召唤和占有（an-eignen）
自身。"[②]里查森将这种"看"理解为"相互对看"[③]，也是很有见地
的看法。此外，这个"看"或"互看"与胡塞尔现象学之"看"也

---

① 海德格尔：《在通向语言的道路上》（*Unterwegs Zur Sprache*），第 260 页注释。

② 海德格尔：《同一与区别》（*Identitaet und Differenz*），第 24—25 页。

③ 里查森：《海德格尔——通过现象学到思想》，第 612—614 页。

不是没有关联。

总之，海德格尔要用这个词表达这样一个思想：任何"自身"或存在者的存在性从根本上都不是现成的，而只能在一种相互牵引、来回交荡的缘构态中被发生出来。所以，这个词可以被译为"自身的缘构成"，或含糊一些地译为"缘构发生""缘发生"。

可以看出，"自身的缘构成"所表达的意思与《存在与时间》中从缘在到时间性的这条基本思路是一致的。所以，在《哲学论文集（从"自身的缘构发生"起头）》之中，海德格尔常常要凭借深究《存在与时间》中的"缘在""存在""决断"等词的含义来展示自身的缘发生的意义。海德格尔在后期并没有放弃"缘-在"这条关键性的思路。"自身的缘构成"的特色只在于它特别强调和突出了这种构成中的**相互缘构性**和"**居中**"（Zwischen）性，或"正在其中"的纯发生性[①]。通过以上两节的探讨，我们可知这种强调来自他"单向递进策略"的失败和"相互引发"的新策略的形成。他想通过这个词捕捉那最具有缘构性的、最不会被形而上学败坏的存在精蕴，以回答存在的终极意义的问题。因此，在他正面阐释"自身的缘构成"的段落中，几乎都要涉及某个对子，比如"人与存在""时间与存在""世界（开启）与大地（隐藏）""人与神"等等，为的是获得一个"参两"（张载语）显中的相互引发机制。

这样一种与形而上学超越性不同的"在缘构之中"就必表现

---

① 海德格尔：《哲学论文集（从"自身的缘构发生"起头）》（*Beitraege zur Philosophie* (*Vom Ereignis*)）（Frankfurt：V. Klostermann，1989），第 26 页。

为**域性**的发生。自身缘构必是一切现成者、相互对立者被消融、转化和形成于其中的缘构境域。海德格尔这样写道:"这个自身的缘构成是这样一个自身摆动着的域,通过它,人和存在在其本性中相互达到对方,并通过脱开形而上学加给它们的那些特性而赢得它们的本性。……我们就居住在此自身的缘构成之中。"①所谓"域",不是物理学中讲的"场",而是指两方充分地相互引发、激活和构成着原本意境的状态。所以这域是"自身摆动(震荡)着的"。因此,如前两章所讲,缘在与世界打交道的原初方式也是域状的("用得称手的""寻视的""有空间和方向的"等等)而非线性的或主体对客体的;缘在的"根身"——牵挂和时间性——的三个相度也因此是缠结域型的而非前后相序的。

四、语言与诗

当海德格尔在 1953 年左右会见一位日本客人时,他申明这样一个事实,即通过"(神学)解释学",语言与存在的关系从一开始就是他最关心的问题和思想的源头②。不过,就公开出版物中反映的情况看来,从 30 年代中期开始,"语言"才越来越取代"时间性"而成为缘在最根本的世缘。

如果人被视为主体,如果存在论和认识论的根本局面被设想为主体面对客体,那么语言就只不过是主体间交流的手段而已。

---

① 海德格尔:《同一与区别》(*Identitaet und Differenz*),第 26 页。
② 海德格尔:《在通向语言的道路上》(*Unterwegs Zur Sprache*),第 95—96 页。

它的功能与任何人工符号系统一样，都只是传送现成的观念和意义。语言本身没有意义，其意义只在于表征语言之外的现成东西，不管是心理的还是物理的。然而，如果这存在论的局面发生了转变，人不再被看做独立的主体，而是那只在缘构成中获得自身的缘在，语言的地位就大不一样了。语言恰恰是这缘在得到自身存在的缘（Da）。当然，如果这转变不够彻底，比如认为这缘分为"社会关系""效果历史"一类因素的总和，那么语言充其量只能是包含和表达这些因素的解释学中介，绝不足以成为海德格尔讲的"存在之屋"或"存在的家园（das Haus des Seins）"[1]。作为存在之屋，"语言将存在者作为一个存在者而首次带入**开启之域**"[2]。这里说的让存在者"首次"显现的开启之域，与"揭蔽真理"是一个意思。它既不意味着语言可以创造对象，也不只是说存在者必须通过语言这个必不可少的中介而被给予我们；而是讲：只有在语言这个缘构成的域之中，存在者才**作为**存在者显现出来，人和世界才同样原初地成为其自身。这就是"缘"或"（存在论意义上的）构成"的真切含义。它既不是实体论，又不是相对主义，而总是维持在最生动、最缘发也因此是最极致的顶尖处和"居中处"，正是赫拉克利特讲的那团"永恒的活火"。所以，海德格尔写道："这条［到语言的］道路是自身缘构着的。"[3]

---

[1]　海德格尔：《在通向语言的道路上》（*Unterwegs Zur Sprache*），第 111、166、267 页。

[2]　海德格尔：《丛林路》（*Holzwege*）（Frankfurt：V. Klostermann，1980），第 59 页。

[3]　海德格尔：《在通向语言的道路上》（*Unterwegs Zur Sprache*），第 261 页。

　　与"时间性"相比，这种"语言"对于海德格尔的缘构思想的阐述有什么更多的帮助呢？首先应该指出，时间性和语言在海德格尔那里从本性上是相通的；它们都是缘在（和世界）去成为自身的缘构境域。但是，我们已看到，时间性如果脱离了缘在的在世形态和生死之间的境遇，就只是缘构的形式而非那居中的缘构本身。在这一方面，语言就有它的长处。语言比时间性离缘在的在世更近。在《存在与时间》中，关于语言的话题就出现在第一部分，即缘在的"在世界之中"里。语言与缘在的具体生存方式密不可分。原本意义上的语言总是构成着缘境，并天然地充满了当场发生的意义。它总是居中，即居于缘构之中。根本就不存在一个如何反过来用语言为缘在的在世诸形态定位的问题。所以海德格尔讲："语言乃是最精巧的、也是最易受感染的摆动。它将一切保持在这个自身缘构的悬荡之中。就我们的本性是在这个悬荡着的构造中所造成的而言，我们就居住在此自身的缘构成之中。"[1]

　　根据这样一个思路，语言本身就不被认为是完全空洞的；相反，它承载着原初的、域性的意义与消息（但不是"信息"）。它收拢着、滋养着和保存着我们的生存世界。它是开启之域，又是隐藏之域，海德格尔称之为"敞亮着、隐藏着和释放着的呈献"[2]。这种呈献并不完全靠语音和文字，而是出自缘构域的本性。因此，语言是一种根本上的"让……显现或到场"[3]。"**语言的本性就是此作为显现之说。它的显现（Zeigen）并不基于任何一种符号或信号**

---

①　海德格尔：《同一与区别》（*Identitaet und Differenz*），第30页。

②　海德格尔：《在通向语言的道路上》（*Unterwegs Zur Sprache*），第214页。

③　同上。

（Zeichen）；相反，一切符号都自某个显现而生出。在这个显现的域（Bereich）中并且出于这个显现的意图，这些符号才是符号。"[①]因此，从存在论上讲，并不是我们说语言，而是由于我们"能听"到空廓宏大的"语言［的］言说"（"Die Sprache spricht"）[②]，或处在语言的缘构开启域之中，我们才能开口讲话和思想。"语言比我们更有力，也因此更有分量。"[③]这个语言本身的缘构之说让我们想起《存在与时间》中缘在所"听到"的牵挂境域本身的"良知呼唤"。两者说出的都是缘境本身所蕴涵的生存势态和与天地相通的消息。而语言的"让……显现或到场"的本性也与逻各斯的"让某物从它自身即讲话所在处被看到"[④]及"现象学"的含义毫无二致。由此也可见，海德格尔后期的表达策略是将最本源的缘构成拉回到《存在与时间》中"前时间性"的缘在生存境域中，并加以发挥。

所以，按照海德格尔的理解，语言之"说"的最纯粹形态不是"陈述"这个传统语言观的宠儿，而是最有缘构性的"诗"（Dichtung）[⑤]。"语言本身是原本意义上的诗。"[⑥]这"原本意义"意味着，这诗不只是或主要不是"表达情感"的或"言志"的诗，而

---

① 海德格尔:《在通向语言的道路上》（*Unterwegs Zur Sprache*），第 254 页。

② 同上。

③ 同上书，第 124 页。

④ 海德格尔:《存在与时间》（*Sein und Zeit*），第 32 页。

⑤ 海德格尔:《丛林路》（*Holzwege*），第 60 页；海德格尔:《在通向语言的道路上》（*Unterwegs Zur Sprache*），第 16 页。

⑥ 海德格尔:《丛林路》（*Holzwege*），第 60 页。

是究天人之际的缘构，即"真理的促成（馈赠、引发、创生）"①和
"让……出现"②。由于吸取了时间性问题上的教训，海德格尔特别
强调诗的"居中"发生性。他写道："这投射着的说（Sagen）就是
诗；即世界与大地的说，出自它争斗的回旋空间（Spielraum）中
的说，并因此也是出自众神所有的临近和远去的场所的说。"③可见
诗乃是一种在两极之间或"间隙"中的纯发生，格式塔缺口处的
跃迁。④真正的诗不止于诗人个人灵感的结晶，也绝不止于传统意
义上的语言的艺术。它要宏大浩荡得多！乃是天地神人、过去未
来相交相缘所放射出的最灿烂的光明。"在这样的［诗的］语言之
中，一个民族就历史性地领会了它的世界；而且，此作为被锁藏
着的大地也被保存起来。"⑤我们下面会看到，中国的孔子与庄子对
于"诗"和"言"有着类似的深深体会。

　　尽管海德格尔的语言观和诗论与他的基本思路一脉相通、风
波相荡，但他对于诗境的如此推崇也有一些特殊的原因。首先，
可归于他后期表达策略的改变。上两节讨论了这种改变的一种方
式即在"真与不真"关系中的"相互引发"的表达方式，以及这
种改变所达到的"自身的缘构发生"的识度。这种转向不能不说

---

①　海德格尔:《丛林路》（*Holzwege*），第 61 页。

②　同上书，第 58 页。

③　同上书，第 60 页。

④　"格式塔"（Gestalt，完形）代表完形心理学（1912 年左右出现）的中心思路，
即人的感觉、学习和思维都在动态中趋向于达到某个完整的结构，并因而具有自动地补
足结构中的缺口或间隙的能力。海德格尔则突出了这结构中的"间隙"的引发和维持住
一个构成态的功能，用来说明他关于几微的思想。参见《丛林路》第 50 页。

⑤　海德格尔:《丛林路》（*Holzwege*），第 60 页。

是很必要的，也是极有见地的。但是，这种新的表达方式缺少
《存在与时间》前一大半所具有的那种生动的显现机制，也就是缘
在的诸在世形态和切身形态。因此所说的仍不免有"理论"之嫌，
并非最上乘的存在论现象学的表现。这个问题在他重新解释历史
上的哲学形态、说"语言是存在的家园"时也还是存在。但是，
谈到"诗"，局面便不同了。这是一种十分具体的、能引发生动的
意境和思路的语言现象。而且，有那么多伟大诗篇所提供的气象
万千、光彩夺目的语言境界可供他去翻江倒海。所以，海德格尔
的诗论绝不止于理论上的或美学上的，他是要借诗境或入诗境以
彰显纯思想的缘构境域。因此，他写过不少篇通过分析诗作而开
示思想的论文，并以此带动和激活他的其余那些更有理论色彩的
文章。而且，诗是海德格尔的那种让语言本身跳舞的表达风格的
最充分表现。海德格尔的作品如果细加品味，许多都很有诗意。
而且，他本人也情不自禁地要写思想诗。

　　再者，"诗"(Dichtung)的动词形式"dichten"意味着"写
作、创作"和"编造、虚构"。"Dichtung"本身除了"诗"之外，
还有"文学创作"和"虚构"的意思。海德格尔特别张大了这个词
所隐含的"构成""引发"的意义。作为"真理的促成"，诗就是
那促成缘构域开启的"(让)投射"(Entwurf，草图、构思、筹划)
和格式塔的"间隙"(Riss)①。通过这些说法，海德格尔要表明诗
是一种具有微妙的引发机制的活动。它不只是一种"什么"，比如
文学的一种形式，而是一种出自人的本性的纯构成方式。通过追

――――――――――

　　①　海德格尔:《丛林路》(*Holzwege*)，第 58 页。

究它在古希腊文中的一个对应词"poiēsis"所具有的"招引""带上前来"（Her-vor-bringen）的含义，海德格尔将诗与关于"技艺""技术"的讨论联系了起来①。这样，诗以及语言所具有的引发意义和在场境域的机制就可以代替《存在与时间》中牵挂与时间性的三相缘构机制的存在论功能。

第三，海德格尔心目中有一位"塑成了诗化思想之境域"②的真正诗人——弗里德利希·荷尔德林（F. Hoelderlin，1770—1843）。第1章已讲到，高中时的海德格尔就已经被荷尔德林的诗所吸引。这位诗人曾是黑格尔青年时代的好友，两人都向往古希腊文化的神境。但他的一生既有黑格尔所没有的灵性的光辉，也有黑格尔所未遭到的黑暗命运。他于1793年毕业于神学院，因不愿当牧师，靠做家庭教师谋生，同时写诗和小说。他早期（1788年至1794年）的诗受席勒影响。后期，尤其是1800年之后写的挽歌体诗和自由节奏诗"有着令人神往的美"③。但这位接受了"过多的［古希腊神性］光明"的诗人，在1802年得知已分手恋人苏瑟特（Susette Gontard）死讯后，终被"驱入黑暗"④，精神失常。1806年被送入图宾根精神病院，第二年被该城内卡河畔的一位善心的木匠收留。一直住在那里，直到去世。在19世纪，他的诗被认为过于主观和内向，并不受到评论家的特别注意。20世纪以来，

---

① 海德格尔：《演讲与论文集》（*Vortraege und Aufsaetze*），第15页。

② 海德格尔：《丛林路》（*Holzwege*），第269页。

③ 《中国大百科全书》，外国文学卷Ⅰ，第418页，"荷尔德林"词条，杨业治撰写。

④ 海德格尔：《荷尔德林诗歌解释》（*Erlaeuterungen zu Hoelderlins Dichtung*）（Frankfurt：V. Klostremann，1981），第44页。

他的一些遗稿被发现，加上时代的变化，使得人们越来越多地了解到这些诗所"开启"的纯真、深刻的意境。

　　海德格尔在他的文章《荷尔德林和诗的本性》（1936 年）的开头提了这样一个问题："为什么选择荷尔德林来显示诗的本性？为何不是荷马或索福克里斯，不是维尔吉尔或但丁，不是莎士比亚或歌德？"他的回答是："因为荷尔德林的诗负荷着诗的天职，专为写出诗的本性而来。"所以，"在一个突出的意义上，荷尔德林对我们而言是**诗人的诗人**"[①]。荷尔德林不是用诗来表达他的灵感，而是站在天与地、神与人之间（Zwischen），让这天地神人相交荡而生的、从将来来临的时代灵感通过他的弱质一身而被"说"出来、投射出来。这样，他命中注定地向语言的缘构本性敞开他的生命和灵魂。因此，语言对他而言是"最危险的财富"[②]。世界的神性光辉在其中，而使人疯狂的过多的光亮（黑暗）也在其中。荷尔德林的生命是最鲜明的"缘在"，完全被其缘所构成。"这缘在在其根基处就是'诗化的'（dichterisch，诗性的、诗意的）——这也就是说：作为被创构（被建立）者，它并不是报应，而是赠品。"[③]说缘在的生存状态是"赠品"，并非说它的存在是由某个在上的神所决定的；它要讲的是：它的缘构本性超出了任何基于主体的"报应"式的算计，浑然天成，从我收到者那里已经辨认不出我所为之的痕迹了。"诗化"就意味着那样一种被抛投出的、"居

---

　　① 　海德格尔：《荷尔德林诗歌解释》（*Erlaeuterungen zu Hoelderlins Dichtung*），第 34 页。有关这个话题，可参阅本书附录一·5。

　　② 　同上书，第 35 页。

　　③ 　同上书，第 42 页。

中"的缘构态。从《哲学论文集（从"自身的缘构发生"起头）》和《艺术作品的起源》（1935/1936 年）开始，海德格尔的作品中大量使用荷尔德林诗中的词汇、形象和表达法。当然，他也解释过 R. M. 里尔克（R. M. Rilke，1875—1926）、G. 特拉克尔（G. Trakl）等人的诗，但只有荷尔德林的诗被认为是"关于诗的本性的最纯粹的诗"[1]。

---

[1]　海德格尔:《荷尔德林诗歌解释》（*Erlaeuterungen zu Hoelderlins Dichtung*），第 44 页。

第8章　海德格尔的后期思想（二）

一、技艺（technē）与技术

这一节与上一章的最后两节所讨论的有密切关系，它们都是关于存在的缘构域的引发和保持的问题。当海德格尔分析艺术与技术问题时，他都用"technē"（技艺、几微）这个词作为一个关键的引子，并提示两者之间的内在联系。"technē"是一个古希腊词，亚里士多德在《尼各马科伦理学》第六卷中曾专门讨论过它。按照词典，它的意思是"艺术"和"技巧"，所以手艺人和艺术家在古希腊都被称为"technites"。但是，海德格尔认为只这样解释是不够的和失偏的，因为它只列举出了它的外在指称对象而未达及它的原本含义。按照他的意思，"technē"在古希腊更主要的是指一种认知的方式，其本性就在于揭去遮蔽（alētheia），让存在者显现出来[①]。所以，海德格尔写道："就希腊人所经历的认知而言，'technē'是指将存在者带到跟前；即特地将在场者作为在场者从隐蔽状态带**出来**，以便将其带**入到**它在其中显现的去蔽状

[①]　海德格尔:《丛林路》（*Holzwege*），第45页。

态的**跟前**来。'technē' 从来不是指一种制造的行为。"[①] 简言之，
"technē" 的原本含义就是"带上前来"（Hervorbringen）或"让
其显现"（Erscheinenlassen）[②]。由此可见，这个词对于海德格尔具
有与《存在与时间》中讲的"逻各斯""真理"及上面讨论的"语
言""诗"几乎一样的意思。只是，由于其词源特点，以它为引子
可以更顺当、更有语词牵挂力地阐发技术和艺术的问题。在本书
中，就将它译为"技艺"或"几微"。

由于它与"技术"和"艺术"的天然联系，"技艺"与"间
隙""草图""格式塔构形"以及"构架"都有内在的关联。海德
格尔从 20 年代起就一直在讲"让……显现"这个与缘在之缘、逻
各斯、真理相关的思路。但是，对于这"让显现"的具体机制的
形象化的描述却不是很多。在《康德书》中，他讨论并大大深化
了康德提出的"纯象"或"几象"的存在论意义，但这种几象被
首先理解为"时间"。到了 30 年代中期，当他论述艺术的本性、
语言和诗的时候，他已经不常用缘在诸生存形态来说明这种"让
显现"的机制，而转用世界与大地、敞亮与遮藏相交相争这类语
言了。于是，他感到有必要更形象化地、更有空间意味地说明这
个机制。"技艺"所代表的一组新词和思路的引入满足了这个要求，
而且非常贴切地引导到关于技术本质的讨论上去。

技艺被认为是艺术作品中使真理生成（Werden）和出现（Ges-
chehen）的机制，而真理又与作为隐藏的不真状态本质相关，所以

---

① 海德格尔：《丛林路》（*Holzwege*），第 45 页。
② 海德格尔：《演讲与论文集》（*Vortraege und Aufsaetze*），第 154 页。

真理本身亦需在争斗中生成和构成。"真理是原本的争斗。……只有当真理在它自身开启的争斗和空隙中建立起自身时，它才出现。"[①] 在这段与"自身"缠绕的话中，"争斗"与"空隙"并提。这里的"空隙"（Spielraum）在德文中还有"回旋余地""游戏空间"的含义。海德格尔在《康德书》中就用这个词来刻画任何对象被给予人这样的有限存在者所依据的存在论域[②]。现在，这种居于两者（在《康德书》中是"直观"和"知性范畴"）之间的存在论域的含义并没有变，只是被更加"间隙"化和"激斗"化了。而且，在 1930 年代以后，当海德格尔要表达这种引发缘构成的"空隙"时，他更经常使用的是另一个词："Riss"，意为"间隙""缝隙""撕裂""草图"。[③] 与之相关的有一大组词，比如，从词根上有联系的有"reissen"（拉扯、扯破）、"Aufriss"（轮廓、突出的缝隙）、"Umreissen"（拆毁、勾描）、"Grundriss"（平面图、基本的纹理）等等；从意思上有联系的有"Fuge"（缝、接缝）、"fuegen"（使接合、使配合）、"Mass"（尺度、适度）、"Gestalt"（格式塔构象）、"Gestell"（构架、构设）等等。

　　"间隙"这类词代表一种界限，一种像缘在之缘、几象那样能引起两极争斗、缘发构成的界限。通过这种间隙与争斗，隐藏开显为敞亮，敞亮亦保留在隐藏之中。同时，使用"间隙"也是为

---

① 海德格尔:《丛林路》（Holzwege），第 47 页。

② 海德格尔:《康德与形而上学问题》（Kant und das Problem der Metaphysik），第 84 页。

③ 注意这个词与《存在与时间》中"Entwurf"（草图、筹划、投射、构意）的词义关联。

了表现这争斗的微妙居中，以及它与"（形）象""草图（即画出最基本的界限和缝隙）""投射（投影）""构架（由缝隙组成的结构）"的关联。海德格尔这样说："这争斗不是光秃裂缝的开裂那样的缝隙；它乃是此争斗者相互属于的亲密之处。"[①] 可以说，这种缝隙是引发两方（天地、神人、存在与时间）相争相激，脱开现成性，当场缘生出一个意义境域的微妙机制。在这个意义上，"技艺"（technē）这个词也可以被译为"几微"。"几"在古文里除了有"介于无和有之间的发生和预兆机制"的含义之外，还与"机"（天机、机理、机械、机器、机心等等）有词源联系。当然，就如同《康德书》中讲的"几象"不是概念一样，这间隙也不是人心中先天的纹理、范畴和理式，而只能被理解为缘在之缘。

艺术作品、语言和诗之所以能使真理出现，就是因为它们所具有的精巧几微和间隙引发了缘构的状态，打开了一个新的境界。而且，这种几微和间隙可以转化为格式塔构形和设置（Stellen）构架（Ge-stell，或译"构设"）[②]，并因而引出了对于**现代技术**本质的讨论。海德格尔写道：

这个被带到缝隙之中的、被保留在大地之中的、并因此而被确立和突出出来的争斗就是**格式塔的构象**（*die Gestalt*）。作品的被创作的存在就意味着：将真理确立于格式塔构象之中。这格式塔构象是由缝隙调适成（sich fuegt）的缝隙结构

---

① 海德格尔：《丛林路》（*Holzwege*），第 49 页。

② 这里和下文中的几个译名（"设置""构设""逼索"等）取自王炜的《海德格尔关于技术的本质之思》一文，见《学人》第三辑，第 485—509 页。

（Gefuege）。这种被调适的缝隙就是真理［凭之］显现的接缝处（Fuge）。这里被称为格式塔构象的东西总是凭借**某个**设置（Stellen）和构设（Ge-stell，构架）而被思考的。就作品设立（auf-stellen）和提交（her-stellen）自身而言，此**作品**就是作为这种设置和构设而活动并存在着的。①

这段话表明了艺术、语言、诗与技术的深刻关联。它们都是作为缘在之人通过"间隙（发生的边界）"而进入揭蔽的真理状态的方式，都是一种"带上前来"（Hervorbringen）。海德格尔在《追问技术》一文中还用一个希腊词"poiēsis"（制作，创作，诗作）来表达这种揭蔽的"带上前来"，而这个词又有"诗"（德文为"Poesie"，英文为"poetry"）的含义。由此他想暗示技术中深藏着的原本诗性。

　　作为技术本质的"构架"或"构设"也是一种"让……显现"，即"让……上前来进入作为边界（peras）轮廓（Umriss）的间隙之中"，而且就"聚拢"（Versammlung）在那里②。但是，我们仍能感到作为艺术几微的间隙与作为技术机制的间隙的某种区别。艺术型的间隙虽然也往往通过艺术"形象"或"构象"出现，但这种构象是纯缘构的，不能脱开整个语境或缘境的。在诗中特别是这样。技术型的间隙或格式塔构象则有了某种固定的形式。另外，艺术家的活动产生艺术作品，手工技术活动则产生用具。两者都

---

① 海德格尔：《丛林路》（*Holzwege*），第 50 页。
② 同上书，第 69 页。

是"被带上前来者"。"但艺术作品的被创造的存在与其他任何'被带上前来'的不同在于，这种存在［在被创造出来时］也被一同创造进了它的被创造状态之中。"① 因此，这种被创造的存在一旦被创造出来，就不再依靠创造它的艺术家。它凭借自身的几微而独自打开和维持着自己的真理状态。所以，海德格尔认为，在艺术作品中这被创造的存在以独特的或切合自身的方式（eigens）突现出来并被保持住，但由技术活动产生的用具就不具备这种突现出的独立存在。它的存在"消失在其有用性之中。一件用具越是用得称手，它就越不引人注目，就好像一把锤子那样；于是这件用具也就越是无例外地将自身保持于它的工具存在之中。"②

这种艺术作品与手工技术作品的不同在一定程度上对应于《存在与时间》中缘在的真正切身的生存形态与在世形态，特别是"用得称手的"（zuhanden）形态的区别；或原本时间与亚里士多德的时间观的区别。下面的讨论还将表明，**现代**技术就其结果而言，对应的是"现成的"（vorhanden）存在方式和庸俗时间观。不过，技术的本性可绝不是现成的。

"技术"（Technik，technology）这个词从希腊词源上看也是出自"technē"或"技艺几微"③，所以也是一种揭蔽和"带上前来"的缘构方式，而不仅仅是人类达到自己目的的制造手段和行为④，就如同语言不仅仅是一种交流手段一样。技术是存在论意义上的现象，从本质上比作为主体的人更有缘构性，也因此更有力、更

---

① 海德格尔：《丛林路》（*Holzwege*），第 51 页。
② 同上书，第 51—52 页。
③ 海德格尔：《演讲与论文集》（*Vortraege und Aufsaetze*），第 16 页。
④ 同上书，第 10 页。

深刻地参与塑成人的历史缘在境域。有历史眼光的思想家（比如黑格尔、马克思、法兰克福学派）都看到了这一点，但海德格尔则探测到了技术与技艺及艺术（诗）的内在关联。而且，这种探测不是牵强和偶然的，而是出自他缘构域型的基本思想方式。因此，他不但能更充分地看出技术带来的危险，而且对于如何化解技术的束缚也有独到的见地。

技术有手工技术和以动力机械为特征的现代技术之分①。人的历史缘在也因之而有前工业化的由手工技术（包括农耕）揭示的生存形态和现代工业化社会形态之分。正是现代技术造成了所谓"技术问题"，即技术与人的异化，以及技术对于人的控制。其实，任何技艺从来都超出了人的主体性，但只是到了现代技术，这种超出才被硬化、形式化和构架（Ge-stell）化了。正如前文中已经提到的，现代技术的本性就是"构架"或"构设"，它与引发争斗的间隙和格式塔构象有关。海德格尔之所以用这个有"框架""托架"含义的词，一方面是要显示它与"几微""间隙"（框架中总有间隙隔开的空间）这条思路的内在联系，另一方面是表明这种构架的强制性和事先规范性。所以，这种构架意味着：按着某种规格设置（stellen）架隔，并向这架隔中放置（stellen）某种预订的（bestellen）的现成存放物（Bestand）②。因此，这种框架的揭蔽方式是"引发－逼索"或"挑战"（Herausforderung）式的。这个词的通常意思是"向……挑战""挑起""引起"。它的前一半

---

① 海德格尔：《演讲与论文集》（*Vortraege und Aufsaetze*），第 17 页。

② 同上书，第 23 页。

"heraus"，意为"从……出来"，与技艺几微的"带上前来"（Her-vor-bringen）的前一半遥相呼应。它后一半"fordern"的意思是"要求""索取""挑战"。海德格尔仍然是在一种"居中"的意义上使用它。一方面，它是一种揭蔽方式和存在论意义上的构成方式，将存在者（能量、材料、动植物）从大地和自然的隐藏之中带"出来"、释放出来，并造就出它的存在者身份；另一方面，这种揭蔽不是艺术型的，也不是手艺（手工技术）型的，而是强索的或"按图索骥"式的。

康德"人为自然立法"的说法就是这种技术揭蔽方式的鲜明哲学表达。人为自然"设立"法度或先天框架，就说明这种"法"与自然的关系不是缘构域型的或相互缘发的，而是掺进了某种硬性的形式（直观形式、知性范畴、先验统觉），具有"你（自然）必须依从这些形式而被给予我"的含义。但是，另一方面，这并非简单的唯我论，因为这类形式不是可以随意设立的，也不能仅仅根据形式逻辑的先天推理样式确立；而是必须与经验直观相耦合，以取得这立法的资格。也就是说，对这种立法本身的合法性的追究必然表现为追究这些先天形式**如何能**取得切合自身的经验直观的问题；或者，如果将直观的形式也看做一种先天形式的话，这些形式之间如何能相互契合的问题，即所谓"演绎"的问题。然而，正是通过"演绎"，这些先天形式找到了它们的缘构根子，即由先验的想象力构成的几象，相应于海德格尔在讨论艺术与技术问题时讲的"技艺几微"。所以，技术构架的"为自然立法"确有"逼索"之意，但它之所以**能**逼出它索要者，却是因为它的根子在几微之中，在缘在的域构成之中。在这个意义上，现代技术的本性——构架化——本身并非技术性的，而是缘构成的、引发争斗的和揭示性的^①。因此，现代技术的构架化不应被理解为像书架那样的死板框架，而是一个正在构造着的调控和保持机制。比如，它体现为将自然中隐藏的能（煤、石油、铀）开发出来、转型加工、储存、传送以及各种不断翻新的转换。这都是揭蔽的具体方式。这种构架化既不会停止，也不会失效。它总能在多层反馈互锁的路径或间隙中不断地解决新问题，调控和维持住自身，通过前一步的设置就为下一步的动作设置了前提。因此，在它里面处处是无例外的和安全的^②。它是一个建立在揭蔽基础上的自构、自控和自身复制的系统。它的产品因而是规格化的、现成的、可存放的，与艺术作品和手工艺制品都不同。对于现代技术，能量也可被现成化或储存起来，而一架风车利用自然、揭示自然的方式却是境域式的和当前化的。

　　这种技术系统的构架化本性在现代物理学中得到了最精密的智力体现。它的方法论特点可上溯到古老的数学^③，而其思想根源甚至可以在古希腊的通过"当前化"和"在场"来揭示实在的哲学中找到，因为这种在场揭蔽或"带上前来"有一种沉沦为现成的在场者的倾向，并因而发生存在与存在者的二元分离。这种二元性贯穿了从巴曼尼德斯开始，经过柏拉图、康德到尼采的整个西方哲学^④。技术构架与缘构境域的分离就是这种存在者与存在的分离、概念对象与语言言说本身的分离的历史体现。因此，这技

---

①　海德格尔：《演讲与论文集》（*Vortraege und Aufsaetze*），第 24 页。

②　同上书，第 20、24 页。

③　同上书，第 25 页。

④　海德格尔：《什么叫做思想？》（*Was Heisst Denken?*），第 174 页。

术系统具有极为深厚的构造活力和自维持、自断定的功能。这也正是其危险所在，或对人的威胁所在。处在它里边，你找不到它的边界和局限，似乎天底下没有它不能计划、计算和解决的问题。"人工智能"集中地体现了这种魔力。今天不能解决，将来一定能解决。它永远现实，永远合理，逻辑和概念真理也永远站在它的一边。环境保护主义、文化保护主义的主张也似乎只能通过使用更聪明的技术来实现。所以，这技术世界就活动在一个普遍化、无限化了也平板化了的（庸俗）时间形态中，从根子上就排斥别的（可能是更微妙的）揭蔽方式。一个被现代技术构架塑成的人是有效率的，在他的专业领域中可能还具有创造性。但是，语言对他成了交流的工具，爱情、艺术、诗、冒险成了放松神经、满足欲望、点缀生活和寻求刺激的玩意儿，最重要、最根本、最真实的只是去完成这个巨大高效的技术构架所交待的任务。一句话，这个技术构架将一切都平板化、现成化，只是除了它自身。

这样，人的缘在就受到了限制和扭曲。当他只通过构架来揭蔽，来让存在者显现时，他在根本处却遮蔽了自己的本性，因为这本性是纯缘构的，再活跃的构架揭蔽活动对它而言也是比较呆板的，更不用说只作为这种构架活动的现成产品的生活形态了。因此，在现代工业化、商业化和信息化了的社会中，在极其活跃、创新、自由和有能力的外表下，我们看到的是缺少灵性的和构架化了的人。这种生存形态与《存在与时间》分析的那种沉沦于世的、与"人们"同在的缘在形态都是"不真正切身的"，但是它更加平板化和计量化。而且，对缘在的侵犯必然是对于这个与缘在共缘起的世界的侵犯，以及对于作为原在（physis）的自然的威胁。

这种威胁巨大而深重，而且，按照海德格尔的理解，它是西方乃至全人类的历史命运。

就在这似乎无望的地方，海德格尔引用了荷尔德林的一句话：

但是何处有危险，

何处也就生成着拯救。[①]

技术化世界的最大危险并非来自技术本身，比如制造原子弹的技术、会污染环境的技术，而在于技术的构架化本性。然而，这本性却是与人的缘在本性内在相通的，就相当于《存在与时间》中所讲的不切身的缘在生存形态与真正切身的形态内在相通一样。人的基本生存状态，即不具备现成的本质、而只能在缘构中得到自身的缘发状态就是"危险的"，而这两种危险却正是意义境域的来源。所以，海德格尔认为："在技术的本性中根植着和成长着拯救。"[②] 技术与艺术都是揭蔽的几微，返归这几微的技艺本性就是拯救之所在[③]。更具体地讲，就是将技术的本性（Wesen）不再理解为柏拉图意义上的永远持续不变（Fortwaehrende）的那样一种持存（Waehrende），比如理式（eidos）；而是理解为一种"允许（持存）"或"让（持存）"（Gewaehrende）[④]。从词的前缀上看，并结合前面关于技术本性的讨论，我们可知，从柏拉图的"持续不变"

[①]　海德格尔：《演讲与论文集》（*Vortraege und Aufsaetze*），第 32 页。

[②]　同上书，第 33 页。

[③]　同上书，第 38—39 页。

[④]　同上书，第 34—35 页。

（Fort-waehrende）到海德格尔讲的"允让"（Ge-waehrende）是一种对待持存者的基本态度的转变，即从"索要""挑战""立法"的**技术**理性的态度转变为"允让"、"任凭"（Gelassenheit）[①]、"让渡"的**技艺**理性的态度；或从形式规范的刚性态度转为引发自身的柔性态度。究其实，这种"引发自身"也就是《存在与时间》中讲的"现象学"的含义："让那自身显现者以自身显现的方式来从自己本身被看到。"[②] 它的最直接的表达就在"自身的缘构发生"（Ereignis）之中。在《同一的原理》中，海德格尔不仅像他在别处所做的那样将两者结合起来阐释，而且涉及中国的"道"。不过，关于这一点，留待最后一章再讨论。

二、海德格尔的思想方式

促成海德格尔的思想方式的最重要动因就是他对于终极问题独特性的敏感，可称之为"终极敏感"。许多著名的西方哲学家，在批评他人的哲学时往往表现出这种敏感，一旦去建构自己的思想时，就像中了魔法一样地丧失了它。有些思想家认识到终极问题不可能以任何一种现成方式得到解决，但却找不到非现成的合理解决方式，于是成为相对主义者或神秘主义者。神秘主义者根本拒绝用语言来讨论和回答终极问题，而试图通过单纯的直观来直接体验最终实在。但是，这样做就等于将终极实在变为某种直

---

① 参见海德格尔《任其自行》（*Gelassenheit*）（Pfullingen: G. Neske, 1959）。

② 海德格尔：《存在与时间》（*Sein und Zeit*），第 34 页。

观方法或修行方法的对象，反倒失去了它的终极性。此外，还有的人将最终实在视为由某种力量创造出来的，这实际上等于在思想领域中取消了这个问题。

海德格尔思想的特点就在于紧紧吃住了这种终极性，挡开了以各种形式出现的偏离，将这终极性按其自身的本性贯彻到底，并由此得到它在思想和语言中的发乎自身的展示和盛放。与相对主义者和神秘主义者一样，他知道任何现成者（"存在者"）解答不了终极（"存在本身"）的问题，但更深切的终极敏感使他明白，那两者的解决方法也未跳出现成者的轮回圈。

胡塞尔的现象学为海德格尔提示了一种看待终极问题的非现成化的思路。胡塞尔对自然主义立场的批判和他对于哲学的"严格的"和"无前提"的要求为现象学研究造成了一种终极情境，即不再诉诸任何理论框架和成说，而非达到事情本身不可的思想冲动。因此，胡塞尔对最初起点的追求方式超出了笛卡尔的反思型的方法，在某个限度内即还有心理意识意味的"意向性"的构架内达到了一种构成的思路。它不再将被给予者视为现成的，而是视为由接收者的接收行为本身或经历者的经历行为本身所构成的。海德格尔则看出，一旦用这个思路去理解和处理终极问题，比如存在问题，这构成性就一定会咬破意向性的茧壳，飞入主客还未分离的存在论境域（实际性、缘在的在世）之中。所以，他倒并不以很突出的方式来使用"构成"（Konstitution, konstituieren）这个有康德和胡塞尔色彩的词，而是用"实际的生活体验""生存""投射""争斗""揭蔽""开启""带上前来""缘构发生"等等来表示这种构成的根本性和境域性。本书采用了"缘构成"这个词来刻画它。用"缘"，一方面与"缘在"（Da-sein）的翻译和与之相连的一系列考虑有关，另一方面则要显示这构成不是创造，也不只是依凭构架的制造，而是一种最"粘黏"的自身构成。它的丰富含义在上面已有所表现，下文还会一再地得到展示。之所以保留"构成"这个词，除了它在哲学史中承上启下的作用外，还由于它在中文里的含义非常鲜明，恰与"现成"（Vorhandenheit）的方式相对。所以，我们可以说，海德格尔的思想方式首先是一种针对终极问题的**缘构成的**思想方式。

"构成的"首先意味着不是现成的，不是已经摆在那里由谁来支配的，而是通过某个发生过程被产生出来的。对于人这种有限的存在者，构成型的思想方式在一个关键意义上是不可避免的，即当他面临由终极问题，不管是哲学的、宗教的、道德的还是科学的，所引发的终极情境时，任何现成者都不足以依据了。当人处于某个构架之中和由此构架造成的非终极情境时，在大多数情况下，给出某种现成者就足以回答关于"什么"的问题，因为这个构架已经顶替掉了最终的"如何可能"一类的问题。我们已经假定了怎样的一种回答就算是充分明白的了。对于这一点，属于这个（文化、民族、语言、社团）构架的圈内人有一种行帮式的心领神会和不约而同的能力，尽管小孩子的刨根问底和一些极端情况（比如悖论）的出现有时也弄得圈内的人们身逢绝地，无言以对。然而，一旦进行哲学探讨，我们就从根子上处在了某种终极情境中。在这里，"存在"就不再是一个能依据某个构架而具有意义的谓词，它反倒正是被追问其意义的问题，这时，说"某某存在"就已是无意义的句子，而只给出现成的存在者也就不再说明任何问题了，因为每个现成者都在被要求给出它如何能存在的理由。整个形而上学的发展就是这样一种历史，人们在其中用不断精练的关于"什么"的论证和方法来处理性质完全不同的终极问题。依据"逻辑"构架所给出的理由，实际上仍是以隐藏的方式所给出的预定好了的现成者。康德看出这种"迷梦"一样的局面的无希望，换之以"如何可能"的问题，导致了西方哲学中的一大变革。在他之后，谈"方法""系统""模式"者层出，都试图用关于"怎么"的问题来替换关于"什么"的问题。概念辩证法、实证方法、操作模式、行为模式、功能模式、控制系统、符号系统、历史文化系统、语言分析方法、结构主义方法、解构主义方法等等，花样不断翻新。

但是，这类方法和模式究其极仍是精致化、构架化了的某种"什么"，因为它本身并不能被切身地、无条件地理解，因而也面临一个"如何可能被领会"的问题。康德本人讲的那样一个认知模式，即直觉形式（通过几象）与范畴的通力合作，如果不考虑在《纯粹理性批判》第一版的"演绎"中包含的构成见地，不论被冠以多少"先天"的形容词，最终仍被证明是一种可错的构架。康德之后的哲学则可被视为一种动态型的构架化思潮，相应于"现代技术"的历史形态。这种构架中的对象不再是一般的现成者，而是通过构架的引逼方式而被产生出来、揭示出来的存在者。但是，这构架本身的根子却不在它自身之中。

胡塞尔的现象学是这样一种思想追求，它立志要打破这种不通透的局面，去达到"什么"**本身**的"怎么"。但我们也已看到，在它那里，"什么"与"怎么"并没有充分地相互化解，仍有一些什么，比如"意向行为对象化的必然性"和"先验的主体性"在意向行为的构成之外。因此，这种夹生的什么和怎么都不足以回答终极问题，这样的构成也还不是存在论意义上的构成。

那么，怎样才算是存在论意义上的构成呢？或者，在什么意义上海德格尔讲的缘在的"去在"或者缘在的生存诸方式是不同于以上讲"怎么"的存在论构成呢？回答只能是：只有当一个构成对于人来讲是切身地、无条件地可理解时，它才是终极意义上的构成。任何现成存在者和一个构架都不具备这种可理解性。只有那使得我们成为（"去是"）我们本身的那样一种构成或生存方式才是切身地、无条件地可理解的，因为正是这种构成给出了（Es gibt）理解的内在可能和尺度。而这在海德格尔看来只能是人的实际生活体验或缘在之缘，它处于所有的现成物及其关系之先。可见，一个构成思路只有突破了主体观，达到了对于构成的参与者本身的构成观，即认此参与者本身及其领会也被这构成所构成时，才具有存在论的深度，而这正是海德格尔的"缘-在"的基本思路。

令传统的西方唯理主义者感到困惑的是，如果切身的无条件的可理解状态就与人的日常实际生存不可分，那么这种由习俗、母语、偶然机缘造成的有限状态怎么反倒是终极情境所要求的呢？这样处理的终极问题还有普遍性和必然性吗？回答应该是这样的：这样一种有限状态并非能用与普遍性相对的"特殊"或与理性相对的"感性"来刻画。它乃是一种自身的缘发生的过程和生存方式，与它在其中的"世界"难分彼此地息息相通。它不是与本质相对的现象，而就是"现-象"（显现）着的、发生着的本性。换句话说，如果人的有限性被彻底化到了自身也被它参与的构成境域所构成的话，这有限性就不再是受限于客体世界的主体有限性；它也就绝非经验论所能说明、唯理论所能超越的了。人的日常生存形态，或与风俗、文化、语言、历史相牵连而生者，并不就是经验材料的集合，亦非这些材料与先天构架的相配合，而是一种本缘的发生和自维持的几微，为一切意义和理解的源头。**缘就是源，真正的缘也就是真源**。所以，海德格尔关于缘在的生存方式的学说不是一种哲学人类学，与任何一种以文化现象和语言现象为阐释对象的学问都不同，因为它具有一种处理终极问题所需要的终极视野。

　　也正是由于涉及缘在的构成是如此根本，这构成的根基处不会还有任何"颗粒"，比如"原子""质料""大我"的存在余地，也不会有现成的边界，而总是抛投和引发出了一个**境域**，一个超出了任何现成支点的**视域**。自身的构成永远是相互的构成与张开，只能表现为域状的。无论多么系统化和复合化了的构架，它之中的构成还是按照一种隐约呈现的线性框架和边界条件进行的。缘在的自身构成、它的领悟力的获得，却从根子上是缘域化的了。它从头就不能不与一个世界相缘生，总发现自己被抛投在了一个具体的、已有某种意义的境况之中，无声无息地、无辙无迹地从中滋养出了自身的缘分和悟性。康德的"演绎"曾隐约呈现过由先验想象力构成的几象时域，胡塞尔的意向性构成则从根本上需要一个边缘域；但是，只有到了海德格尔的缘在的自身构成的学说中，域（Da，Horizont，Bereich，Gegend，Often，等等）本身而非被构成者（比如胡塞尔的"意向对象"）才不仅仅是一个含糊的、

"盲目的"过渡带,而就是构成着的中心本源,并由缘发几微维持着不散败。读海德格尔的书,就如同鸟翔空中、鱼游江海,时刻感到缘发境域的托浮和摆荡。他的写作风格——广构词丛、触类旁通、回旋影射——也正是他缘构域的思想方式的体现,并为其推波助澜。而且,读者在习惯之后会感到,这种表达方式对于领会他的思想意境的最微妙处简直就是必不可少的,而一般的线性表达在这里则是鞭长莫及、言不尽意。我们可以说,海德格尔思想方式的另一个突出特点就是它的**境域性**。而且,这种境域从来都是饱含原初意义和领会可能性的**意境**。

这是一个非常重要的特征。它表明,在海德格尔这里,实体的消去并未导致终极视野的丧失;构成本身已经终极化、生存化、在场化和意境化了。各种形态的缘发境域取代概念、概念系统、建构形式而成为揭示存在意义和时代命运的基本视域。其他的反实体主义的哲学家们,比如皮尔士、杜威、萨特、德里达等等,就从未达到过这种境域或境界。

这种缘构境域型的思想方式给哲学或一切思想的终极追求带来了极深刻的转变。传统的二分法在这里都失效;它们并非被一元化了,而是这区分本身的构架根据消融于自身缘构成的终极境域中了。所以,海德格尔的思想既非唯心论,亦非实在论;既非先验论,亦非经验论;既非概念构成论,亦非引不出境域的解构论。如果定要加上一个"论"字的话,只能将其说成是**缘构成的终极境域论**。

通过构成境域来探究哲学问题就意味着,在最关键处不能依据概念的定义、逻辑推论和辩证发展,而只能靠揭示出越来越切身的本源意境来显示终极实在的含义。这样，"哲学"或纯思想与海德格尔讲的那种"艺术"和"诗"的活动就贯通了起来。但是，与一般的文学、艺术活动不同，纯思想需要开启的是有助于理解终极问题的终极情境和意境，所以要求更纯粹微妙的思想艺术能力。至于"后……主义"好用的各种"进入上下文"的手法，比如讲故事、造谜语、玩拼字游戏等等，如果构不成终极境域，也就只是一些花架子而已。

缘构境域具有比一切理论和概念语言都更深切的终极问题穿透力。这个事实意味着：一方面，这种境域（比如语言境域）与我们的生存密不可分；另一方面，它具有超乎我们的控制的原本构成能力。进行纯思想活动者无法去解剖、离析和操纵这种境域，而只能尽力让它越来越充分地自行舒卷开合。既不只是我，也不只是对象，而是那使我与对象的关联可能的缘境本身的开口说话和现身才是揭示终极问题的终极情境。因此，这境域本身虽然从根本上无构架形式可循，却不只是一个只提供显现可能的中性空间。也就是说，这境域具有自身的含义。当然，这含义绝非关于被构成者的信息，而是这缘境本身发出的"声音"和"光亮"。由于人就由这缘境构成，这声音和光亮对我们来讲有着最切身的可理解性和感召力。海德格尔讲的良知的呼唤、缘（Da）本身的光亮、解释学处境本身带有的消息、诗投射出的真理光明、自身的缘发生（Ereignis）的环舞光辉等等，就都是这境域本身所激发出的。

第二部分

印度与中国古代思想

第9章　西方传统哲学与古代印度思想

一、探讨终极问题的三条思想道路

人从根本上讲来生存于终极情境中，因此，有人类之处就有各种各样通达终极境界的方式。但是，以纯思想的方式通达这种境界却是不多见的。在迄今为止的人类历史上，尽管出现过众多的、往往是灿烂的古代文明形态，这种通达却似乎只在三大文化中才具有了深远的意义。它们是：印度文化、中国文化和西方文化。在印度文化中，这种纯思想的探索出现得最早，不晚于西元前9世纪。以古希腊哲学为源头的西方的探索则激发了"科学"的研究方式，因而与目前的人类社会有着最直接的关系。中国的纯思想探索的大潮出现于春秋战国时代，以非拼音文字形态连续不断地延伸至今。

人们往往用"哲学"这个词来表示这种纯思想的终极探索。严格说来，这是不确切的，而且往往是误导的。"哲学"（philosophia，philosophy）是一个古希腊词，原义为"爱智慧"。但在西方思想的长期发展中，已经与概念理性和形而上学的探索方式结下了不解之缘。因而现代的一些超出了概念思维方式的西方哲学家，比如海德格尔、维特根斯坦等，已不认为这个词可以充分刻画西方纯思想的探求，并因而说到"哲学的终结"。用这样一个词来涵盖全人类范围内的纯思想探索就更不合适了。它往往代表一种有意无意的西方文化中心论，并具有这样一种倾向，即视西方的概念或观念哲学为一切纯思想探讨的楷模。当然，在目前的状况下，没有人能完全对抗这个词的广义使用或滥用，就如同没有人能阻挡西方的科技和商品名称的如潮而来一样。[①]能做的只是一种提醒，即提醒人们在使用"印度哲学""中国哲学""日本哲学"这些词组时，务必注意到"哲学"这个词特定的文化和思想含义。东方的纯思想远不能被那种含义所穷尽。

古印度和古中国思想的根本识度（insight, Einsicht），都超出了西方概念和观念哲学所能及的范围。而且，这种识度本身也不是反理性意义上的神秘主义。认为任何超出了西方的概念和逻辑思维方式的精神活动都是神秘主义、都可以被理性的终极关怀忽视的看法是一种极有害的偏见。不幸而且奇怪的是，这种偏见在使用中文的学界人士中似乎仍有极大的市场，以至现行讲"中国哲学"或"中国哲学史"一类书籍中的内容往往都是用西方概念构架切割中国思想的产物。而且，人们还似乎普遍认为，中国古代合乎理性的纯思想只此而已，其余者就只有宗教的、社会的、

---

① 考虑到西方话语在当前和可见未来的霸权地位，比较好的或比较现实的应对策略应该是：实质性地扩大"哲学""科学"这类词的适用范围，让它们在基本的方法和学理层面上也包括非西方的传统，比如中国的、印度的、阿拉伯的、非洲的、印第安人的、大洋洲原住民的等等。如果完全拒绝将它们用到我们的民族学理上，几乎无异于在现实体制中的自杀。而这也正是那些恶意地拒绝"中国哲学的合法性"或"中医的科学性"的人们所追求的。

历史的和文化的含义了。"呜呼！曾谓泰山，不如林放乎？"①再没有什么东西能比这种中国哲学观更不利于理解我们古人的真智慧了。

　　然而，在今天，我们已无法脱离开西方哲学以及由它激发出的纯思想来闭门理会自己的国粹了。我们所处的是一个与西方哲学、科学大有渊源关系的现代技术的时代。这就是我们的"缘在"，一种东西、中西遭遇而造成的缘在。不达到这一交汇之处，就无缘进入理解的豁亮境界。秦汉之后，中学也曾卷入一种跨文化的缘分。那时从"西方"（印度、波斯、罗马……）来的思潮特别是印度佛学逐渐成了一个不可避免的对话者，与之绝缘就意味着达不到纯思想探索的前沿。但那是一个柔缓、和平、悠长的对话和互渗交融的过程，就如同山野中回荡着的佛寺、道观的钟声一样。近现代的西方文化的来临却是气势汹汹、不可一世的，伴随着枪炮血泪和某些民族文化的灭绝。由工业革命武装起来的西方，像一架巨大的技术和意识形态机器横行而来，向全世界平推过去，顺我者昌，逆我者亡。在 19 世纪末和 20 世纪初，西方哲学以征服者的姿态，通过由它训练出的中国知识分子，按照它的现成方法和系统化门类来宰治中学，告诉到那时为止还只读"诗云子曰"、佛禅老庄的人们什么是哲学，什么是理性和科学，什么东西属于中国的哲学思想。而且，这种征服还要经他人之手。先行一步的日本人翻译西方哲学的大量词汇被借用，先入为主，至今仍占据着翻译界和哲学界的主流。这种文化和思想上的不平等、

---

　　① 《论语·八佾》。

不合宜比"不平等条约"要更持久、更微妙，也更令人无可逃避。

要从这种状态下解脱出来，有许多事情需要做。首先，是更彻底地了解西方思想的来龙去脉，特别是深入理解现代西方思想中所发生的重要转变，即一种不满意和要超出传统的概念理性哲学的大趋向。尤其是要注意那些已经在某种程度上具备了与中学进行有机对话素质的思想。如果这种思想有反省整个西方哲学史的能力，则更为上品。西方哲学的这种转向表明，在当今时代中，西方传统的概念哲学的根本缺陷已越来越尖锐地暴露出来。充分地汲取这种转变的含义就是中国思想求得新生的一个契机。其次，应反省历史上的中西（比如中国与印度）的交汇经验。这样不仅可以促进对于自己文化特性的理解，也可以大致看出什么样的对话伙伴和什么样的对话方式有希望促成一个有发生力的对话情境。要知道，在世界三大思想中，只有位于东亚的中国文化圈才遇到其他**两者**的正面挑战和激发，处于"天下之交"①的低汇之处。为此就不得不从头了解清楚此"天下三分"的大势态和三者之间的关系。非如此就找不到我们中国思想的真实位置、身份和机缘；就不知到底是"天之将丧斯文也"，还是"天之未丧斯文也"②。本书以上的绝大部分讨论所涉及的是西方哲学在海德格尔这里发生的转变，以下将致力于说明人类有史以来关于终极问题的三大思想探索的各自特点及其关系，以期为进一步的讨论打下基础。

---

① 《老子》第六十一章。
② 《论语·子罕》。

二、西方哲学的"形式"理念与
"概念"构架方法

西方、印度和中国的根本理性探索有一个共同之处，即三者都是通过人的思想领会来解答终极问题。但三者达到这种领会的方式各自有别，由此造成了风格迥异的三条道路。西方哲学是这三条道路中最具思想的**形式**特点者。

西方哲学始于古希腊人对于他们所关心的一系列终极问题的探讨。这些问题包括：世界的原质、是（存在）之所以是（存在）的根据、如何获得真理、什么是美德的本质、人生的幸福何在、理想的国家是什么样子，等等。然而，这种思辨探讨所受到的最深刻的方法上的影响却是来自数学。

古巴比伦人和古埃及人，已经积累了计算数量和面积的知识，但只限于实用的范围。到了古希腊人手里，按照西方人写的数学史的说法，这些知识有了一个重要的变化，即脱开了它们曾经赖以出现的经验环境和内容。比如，三角形和圆柱体不再只代表土地的平面形状和谷仓的形体，而是关于形状和形体的形式。希腊人看到，通过这种分离，人并没有丢掉任何本质的和有理性含义的东西，反而能够面对"三角形自身""长方形自身"，而非某种三角形或某种长方形。由于这种形式的发现，在经验层面上被遮蔽的众多微妙的几何和数字关系能够被更清晰地揭示出来。这也就是说，他们现在所从事和获得的是一种更高层次上的也更真实的知识，即关于"形式"或"自身"的、具有内在和谐关系的知识。他们不只是知道怎么去做（比如测量），而且越来越真切地理解了、明白了能进行这种测量的形式缘由。希腊的数学家和哲学家们，比如毕达哥拉斯、柏拉图，一定有这样的感受，即数学不是一般的技巧，而是为他们开启一个更真实、更可理喻的世界的钥匙。无怪乎柏拉图在他的学院门口悬挂一字牌，禁止不懂几何学的学生入内。"形式"或"形状自身"不仅是不变的、永恒的，而且在可推演和相互牵连的意义上具有内在的生命与和谐。数学对于他们绝不仅仅意味着一种更普适的理性手段而已。

因此，毫不奇怪，古希腊哲学家在数学知识那里看到了理性的终极含义。这不仅体现在毕达哥拉斯认"数"为万物的本原的比较狭隘的看法里，而且，更重要的，体现在了许多重要哲学家处理终极问题的方法识度中。巴曼尼德斯认为终极实在只是"存在"或"一"，柏拉图认现象的不变自身为"理式"，亚里士多德关于"形式"和质料的学说，就都是这方面的著名例子。这里的最关键处并非如一般哲学教科书上讲的，在于通过这些抽象，哲学家们可以从特殊达到普遍，或从变易的现象界上升到永恒的本质世界，而是在于纯数学的出现激发了这样一种信心，即通过"形式"，人才可以达到事物本身、存在本身，才能进入到一个可被理性切身理解的敞亮世界之中去。没有这种存在论意义上的开启力和演绎力，抽象化、形式化和体系化就只是叠床架屋之举而已。这种有改天换地之能的"形式"就是海德格尔所说的"技艺"（technē），或更严格地说，是由技艺衍生的传统西方的"格式塔形状"和"缝隙结构"（Gefuege）。所以，用后来西方哲学中流行的"概念"（Begriff，concept）、"范畴"来表示这种有发生力的形式就有丧失其中所包含的存在论识度的危险。黑格尔曾力图通过他的"辩证法"来恢复"概念"的丰富含义，但并不真正成功。

这种通过"形式"以及它的"概念"替身来处理终极问题或理解存在本身的做法最深切地塑造了整个传统西方哲学。而且，几乎从一开头，即自柏拉图和亚里士多德开始，这形式在哲学中就没有具备它在其母胎——数学——中的那种纯构成的形态。在柏拉图的并不协调一致的对话集中，以及亚里士多德的论著中，确实能看到这两位"巨人"自己与自己乃至相互之间的思想争战。我们能真切地感到数学的"形式"和古典意义上的形式化方法（定义、推衍的逻辑）对于他们特别是柏拉图的源泉性的推动力，但又可以清楚地看到他们在哲学中提出的对应者（"理式""形式""范畴""定义"……）在追究终极问题时总是达不到"形式"在数学中的那种真纯地步。他们本身思想的不一致、多头绪和鱼龙混杂现象正是出于这种深刻的思想动机和牵强的方法移植之间的错综关系。其关键就在于，在某个学科中适当的和极为成功的方法，在处理终极问题时却往往会失掉其构成力，蜕化为一种对于现成者的建构方式。在数学中龙吟虎啸般的"形式"，在哲学中却成了呆板不育的"概念"和"范畴"。当然，柏拉图和亚里士多德思想中的不平静和多次反省，还是显示出了这两位大哲学家对于思想原发形态的敏感。然而，到了后人手中，"形式"就常常被彻底地概念化和平板抽象化了。

"概念"和"观念"在西方传统哲学里是一种思想的对象或抽象的现成物，人依据它来把握和表象事物的本质或"（是）什么"。它可以是客观的（柏拉图），也可以是主体性的（笛卡尔）或感觉化的（洛克）。它本身不再具有数学中的形式几微所具备的那种引发演绎力和康德所说的"先天综合"能力；它与经验对象的区别只是一般与个别、一与多、存在与变易的区别，而非构成态与现成态的区别。说"桌子本身"是一切具体桌子的理式，或"美本身"是使一切美的事物可能的美的理式，与说"2 本身"是一切成双者的双性所在，只是表面上的语法相似而已。它们之间有着根本的"（逻辑）语法"上的区别。维特根斯坦对这类问题在他的前后期都有过比较中肯的分析。传统的西方哲学家不知此南橘北枳的道理，总认为哲学概念的呆板可以通过某种方法加以克服。柏拉图设想的"辩证法"，被假定为一种"不借助任何感性对象，理性（逻各斯）发自理式，经过理式，最终归结为理式"[①]的概念自身的运作，就如同数学的形式概念所卷入的那种演绎一样。而且，他希望这种理式的辩证运作可以超出或摧毁理式的假设前提，达到终极的"第一原理"，而数学倒是达不到这么彻底的自身构成化的。[②]遗憾的是这种"理想国"尽管颇有来头，却从"原理"上就行不通，因为"概念"总是关于一个"什么"的抽象表象，因而永远是有前提的和沉滞的，不管你让它"上升"到什么地步，叫它"第一原理""最高的理式"，还是"理式的理式（不动的推动者）"，都无济于事。

数学形式的"先天综合"的构成能力，按康德《纯粹理性批判》第一版"演绎部分"的见地，并非来自知性概念，更不用说

---

① 柏拉图：《国家篇》，511C。译自乔伊特（Jowett）的英译本。

② 同上书，511B，511B–D。

理性概念，而是源出于先验的想象力。"三角形"的形式既非概念，亦非经验论意义上的表象型图像，而只能是出自先验想象力的纯象或几象，并因而是构成性而非表象或实体性的。绝大部分西方哲学家对这个微妙的道理毫无知觉，就是康德也只能从欧几里得几何和亚里士多德关于判断的逻辑形式理论中去找出"直观形式"和"纯粹概念"。不过他毕竟正确地看出了这两者都只是规范的而非原构成的，因而需要一更本源的纯构成维度以使之可能。这一维度不能被概念、主体统觉超越，因为它才是一切综合（"使可能"）的来源。康德之后的德国唯理论者和后来的新康德主义者就不明白这个关键几微之所在。上承柏拉图、亚里士多德、笛卡尔、斯宾诺莎、莱布尼茨的传统，他们总希望在更高级的概念和概念主体性的层次上找到先天综合的本源。黑格尔则力图用后康德的近代形式复活和实现柏拉图的"辩证法"的理想，尽管获得了一个"精神现象学"式的开头，但最终也不过是水中捞月而已。

至于西方传统哲学中与唯理论相对的经验论的诸流派，在根本思想方法上也属于广义的概念和观念哲学。有这种倾向的哲学家不满意于柏拉图式的唯理论的牵强之处，但又顺从那割裂普遍与特殊、形式与内容、主体与客体、本质与现象的概念大框架，只是强调这些对子中的另一方而已。亚里士多德思想中的某一部分就是这种倾向在古代的表达，与柏拉图形成一个对子。中世纪有唯名论，近代则有经验论和实证论。正因为如此，这种经验主义理论本身并没有真实的建树，他们讲的由经验给予的"观念""印象""感觉材料"只是表象化、心理化和个别化了的概念，也同样是无纯构成能力的思想现成物而已。简言之，一旦进入了形式－概念型的思想框架，无论你从形式上站在被这框架割裂出的双方的哪一边，也只是在既定大局之下的调整而已。当然，这种对立面的出现有提示整个概念建构方法的缺陷的作用。只有康德、胡塞尔、维特根斯坦等极少数敏锐的思想家能在某种程度上维持于两者之间的"居中之处"，以一种残缺的方式指向一个更本源的境域。

因此，可以这样讲，西方传统哲学中的"概念"，就其单个而言是一种抽象的思想现成物，就其形成了一个概念体系和概念发展体系（哲学史）而言，则是概念的构架。由于概念及其构架的抽象切分和排列的本性，整个传统西方哲学以普遍与特殊、现象与本质、主体与客体、语言与对象的分裂为基本的理论前提，以探究这二元双方之间的某种关系为目的。而且，按照某种概念原则和建构方式，这类哲学总是包含一个从下到上的等级层次。再者，按照其概念对象的不同，西方哲学又具有分门别类（本体论、认识论、价值论……）的"科学"外貌。应该说，这种概念构架确实泄露出纯思想的构成冲动，打开了一个与神学和经验科学都不同的思想境界；只是，这种泄露往往是以一种歪曲的、呆板的、不称手的和无真切的生存含义的方式进行着的。

这种形而上学的探索似乎还有一个"历史意义"，即人的原发思想冲动在这种概念构架中找到了一种模糊的介质，从而被"储蓄"了起来，就像电流脉冲被储存在低效的蓄电池的介质之中。这种势能在适当的环境中的释放也许有助于一些科学学科（比如：天文、地理、物理、生物）的形成，尽管往往是以"迂腐老者"也就是"自然哲学"的方式起作用的。在激发了各种各样的想象力、

"孕育了"有真正的经验构成力的近代科学之后，这些絮絮叨叨的老祖宗就被忘恩负义的和绝对自信的年轻科学扔进了故纸堆。而那些反过头来想在哲学中引进"科学方法"，重新赶上时髦的企图也注定不会成功，因为如上所说，概念化的哲学从根子上就是笨拙、自闭和不入意境的，做不出真正有趣的思想游戏。

因此，在现代西方哲学的分析流派中，出现了这样一种比较激进的看法，即认为传统形而上学的概念和方法毫无意义可言；哲学的所有合理因素都只在科学之中，哲学所能做的唯一有意义的工作只是澄清科学这个真正精巧的理论构架的逻辑语法或运作方式。其实，在科学家或任何进行科学思考的人看来，这种语法分析也只是纸上谈兵而已。它的真正功用似乎只在于防止或消解形而上学。换句话说，整个思想局面又回到了两千五百多年前哲学还未形成时的状况；只不过现在要做的不是挟演绎科学之勇去召唤哲学的出现，而是去抑制任何超出科学的形而上学冲动。这对整个西方传统哲学是莫大的讽刺和否定，如果我们不认为"（哲学）历史"本身就是有意义的话。而且，这种硬性的、快刀斩乱麻式的反形而上学态度所否定掉的要更多。它实际上是要求人类放弃任何对于终极问题的思想探索，因为它所认可的一切科学活动都有理论前提和实验界限，绝不可能是终极性的。事实上，不仅当代的分析运动持这种看法，绝大多数从欧陆哲学中发展出来的"后现代"流派也都失去了从思想上探求终极问题的视野，只是去开发更多样的文本解释方式，以求不被形而上学的理论框架束缚住。

三、古印度正宗思想——直觉体验的直陈表述

1.《创生歌》和古印度思想的基本特点

与西方一样，印度的文字（梵文）也是拼音文字。近代人的研究还表明，这种文字与西方文字譬如德文之间有不少相似之处，说明它们有一个共同的源头。一些人曾注意到系词"是"以及由它联结成的主谓结构的语言现象与古希腊的"存在"问题的关联。亚里士多德也确有这方面的讨论。[①] 在梵文中也有系词现象以及这种现象与"存在"的词源关系。[②] 但"存在"在古印度思想中并非一个终极性的问题。印度人对于终极问题的特殊感受使他们不能满足于"存在"（sat）与"非存在"（asat）这样的表达。古老的《梨俱吠陀》中被后人称为《创生歌》或《无有歌》（Nasadiyasuk-ta）的作者这样吟唱道：

1. 那时既没有存在（有），也没有非存在（无）；

   既没有大气的空间，也没有超出它的天穹。

   什么被隐藏着？在何处？在谁的护持之下？

   在无底之水的深渊之中？

2. 那时既没有死，也没有不死。

---

① 参见亚里士多德《形而上学》第七卷第一章；《范畴篇》第五章，等等。

② 参见金克木:《试论梵语是的"有-存在"》，见金克木:《印度文化文集》，中国社会科学出版社 1983 年版，第 1—23 页。

也没有日夜的区分。

彼一（tad ekam）靠其自身无息地呼吸着。除此之外，

再无任何东西。

3. 在一开头，有混冥裹藏着的混冥；

这一切是一片无区别的汪洋。

生成被空虚包藏着，

彼一靠自身的热力而产生。

4. 在其中，欲望（创造的冲动）首先出现。

它是产生思想的原初酵母。

全心探索的智慧者发现

存在系于非存在。

5. 闪亮的光线（绳尺）穿过这混冥；

它在下？还是在上？

那里有发酵者（阳性之力），有巨力（阴性之力）；

（阴性）自持力在下，（阳性）冲动力在上。

6. 谁真正知晓？谁会在这里说出它？

它从何处生出？这创造发自何方？

众神生于此世界的创造之后；既然如此，

谁能知道，这世界出自何处？

7. 这世界从何处被创造出来？

他创造还是没有创造它？

在最高天堂中的监察者，

只有他知道，或者他也可能不知道。①

伟哉！这人类纯思想的最初歌唱！在古希腊哲学出现之前数百年甚或上千年，这歌声即已响在印度河畔。它的深刻微妙绝不亚于它的古老苍劲。谁说远古人只能有初级、幼稚的思想，要等待后人一步步推向高峰？作为生存于其缘发状态（"无底之水的深渊"）中的人，天生就会终极性地、不落现成地思想。那"混蒙初开"的思想恰恰纯真敏感得像那思想者的生命形态一样，在这里我们才呼吸到真正清新的思想空气，后来者却往往让这"思想的原初酵母"干枯硬化。海德格尔的探索则志在恢复或起码提示这原初思想的发生境界。那时思想和诗还没有分开，由它开启的纯思想的终极境界是一切终极性的思想探讨包括哲学探讨所不可避免的，绝不能只归之于狭义的与思想本身无关的"诗意"或"个人体验"。

　　这首思想之歌的最大特点就是不满足于任何一种思想中的现成者：存在与非存在、死与永生、创造者（神）与非创造。但这又不只是一种"怀疑精神"，因为它深切感受到了那非有非无、非死非不死的构成着的混冥：彼一。只是这"一"是那么终极原本，

---

　　① 《梨俱吠陀》，10.129。此翻译参考了三个英文本：（1）爱德格登（F. Edgerton）的《印度哲学的诸起源》(The Beginnings of Indian Philosophy)（London：G. Allen & Unwin, 1965），第73—74页。（2）麦克唐那（A. Macdonell）的译文，见《印度哲学资料》(A Source Book in Indian Philosophy)（ed. S. Radhakrishnan & C. A. Moore, Princeton University Press，1957），第23—24页。（3）穆依尔（J. Muir）的译文，见《印度哲学概况》(Outline of Indian Philosophy)（M. Hiriyanna, London：G. Allen & Unwin, 1967），第42页。并参考了姚卫群的中文译文，见姚卫群编著：《印度哲学》，北京大学出版社1993年版，第214—215页。

沸腾不安，无法受制于任何一种构架。由此，我们也可看出无底的、深渊似的"水"对于原初思想家的含义。它主要不是意味着物质性的"始基"和"实体"，如亚里士多德所理解的泰勒士的"水"："一切存在物都由它构成，最初都从其中产生，最后又都复归为它（实体常驻不变而只变换它的性状），在他们看来，那就是存在物的原素和始基。"（983b7—10）①它恰恰是这些思想者用来表示终极真实不可被概念规范的一种方式，并同时显示对混冥之域的直觉。老子对水的思想含义有更微妙的表述。持传统的"思想进步"论的人会反驳道：原初思想者不会有"反概念化"的思路，因为"概念化"还未出现呢。他们讲的只能是模糊的、猜测的思想萌芽而已。当然，古印度人不会知道多少世纪后的西方概念哲学，但这并不能否定这样一种可能，即他们所不满意的并有意识地摒弃的那种思想方式倒成了后来人进行哲学思考的基本路子。至于带有贬义的"思想萌芽"这一类的说法，却只是一种偏见而已。它只对按某种框架梳理过的逻辑化、等级化了的思想有效。原初的、终极性的思想一定是俱全的、自维持的和豁然贯通的，对框架化的思想方式——不管它以"神"还是"相对于非存在的存在"的面目出现——的非终极性有着特殊的敏感。

　　当然，我们不能说这首《创生歌》或古印度人讲的"存在"（sat）和"非存在"（asat）就是古希腊人讲的"存在"（to on，"是者"）和"非存在"（"不是者"），或中国人讲的"有"与"无"，因为每种语言都有它"用得称手"的构意方式；而且同一个词在不同的时代、作者和上下文中有不同的含义。但通读此歌的全文及《大林间》、《伊沙》、《由谁》等《奥义书》，可以明白地看出，

———————————

　　① 《古希腊罗马哲学》，第4页。

这些古印度的求智慧者所从事的确实是一种超出了概念思维构架的究极探索，而且是不同于宗教、神学和狭义的文学艺术的纯思想探索。

绝大多数写哲学史的西方人，将人类探求终极的纯思想等同于哲学，将哲学又等同于概念哲学。据此，他们否认东方有过真正意义上的纯思想。用蒂利的话来说就是："东方人的理论，印度人的、埃及人的和中国人的，主要是由神话的和伦理的学说组成，因而不是完全意义上的思想系统。其中充斥着诗和信仰。"[①] 这种由西方学者们编出的"神话"直到今天在西方文化圈中还是极有影响的。另一方面，我们也不能说西方哲学思想中没有出现过相当敏锐的终极探求者。比如，赫拉克利特讲的"一""活火""交斗""逻各斯"等等，结合起来看，并不输于《创生歌》的识度。巴曼尼德斯的"存在"论，虽然已在某种程度上受制于数学-概念思维的架构规范，但其中也颇有"彼一"的究极力度。苏格拉底经过反复辩难，探索终极原因和定义的努力，也确是思想者的本色。至于海德格尔对于"存在"的原初含义的追问，则更是挣脱了概念思维构架的纯思想的体现。"莫见乎隐，莫显乎微"，思想家阐幽发微的思想方法的精纯与否、功力高低，在对待终极问题的处理上必定会显现出来。

---

① F. 蒂利（F. Thilly）:《哲学史》(*A History of Philosophy*)（revised by L. Wood, New York: Henry Holt, 1955），第 3 页。

2. 瑜伽——印度思想的发慧几微

尽管古印度人与古希腊人一开始都有过相当原本的终极视野，但在其"定势"（定形）阶段，都受到了不同"技艺"或"几微"的决定性影响。上一节中已讨论了西方哲学的大构架如何被数学方法塑成，发展出了貌似科学、实则不合纯思想之用的概念-表象型的治学路子。那么，古印度思想受到过某种技艺的深切影响吗？答案是完全肯定的。这技艺就是瑜伽（Yoga）修炼的直观方法。20 世纪在印度旁遮普的哈拉帕（Harappa）和信德的摩亨约-达罗（Mohenjodaro）的发掘已表明，瑜伽术并非讲印欧语言的、拥有《吠陀》经典的雅利安人所创。在他们入侵和占据印度河流域之前许久（约西元前 2500 年），当地的达罗毗荼语文化中就有瑜伽的实践了。[①] 这个发现同时解释了这样一个事实，即在操印欧语言的诸文化中，只有亚洲的印度有瑜伽术。然而，问题是，为什么古雅利安人会选择瑜伽作为达到《吠陀》和《奥义书》智慧的道路呢？

从上面引述的《创生歌》可以看出，古雅利安人的终极追求已超出了任何概念名相的建构范围。它不可能再从数学这类"形式"科学中去获得最重要的帮助。这对于西方人来讲，几乎就意味着陷入了怀疑论，就如同古希腊智者或诡辩论者的主张那样。然而，这歌中又明白说出了在一切区分之前的"彼一"以及由彼一生出的冲动——那"产生思想的原初酵母"。那么，人如何才能脱开概

---

① 参见 M. 埃利爱德（M. Eliade）:《瑜伽：永生与自由》（*Yoga: Immortality and Freedom*）（Princeton University Press，1971），第 353—355 页。

念名相的束缚，达到这似乎是无可把捉、无从理解的彼一状态呢？如果没有一条可行的道路，这彼一境界就确有陷于狭义上的"诗和信仰"或"神秘主义"的危险。在这个关键之处，瑜伽修炼术为古雅利安人提供了一个旨在达到超名绝相的终极状态的技艺。

瑜伽是一种使人摆脱区别相的意识，从而达到纯粹、原本的意识（purusa）的修行术。它的核心部分是让人调整自己身体的姿势、呼吸，专注于某一点，从而屏弃杂念和小我；于是，关注着的意识与被关注的对象融为一体，进入三昧入定（samadhi）状态，并因此而体验到那超脱了感官和名相意识控制的、无所执著的终极（意识）状态。[①] 这是一种非常特异的方法，既不同于一般的身体锻炼、意志品质锻炼，又不同于理智的分析综合和道德良心的反省发现，也不是依据概念的思辨。它实际上超出了西方思想的任何范畴，是一种可操作的"以身证法"和回归本源。我们以前讲过，西方哲学家总想找到一个可靠的、非任意的和有内在构成力的起点，但先天概念、意识自我、感觉印象、道德命令等等都达不到这个要求。于是胡塞尔提出了"到事情本身中去！"的口号，并用"还原法"来过滤掉任何还受制于某种"立场"和构架的存在预设，让对象本身直接自明地显现。我们不能不说，这种现象学的根本意图中不自觉地包含了某种古印度人的思路，"还原法"或"悬置法"也可以在很外在的意义上视为一种最初级的

---

① 参见钵颠阇者利（Patanjali）的《瑜伽经》（*Yoga Sūtra*），第 2、3 章，见《印度哲学资料》，第 462—485 页；又见《薄伽梵歌》（*Bhagavad-Gītā*）第 6 章等，同上书，第 122—126 页。

瑜伽。[①] 当然，我们也知道胡塞尔事实上还承认主客分离的大框架，"现象学还原法"基本上还是一种分析意向性结构的理智方法，因此他的学说从来未能达到真实意义上的"严格性"。

瑜伽旨在破除我们意识中的一切任意性，一切对于原本状态的修改和歪曲；也就是一切来自我们感官、爱憎、经历、教育、职业、行为的摩耶（māyā），即我们身在其中的种种框架所构造出的名为"客观实在"的幻相。由于这些构架造出的区别相和偏执，尤其是其现成的、无法根本沟通的各种存在状态，人与人特别是人与自己分裂争斗，没完没了，生出无穷的苦痛。瑜伽的倡导者则认为，只有实践瑜伽而不止是思辨、行善、颂神，才可以摧毁所有这些幻障，捐弃一切小我，让那原本清净和纯发生的终极境域来主宰局面和生命。这恰好符合了吠陀智慧的要求，即寻求超出一切概念名相区别的最原初的"彼一"的要求。在西方哲学家那里，根据理式"向上"的冲动，柏拉图推论出"至善"，亚里士多德推论出"最高的形式（不动的推动者）"，黑格尔则达到"绝对理念"，总之是各有各的讲法和道理。但古印度思想家则要求直接经历或完全融于这终极的境界，获得真正确定不移的终极理解，以去掉任意构造的可能。在他们看来，瑜伽术就是一种最高级的**思想**方法，一种不依靠感官和概念而又有自身依据的求自由、求解脱（moksa）、求最终真理的方法。

瑜伽之所以能获得这种信任，是因为它是有内在根据的几微

---

① 参见普利甘德拉（R. Puligandla）的《现象学的还原和瑜伽沉思》（"Phenomenological Reduction and Yogic Meditation"）一文，载《东西方哲学》（*Philosophy East & West*），20 卷，1 号（1970 年 1 月），第 19—33 页。

或技艺。当然，不同于数学的形式构成方式，更不同于形而上学体系的概念建构方式，它通过去除意识中的一切先天与后天、形式与内容的强制构架而获得纯超越的意识状态。柏拉图在《国家篇》中设想辩证法可以摧毁思想的前提（即"构架"）而上升到至明至善，却只是一种意向，因为理式论（Ideenlehre 或 theory of Ideas，常见的译法是"理念论"）所能做的只是变得越来越概念抽象化而已。绝大部分古印度的求真者却是坚信瑜伽实践可以一步步地、切实可行地去蔽显真。瑜伽方法中的一个关键就是要求瑜伽行者的意识专注于一处，这确是一种净化意识的方法。意识如流，越是混浊之流便越是湍急泛滥，一发向外而不可收。意识专注一处相当于意识回流到自身，牵挂于各类对象与关系的意识和虚假的自我意识便无势可依而渐趋宁息，意识本身的现成态便失去动力，从而导致意识构成态的出现。这就是三昧入定状态。其实，当我们的"灵感"被激发时，比如在读诗、听音乐、天良发现和求知豁然贯通之时，所体验的也是一种神游太虚的三昧状态。只是瑜伽训练有比较强的操作性、可重复性和自控性。

但是如何能保证这三昧的"出神"（Ekstase，trance，ecstasy）状态的至纯性和至真性，而不是"走火入魔"呢？创立各种大小、正邪宗教的人都有灵异经验，诗人、音乐家、科学家、政治家以及各行各业的大师也大都有过豁然贯通、一通百通的时刻。苏格拉底听到神谕的"出神"体验在哲学史上也不是孤例。而且，我们也知道不少自称有过这类经历，实则不是那么回事的情况。就是三昧态，也有纯粹与否、境界高低的问题。这里是找不到形式上和实证上的有效判定标准的，因为这些恰恰是瑜伽行者要超脱

的框架规则。然而，这局面并非是毫无尺度或收敛方向的。我们
有时以为自己理解了一句话、一本书，而后来又发现还没有，但
这并不说明我们从根本上就没有明白自己明白不明白的能力。瑜
伽就是要使人越来越有自知之明，摆脱使我们认假为真的摩耶幻
障。瑜伽也明确警告实践者切不可迷恋于出神境界，并有明确的
"专注一处"的指令。这与其他的偶一得之的灵异和出神经验有重
大的不同。通过越来越有收敛力地"观看事物本身"，建立在物我
分离之上的自我意识，就越来越冰消瓦解，瑜伽行者就越来越真
纯地进入三昧定态。最终达到"绝对的独存""依自性之意识""法
云三昧"和最终的"自身解放"。① 这个过程有它的内在"指标"，
比如专注一处的时间长短、透彻深浅；主客区别的融化程度；一
些特异的意识境界和能力的出现；意识的宁静和自由感；"独存"
带给的信心等等。

　　在古印度，瑜伽从远古开始被几乎所有派别（除了顺世论之
外）视为求得最深智慧和最终解脱的"不二法门"。它的权威甚至
超过了《吠陀》《奥义书》这些正统经典，因为佛教、耆那教也
同样看重它。这说明瑜伽术绝不只是达到主观的神秘体验的方法，
而确是有助于开启终极理解并具有广泛适应性的思想几微。它是
一种揭蔽的技艺，而且是直接作用于意识本身、开启意识本身的
技艺。当然，这种技艺在不同的条件下，可以有很不同的表达和
实践途径，比如《薄伽梵歌》中就提到"有为瑜伽""自我克制瑜
伽""智瑜伽""梵瑜伽"等等多种瑜伽。但只要叫瑜伽，就是一

---

　　① 钵颠阇利:《瑜伽经》，第 4 章。

种超出概念名相和感官印象的修行方法。

对于瑜伽术的广泛采用造成了这样一种情况，即印度思想尽管在理论上和具体实践上千差万别，但（除了顺世论外）还是有一些重要的、更深层的共通之处。比如：印度关于终极的学说都不限于理论、形式和概念，而是旨在去除人生中的无明和束缚，得真知和解脱。而且，这种无明并不被归于"原罪"，求解脱也不能主要靠"启示"，而是要靠人的智慧的直接开启。这智慧最终并不来自感官的和概念理智的知识，而是来自直觉的和自明的知识，等等。另外，轮回业报学说也被普遍地承认。

这最后一点对于其他文化的人尤其是接受了基督教的西方人来讲很难从理智上理解。这个学说是讲：一个人死后，其灵魂还要转生为另一个人或另一种生命体，而且，这个灵魂以前世代的行为会自动地发生作用，决定他（她，它）今生乃至来世的命运。这也不是决定论，因为此承载者现在和将来的主动行为也同样有业报。这个学说中更关键的一个思想是：人的最终解脱不能只靠行善得好报，而在于通过瑜伽的智慧开启，消泯一切业力（karma），不再进入这生生业报的轮回之中。许多其他文化中的宗教或是求肉身永恒不死，或求灵魂在天堂中的永恒幸福，轮回－解脱说则视灵魂的不死和轮回再生意义上的肉身替续为不得不接受的事实，而且恰恰是应被摆脱的痛苦事实。只有彻底地、不留痕迹地去死，超脱出这个因果相报的存在者的世界，才能得到真正的自由和幸福。可以看出，支持这个学说的深层理由就在《吠陀》《奥义书》和瑜伽之中。正是由于古印度求真知者看出存在与非存在、生与死以及永存状态都不是最本源的"彼一"，绝对独存只能在瑜伽修行的最终阶段达到，这样的一个看法才是合理的，即人的终极解脱不能依据"永恒不变"的实体和神恩来获得。解脱就是进入纯粹的超越状态，再高级和确定的现成存在状态也只意味着本性的偏离、名相框架的构造和苦痛。由此可看出，印度思想的另一个共通之处就是认业力所及的世界为不真或不尽真，不含有人生的终极意义。

正是由于这种对于终极超越性的特殊敏感与瑜伽体验的结合，以及那些被广泛接受的思想特点，使印度人对待宗教、伦理、政治、历史、社会和生命有着不同于西方的也不同于中国人的态度。比如，印度人可以同时信奉几个至上神，甚至去不同教派的寺庙敬神而不被认为不虔诚，因为在他们看来，神再崇高也只是终极实在的不同替身而已，最终实在超出一切名相而为至尊。这特点并不能被西方人讲的"泛神论"解释清楚。印度文化中有强大的宗法、伦理、教派和种姓体系，也有暴力压迫和巨大的不幸，但它的根底处仍有一个超越的、非暴力的、宗教宽容的和众生平等的维度，或起码有做这种解释的可能。由于最终的实在和解脱是绝对超越的，它们本身并不介入俗世。业力世界中的存在者则按照它们与最终实在的关系或远近程度排成高低等级，形式上类似于柏拉图在《国家篇》中将两个世界的存在者按其理式化程度排成一个等级系列的做法。瑜伽只告诉个人如何在非世俗的意义上超脱等级区分，但对这俗世中的等级体系本身也只有认可而已。可以看出，古印度思想中或起码是正宗（orhodox）思想中包含着一个**超越境界与世俗世界的根本区分**，而且两者之间并无相互构成的关系。人从世俗世界趋向超越境界，总的说来是一条单向递进的道路。

种姓制度的原初表达已见于《梨俱吠陀》的《原人歌》。[①] 原人（purusa）可被视为最原本的状态。他被众神作为祭品分解为四部分，每一部分就如同中国的五行中的一行，代表一系列的东西，涉及社会等级，这四部分是：原人的嘴代表婆罗门，双臂成为刹帝利，两腿是吠舍，两足则为首陀罗。所以，种姓区别始于原本状态的分裂，绝非终极性的；《庄子》"应帝王"末尾也有一个"浑沌之死"的寓言，表达的正是对分裂状态的不满。而且，为什么原人身体的一部分比如腿和足就意味着低等，也没有思想上的充分根据。如果说"嘴"与语言、精神活动有关，那么"臂"为什么一定高于"腿"和"足"呢？所以，尽管种姓区别始于吠陀，但有高低贵贱之分、等级森严的种姓制并不能完全归因于吠陀。正如按照海德格尔的解释，西方的形而上学始于柏拉图和亚里士多德，但却不能完全归因于他们的学说一样。可是，如前所说，古印度思想的单向超越性和瑜伽实践的内在性，也确实使得那些求至真者无力反省和检讨特权者们对于《原人歌》的夸张解释。

3. 梵我为一

以上讨论了古印度吠陀时代产生的超名绝相的智慧，以及这智慧与瑜伽术的相契相合。由此，就不难理解被人讨论最多的印度正宗思想的中心命题：**梵我为一**。它是《奥义书》时期——西元前 9 世纪至西元前 6 世纪——的思想产物。《奥义书》是对吠陀

---

① 《梨俱吠陀》，10.90。

经典的思想含义的解释，被不少人认为是"印度哲学"在严格意
义上的起源之处。

"梵"（Brahman）是《奥义书》思想家们用来表达一切存在的
终极（彼一）的一个词。由于其终极性，一切名相概念都无法表达
它；但它又是唯一的实在，业力世界是它的各种表现。显然，这
种实在与西方哲学中讲的实体只有表面上的类似，因为后者是各
种性质的承载者，有种类的不同，是理式与物质的结合[1]，因而是
通过概念和概念语言来理解和表达的。然而，梵却是唯一的和无
形式的。所以，当我们使用概念语言时，就无法正面地说它，连
最高的概念、最纯粹的形式也不行，唯一能做的只是通过否定来
彰显它的非名相的本源性。另一方面，又可以讲它是使一切是其
所是的本源。比如，"他们说：只有那无法被心所把握的，但凭借
它，这心被把握，它才是梵。人们所崇拜者并非梵"[2]。总之，一切
存在者中都有梵，但梵不是任何一种存在者。

另一方面，当古印度的求智慧者通过瑜伽向内反观，不断破
除业力造就之我而赢得最终极的绝对独存时，他们体验到一种不
受形、名拘范的纯意识或大我，他们称之为"阿特曼"（Ātman）。
这种大我具有梵所具有的一切超越性和终极性，只是内在于意识
和精神。同样明显的是，这"我"不是西方近代哲学中讲的"主

---

① 亚里士多德：《形而上学》，第七卷，第三章；第十二卷，第六章。

② 《奥义书》（The Upanishads）由谁 I. 5。引文参照如下英译本：《印度哲学资
料》（A Sourle Book in Indian Philosophy）（ed. S. Radhakrishnan & C. Moore，Prinleton
University Press，1957），《奥义书》（The Upanishads）（tr. S. Nikhilananda，New York：
Harper & Row，1963）。此外，还参照了徐梵澄的《五十奥义书》，中国社会科学出版
社 1984 年版。

体"，因为并无客体能与阿特曼对峙。难道这两者属于两种不同的终极实在，如后来数论派所认为的那样吗？《奥义书》时期的思想者对此给出了否定的答案。他们看到，万物的终极和自我的终极只是一个终极。用我们的话说就是，无论依据何种方式，只要达到了终极情境，它就一定会突破主客、彼此的区别而融为一体。"我是梵"（Aham Brahma asmi）[①]。"他就是你"（Tat tvam asi）[②]。这被认为是《奥义书》智慧的最高体现。追其源，则是《创生歌》中的"彼一"思想与在瑜伽修行中体验到的绝对"独存"的"不二论"。所以，毫不奇怪，在阐述《奥义书》智慧的各派思想中，以商羯罗的吠檀多不二论最有影响。

---

① 《奥义书》（The Upanishads），大林间 I. iv. 10。

② 同上书，唱赞 VI. ix.

第 10 章　佛家的缘起终极观与龙树的中观

一、佛家与印度正宗的不同表达方式

以上概括了印度思想特别是遵循吠陀经典传统的正统派的基本特点。在这样一个大的思想格局之下发展了众多的正统和非正统的思想学说。所谓"非正统"或"非正宗"者，是指不承认吠陀经典的权威的那些流派，其中最突出的有三派：顺世论（Cārvākism 或 Lokāyata）、耆那教（Jainism）和佛教（Buddhism）。下面将限于讨论佛教，因为其思想与正统思想颇有可对照之处，而且它是历史上自"西方"来的学说中对于中国影响最深远者。

以上讲到，印度古人对于终极实在的超越性和不可规范性有特殊的敏感，所以在讲"彼一""梵""我"时多用遮诠法，即通过否定（非……非……）来显示其本源性。然而，奥义书和其后的诸正统学派在做了所有这些否定之后，还是要正面断定"梵"与"（大）我"的存在，而且是唯一的、不二的存在。据此，有些人就讲起古印度的"形而上学传统"。但我们必须意识到它与西方形而上学的重要区别。"梵"只是从表达方式上有类似于"善的理念""绝对理念"之处，而其实质却是非理式和非概念的，不能靠构架内的思辨，只能通过瑜伽而直接体验到的。尽管如此，这种形而上学的、非纯显现的**表达方式**有重大的后果。首先，它鼓励了一种**实体性**的终极观。虽然这种终极观与西方哲学中流行的概念型的实体终极观不同，但毕竟将终极实在置于了某个（最高的）思想位置上。所以，人们可以通过某种特殊的方式，比如布施、敬神、口颂真言（"唵"）和瑜伽实践去追求它。并且，在这么做时，必须舍弃与现世的根本联系，因为这个世界只是此终极实在的"扭曲的、不充分"的表现。这种终极观尽管也强调了梵我的无处不在，但它的表达方式使得此"无处不在"的说法不具有方法上的重大意义，也就是得不到直接的显现几微，只有广义上的瑜伽才是达到梵我为一的途径。实际上，无处不在说只是为了梵我至上说服务的。

其次，这种表达方式包含着内在的裂痕乃至某种意义上的悖论。梵我既被说成是超越一切名相概念和判断推理的，但又被**陈述**、**断定为**唯一的实在，这就有自相矛盾之处。古往今来使用"直陈肯定"的或"实质的"（substantial）方式来谈论终极实在的做法都要遇到这类困境，并为相对主义者和悖论制造者留下可乘之隙。正是由于面临这种直言其不可直言者的困境，梵我说更需要瑜伽经验的支持。但由于瑜伽实践本身是无言的（口颂"唵"音不能算"言"），这个问题并没有真正解决。"神秘主义"所表达的就是这种"直言"与"无言体验"之间的分裂状态。而且，这种实质表达方式的盛行也似乎与种姓制度的法典形式有某种关联。人的本性在超越的意义上虽然无彼此区别，但每个人在**这个世界**上的永恒不变的生存层次和生存方式居然能被直陈出来，这不能不需要某种说话的习惯方式的支持。

由释迦牟尼（悉达多·乔答摩）创立的佛教是对这种实质表达方式的反叛。佛家的"三法印"讲的"诸行无常，诸法无我，涅槃寂静"，与正统的梵我表达方式似乎完全对立。这也就是说，（原始）佛家将《奥义书》中的遮诠或否定表示法提到了表达终极实在的地位："无常""无我"意味着我（Ātman）没有任何实体性，本性为空。尽管佛家语言中的"法""我"并不就等于《奥义书》中讲的"梵""我"，但毕竟"梵"与"我"这样肯定性的终极实在观从佛家表达中消失了。当然，佛教是在印度博大浩瀚的思想氛围中产生的，也有其共通性。比如，佛教也接受轮回说；修行的目标也是从轮回中最终解脱；这种解脱的正道是智慧的开启；开启智慧的最有效的一个方法是瑜伽修行（由"禅定"而生"般若智慧"）。而且，最终的解脱意味着超越这个世界的束缚。释迦牟尼的经历，他的离家出走，隐居苦行，放弃苦行而打坐沉思，最终入三昧定态，由彻悟而成佛，以及其后的说法、传法和入涅槃，无不体现出印度智慧中那种求至真至极境界的品性。而且，佛家也是用**直陈的方式**来表达它的中心思想，尽管是以"无常""无我"这样的**否定式**来表达的。

完全认同《奥义书》表达法的婆罗门教，也视一切世间的、受业力支配的存在者是不真的和非（大）我的；但它在这一切无常无我之外、之上，还要明白地表达出一个肯定性的梵我境界。这却不是原始佛教的"法印"能允许的了。佛家坚持最终的解脱或涅槃只能与"无常、无我"这种表达法相连，直接断定梵我的终极性对于开启无执智慧有害无益。可是，问题在于，认识到"我"

并非实在而只是"五蕴"的聚合就能导致涅槃的解脱吗？通过八正道（包括正定或"四禅"）达到的"涅槃"难道只是一个"一切皆无而不有"的境界吗？如果那样的话，去追求一个一切皆无而不有的境界是否自相矛盾呢？或者，简言之，"一切皆无而不有"能有一个"境界"吗？如果能有的话，这岂不是一种变相的梵我境界吗？总之，佛教从它诞生之日起，就面临一个如何讲清楚无常无我与涅槃关系的问题，或者如何真正讲清楚佛学与奥义书传统的区别的问题。后来佛学分为部派，又分为大乘小乘，乃至它在印度的衰亡和在中国及东亚的传播，都与回答这个困扰它的问题的各种方式内在相关。

不管佛家以否定形式出现的表达法遇到多少困难，它却具有极重大的思想后果。正统的终极表达法采取的是"由无到有"，或否定一切小有的终极性而达到大有（梵我）的策略。原始佛家表面上的策略是"由无到至无"，或由否定一切小有而到彻底的无或"涅槃"；但由于上面讲到的追求一个终极的解脱境界的需要，它也必须讲"有"。尽管这样，它的基本表达方式禁止它将此（涅槃之）"有"上升到梵我的超越境界，而只能置于与"无"相当的层次之中。所以，佛教的最有特色的基本理论就处于《创生歌》头一句中讲的"非有非无"的思想维度中，不再以肯定性的方式上升到"彼一""大有"的超越层次。它的直接后果就是将佛学的终极探索从实质上逼入（既非常有，亦非常无的）现象界，只允许它在这个境界中求得解脱之道。这在印度思想中是很罕见的，也向佛学思想本身提出了更困难、更本源、更居中、更微妙的表达要求。在习惯于直陈表达法和瑜伽实践的大气氛中，这是一项几乎无法完成的艰巨重任。无怪乎释迦牟尼在成佛后，也曾怀疑他本人是否应该或能够向世间传播这"甚深微妙相"，而其后也真的产生了那么多的派别和争论。确实，佛教从一开始就处在一个激发思想的不稳定态中，由此可以走向不同的方向。不少后起的佛教派别总想以某种方式给"有"以更高的或更基本的地位，因为这毕竟是印度思想的一个基本倾向。这种思想趋向逐渐削弱了佛家的独特性，最终导致它在印度融入正统的印度教。另一种趋向则是在终极处坚持"不有不无"的佛家精神，并在中国找到了一个深化这种精神的思想土壤。完全可以说，佛家思想的命脉就在于开发出这不有不无、不偏于任何一边的"中道"境界。

二、先于龙树的缘起说

佛家阐释这"不有不无"境界的中心学说就是"缘起（prat-ityasamutpāda）观"。"缘"（pratitya）的意思是"条件""关系"；"起"（samutpāda）则指"出现""发生""表现出来"。合在一起，即是"相关地出现"或"依条件而发生"之意。①所谓"缘起观"，就是视一切存在（者）都是依条件而发生或相关地出现的实在观。按照南传佛教《清静道论》（*Visuddhi-magga*）的记载，释迦牟

---

　①　参见：(1)《中道透解：月称的〈根本中观注释〉的基本章节》(*Lucid Exposi-tion of the Middle Way: The Essential Chapters from the Prasannapadā of Candrakirti*)（Boulder：Prajna Press, 1979），斯普容（M. Sprung）译，第 33 页。(2)《中论》的英译本，稻田龟男（K. Inada）译，全名为《龙树——对于他的〈中论〉的翻译并附加引言》，(*Nāgārjuna: A Translation of his Mūlamadh yamakakārikā with an Introductory Essay*)（Delhi：S. Satguru Publications, 1993），第 37—38 页。

尼认为"缘起"是一中道观，因为说"缘"即不常不一，说"起（源）"则意味着不断（无）不异。[①]但是，如何具体地理解这缘起或依条件而发生呢？对这个问题的回答决定了每一派佛家学说的基本思路。

按照《杂阿含经》的记述，释迦牟尼对这个问题的说法是："此生故彼生，此灭故彼灭。"[②]很明显，这是一种现象描述。好比一粒麦种发芽引起一连串的"此生故彼生"，一盆炉火熄灭导致一系列的"此灭故彼灭"。它的思想含义在于认这种因果相应、依条件变化的现象就是一切存在包括人（我）的本性。由梵我代表的超越世界和神灵世界就被"还原"掉了。这样一个学说在古印度的影响，应该不下于西方反神权的启蒙运动和现代反形而上学的哲学潮流的影响。而且，更重要的也是西方启蒙和反形而上学潮流所达不到的是，这种现象化、相对化并未导致思想的发散，比如，现象"主义"和相对"主义"；而是产生了对终极真理的证悟。

佛陀四谛说中的集谛讲的是人的爱欲是苦的原因。它以缘起说为前提。正因为存在者不是全无，人才有爱欲的对象；又因为存在者不是常有，人要把持住对象的爱欲永不会得到满足，因此有无边的痛苦（苦谛）。其实，人本身就不是一个自以为是的单一主体，而是由五种成分或五蕴（色、受、想、行、识）构成，并以"识"统一前几者。以"我"为基本单位的生存理解方式或"取"的方式，注定了是苦的，因为它不符合实际。灭谛讲的是人

---

① 《印度哲学资料》，第279—280页。英文中将"缘起"译为"dependent origination"或"relational origination"。

② 《相应部》（《杂阿含经》），2卷，64—65节。

要消灭引起苦的爱欲之集，还给自身和世界一个缘起的本来面目。要做到这一点，通过纵欲当然不可能，硬性的灭欲或苦行也不够，因为爱欲的根子不在自身，而在以自身为我、以对象为常的基本理解方式，即"无明"。去除无明只能靠"八正道"（道谛），即按照我的缘起本性去思想和行为。印度思想通过合乎理性的方式达到解脱的特点在佛教这里有最鲜明的体现。"无明"为十二因缘说的起点，由它引起其他十一个依次而起的环节。不过十二因缘说只是缘起说的一个例子，用来描述人生现象，它对于我们从思想上理解缘起的含义没有直接的帮助。

以上这些原始佛教对于缘起的说法，尽管其基本意向是明了的，但在关键处有未说透之处。许多佛经就将"此生故彼生，此灭故彼灭"解释成了一种条件相对论。它依十二因缘说追到无明，再追到集谛中讲的爱欲和五取蕴之说，最终，只能分析到这个程度：我与万物都是由某些更基本的成分依条件聚合而成，因此是缘起，其中并无常驻不变的实体。这样，"缘起"首先就意味着依他起，而"依他起"可以被解释为每个现象的存在不出自它本身，而只能出自其他的现象。这种说法可以被进一步理解为每个存在者都是由多个因子组成，"缘起"就意味着"集合"。如果认这样的依条件变化的集合体为不依条件而守常的实体，就是"无明"。破除无明就意味着认识到我与事物的集合本性。

这种理解的不透之处在于：首先，从理论上，它已十分接近顺世派的"积聚说"，尽管不像后者那样否认轮回。然而，照佛家自己的说法，释迦牟尼的缘起说应该是既不同于数论派的神我"转变说"（即认为所有现象都由一个最初因转变而成），又不同于顺世派的"积聚说"（认现象为一些要素积聚而成）的中道观。其次，人认识到我与事物的集合缘起的本性，并不能就消除掉爱欲，他完全可以得出及时行乐的结论。当然，持这种缘起说的人也可以反驳道：这只说明当事者还未认识清楚集合缘起的全部意义；否则，他就会知道，这暂时的乐也不可能，有的只是苦。循着这个思路，小乘佛教发展出了一些理论来深化集合型的缘起说。再者，认识到我与事物为多因子之集合并不就能导致对终极真际的直接证悟。释迦牟尼的缘起说应该还包含着超出"彻底分解"与"完全寂灭"的思想维度和人生境界。

由于这些问题的存在，佛教徒们不得不各循思路来深化他们对缘起的理解。部派佛学中的上座系和小乘的一切有部系基本上沿袭集合缘起说的路子，只是更细密地来区别各种分解因子并说明轮回承载者的性质。简单说来，这些佛教思想者们称这些因子为"法"（dharma），认为它们是实有的，即"法体恒有"；而由它们组合成的事物和人是缘起的，因而是无常无我的。一切有部将这类法分为六十七种，又将这些法之间相待相依的因果关系细分为六因、四缘、五果等等。这样，人要参透因缘、修成正果也就颇不容易了。总之，这一大系学说认为"人空法有"。究其实，它是通过"有"与"无"的掺和与关联来说明缘起的。这实际上已向梵我说靠拢了，它已承认了客观的法体恒有，只是用集合缘起来说明"无我"而已。这样的有论很容易激起正相对立而又相辅相成的虚无论，即认为佛的悟道和学说也都是空虚无有，涅槃就意味着完全的分解和寂灭。

大乘般若学不同意这种集合型的实在论加上虚无论的缘起说，

认为它并没有在现象界中找到证悟的根源，而是将涅槃推到了一切现象的坏灭尽净的终极，因此，也就说明不了佛陀在世时就具有的涅槃境界的思想特点。所以，大乘般若认为缘起不只对"我"有效，也必须对"法"有效，即所谓"法空"。但这对于习惯于通过"有"与"无"的相对相关来思考终极问题，或用海德格尔的话，习惯于只通过存在者来理解存在本身的人来说是无法理解的。如果法也空，那么似乎一切皆空。毫无把持之处，整个佛陀的事业和教诲不都如"梦幻泡影"了？这种推论是不成立的。这不仅仅由于还有"幻有"（即现象）可讲，而且，如果深加追究，这"空"的含义、"缘"的含义、缘起与涅槃究竟的关系都会发生根本性的转变。进行了这种追究的最深刻的印度思想家就是龙树（Nāgārju-na，约西元 3 世纪）。

三、龙树的缘起说与中道义

龙树的《中论》（*Mūlamadh yamakakārikā*）充分地揭示了"缘起"的终极含义。他不再像他的前人们那样形而上学地说明缘起是由什么因子、通过什么方式形成的，这些因子及后果是有还是无（空）；而是先去追问：用形而上学的方式、用"有"与"无"这样的概念**是否可能**说明缘起现象？所以，他的基本势态与西方哲学中康德、胡塞尔、海德格尔、维特根斯坦等人的学说特点倒有些类似之处。他对这个问题的最终回答是一个彻底的"不可能"。这种对于形而上学的否定与释迦牟尼的基本态度是完全一致的，但他有几百年的众多派别讨论缘起观的背景和教训，因而对这个

学说可能遇到的种种错解有着释迦牟尼不可能有的思想上的特殊
敏锐。而且，龙树的作品还传达出这样一个道理，对于形而上学
不能只置之不理，而是必须反省其根源并破除净尽，方有真理的
自在显现。实际上，《中论》是释迦牟尼的微妙中道义与芝诺式的
犀利思辨的结合；它反驳的不只是小乘有论和标榜死寂之"空"
的理论，而是一切要想通过概念方法来探讨终极问题的思想企图。
因此，它的辩锋可削去的思想赘瘤还可以包括大乘中的许多理论，
比如瑜伽行的唯识论，西方哲学的各种形而上学体系，以及中国
的许多学说，比如王弼的"道本无"说和宋明儒学讲的"天理"。

　　龙树的问题是：如果一切存在者或一切对于人和他的最终解
脱有意义的存在的本性是缘起，那么这世界和我们自身到底是个
什么状态？应该如何理解四谛、十二因缘、缚解、如来、涅槃等
佛家学说？我们平时使用的那些概念，比如因果、有无、生灭、
来去、时间三相、成坏等等，还能不能有意义地用来刻画缘起现
象和表述缘起观？关于这些问题，他的基本思路是：人能经历、
思考和悟解的一切都是缘起的。缘起就意味着不依靠自身，而是
依某种条件和关系而出现并维持自身。这也就是说，一切依缘而
起者都"无自性"①。任何概念名相，不管它是佛说的还是普遍使用
的，都有某种确定的、特殊含义或区别相，所以，通过它们来确
切地理解和表达缘起现象和缘起观是不可能的。当然，一切概念
都依某个概念语言系统而获得意义，每个概念都是通过与其他概
念的相对关系（比如"因-果""生-灭""有-无"）来表达意思的。

---

　　① 龙树：《中论》，鸠摩罗什译，《大正藏》第三十卷，破因缘品第一。

但龙树敏锐地看出，**概念之间的关系绝不等于缘起之缘**；而且，通过增加新的概念关系和不同的表达方式也不可能克服这个困难〔类似于再复杂的多边形也不是圆形，再多的点的集合也不是线段〕，因为概念构架作为一个整体是强加于人和缘起现象的，因而有一种隐蔽着的僵死自性。受过"教育"的我们使用概念时不感到根本性的束缚，似乎概念只是中性的工具。我们可以选择它们，以不同的方式使用它们，再次细分、修正和打磨它们，让它们依据某个并不自明的原则"流动"起来，在不够用时创造新的概念来满足各种需要。龙树之前的部派佛学家和一切概念哲学家也都是这么做的。但龙树指出，不管概念在其可用范围内有多大的神通变化，并能造出构架内的因缘，但由于它们的根本的"老死相"，是无论如何达不到"缘起"这个最明显又最终极的现象或"实相"的。《中论》的绝大部分章节都在用某种形式的"归谬法"证明这一点，通过层层论辩破除那时流行的众多概念名相，断绝人们思想上的贪执妄念。

　　龙树具有这样一个识度，即概念的运用似乎能够刻画缘变现象的原因，是它借助了我们习惯性的联想和想象附会。比如小乘用"因子的和合"来解释由因生果的缘起观时，就借助了"和合"与"构成""产生"之间的联想关系，似乎通过和合，因子就能变成由因子组成的结果。龙树则要通过各种巧妙锐利的方式追究每个或每对关键概念的确定的、属于概念本身的内涵或"定相"，指出这概念定相中并无那联想所赋予的缘起综合性。比如"和合"的定相只是众因子的聚合，"分离"也只是众因子的分开，并无从因到果（及从果到因）的含义。做这种概念式联想就意味着将"和合"理解为"从无到有"，将"分离"视为"从有到无"，而这是违背缘起观的[1]。

所以，《中论》破名相的基本策略就是去追究每个概念及概念之间关系的定相和自性，揭示其与缘起说的"无住相"的不相容之处。所谓"如诸法自性，不在于缘中"[2]。它说的是，如法有自性，则它就不在缘中，因而与缘起说相悖。如视其为在缘中而无自性，则它就不再是"法"的概念。而且，将这"自性"转为"他性"也不行，因为按青目的解释，"因自性［而］有他性，他性于他亦是自性。若破自性即破他性"。而且，龙树的具体做法相当严谨，合乎概念思维本身所遵循的"逻辑"，并务必穷尽一切逻辑可能。所以，他的论辩具有难以抗拒的理性说服力和破执显真的能力。这里试举一例。在第一章"观因缘品"中龙树分析为什么用"因果"概念说明不了缘起。其中第 6 偈说道："果先于缘中，有无俱不可；先无为谁缘？先有何用缘？"这里所反驳的其实就是印度思想中常见的两种因果说。第一种认为果已在因中；当然还会加上一些联想性的话，比如"只是还未显露出来罢了"。持这种因果同一论的有梵我说（梵我是唯一的实在因，诸现象只是概念名相加于其上的摩耶之果）、数论和后来的吠檀多不二论。第二种认为果不在因中，而是依某种条件（比如"和合"）而生。持这种区别论的有胜论派、正理派、佛教中的一切有论等等。

龙树对此反驳道：首先，如果果已在因中，因中就已有果，

---

① 龙树：《中论》，鸠摩罗什译，《大正藏》第三十卷，观因果品第二十、观有无品第十五、观成坏品第二十一。

② 同上书，破因缘品第一。

那么，"先有何用缘"？换句话讲，所谓"因果"就意味着因与果之间有某种区别，而因果同一论却取消了这种区别而使其所谈的"因果"并非真因果和真因缘。其次，说果不在因中，或因中无果，从概念逻辑上讲，就意味着果与因无联系；如果这样，说它们是因果还有什么意义（"先无为谁缘？"），因为"因果"就意味着因与果之间有某种联系。用"和合"一类的条件来冒充这种联系是禁不住严格追问的，这一点上面已经讲过了。

有人会不同意而争论道：我说的因果关系就是指因果之间又有联系又有区别。龙树的回答会是，所谓"又有联系又有区别"，从概念上并没有超出上述的两种情况；它说的实际上就是："果又在因中、又不在因中"。既然这两种情况各自不成立，它们概念的、逻辑的结合也不会成立。以为通过这种概念加法就可以得出居中的因果关系是无自身根据的联想和综合。（与黑格尔的想法相反，）概念本身的配对是不生育的。而且，更细密的区分，比如果的某一方面在因中，另一方面不在因中，也不起作用，因为这类障眼法也同样可以还原为第一和第二种情况。

这类越来越精密巧妙的区分有制造联想的功能。它缩小了无实质联系的两个概念单位之间的心理距离，使得人们包括做这类区分的人，更容易卷入所需要的联想，甚至信其为"先天综合"。就如同边数很多的等边多边形更容易让作图者和别人相信它是圆的一样。实际上，所有形而上学的概念体系以及种种世间体制都是靠这类概念的摩耶幻术来维持自己的。《中论》就是专破这类平日让我们深陷于其中而不自觉的"戏论"和思想障眼法，包括佛家最尊崇的、并因而被现成化了的对象和目的，比如"如来""四谛""涅槃"等等。真可谓是利刃在手，一破到底。

　　龙树是虚无主义者、相对主义者吗？当然不是。虽然他无所立，但正是因为破尽了概念"戏论"和"立论"才达到了真因缘；而这也就正是唯一真切的实相或实际，用海德格尔的词汇来讲就是"Faktizitaet"（实际性）。《中论》一开头的著名的"八不偈"或"归教颂"说道："不生亦不灭，不常亦不断；不一亦不异，不来亦不出。能说是因缘，善灭诸戏论；我稽首礼佛，诸说中第一。"这八个"不"以及那《中论》中的更多的"不"，可理解为"不有不无"的不同体现。龙树要显示的是，这因缘现象，虽然无处不在、人所共知，却恰恰不是任何概念名相能把捉得了的。如同胡塞尔、海德格尔讲的构成视域，它总是超出概念所及的范围一步；尽管我们就生存于其中，造就于其间。由此可见，龙树揭示的"缘"并非现成意义上的、可被概念把握的"条件"，缘起也并非现成或有自性的存在者之间的因果关系，即用现成观点来理解的"此生故彼生，此灭故彼灭"。如果那样理解缘起，龙树《中论》论述的就恰恰是这种因果关系的不可能；所谓"不生不灭""不来不去"。后来中国的僧肇的"物不迁论"讲的也是这个道理。"缘"实际上是最根本的、"第一"的和终极性的，被海德格尔称为"生存论"的条件。"缘起"也比因果关系更本源，它更近于以前章节中讲的**存在论意义上**的"构成"。这也就是本书选择"**缘**"来译"Dasein"之"Da"的一个重要理由。佛家的非主体论的无我说就根植于人与世界的无现成自性的缘性之中。

　　从龙树对因果的分析中，已可看出，因果之间的缘起是一种构成，绝非任何现成的观念关系可企及。而且，龙树还隐约利用了因果之间先后与同时的时间关系。我们可以说，龙树理解的缘起非常近似于现象学讲的"时间"，特别是海德格尔的纯构成的和存在论发生意义上的"时间性"。尽管龙树在绝大多数场合只是用遮诠法暴露出缘起的非现成性，而没有直接揭示它的构成本性。在"去来品""三相品""观时品"和"观因果品"中，他还更明确地利用了缘起时间的纯构成性与"庸俗时间观"中三时相之间没有这种构成性的不同，揭示后者"不在缘中"或达不到缘起实相。

现在，我们可以来看龙树的"三是偈"，它对于中国佛学产生了莫大的影响。鸠摩罗什的译文是：

众因缘生法，我说即是空；
亦为是假名，亦是中道义。

我这里再将稻田龟男（K. Inada）和斯普容（M. Sprung）对于本偈的英文译文依次译为中文白话文。稻田的译文比较受鸠译的影响，它是这样的："我们声言：一切缘起者是空性（sūnyatā）的。它乃是一种表示（存在的）相互依存性的假设的名称（即思想的构造）；它也就是中道。"[①]斯普容的译文依据月称的注解本，与鸠摩罗什的中译文有更多的不同。它是这样的："我们将所有事物的缘起解释为其自身存在的缺乏（the absence of being in them）。这存在的缺乏以日常（经验）为前提，是一个指导性的而非认知意

---

①　稻田龟男：《龙树——对于他的〈中论〉的翻译并附加引言》，第 148 页。

义上的观念。它本身就是中道。"①综合考虑以上三种译本，并结合此"观四谛品"的全文，"三是偈"可以被理解为：一切缘起者的本性是空（sūnya）的或**无自性**的；这"空"乃是表示相互依存（无自性）的假名；**这样理解的空就是中道**。

这种理解与中国佛学研究中流行的解释有不容忽视的区别。一般认为此偈讲了"缘起"的三层意思：（1）缘起之法的本性是空，或无自性；（2）缘起诸法又是一种假名。吕澂这样说道："如果光说空，不就否定一切了吗？世界上何以又有千差万别的事物呢？为了不产生这样的误会，所以说法虽然是空，而还有假名。"②（3）对缘起法既考虑到了它的性"空"，又考虑到了它的"假名"或"假有"，就达到了中道观。所谓"综合'空''假'而成立了'中'"③。所以，天台宗从此偈中得出"三谛"：空、假、中。并认为此三谛圆融"虽三而一，虽一而三，不相妨碍"④。

我对此偈的理解要更直接一些。一切存在者或法都从缘而起，因此无自性（asvabhāva）；无自性就**等于空**，空并不是"无"或"不存在"（asat），而就是指无自性的存在方式（缘起或缘在）；这无自性的存在方式也就是假名、假有或假设的方式；这样理解的

----

① 斯普容：《中道透解》，第 238 页。在这页上的注释中，斯普容说明梵文原文中并未出现"日常（samvrti）"这个词；他之所以将它放在译文中，是受了月称注解的影响。月称认为"空"这个"指导而非认知的观念"（prajnapti-upādāyā，鸠译为"假名"，或译为"施设""假设"）相比于"一辆车乘"（rathah prajxapyate）；车子以轮子、轴等为运转的前提，而"空"以日常经验为前提。

② 吕澂：《印度佛学源流略讲》，上海人民出版社 1982 年版，第 105 页。

③ 同上书，第 106 页。

④ 智顗：《摩诃止观》，一卷。见《中国佛教思想资料选编》，二卷一册，石峻、楼宇烈等编，中华书局 1991 年版，第 16 页。

缘起**就是**中道。因此，缘起、空、假设和中道一脉贯通；这里面并无一个正、反、合的辩证关系。识实相者也并不会因为"说空……就否定一切"，也不会认为空需要假设或假名来纠偏；因为"空"所否定的并不是一切，而只是"自性"或现成的、不从缘起的存在性。恰恰是空使得"一切法得成"。所以"空"本身就必体现为假设或假名（prajnapti）；空与法之间并无真正的区别；这样的空本身也就是中道。这里从根本上讲没有"三谛"，只有一谛，即缘起的中道义，以及对它的不同表达而已。当然，讲"三谛圆融"，"虽三而一"也弥合了三谛之间的区别相，但毕竟是先离了再合。

中国佛学研究中流行的这种三谛讲法很可能是受了青目解说影响的结果。青目对于这一偈的解释中有这样一段话："无自性故空；空亦复空。但为引导众生故，以假名说。离有无二边，故名为中道。"这就有些松懈了。他认为无自性之空为实相，但为引导俗众，不得已而以假名说此缘起法。好像已得开示者可以不用假名而直悟缘起法的空性。而这却恰恰违背了"空亦复空"的缘起学说的基本思路。

纵观"观四谛品"全章，亦可知"空"与"假名"的关系要比目的与手段这样的关系更密切。此章以反空观者的诘问开头。这反对者认为"若一切皆空"，那么一切法"悉毁坏"，包括佛陀所说的解脱之法。那还有什么四谛可言？或任何有意义的东西可言？龙树回答道：你的困惑来自不知空的真义。佛依二谛即世俗谛和第一义谛为众生说法。因为世人执著有，世俗谛就讲有的虚幻和毕竟空，使人不去执有；但这样就区别了空有，似乎空就是无或非有。你以这种空义来责备我，表明你并不知晓关于空的第一义谛。第一义谛显明空**只是无有自性**（即没有独立的实体存在性）而已，因此一定会以某种不执著的方式"有"；这就是假有、假设和假名。因此，这空就是缘起，即化去了有与无之间的根本区别相的状态。这也就是"三是偈"所说的道理。正因为所有的存在者从根子上都处于这种不执有亦不执无的状态，才有发生和转通的可能，一切法才得以成就和变换，四谛讲的苦、集、灭、道才有意义。

由此可见，空与假名必须一脉相通才能避开"虚无主义"的指责。整个这一品和整本《中论》就是要批驳将权宜的世俗谛变为概念区别相的戏论或概念论的做法，而彰显空假不二的缘起观和世俗谛必然导致第一义谛的道理。"不得第一义，则不得涅槃。"①

通常那种将假名与世俗谛等同，又将世俗谛与概念戏论等同的做法是不对的。概念戏论是认法和名相有自性或实体性的主张，世俗谛是佛陀即有说空的权宜和方便的教导；假名则是龙树所揭示的空的中道义。既然知其为"假"（无自性的依凭），此名就已不是常名或概念；说假名者就绝非在说戏论，而就是在彰显第一义。我们并没有一个能脱开假名而直接体验空的直观途径。《中论》中一字未提禅定。第一义并非只说空，而是说空假不二的中道义。

因此，由于领会了这种第一义而得透悟的"涅槃"境界与"世间"（samsāra）就没有区别。龙树讲："涅槃与世间，无有少分别；世间与涅槃，亦无少分别。""涅槃之实际，及与世间际，如是二

---

① 龙树：《中论》，观四谛品第二十四。

际者，无毫厘差别。"①之所以有这种石破惊天的结论，乃是因为，如果接受了释迦牟尼的缘起存在观，就必然看到：涅槃本身亦无自性；它并非超脱缘起的梵我境界，而恰恰是缘起的最充分和最"方便"的体观，即所谓"无住涅槃"，而世间的本义也只是"不有不无"的缘起而已。两者最根本的存在方式或实相是不可能有区别的。认为两者一假一真、一低一高、一不常一常，恰恰是概念戏论所致。这两偈令许多人特别是希求涅槃正果以超出苦海的人感到困惑：如果涅槃与世间无区别，那么出家求涅槃与在世间浮沉有何区别？求终极真理岂不成了最无意义之事？这种困惑不能说没有根据，但细读全书即可知这种"无区别"是指在"无自性"或"缘起"这最根本的一点上无区别。求涅槃不是离开世间，而恰恰是去理解世间之为世间。而在世间受苦者与得涅槃智慧者的"区别"就在于是否理解了这一点，真正明白了这区别也就消泯了这区别的定相，所以两者毕竟无区别。

到了这里，释迦牟尼的"有限"立场，或不离现象界而求至真的倾向获得了最明白敏锐的直陈表达，无我和无自性论的思想后果得到了相当充分的揭示，一种纯缘起构成论在彻底破除了概念论之后被暴露了出来。涅槃不是与存有相对的完全寂灭，而是人可以经历，而且在某个意义上必然经历的活生生的境况。这就是缘起性空的世间。这种结论与海德格尔所说的缘在从根底上就"在世界之中"，以及缘在的在世的不真正切身的存在状态与真正切身的存在状态的"同等原初"等看法很有相通之处。之所以会这

---

① 龙树:《中论》，观涅槃品第二十五。

样，与两者都视人为无自性的或非主体性的缘在大有关系。此外，对于讲构成境域的人来讲，龙树的缘起说是极重要的"防腐剂"，因为它以最锐利的方式防止将境域又变成一种有自性的存在或现成的存在。这对于中国古代思想有着特殊的意义。龙树思想中很关键的一个识度就是否定"A"并不意味着"非A"为真，因为非A只是与A相反的去把握自性的概念而已。所以，"无常"的真义是不常不断，"无自性"或"空"意味着不有不无。"无我"所要拒斥的既包括"我性"，亦包括"它性"。形式和概念的逻辑达不到缘起，而用它来反驳概念思维方式倒正合用。

《中论》从思想上所达到的非现成的微妙程度和透彻到底的程度，在印度历史上可谓前无古人、后无来者。受它影响的诸学派，比如中观派、瑜伽行派（唯识宗）和商羯罗的不二论等，也都未达到如此剔尽人为、纯然自现的思想境地，让人有如此强的"至真不移"之感。它的那种以否定（无自性、八不等）为主、以概念逻辑来克服概念思维的表述风格与中国古代思想的表述路子很不一样，但其中蕴涵的不离世间而究至极的见地又与后者暗通款曲。它在中国获得巨大深远的影响绝非偶然。

第 11 章　中国古代思想的特性

　　当我们进入中国思想的领域，就进入了一个独特的天地。它既没有埃及金字塔和希腊神殿的几何"形式"，又没有像喜马拉雅山一样高耸入云、超越现世的"梵我"界，它有的只是在苍天和黄土地之间的**一个**世界。这"天"是自远古以来就与华夏人息息相通的更深远者和更智慧者，却又不是耶和华那样的人格神；这"地"是滋养化生的阴柔之母，却又不是指物质实体。人生天与地之间，也就是生存于天地境界、自然境界和人世境界之中。不少搞文化和思想比较的人认为中国文化是世俗的、实践的，缺少神性的和形而上学的维度。这类论断所注意到的事实大致说来是不错的，中国文化和思想的主流中没有人格神的至高无上的地位，也缺少概念和逻辑的体系。但这种说法中隐含的贬义，如果有的话，却无根据。中国思想从根本上讲来只运作于**一个**世界之中，但这并不妨碍它开启出终极的或真正终极的思想灵境。与西方的和印度的正统终极观不同，它有一个不离世间的终极思想视域。在人格神"死了"（尼采）和形而上学"终结"的今天，中国思想难道不正是"任重道远"而"不可以不弘毅"[①]者吗？

　　[①]《论语·泰伯》。

在世界三大思想中，从语言文字上讲，希腊和印度都属于拼音文字的文化圈，唯独中国人使用的是非拼音文字。中国远处欧亚大陆之东端，与印度和欧洲隔着崇山峻岭、沙漠戈壁，因而在先秦时期少有、但也不会完全没有文化间的交流。中国人理解终极问题的思路基本上是独自形成的，有着一套自己的生发意义的几微。如同地理上的位置，中国境域型思想与西方的概念思路恰成两个极端。印度思想则居中，它的根本识度是超概念名相的，但其正统的表达方式是直陈断定式的，因而区别开了受业力控制的轮回世界与梵我这样的超越世界。而且逻辑与思辨及论辩的结合在印度也是普遍的现象。但是，到了佛教的大乘般若学，特别是龙树的中观，对于缘起的终极含义的追究导致了"涅槃即世间"的境域思想，因而在最关键的一点上与中国古代思想的主流发生了实质性的接触。通过这一敏感的触点，外来佛教的妙处才得以被求至真的中国人逐渐心领神会。在这样的前提下，佛教带有的印度思维方式和表达方式才在某种程度上由不利于传播的因素变为有利因素，即由完全的陌生的稀奇古怪变为新鲜和对思想的刺激。对于中国今天正在艰难进行的消化西方思想的进程来说，这一思想史上最重要的接受外来者的成功经验是极可贵的。

一、天：中国的原初思想境域

在甲骨文卜辞中，出现了"帝"字。这帝是殷商人问卜的依据，其含义很可能近于后代比较虔诚的中国老百姓心目中的"老天爷"，是比人更有力、更深远，但又以各种征兆和效验参与人生的无形存在。殷人对它的依赖有些类似于那些遇事必征询于皇历或拜祖宗牌位的做法。甲骨文只是卜辞，又简僻得很，因此除了参照《书经》（其中周以前的文献被学者们质疑）、金文和后世民间的风俗，对于这"帝"的本性很难再深究下去。说它是"至上神"已嫌牵强，断定其为"有意志的一种人格神"[①]更是无切实根据的理论发挥了。古埃及的瑞、巴比伦的马尔杜克、犹太教的雅赫维（耶和华）等等，可算是人格神。他们是有名相、有某种创世经历或神谱、与其特殊的选民有"约定"并有某种脾性的神。尤其是，这种神是有"位格"的神，即一种有理智和意志的**独立实体**（hypostasis）。基督教神学中，有"位格合一"之说，指基督的神性与人性合为一个统一的位格。从卜辞，我们只知道殷人相信这个帝能以龟甲牛骨裂缝的样式来回答人们的征询，因而有灵验而已。根据殷周之际的金文和《书经》，则可知此"帝"与"天"已紧密相关[②]，其后则几乎只见天而不见上帝了。"帝"逐渐成为对人间皇上的称呼。

　　周人同样占卜，信天命，但这天却肯定不是人格神，因为已有明确记载，比如《书经》中的"康诰""大诰""召诰"；《诗经》的"文王""荡"；金文的"毛公鼎""宗周钟"等说明周人已知"天命靡常"，而唯有有"德"者能配天膺命。尊奉人格神的宗教则一定以绝对信仰、种族或教律而非德性为识别"上帝的选民"的首要标准，因为唯有这样才能体现出上帝的位格的实体性和主体

---

　　① 郭沫若：《青铜时代》，科学出版社 1962 年版，第 9 页。

　　② 比如《大丰簋》："王祀于天室降，天亡尤王。衣祀于王不显考文王，事喜上帝，文王监在上。"《书经》或《尚书》中则几乎处处皆有"天"。

意志性。所以，可以说，中国自有较明白的文字记载以来，就没有过至上的人格神的普遍信仰。《左传》和《国语》中有一些祭祀诸神（包括祖先）的记载，但如下文所言及的，祭祀并不一定意味着对人格神的崇拜，更不一定意味着对至上的人格神的信仰。对于周人而言，最高者是"天"，而且是与人的生存方式相关的天。

"天"字取代"帝"字，说明中国古人的心目中，最根本的主宰力量被越来越境域自然化了。人抬头所见者即是天，一个无边但有（境）界的广大视域。"天"字在甲骨文、金文中都像人形，在"大"字上加一头，以示最高巅之处。然而，这天也不只是自然界意义上的包括日月星辰、风雨雷电的"天空"，因为它有灵验。另外，也不能因为周人相信有德者配天就将此天只视为道德义理的，惩恶佑善的，因为它还包含了使得区分善恶的标准可能的更本源的含义。实际上，这天的意思是如此丰富，比西方人讲的"上帝"、"天堂"与"存在"微妙得多。以至它的最本源含义不可能被西方传统哲学的概念分析明白。[1] 它的本源性可比于印度吠陀《创生歌》中的不有不无的"彼一"，却更现世化和境域化。在一次次"天啊！"的发声语境中，我们至今还在以各种方式体会和体现着这天的蕴意。这天介于有形与无形之间、远与近之间、有与无之间；瞻之在前，忽焉在后，惚兮恍兮，恍兮惚兮；却又

---

① 冯友兰将"天"分为"物质之天""主宰之天（人格天帝）""命运之天""自然之天"及"义理之天"（见其《中国哲学史》上册，中华书局1961年版，第55页），就正是这种概念分析之一例。此五种天不论就其个别而言，还是合在一起，都漏失了天的最根本、最朴真也最有趣的含义。

其中有信、有物、有象而甚真；无处不在，却又不可被固定于任何强力和概念抽象之中。自殷周之际以降，它就是中国古人力求去理解的终极。古希腊人发现由系词"是"引发的"是本身"或"存在本身"的问题，具有形式本身蕴涵的深意，近代西方人则感到"主体性"是这样一个枢机。古印度人则总是在寻求那超越了名相规范的本源。让先秦时的中国人着迷的"天"却既非形式的或主体中心的，亦非超越现象界的，而是给予这个世界和人生以意义的居中之极。

　　当然，周人和后来的中国人也还在对祖先社稷、天地山川等行祭祀之礼。但这并非西方意义上的人格神崇拜，而更近乎孔子讲的"祭如在，祭神如神在"①，也就是与一个更深远的存在的相互引发。这时，就出现了比较复杂的局面。一方面，祭神祀天的形式与其内涵已有分裂之虞；所以有"国将兴，听于民；将亡，听于神"②，"皇天无亲，惟德是辅"③，和"天道远，人道迩"④ 这样的反对迷信天命的可贵议论。另一方面，对"民""德""人道"这些原则的理解也是仁者见仁，智者见智，越争越无头绪，所谓"蜂出并作，各引一端，崇其所善"⑤。而要寻回一个有根本制约力和启发力的本源的努力，也就意味着找到更纯真内在的天。如《诗经》所言：

---

① 《论语·八佾》。

② 《左传》，庄公三十二年。

③ 《左传》，僖公五年。

④ 《左传》，昭公十八年。

⑤ 班固:《诸子略》。

> 敬之！敬之！天显维思，命不易哉。无日高高在上，陟
> 降厥土，日监在兹。①

正因为中国思想所关心的从根本上讲就是天的可领会的含义，它的终极探求从一开始就与"天下"水乳交融，而对于那些会切割和危及这个天地境域（"枭乱天下"）的概念的和硬性超越的学说有着"天然"的抗力。中国文化和思想的"保守性"源于兹，而它的非教条的内在"开放性"也同样源于兹。想取其一而不取其余是不可能的。这"天下"指的就是这个世界，它既包括人间，也包括自然；或者说，人间中有自然，自然中亦有人间天上。"流水落花春去也，天上人间。"② 所以，用西方哲学和语言的范畴来讲它总嫌褊狭而不尽意。比如，讲它是"世俗"的就失其高远终极的寥廓境界；说它是"伦理的""社会政治的"，就又忘了它"夜静春山空"的自然纯净的一面。其实，就在这"伦理""社会"之中，也浸透了自然和时中的微妙意，与亚里士多德、康德和尼采等人讲的都大异其趣。说实话，将中国的天与道的思想称为西方的"哲学"，是委屈了它，称其为"形而上学""伦理学""社会政治哲学""美学"等等，并按那套路子来治它，就更是硬逼得龙困泥沼、凤入牢笼了。广言之，按西方的老路子来治中国的文化、历史、经济、医学等等，都是在用线性来规范非线性，少有不"大煞风景"的。

《国语》"越语下"记载了范蠡辅佐越王勾践得吴越天下时的

---

① 《诗经·周颂》，"敬之"。
② 李后主：《浪淘沙》。

议论，从中很能看出春秋时人对于"天"的切身体悟，也可看出那屈伸隐显于人生境域中的天与作为概念原则的天是何等地不同。春秋时，诸侯间相互征伐，国家有盛有衰，有存有亡。对于范蠡，这天或天地（"天地"是对天道的更具体形象、更有张力的表达）虽然无定势常形，却是决定人与国家最终生死存亡者。而且，人不但可以，而且必须参与和融进这天命的运作之中。这并不像某些学者讲的，表明中国思想的"人道主义"或"人文主义"传统，当然也不是"天道主义"，而是"天因人，圣人因天"①的天人相因相成。人事如不配合于天，就只是（与"天"相对之）人事，没有终极的含义。比如越国击败吴王阖庐，阖庐之子夫差又大败越王勾践，甚而迫其入质于吴国，等等。但是，人事一旦融入天的运作，则"战胜而不报，取地而不反"②，成为成就天下大势或"天命"的无可挽回的终极力量。所以，让自己的行为融于天地的运作，就是天子和行王道者的本分，是关系到社稷江山存亡绝续的大事。

然而，要做到这一点却并非易事。这既不是一个"服从天地运作规律"的问题，也不只是一个道德行为上的自律自省的问题；因为天地运作的极致之处、须做出决断之处，恰恰是只可委曲地意会而不可直接言传和与之相符合的。西方传统哲学的见地到此为止，再也无力做进一步的渗透了。对于范蠡和那个时代有大悟性的人来讲，"天"的最真切的表现只能是"时"，它突破了现成

---

① 中国社会科学院中哲史研究室编：《中国哲学史资料选辑》，中华书局 1984 年版，第 238 页。

② 同上。

者范围而投入生存的纯显现境地。范蠡说道："天道盈而不溢，盛而不骄，劳而不矜其功。夫圣人随时以行，是谓守时。"① 中国古人要表达他的非现成洞察时常用"A 而非 a"的句式，其中"A"为天然显现者、"缘起性空"者，"a"则是被人为对象化、呆板化、现成化了的 A。天就在我们的生存之中，随处显身；但所有的"a"加在一起，也只是它的东露一鳞、西伸一爪而已。在"a"的层次上，一切努力不是太早就是太迟，总也赶不上天时，进入不到充满领悟的时机中去。范蠡一开始劝阻勾践伐吴，就是因为他深知天时还未作，人事还未起，急于行动就是"逆于天而不和于人"。勾践不纳，招致惨败。听从范蠡的指导挨过最难的时刻，方才相信他所讲的"天地人"不是迂腐的议论，而是精于此道的至理。于是依从范蠡指点出的不同的天时形态而有不同的举措，一次次地抑制住自己的外行判断。范蠡苦心追求、等待、酝酿的就是"人事必将与天地相参，然后乃可以成功"的境界。一旦适于举兵的时刻到来，"从［其］时者，犹救火、追亡人也"。得手之后就要顺天势，"听天从命"地走到底，彻底消灭吴国，因为"得时无怠，时不再来；天予不取，反为之灾"。可见，这"时"既非呆板的线性宇宙时间，亦非投机取巧的算计，而是纯构成的、穷神尽性之时。它与海德格尔讲的"时间性"和"时机化"有思路上的相通之处，只是更少理论气味而活灵活现于历史人生。

中国文化和思想的一大特点就是"史"本身具有纯思想的构

---

① 《中国哲学史资料选辑》，第 236 页。

成意义或"天意",不只是对事件的记录和"历史哲学"的材料。华夏文化中几乎没有史诗神话,主导思想中也没有创世传说,有的只是不含标点符号、没有段落,而只用方块字记载下来的史实和显露世态民风的诗歌。《尚书》与《诗经》时的文字与今天的中文从血脉上还是相通的,是比万里长城还要神奇得多的现象。为什么古老的文明中,只有中国人如此认真、连续和忠实地记下发生过的事情?每个朝廷都设有史官,一代代史官用毛笔写在竹木简策上的年月和事件,尽管是"纯描述性"的,却正因此而成为中国人理解天时的一种几微。请设想,如果没有被《春秋》《左传》《国语》等记下的那个真实的历史背景,上面所引的范蠡的话会变得多么思辨和无灵性。可是,不知多少人读老子、孔子、惠能等大思想家言论的方式,恰恰就是这样无几微式的。孟子说:"孔子成《春秋》而乱臣贼子惧。"又讲:"《春秋》,天子之事也。是故孔子曰:'知我者其惟《春秋》乎!罪我者其惟《春秋》乎!'"[①]这样的话,虽然显得有些怪异,但亦透露出史书本身对于中国最敏感的思想家的巨大吸引力。柏拉图写《国家篇》,直接阐发他的理式论和按照理式原则治国的方案。创作《奥义书》的古印度圣贤则视此世界如敝屣,一心只求梵我为一之境。孔子却是有意识地不言"性与天道"[②],"述而不作",让经他删定(既非篡改事实,亦非做理论解释)的历史本身说话;因为只有到了这步,人的思想才有望脱开现成概念构架和臆测的摆弄,从中体悟出"因时之所宜

---

① 《孟子·滕文公下》。

② 《论语·公冶长》。

而定之"①的真正的微言大义,并同时达到"从心所欲,不逾矩"②和"有杀身以成仁"③的终极境界。这一点留待讨论儒家时再谈。

因此,认天之时为最终的实在并非是坚持另一种形而上学的原则。它意味着一种不同于传统西方和印度的思想方式、说话方式和人生行为的境界。当然,这里同样有一个通过学习而能知几因天的问题。勾践、夫差与范蠡这种"高人"相比都是只知目的和手段、加上碰运气的外行。可是这种学习与数学逻辑的、概念思辨的、单纯瑜伽式的学习都不同,因为它追求的不是某一种技巧、理论和意识状态,而是能进入生存境域(时)的"终极能力"。它没有固定的追求"对象",而且恰恰是要追求既不受制于对象而又能维持于现象(缘起)境域之中的能力。所以,这种学习从一开始就是盘曲的、非线性的、即益即损的、"A 而不 a"的。出色的学生不只是知识渊博,有逻辑推理、概念抽象的能力,或坚守道德规范、敬天守礼,还应是对"时"有如影随形的敏感,能"入境"之人。不论孔子、老子,还是惠能对于"学"的这层深义都了然于胸,尽管表达的方式有不同。也正因为如此,中国古人心目中的圣人不是西方意义上的哲学大家(柏拉图、亚里士多德),殉道者(苏格拉底、耶稣),印度式的入梵我境者、入无余涅槃者,而是入时从化者,故孟子推崇孔子为"圣之时者也"④,庄子门徒则

---

① 《中国哲学史资料选辑》,第 238 页。

② 《论语·为政》。

③ 《论语·卫灵公》。

④ 《孟子·万章下》。

赞庄子"宏大而辟，深宏而肆……应于化而解于物者"①。

　　所以，知天时之技艺也就没有什么固定的、唯一的形式，任何能够使人愤启悱发、触类旁通、顿开茅塞者就都是知天的机缘，而这却是最实实在在的、无法掺假的。中国思想中各主要流派的区别，往往就在于对天道的具体说法和初级训练方法的不同。然而，"天下同归而殊途，一致而百虑"②。而且，越是与人的日常生活相近的活动就越会有时机的几微。人天生就知时，但这"知"又不是什么先天的规范之知、本质之知，而必启发于每个合宜中节的举动中。得天地之道就只是将这天生之时知、几知推广到人生和万事之中，所谓"致广大而尽精微"而已。人所处的世界中处处是时、是境，关键在于是否"能近取譬"而"增益其所不能"。范蠡讲用兵的一段话表现出阴阳家和兵家的风格："臣闻古之善用兵者，赢缩以为常，四时以为纪，无过天极，究数而止。天道皇皇，日月以为常，明者以为法，微者则是行。阳至而阴，阴至而阳；日困而还，月盈而匡。古之善用兵者，因天地之常，与之俱行：后则用阴，先则用阳；近则用柔，远则用刚……若将与之，必因天地之灾，又参其民饥饱劳逸以参之，尽其阳节、盈吾阴节而夺之。……必顺天道，周施无究。"③天地四时和日月赢缩居然可以成为用兵诡道所效法者，实在会令今人大惑不解，就如同中医的阴阳五行说令西医不解一样。然而，联系到上面讨论的古代中国人的基本思维特点和"天"的地位，考虑到那么多人在那

----

① 《庄子·天下》。

② 《易·易传·系辞下》。

③ 《中国哲学史资料选辑》，第 240 页。

么长时间和那么大范围内有效地运用了它，就可以这样推想：它
是在一切非境域的方法（确定目标、信息收集、理智加工、祭祀
天地……）穷尽之后，还可以使人的领会力再向前引申的方法。所
以，"阴""阳"并不是两个"范畴"，由概括万物的基本"属性"
而来，要是那样的话就太呆板和不称手了；它们只能是在人的纯
现象生存中，最可领会最能触类旁通的构成之缘。在那时的思想
和语言的氛围中，一说到"阳"或"阴"就有相应的构成着的领会
状态被投射出来；说到"阴阳相交"，就更有一番思想天地出现。
对于范蠡和那一派思想者们，"后则用阴，先则用阳……阴节不尽，
柔而不可迫"这一类"行话"，有着如诗如歌、冥会暗通、气象袭
人的思想蕴意和构成效应。这是一种中国先秦的"范畴直观"。怎
样的防御、进攻、用计才算是如日月阴阳那样恰到好处，是任何
其他方法都无法告诉你的。

二、原本儒家的天道观

有了前一章和上一节的讨论，下面的讨论就会顺当得多。到
目前为止，"天"的原本含义一直被遮蔽着。治中国哲学史的人往
往一上来就用西方概念哲学的方法和分类原则将它切分成数块，
所谓主宰之天、物质之天、自然之天、义理之天、命运之天等等。
而且，一般都将主宰之天解释为有人格的上帝，属于殷商的"宗
教传统"，而视自老子、孔子而起的中国哲学思想，为背离这个传
统的理性思维或"人道"思想。总之，"天"这个词没有它本身的
原发含义，似乎成了一个空洞的符号。但是，如果这最"天"然

的"素朴"不见了，中国古代思想又何"以为绚兮"？ [①]

当一个人说他或她喜爱"中国文化"时，就思想而言，他或她爱的是哪一种"天"呢？是"主宰之天""物质之天""义理之天""命运之天"吗？要是那样，他大可不必到中国文化中来寻，在西方和印度尽有比这里讲得更"系统"、更"崇高"者在。天！那是充满了华夏思想气象之天。"维天之命，于穆不已" [②]，引导了数千年的文化人生的方向。"大哉圣人之道！洋洋乎！发育万物，峻极于天。……溥博渊泉，而时出之。溥博如天，渊泉如渊。见而民莫不敬，言而民莫不信，行而民莫不说。是以声名洋溢乎中国，施及蛮貊；舟车所至，人力所通；天之所覆，地之所载，日月所照，霜露所队〔坠〕；凡有血气者，莫不尊亲，故曰配天。" [③]

"巍巍乎，唯天为大" [④]，孔子一生就为理解和阐释这"天"的原本含义而活。五十而知天命，七十而能入天行之境（"从心所欲，不逾矩"） [⑤]。不知晓这样一个"天然"源头和背景，就难以看出《论语》的至淳至极的思想含义，而将它视为"伦理学说""社会政治理论""修身理论""教育理论"……的汇集，或就像黑格尔那样将它贬为"老练的、道德的教训"和"散文式的理智" [⑥]。当然，孔子以继承文王、周公之文化礼制为己任，但这是基于对"天"的

---

① 《论语·八佾》。

② 《诗经·周颂》;《中庸》第二十六章。

③ 《中庸》第三十一章。

④ 《论语·泰伯》。

⑤ 《论语·为政》。

⑥ 黑格尔:《哲学史讲演录》第一卷，北京大学哲学系外国哲学史教研室译，生活·读书·新知三联书店 1956 年版，第 119、132 页。

深刻理解和思想共鸣之上的。"子畏于匡。曰：'文王既没，文不在兹乎？天之将丧斯文也，后死者不得与于斯文也；天之未丧斯文也，匡人其如予何？'"①周文化从根本上讲就是理解天意和维持天命的文化。周人有"**天命靡常**"的深刻感受（有些类似于佛家讲的"诸行无常"），但从中既没能得出应崇拜人格神的结论，也没有抛开天命而自行其是；而是发展出了一种以人的生存方式来"配天"的"唯精唯一，允执厥中"的洞察，并通过一整套礼乐典制来维持这些天意于人间。这在世界文明史中是罕见的。孔子对此心领神会而爱之深切。

"夫礼必本于天，动而之地，列而之事，变而从时。"②礼不只是对现成的体制、仪式、人伦关系的记载和规定，更有一层于躬行礼仪中直接体验那在当场构成者的深义。孔子视"礼"为一种"艺"，一种升华人生、揭示新的领悟境界的艺术、节文或几微。所以，亲身参与是极重要的，"吾不与祭，如不祭"③。正因为如此，"祭如在，祭神如神在"④与"敬鬼神而远之"⑤不但不矛盾，在意思上反倒是相通的。前者讲的是于祭礼的实行中"在场"（用海德格尔的话来说就是"Anwesen"）之神；而后者所讲的是现成意义上的、可作为祭祀对象和祈求对象的鬼神，所以应对其保持距离。而且，正因为保持了距离而又"敬"之，它们就被转化为在境域

---

① 《论语·子罕》。
② 《礼记·礼运》。
③ 《论语·八佾》。
④ 同上。
⑤ 《论语·雍也》。

中构成的鬼神。"祭如在"之"如"，透露出孔子根深蒂固的"现象学存在论"的、于**运作投入之中**（《中庸》的本源义）而际遇存在、领受真知的思维方式。这"如"字因而不应做"好像"讲，而应做"到……去（来）"讲。"祭神如神在"就意味着"在祭神的时刻到神意所在之处去"，或"在祭神的时刻与神同在"。孔子并不像许多人讲的那样，对所有意义上的鬼神抱着一种怀疑的、敷衍的不真诚态度。他的视野中根本没有在人生经验（比如祭仪）之外的、在某个幽冥界中行"主宰"权力的"怪、力、乱、神"[①]；而他对由躬行祭礼而揭示出的在场之神，是极真诚地相信和完全投入的。《中庸》讲道："子曰：'鬼神之为德，其盛矣乎！视之而弗见，听之而弗闻，体物而不可遗。使天下之人齐明盛服，以承祭祀。洋洋乎！如在其上，如在其左右。诗云：'神之格思，不可度思！矧可射思！'夫微之显，诚之不可掩如此夫。'"[②] 这段话中充满了海德格尔意义上的"解释学情境"和佛家的"缘起"见地。人与鬼神之间必有距离，"视之而弗见，听之而弗闻"，因而将他作为一个人格化的神去崇拜、去祈福就不合适，只有采取"祭神如神在"的缘在态度，才使这距离被调整为不常不断的发生空间，具有一个"洋洋乎！如在其上，如在其左右"的至诚境域，微妙地显示出神的盛德。所以，"以德配天"中的"德"也绝非现成的、靠死守道德规范、祖宗遗训就可以得到的。这德必是在礼乐教化的施行中随机构成的德性智慧。

---

① 《论语·述而》。
② 《中庸》第十六章。

　　孔子之所以会有这种当场**构成之诚**的态度，与上一节中讲的中国古人视终极实在为**天时**的基本倾向密切相关。对于那时的有智慧者来讲，根本就没有什么离开了"发生"和"时机"的现成实在和真诚状态。所以，理解最终实在的问题，不是一个通过概念思辨去把握理念实体的问题，也不只是一个通过瑜伽实践而体验内在的出神入化状态的问题，而是一个通过恰到好处的"艺"行而进入被激发的构成态——"如神在"，天时——的问题。范蠡是依据日月、阴阳和人事形势的气象来进入能配合天时的洞察状态；孔子在行祭祀时则是通过和穆中节、细密周致的礼乐仪文来"如神在"。这神已不再是盲目的崇拜对象，而是被祭礼本身引发出的、超出伦理说教的德性智慧和至诚。"一阴一阳之谓道……阴阳不测之谓神。"[①] 只是孔子践履周礼，主要不是为知晓某个具体事件中的"时"，而是为了体认中庸那与天地相通的至诚状态，从而一通百通，知命知天。照《中庸》所言："诚者，天之道也；诚之者，人之道也。诚者不勉而中，不思而得，从容中道，圣人也。"[②] 儒家的最高境界是既合乎美德又超出一般道德的最本源的纯构成状态，也就是"仁"的本义。孔子之所以认为知晓"禘"这种大祭礼的人，治天下易如反掌 [③]，就是因为礼有引人入至诚天道的能力。所以他实在无法容忍那些践踏礼、利用礼来为一己之私服务的做法，就像一个痴爱书法的高手无法容忍恶劣的冒充墨迹一样。礼对他意味着达到人生至境、天下平和、民众福祉的通天艺术，哪里只

---

① 《易·易传·系辞上》。

② 《中庸》第二十章。

③ 《论语·八佾》。

是维持旧秩序的一套繁文缛节呢？当然，"礼"只是孔子用来激发学生进入这构成状态并能长时间地保持其中的一种方式，诗、书、乐、射、御、春秋……都是开启仁慧而入中道的几微。对于孔子而言，天道就是中道。这"中"绝非现成的两极端的中间，而意味着摆脱了任何现成思维方式的"在构成之中"。这无所执却又总为至极的中就是"**时中**（zhong，四声）"。所谓，"诚者不勉而中"，"发而皆中节，谓之和"①。将孔子称为"圣之时者也"，可谓言中！整本《论语》中弥漫的"瞻之在前，忽焉在后"，醇和深厚之极又婉转活泼之极的气氛，都来自孔夫子思想中纯构成的时中本性。读之令人既有"高山仰止"之叹，亦生"民鲜久矣"②之悲。

　　"子贡曰：'夫子之文章，可得而闻也；夫子之言性与天道，不可得而闻也。'"③"子罕言利与命与仁。"④孔门弟子之所以特别注意到这个事实，说明当时有知识的人对于"性""天道""天命"这些问题有普遍的关心和议论，《诗经》《书经》《左传》中也有不少这方面的记载；而孔子在他数十年的讲学授徒中有意地避开了这些话题。这一点让后世专讲"天理""人欲"之辨的理学家们不理解，却还是要去解释。朱熹认为这应归于"圣门教不躐等"，或孔门有什么不轻示弟子的密传心法，"子贡至是始得闻之，而叹其美也"⑤。这是无根据的猜测。孔子自己就讲："二三子以我为隐乎？吾

---

① 《中庸》第一章。
② 《论语·雍也》。
③ 《论语·公冶长》。
④ 《论语·子罕》。
⑤ 《论语·公冶长》。

无隐尔。"①该说该做的，夫子何曾秘而不宣？当然，这"无言"的现象并不说明孔子不关心这些问题。相反，正因为这些问题对这位"圣之时者也"的思想家来讲是太重要了，"唯天为大"，以至他无法不以当场构成的或"时中"的方法来揭示、体会它们的终极意义，不能或不忍心以现成的方式来"言之凿凿"。这与他对待鬼神、死后世界的态度是一致的。"季路问事鬼神，子曰：'未能事人，焉能事鬼？'敢问死。曰：'未知生，焉知死？'"②从上面的讨论可知，孔子何尝不关心"鬼神"和"死"；他只是不能采取"事奉"和（现成地）"认知"的态度。他只愿通过生动的、开启性的祭礼和其他合适的时机来与当场化、构成化、领会化了的鬼神打交道，而绝不愿去谈论那具有某种观念实体性的鬼神和另一个世界的情况。孔子讲的"非礼勿视，非礼勿听，非礼勿言，非礼勿动"③，不只是让人克制自己的感性欲望，更有一层要人克除自己脱开活生生的礼仪节文而去寻找鬼神、生死、有无、天命的意义的理性欲望的意思。礼乐本身不是空洞的形式，亦非可脱离情境的现成形式。"人而不仁，如礼何？人而不仁，如乐何？"④

"仁"对孔子而言主要不是指一种道德品质，所以，有其他具体美德者不必有仁，而仁者则必有美德。仁对他说来是根本的思想方式或对待终极实在的态度。"能近取譬，可谓仁之方也已。"⑤

---

① 《论语·述而》。
② 《论语·先进》。
③ 《论语·颜渊》。
④ 《论语·八佾》。
⑤ 《论语·雍也》。

所谓"能近取譬"是说人无现成的自性，但也并非全由外铄而定，只有通过"取譬"（交往折射）而成立。而且，只有能反身（"近"）的取譬才合乎人的本性——仁；此为"性相近也"①之义所在。因此，"夫仁者，己欲立而立人，己欲达而达人"。从反面看就是"己所不欲，勿施于人"②。这并非告诉你去做什么，不要做什么，比如"要爱你的仇敌""不可撒谎"等。也不只是"推己及人"（朱熹），因为这"己"或"己欲"也还是未定者，须在立人、达人之中升华构成。因此，仁只是一个人与人相互对待、相互造就的构成原则和中庸（用）原则③，一种看待人的天性的纯境域方式，有其内在的严格性。这也就是孔子心目中能将他的全部学说"一以贯之"者④，"可以终身行之"者⑤。

因此，仁道与天道在"允执其中"⑥这一含义上相互贯通。得仁就是知天，行仁道就是知天道。"修身、齐家、治国、平天下"，一脉相承。但是，"欲修其身者，先正其心；欲正其心者，先诚其意；欲诚其意者，先致其知，致知在格物"⑦。朱熹将"格"训为"至"，"物"训为"事"；"格物致知"为"穷至事物之理，欲其极

---

① 《论语·阳货》。

② 《论语·卫灵公》。

③ 朱熹和程颐将"中庸"之"庸"训为"平常"和"不易"。《说文解字》和高树藩编辑的《中文形音字综合大词典》则将"庸"训为"用"。《庄子》齐物论讲："唯达者知通为一，为是不用而寓诸庸。庸也者用也；用也者通也；通也者得也。适得而几已，因是已。"就正是在其原义上使用这个字。

④ 《论语·卫灵公》《论语·里仁》。

⑤ 《论语·卫灵公》。

⑥ 《论语·尧曰》。

⑦ 《大学》第一章。

处无不到也",失之笼统。但陆王心学讲的:"格者正也,正其不正以归于正也"①亦失之僵板,如良知已被"私意障碍",那又何以为"正"的标准呢?如果已知何为正而未行之,按照王阳明自己的"知行合一"的说法,就"只是不曾知"。顺着上文行下来的意思,可知这个格物既非泛泛地穷至事物之理,亦非以现成之正去其不正,而是通过"艺"的方式与物相交,以引发出构成态的天知,从而达到意诚。简单的经验观察之知和事先已有框架(比如"天理""正心")的心性之知都含有彼此的区别,达不到至诚。后世儒者往往看不起那些似乎与读经和道德无关的手艺、技艺,讥之为雕虫小技,就是因为没有明白格物的微妙意。其实孔子学说的一大特点就是通过技艺(礼、乐、射、御、书、数等)来缘发式地格物致知。六经从根本上也是一种文之艺,并非概念知识性的。孔子自儿时开始的人生经历最深刻地造就了他的思想方式。孔子曰:"吾少也贱,故多能鄙事。"又云:"吾不试,故艺。"②这种经历使他无法迁就任何一种概念的或"非艺"的思想方式。"子绝四:毋意、毋必、毋固、毋我。"③当然,作为一种技能的艺对他来讲并非多多益善,关键在于能领会艺所开启的非现成的思想境界。"子曰:'赐也,女以予为多学而识之者欤?'对曰:'然,非欤?'曰:'非也,予一以贯之。'"④

所以,孔子本人的"学"和启发学生的"诲"的全部神髓,都

---

① 王阳明:《传习录》上。

② 《论语·子罕》。

③ 同上。

④ 《论语·卫灵公》。

在于将那些出神入化的艺境转化为人的根本思想方式（仁）和时中的行为方式。《论语》涉及"礼""乐""诗""射""御""易"……诸艺，但他对前三者似乎更关注。"兴于诗，立于礼，成于乐。"①礼自不必说，他对于乐和诗的挚爱和发自思想深处的共鸣，在世界思想家中是罕见的。"子谓韶，'尽美矣，又尽善也。'谓武，'尽美矣，未尽善也。'"②"子在齐闻韶，三月不知肉味。曰：'不图为乐之至于斯也！'"③从乐中得"至美"之境不难，而得"至善"之境并知其为至善之境，则非能转化之、能"一以贯之"不可。因此，他对于与乐相伴的《诗经》的思想蕴意极为敏感，不仅说出"不学诗，无以言"④这样昭示语言的艺构成本性的话，而且对于任何学生能将《诗经》境转化为其他语境尤其是思想境界的举动，总是给予最由衷的赞赏。"子贡曰：'贫而无谄，富而无骄，何如？'子曰：'可也，未若贫而乐，富而好礼者也。'子贡曰：'诗云："如切如磋，如琢如磨。"'其斯之谓欤？子曰：'赐也，始可与言诗已矣！告诸往而知来者。'"⑤这段优美而又诗意盎然的对话是典型的中国文化和哲理的产物。孔子认为"贫而乐，富而好礼"比"无谄、无骄"更高一筹，是因为前者更有"艺"性。于是就引发了子贡的"诗化之思"。"切磋，琢磨"在这里不只是精益求精之意，更有研磨化开"贫""富"的呆板义而升华转化之的意味，与孔

---

① 《论语·泰伯》。

② 《论语·八佾》。

③ 《论语·述而》。

④ 《论语·季氏》。

⑤ 《论语·学而》。

子的答语恰成呼应，如乐音的相合一般。所以夫子盛赞他领会了
《诗经》的思想含义，"告诸往而知来者"又正是由艺开发出的"时
慧"的特性。另一段由子夏问诗而引起的极为生动起伏的对话①也
同样地在借境传神。所以，孔子能讲出"《诗》三百，一言以蔽之，
曰'思无邪'"②这样恢宏之极又纯真之极的话。作为古代的"信天
游""爬山调"，《诗经》中有多少言男女之情、抒不平之愤的诗篇，
孔老夫子居然一言以蔽之，曰"思无邪"！要想不牵强地想通这句
话，非将《诗经》理解为如乐一般的纯构境之艺不可。取诗的构
成之境而非现成之语，则何邪之有，何陋之有？有人认为这种动
不动就在"诗云"之后来个"子曰"的做法太幼稚牵强，殊不知
其中大有与孔子的思想方式相关者在。

　　与后世理学家的区别彼此的态度不同，孔子看重的不是与
"人欲"相对的"天理"，而只是纯构成的境界。"子曰：'已矣乎！
吾未见好德如好色者也。'"③他期望将好色的那种纯自然构成的境
界转化为好德之境。换句话说，好德非像好色那样"出神"而"入
化"才能是"不勉而中，不思而得，从容中道"。反过来讲，《关
雎》之所以能"乐而不淫，哀而不伤"④，也就是因为其好色中有好
德。所以，孔子从来就相信"知之者不如好之者，好之者不如乐
之者"⑤。"乐"（le，四声）与上面讲的"乐"（yue，四声）有内在

---

① 《论语·八佾》。

② 《论语·学而》。

③ 《论语·卫灵公》。

④ 《论语·八佾》。

⑤ 《论语·雍也》。

相通之处，能以德为乐也就是进入了德的乐（yue）境。这样的德才是"造次必于是，颠沛必于是"之德。

孔子"好学"，绝非只是出于希腊人那种据说是能引发科学精神的"好奇"，也不就是为了博学多能，而是为了入乐境而得至乐。"其为人也，发愤忘食，乐以忘忧，不知老之将至云尔。"①《论语》中有患难、有深忧，更有不离人生际遇、却不被现成状况摆布的"乐"，读之令人感动之极。"子曰：'饭疏食饮水，曲肱而枕之，乐亦在其中矣。不义而富且贵，于我如浮云。'"②一位终生志在匡正天下而又终生不见用的老者，何能无伤悲慨叹；然而，"乐亦在其中矣"。非有贯通人生的纯构成的思想境界不能为之！"知我者其天乎！"③《论语》中有"乐"之处，就有至境。"人不堪其忧，回也不改其乐。贤哉，回也！"④说它是一种美德已不够了，因为非有至性的发现而不能为其乐。

孔子的治国、平天下之道也是非现成化的。"季康子问政于孔子曰：'如杀无道，以就有道，如何？'孔子对曰：'子为政，焉用杀？子欲善，而民善矣。君子之德风，小人之德草。草上之风，必偃。'"⑤"杀无道，以就有道"似乎有理，但却将"道"视为一种现成的、摆在那里的标准了。这种道的"有无"岂不由有权者说了算吗？真正的治国之道是艺几构成性的，通过礼乐教化之"风"来

---

① 《论语·述而》。
② 同上。
③ 《论语·宪问》。
④ 《论语·雍也》。
⑤ 《论语·颜渊》。

淳化天下的生存境界。这在他看来也就是"无为而治"①，因为礼乐仁义不是或不应是任何强加于天下的东西，而恰是使天下为"天下"者。所以，孔子对铸刑鼎（公布法律条文）一类的举措不赞成，因为那样就有失去治国的艺几性的危险。究其本意，孔子所反对的只是以现成的方式——当权者一己之意、法律条文等——来宰割这"四时行焉，百物生焉"②的天下而已；而赞成或起码不会反对以任何一种艺构成的方式来治国的举措。比如，可以设想，他不但赞成有道仁君（天子）无为而治，而且也不会反对（家庭、家族、邻里、乡党等）社团民主与法制的艺术结合所达到的无为而治之境。因为那也是与他的思路"无间然"③者。但孔子不会赞成建立于个人主义和表象理论之上的代议制民主，因那样的议会只是交换和裁决现成利益的地方，而不是艺构成的场所。"天下有道"从根本上说就是指有艺几构成之道，虽然在当时与"礼乐征伐自天子出"④的状态相伴，但并不必然；"天下无道"则意味着这种构成式的生存状态的消隐，由现成的力量（往往以残杀形式出现）和固定不变的现成等级主宰局面。孔子的政道思想虽然的确染有浓重的周文化的色彩，但在根本上是开放的、纯运作方式的，而非固执于某种现成的统治形式的。⑤

　　孔门弟子赞评夫子者，只有颜渊的"喟然叹曰"说得真切：

---

①　《论语·卫灵公》。

②　《论语·阳货》。

③　《论语·泰伯》。

④　《论语·季氏》。

⑤　因此，先秦至汉代公羊家的《春秋》"改制说""新王说"等，不必错。

"仰之弥高，钻之弥坚；瞻之在前，忽焉在后。夫子循循然善诱人，博我以文，约我以礼。欲罢不能，既竭吾才，如有所立卓尔。虽欲从之，末由也已。"[①] 这种传神的描述只有"择乎中庸，得一善，则拳拳服膺而弗失之"[②] 的"如愚……[而]不愚"之颜回[③] 才会有。无怪乎，"回也不改其乐"也[④]。说到底，《论语》乃是儒学中最纯粹的思想著作。能有孔子这样的"至圣先师"，中华幸甚。

孔子之后，有《中庸》一文，虽然大讲"性与天道"，但亦颇得夫子真义。其中的"至诚"、"中和之道"确是格艺几之物所得的境界；因而此篇被宋儒置于《大学》之后，可谓合宜。而且，其中讲的"夫妇之愚，可以与知焉，及其至也，虽圣人亦有所不知焉"[⑤] 极有孔子遗风。到《孟子》，儒学之思已不纯，但其大略规模仍在。孟子曰："仁义礼智，非由外铄我也，我固有之也，弗思耳矣。"[⑥] 讲"非由外铄"可，讲"我固有之"则已有悖于孔子思路的精微处了。由此讲性本善、理同然、求放心，就开了后世理学心学之先河。按照这种说法，心性理义似乎是个先天的实体，"此天之所与我也"；只是被后来的人欲陷溺住了或放纵了。所以"学问之道无他，求放心而已矣"[⑦]。这就只是先天的现成者与后天的现成者之间此消彼长的关系，与孔子的礼乐仁义中的纯构成思路

---

① 《论语·子罕》。
② 《中庸》第八章。
③ 《论语·为政》。
④ 《论语·雍也》。
⑤ 《中庸》第十二章。
⑥ 《孟子·告子上》。
⑦ 同上。

和境界已有相当的距离了。但孟子讲的"养气""恻隐（不忍）之心""良知良能"等等都含有微妙韵意，"皆前圣所未发"（程子）。而且，他在那"以攻伐为贤"的乱世中力倡孔学，诉求于人的那一点天良，不能不说是"有功于圣门"。但称之为"醇乎醇者"（韩愈），则言过其实了。

三、墨家思维方式的现成性

中国古代思想的主流是非概念的和引发式的，但也出现过观念思维型的学说。就先秦而言，墨家是其中最有影响者。《墨子》几乎反对儒家的每一个具体主张。《庄子》言："故有儒墨之是非，以是其所非，而非其所是。"[1]但是，两者之间真正的差别是思想方式上的。《论语》中孔子的思维更倾向于纯构成的、依几微而发生的方式；《墨子》则基本上是概念现成式的和对象把捉式的。因此，墨子的弟子们能发展出有一定规模的逻辑学说。孔学在后世的显赫和墨学的完全消失再清楚不过地显示了中国文化的思想倾向。

"子墨子言曰：其［禹、汤、文、武］上事尊天，中事鬼神，下爱人。"[2]"尊天、事鬼神、爱人"似乎与儒家不矛盾，但由于思想方式的不同，两者的具体理解相距极远。首先，墨子看到圣王、百姓"祭祀于上帝鬼神，而求祈福于天"，就推论到必有或应该有一个有意志的天来赏善罚恶。他完全不能理解周公、孔子关于天

———————

① 《庄子·齐物论》。

② 《墨子·天志上》。

和祭天的时中观和当场构成观，而是认为这个天如不实质化、意志化甚而人格化为"欲义而恶不义"的天帝，关于天意的一切说法和祭祀天的一切行为就无着落，或简直就是一场天大的骗局。这倒确与西方信仰人格神者的看法一致。只是，他生活于华夏礼乐之邦，处于周文化的天运之中，以至他在事实上也并未创立出一个像样的人格神宗教，只是心向往之而已。他关于天有意志、鬼神存在的具体论证既简单又呆板。而且，他企图树立有意志天帝的动机是完全实用主义的。"顺天意者，兼相爱，交相利，必得赏；反天意者，别相恶，交相贼，必得罚。"[1] 这样理解的天意，完全失去了它在周公、孔子、范蠡那里的时性和"上天之载，无声无臭"[2] 的精微，变成现成的指令或意愿。"天欲其［百姓］生而恶其死，欲其富而恶其贫"，"天之意不欲大国之攻小国也，大家之乱小家也。"[3] 很明显，这样的天意不过是人意的另一种说法而已，与《旧约》中的"神意"有某种表达方式上的类似，但既没有后者的创世说和悠久史脉，也没有能引发虔诚的超越的神秘，它最终也就只是一种用来宰治天下的概念规则。"子墨子言曰：我有天志，譬若轮之有规，匠人之有矩。轮匠执其规矩以度天下方圆，曰：中者是也，不中者非也。"[4] 非如此则天下没有一个法度，作恶者就不一定得罚，行善者就不一定得赏，岂不乱了套？也就没有正义可言。这样的思路贯穿墨子对一切问题的看法。

---

① 《墨子·天志上》。

② 《中庸》第三十三章。

③ 《墨子·天志上》。

④ 同上。

　　因此，墨子认为必有鬼神。这不仅由于鬼神的存在"上本之于古者圣王之事……下原察百姓耳目之实"，更因为"尝若鬼神之能赏贤如罚暴也，盖本施之国家，施之万民，实所以治国家利万民之道也"[①]。而且，鬼神的赏罚如天志那样无处不在，无幽不显，比天子官长的赏罚更有普遍的有效性。所以"古圣王治天下也，必先鬼神而后人者"[②]。孔子也极重视祭祀大礼，但并非像墨子那样"先鬼神而后人"，似尊天明鬼，而实怀获利之心；他取的是"祭神如神在"的态度，似淡远"迂阔"而实至诚。《中庸》讲："莫见乎隐，莫显乎微，故君子慎其独也"；这并非出自"畏上诛罚"[③]，而是体会到"［天］道也者，不可须臾离也""至诚如神"[④]之所致。此外，墨子将"命"理解为现成的宿命，然后大加挞伐，而从未能体会到与人的本性相参的天命，以及"至诚无息……博厚配地，高明配天，悠久无疆"[⑤]的境界。

　　他讲"兼爱"，是因为"天下兼相爱则治，交相恶则乱"[⑥]。完全没有孔子讲的"仁爱"中那种"能近取譬"从而实现人的至诚真性的原发机理。墨子讲"视人之国若视其国，视人之家若视其家，视人之身若视其身，是故诸侯相爱而不野战"[⑦]；其中"人"与"其（己）"都是现成之人，已有了彼此、主客的区别。出于实用的目的去要求他们彼此兼相爱，正是墨子"执规矩以度天下之

---

① 《墨子·明鬼下》。

② 同上。

③ 同上。

④ 《中庸》第一、二十四章。

⑤ 《中庸》第二十六章。

⑥ 《墨子·兼爱上》。

⑦ 《墨子·兼爱中》。

方圆"这种强人所难风格的表现。孔子讲的"己欲立而立人，己欲达而达人"与上面所引墨子的那段话似乎有些相似，但其中"欲……而……"的纯发生机制显示出了一种完全不同的思想方式。"己"与"人"在这里还没有现成的区分，仁爱并非指两者的相并相兼，而是发而中和的共构。形象地说，墨子的原则如一把尺，要量尽天下长短；孔子的原则则如一架天平，其平衡感存在于人之所以为人的相较相构之中。说到底，这也是西方的博爱与中国的仁爱的区别。将人的本性视为可由概念表达者，比如"理性的动物"、"会说话的动物"，再要求这本质上以自我为中心的理性动物去"爱一切人"，岂不陷人于毫无希望的分裂斗争之中。在这种要么崇高得不自然，要么自然得自私自利的两难形势下，似乎只有一个绝对超越了人性的上帝才能中止这根深蒂固的苦难绝境了。

这种由现成的思想方式所导致的两难局面在《墨子》中时可看到，比如，对于"乐"，他一方面坦承"非以大钟、鸣鼓、琴瑟、竽笙之声，以为不乐也；非以刻镂文章之色，以为不美也"，另一方面，由于"上考之不中圣王之事，下度之不中万民之利"，所以得出结论："为乐非也。"[①]且不说音乐文采中不中圣王之事和万民之利是个随境而迁的问题，只就墨子这种视人的天性与人的利益为不可调和者的态度而言，就反映出这条思路的不通彻和逆天而行。"执规矩以度天下"所得出的是其体系消化不了的"无理数"。孔子则从来不将乐视为一种或有正面价值（娱乐）或有负面价值（耗

---

① 《墨子·非乐上》。

民财）的现成现象，而是视为人的生发中和本性的纯然体现，能达到既至美又至善的至境。

总之，墨子思想中缺少一个终极发生的机制或天机，对什么事情都只从"半截"或现成状态讲起，所以总是使人处于一种已劈分开了的局面之中。他讲的兼爱、非攻、节葬、节用在这样一个已经退化了的形势中未必不是正当的要求，但其**讲法本身**与周人的天道思路格格不入。至于他的"尚同"，与霍布斯的《利维坦》也有可比之处。认为人在"未有刑政之时"的自然状态下是分裂的，"天下之百姓皆以水火毒药相亏害"，所以必须让天子来"壹同天下之义，是以天下治也"①。在这个被"壹同"了的天下之中，老百姓被敕令"闻善而不善，皆以告其上。上之所是，必皆是之；所非，必皆非之"②。这种用恐惧和密告维持的兼爱"壹同"的治世，在古代比较完满地体现于秦王朝中。西方的独裁政体与之相若。就是西方的民主政体理论，也与墨子的学说属于同一个大的思想层级，它们都没有达到对于人性和国家的构成域型的或"天下"型的理解。个人与国家之间是一种基于某种现成状态的外在关系，或以治者为重心，或以被治者为重心。相应的，就有以统治者（君主、执政党派、寡头）为实体的"壹同"专权体制，或以个人的集合（"人民"）为实体的协同代理体制。后者由于不受制于特定的物质单位，比如独裁者的身体的存在，而更纯粹地体现了西方以形式为真实存在的思想特点。而且，在这个形式构

---

① 《墨子·尚同上》。

② 同上。

架层次上，也有一整套构成和调控的机制，用来维持这个形式的真实性和在有限范围内的境域性；比如：各种形式的选举制、三权相互制约、法院陪审团制度、具有某种域限的言论自由，等等。只有这样，这个政体才能获得形式意义上的相对公正性和让人觉得"也只好如此"的合理性。只有与墨子或霍布斯主张的那种笨拙单向、缺少协调机制的专权体制相比，这种"民主法制"的合理一面才能显示出来。不过，它与专权制名为对立，实为互补，都是同一个分裂局面的体现。所以，当协同代理制的效率极为低下，不足以应付国家面临的动荡危机时，"人民"就会投票去结束自己的优势地位，以虽然笨拙但"壹同"得适于渡过危机的凝固形态生存下去。古希腊的城邦史明白地昭示了这一点。建立在个体主义之上的民主制只是某一种思想方式在某一种生存形势下的最适体现，绝非人性本身的原发要求。当它不再具有一个扩展着的"边疆"或地平域时，它就会面对自己的不合理性。

在今天，谁也不能小看墨子的学说，因为它与正影响着我们的历史局面确有思想上的关联。尽管它粗糙简陋，且从未充分进入"形式"的层次，但试想：如果当年是它而非孔子学说得了天下，会逐渐发展出什么样的一种文明形态？就从这粗陋的、摩顶放踵的墨家中已生发出了中国古代少见的逻辑学说，可见它深处潜藏着什么样的思想可能性了。中国今日的"落后"，以及到今日还没有从文化上灭亡，都与这一章所讨论的自周代以来就成为主流的天道思想深切相关。

第 12 章　形而上之道还是势域之道

一、对道的错解：形而上之理

老子与庄子使"道"在古代中国获得了一个突出的思想地位，被人们视为最终的实在本源和真理。海德格尔与东方思想的对话即朝向此"道"。从上一章讨论可以看出，中国古道不是无源之水，而是"天上来"的。道是天的纯思想化，从根子上讲就是天之道。上一章讲的"天"，无论是阴阳构生的天还是礼乐中和的天，就是在讲天之道境，以下要做的则是去疏通道的天意。

然而，自战国起，道的玄通天意就被渐次削平，天道成了一种总稽万物之理的总道理，而不再是切己的原发生（时中）性。求道人不得不徘徊于"绝地天通"的越来越干涸的思想局面中。虽然这种做法与近代依据西方概念哲学所推行者不尽相同，但在削去道的原发思想势态，使之由际会风云之龙，蜕变为无天势可言的爬虫方面是一致的。而且，正是这种中国的"形而上"之道为西方的"形而上学"铺平了"入主中原"的道路。荀子已从思想方式上将天道与人道区分开来。"故君子敬其在己者，而不慕其在

天者。"①这种态度与孔子的罕言"性与天道"②已很不一样了。孔子
罕言天道,因为"天"对于他的含义是如此深切丰满,以至他不
忍去"形而上"地议论它的道理,将它"自然"化或"主宰"化。
荀子则是视天道为自然之道与决定论式的命运之道(这一点上他
的思想方式与墨子相近),所以没有什么可"慕"的。于是,"从
天而颂之,孰与制天命而用之?望时而待之,孰与应时而使之?"③
对于他,人与天的关系似乎只能或"颂之"或"制而用之",而没
有"人事必将与天地相参"(范蠡)的可能;对于时,也只有"望"
之或"使"之的区别,而没有"从时(如救火追亡人)"或"时中"
的从容中道的境界。所以,他讲的天无人境,"天行有常,不为尧
存,不为桀亡",讲人少天意,"唯圣人不求知天"。尽管议论宏高,
却已将天人之际的原发几微亏损掉了。

　　韩非子尽管在讲君王统驭之术势时颇有构成的识度,但这识
度却再也达不到道本身。他讲:"道者,万物之所然也,万理之所
稽也。理者,成物之文也;道者,万物之所以成也。故曰:'道,
理之者也。'……万物各异理而道尽稽万物之理,故不得不化;不
得不化,故无常操。"④将"道"说成是万物之所以成,或世界的根
源是不错的,但认之为**总合万理之理**("尽稽万物之理")则偏了。
按照韩非,理是万物是其所是的辨别依据,"凡理者,方圆、短长、

---

① 《荀子·天论》。

② 《论语·公冶长》。

③ 《荀子·天论》。

④ 《韩非子·解老》。

坚脆之分也，故理定而后物可得道也"①。这样的理决定个别事物或某一类事物的身份或特质，所以是"成物之文"。道则不仅是个别的和某一类事物的之所（以）然，而更是"万物之所然"，所以它不能滞于某一理或某一些理，而必须"尽稽万物之理"。这样，它就"不得不化……故无常操"。这也就是说，道的"化"和"无常操"出于它的终级性，但这种终极性并非有构成深度的和有显现情境的终极，而是一种无限普遍性的终极，因而，也就是无（终）极。思想被漫无边际地在一个平面上铺开，没有任何内在的收敛境域。这样理解的道就是常道，因为它普遍永恒得"至天地之消散也不死不衰"；由于它无定理可言，"是以不可道也"。韩非就这样理解《老子》一章的"道可道，非常道"②。

这种通过理的特殊与普遍关系来理解的道几乎剥尽了老子道的思想意味。作为一种抽象的总和之理，道失去了它的负阴抱阳的冲和境域；作为一种绝对普遍的终极，这道当然也就失去了概念性的内容（定理）。但是，韩非和不知多少采取这一思路的人，还是断定这个已经从思想上完全干瘪了的道是万物之所以成的本源，具体的定理和万物都从它那里生发出来。至于如何发生或"所以成"，则没有任何有思想含义的阐释。"理一分殊"（朱熹）的说法，也并不比柏拉图的理念论有更多的"内在超越性"。当然，韩非和后来的广义上的"理学家"没有像深受数学模式影响的柏拉图和亚里士多德那样，将这最普遍的唯一终极断定为一种最

---

① 《韩非子·解老》。

② 同上。

高的理式（至善）或实体（不动的推动者），并因而相信通过概念
化的精神活动，比如辩证法或推衍法，可以充分地理解这终极实
在。作为老子、孔子思想的阐发者，他们也或多或少地意识到这
终极道理与具体定理之间有某种质的不同，不能由定理的性质和
定理之间的关系达到道理本身。[①] 所以，他们还没有现代的"中国
哲学"研究者们所带有的那种概念形而上学的思想视野。这就是战
国以后中国本土思想的状态：一方面在很大程度上丧失了春秋时
思想者们对天道的敏感，另一方面又保持了那时的一些基本讲法，
尤其是关于终极实在（天、道、仁）与从出的定理之间区别性的
讲法。只是，这种区别被理解为常与变、无（定）与有（定）、形
而上与形而下这些平板化了的区别。所以，从西方传统概念哲学
的立场看来，这类思想既比春秋时的思想易于从概念上把握，又
缺少彻底的概念追究。

　　荀况和韩非之说虽然并不被后世的儒道主流所推崇，但其中
的思想方法却指示出了其后多少个世纪的思想格局：割裂天人、
主客、道器和理境。所以，我们可以区分开中国古代本土思想的
两个大阶段：天道流行的阶段（自商周之际迄于战国）与道之理
化的阶段（自战国后期以降）。两个阶段中的思想家们所关心的问
题多有重合之处，后者往往是对前者的进一步注释和阐发；但这
两者之间的思想方法、学说气象和达到终极的见地有很大的不同，
在某种程度上也就是源与流、活的思想世界（境域）与死的道理
之间的不同。

---

① 以宋明道学为例，陆王心学就比程朱理学更强地意识到这种质的不同。

　　《易·系辞》似乎位于这两个阶段的交接之处，同时包含两者。其中既有天道思想的相摩相荡、出神入化、以象数开显时境的几微发动；又有理化之道的观物取象（定理）、以象数之理代境匡时、剖判天地、割裂言意、妄称尊卑等等缺乏思想几微的思辨杜撰。"是故，形而上者谓之道，形而下者谓之器，化而裁之谓之变，推而行之谓之通，举而措之天下之民，谓之事业。"①这种形而上下之分割是中国古代"道理化"阶段的最显著特点。春秋时的道论首先关注的是能化于阴阳构成的天境，以得天意；形而上下的区分只有到了思想涣散之时才会出现。所以，这里有一个基本的思想方式的不同，用海德格尔的术语来说就是"存在本身的"和"存在者的"识度的不同。当然，源于周文化的中国人的思想倾向不会满足于这种区分，它总在追求一个"天人合一""物我合一"的境界。但在战国之后，这个"一"就已不是出发点和原本的生存状态，而只是在天人、物我剖分之后的沟通或"合而为一"了。魏晋时人的"有""无"之辩，宋明时人的"理（道）""气"（器）之辩都是这种在"乾坤定矣"的格局之下的沟通合一之举。其大的思路与上面介绍的这三者，特别是后两者（《韩非子》和《系辞》）的主张颇有相合之处。

　　以上的议论并非是要断定自战国后期以来，原本的天道观在中国文化中已完全退让给道理观；而只是声言，在以儒道为代表的本土传统中，天道的原义已基本上不再能以思想文字的形式出现。它渗入了这个文明的各个方面，特别以艺术、技艺和人生的

---

① 《易·易传·系辞上》。

境界追求的形式出现，源远流长，前浪伏而后浪起，未曾稍歇。中国文明从根本上讲来就是天道流行的文化。另一方面，汉代以来，从印度传入并逐渐中国化的佛家思想在某个重要的意义上倒是与天道观相通，具有某种对于"终极形势"的敏感。

汉代以后的中国的思想局面特别利于佛家大乘学说的引入。一方面，中国的天道传统培养出了思索"天人之际"问题的习惯；另一方面，形而上下分割的局面又使敏锐者感到，在原有的框架中总也达不到思想上的真正终极之处。佛家大乘的般若智慧，特别是龙树的中观，透彻地破除任何二元分叉的平板化思路，以遮诠的方式开显出了一个"涅槃就是世间，世间就是涅槃"的缘起性空的境界，为中国正趋衰颓的思想注入了一股新鲜活力。

二、《韩非子》得人势而未得天势

韩非子的道论表明他缺少从思想上领会终极境域的能力。然而，当他处理君王与臣民的关系或总稽万物之理和众定理在人间境域中的关系时就表现出了先秦人的敏锐。他本人似乎没有直接将"道稽万理"比拟于君王南面之术，但在他的思想方式中，君主就是道的人间体现，他必须与作为定理体现的臣子有质的区别。不然的话，就会失势而沦为臣子的地位，被"重人"或权臣所左右。"'重人'也者，无令而擅为，亏法以利私，耗国以便家，力能得其君"；"主上卑而大臣重，故主失势而臣得国。"[1] 然而，这种

---

[1]　《韩非子·孤愤》。

君臣区别不能只是形式上的或概念意义上的，而必须通过"法"特别是"术"，使君主取得真实意义上的驾驭群臣、规范天下的大形"**势**"，将君道活生生地即涉及臣民的生死荣辱地贯彻实施下去。为此目的，必须削弱现成的人际关系（除君主之外的尊卑地位）和人品义理（比如，贤人、先王之法、儒家的德治、选贤、节财尚义等主张），彰显那随时而定的法和术的构成功能，使之投射出并维持住一个以君主为要领的权势境域。"故明主之道，一法而不求智，固术而不慕信，故法不败而群官无奸诈矣。"①因此，明道之主不用等待以某种标准衡量出的贤人才授官，也不用怕起用了有一技之长但不检点的人而坏事，因为他统治的根基并不是这些"定理"或"现成者"，而是依靠法术之势去自动地、"先概念"地造就合用的人才，消泯不轨之心于未然。"今人主处制人之势，有一国之厚，重赏严诛，得操其柄，以修明术之所烛，虽有田常、子罕之臣不敢欺也。奚待于不欺之士？"②

　　按照这种构成型的思想方式，终极的道（君主）与诸定理（臣子百姓）之间的关系就得到了比"理一分殊"这样的讲法更明白可行的阐释。道的纯一不二性必须混然体现于统辖诸定理的势态之中，而此势是通过法和术构成并活生生地维持住的权力境域。不要相信君主现在的高位（现成化的权势）和由此高位发出的指令程序，因为权臣完全可以利用这名义上、概念上的高位和指令来图一己之私，甚至取而代之。只有依时而变而定的法术所造出的权

---

　　①　《韩非子·五蠹》。
　　②　同上。

势才既无形又现实，让臣民感到它的无处不在，无法被篡改利用；因而群臣震悚、百姓听命，君主的至上意志就不走样地切实体现于万事之中。所以，在韩非的治国论中，并非主客体或一与多的哪一边，而是构成性的权势取得了更重要的思想地位。"飞龙乘云，腾蛇游雾"，只要"抱法处势"，那么不仅臣民可驯，而且，君主只要是个中才，或只要不像桀纣那样存心为恶，就天下可治了[①]。

　　然而，韩非的治国论中有一个致命的弱点，即这君主本身、他的个人欲望、意志和他的家族被视为现成的存在。这也就是说，尽管君主的治国之术对于臣民是构成的和势域型的，但这构成域对君主本身无效。他以法术得治国之势，并因此而"席卷天下，包举宇内"。于是"始皇之心，自以为关中之固，金城千里，子孙帝王万世之业也"[②]。法术势的眼界也就到此为止了。这君主不知，他"执敲扑以鞭笞天下"，天下之人就会感受到一种有形的压力，并因此而越来越视君王为一现成的统治者而非行天道的天子。当天下纷争之时，此有形压力或可外化于军争；一旦"天下已定"，君主的现成化形态就会日益突显出来，以至整个的"攻守之势异也"。周公恰是在这种时刻深感天人相通、以德配天的必要。非如此则天道不能流行于君王之业中，天子就会失去他的原本道性或与天下相构成的境域性，板结为施铁腕的"万岁爷""皇上"甚至"昏君"。天下人造反，反倒是在"替天行道"。"闻诛一夫纣矣。未闻弒君也。"[③]之所以会落得这样"云罢雾霁，而龙蛇与蚯蚓

---

①　《韩非子·难势》。

②　贾谊:《过秦论》。

③　《孟子·梁惠王下》。

同矣"①的状态，并非因为对臣民未行法术，而是这"废先王之道，燔百姓之言"的君主未入天道之大势之中。让自己随现成的智虑和欲望而行，就只有权势可依，而无天势可乘，想守天下子孙万世之业，不亦难乎！行申韩之术的秦王朝几乎是在历史的瞬间就从极顶落入深渊，而推行法术之人，包括韩非子也大多未得善终，相当戏剧化地表明了这确有一定"道理"的学说中的问题。

这样的君王治国之术可比拟于植物生态学中的"先锋群落"。组成这种群落的草本在开阔地上有极强的繁殖和竞争力。但一旦扎下根来，这类群落的演替就会淘汰掉自身，因为它本身投下的影子会断绝它子孙的生机。杨桦的幼苗耐不了杨桦树下的阴影，权势人的子孙只会依仗权势而不知如何生出权势。这不是一个概念层次上的"思想教育"和构架规范中的"实践锻炼"就可以解决的问题，而是一个如何"悬置"或滤掉任何现成化包括君王家族本身的现成化，从而改变整个治国格局的问题。一个地方的"顶极群落"就是那能让天道在其中流行不衰的动植物群落，比如华北的松栎混交林，长白山的红松杂木林等等。它丰满、稳定、阴阳交融得能化去自身的现成化阴影，自身的演替并不导致自身的退化，因而达到了真正的长治久安和万世之业。这样的天道是一定要、而且一直在流行。只有微妙冲和得能"配天"的形态才能体现它，与天地同寿；不然的话，就会被此道消泯掉和耗散掉。

由此可见，真正的道并非那"形而上"的、通过构成域而能通达形而下者的总道理；那样的道只是一个死板的、概念意义上

_____

① 《韩非子·难势》。

的"常道"，而非原始反终、活转不息的常道。真常道只能是那使得形而上下的沟通得以可能的构成境域本身，不能在任何意义上被现成化。就如同海德格尔讲的纯构成的"时间"，它绝不只是一种实现既成目的的工具、过渡环节或中介，而恰是那使一切原初的意向和理解可能，也使得形而上下可能的原道。道理化了的、至高无上的君主并非真命天子，只有构成境域化了的、躬行天意、与民共乐、淳化天下的君王或领导者才可称为圣明。"天下之至柔，驰骋天下之至坚"①讲的就是这个道境的最终实在性。缺少这个认构境而非理式为终极的洞察，就不会成就真正意义上的上下周流与"化而裁之"的局面，天与人、形而上与形而下的沟通就是一句空话，就是附会上神秘主义的体验也无济于事。"天数"与"天命"对于这种生存形态的人就只是一种外在的东西，或不信，或迷信，哪里会有"赞天地之化育，［而］……与天地参"的境界。

三、《孙子兵法》——活在势域中的道

韩非讲的总稽万物之理的道从根本上讲是单向的，所以只在某一种特殊的局面下可乘势而化，但接下来就自设了一个必死之局。春秋人孙武写的《孙子兵法》就没有这个弊病。这一方面是由于他所涉及的不是一个如何居高临下来统御国家的问题，而是一个在**双方**生死相搏的局面中得胜算的问题；另一方面，而且更为重要的，是孙武对于"势道"的感悟比韩非要敏锐和

_____

① 《老子》第四十三章。

完整。

治中国"哲学"之人往往不将兵法视为哲学。[1]因为按照西方概念哲学内容所确定的"哲学之范围",兵家不在其中。此判断在这样一点上是对的:中国古兵书中几乎没有概念化的议论。但是,如果进而认为像《孙子兵法》这样的书与思想的终极追求没有关系,就不过是"一叶障目而不见泰山"的看法罢了。另一方面,一些研究者虽然也将《孙子兵法》视为中国哲学史的研究对象,但将其思想成就归结为"素朴的唯物主义和原始的军事辩证法思想",亦殊不尽其微妙意。

由于用兵者涉及的是一个无须遵守任何现成规则的、两军相搏的局势,兵家的探讨相当直观地(当然仅是"短程地")暴露出道本身面临的终极形势,并告诉我们在这种形势下什么样的思想和表达方式才具有切实的意义。用兵之道绝不能归结为"理"和规律,因为双方都在尽全力使对方遵循的道理失效或反其道而用之。兵书中很有一些规律性的东西,比如"用兵之法,高陵勿向,背丘勿逆……围师必阙,穷寇勿迫"[2]。"凡军好高而恶下,贵阳而贱阴,养生而处实,军无百疾,是谓必胜。"[3]此外还有练兵之法、阵法、火攻法、水攻法,及各种各样的计策。但是,如果你想像遵从科学、技术的定理一样地遵守它们,却不一定而且往往是不能得到你期望的结果,因为你的对手并非受规律框架制约的物理、生物、心理对象,而是也会学习规律、学习如何使你运用的规则

---

[1] 参见冯友兰:《中国哲学史》上册,第25页。

[2] 《孙子兵法·军争》。

[3] 《孙子兵法·行军》。

失效或反为他所用的人。道如果只是规律和法则，那么它就主宰不了战争的胜负，而只是取胜或不败的条件之一。《孙子兵法》却恰恰是要探究那让人能"立于不败之地"①的用兵之道。"反者，道之动"②就可以理解为这样一个互相反其道而用之的具有终极意味的格局，在其中没有概念思维方法的地位，尽管具体的法则和规律仍有其用处。这种格局里的道性就是那能扼制对方的道理，并能让自己的道理舒展的能力。然而，有人会发问，这种道性和能力是不是一种更高级意义上的、总览全局的规律和对规律的运用呢？"反者，道之动"表达的难道不是一种辩证格局和辩证意义上的规律吗？不是的，因为任何"规律"和"法则"都是有迹可循的，可以用"如果……那么……"的条件句表达出来，所以在《孙子兵法》设想的战争格局中，你的对手也可以将它们学到手并反其道而用之。黑格尔讲的辩证法是指主体发展自身的概念形态。这主体出于内在的矛盾或实现自身的要求而必然要外化入客体世界，并再返回自身。通过这样的辩证"斗争"过程，主体取走了客体中的一切合理性，并同时克服了自身的片面性和客体的外在性，像英勇的斗士那样获得了一个更丰富和合乎绝对理念的精神自身。遗憾的是，这并非真实的战斗，而是在一个理念框架中的已有了大情节和结局的"概念交响乐"。在真实的战争中，"主体"的对手不只是那等待着被扬弃的客体对象，而也是一个主体，他有同样的理由和机会去成为一个凯旋的英雄而非被否决了存在性

---

① 《孙子兵法·地形》。
② 《老子》第四十章。

的俘虏。所以，这类辩证法并没有什么真知灼见可贡献于用兵之道和道本身。

这里有一个问题，即：如果由于科学知识和生产技术的巨大差异，一方掌握的一些关键性的理则和规律是它的对手掌握不了的，那么这一方几乎就一定会赢得这场战争。这种情况在两种不同的文明相遇时，官军与草寇开战时都出现过，或在某种程度上出现过。但这种极端情况实际上并不影响这一节及下面的讨论。因为第一，《孙子兵法》涉及的是真实意义上的"军争"，也就是可竞争的、双方都有赢的可能性的生死搏斗，并非"斩上将首级如探囊取物一般"的形势。第二，如果这种"垄断战争"的局面确实出现，用兵将来打的战争实际上就已经结束了；这时面临的就是《韩非子》这类书所要处理的局面，上一节讨论到的以法术治国和自身淘汰等问题也就会出现。也就是说，战争将以另一种方式，即更时间化和自然化的方式进行下去。在这个意义上，孙武所讲的用兵之道的神韵之处依然有效。第三，老庄要讲的一个重要的道理就是，从人生的长远和全局上看，不可能出现对于胜利的垄断。似乎能一时垄断局面的东西（"坚强""利器""智巧"等）对于垄断者本身也是致命的，甚或是更致命的。一个天道流行的大局面是人生和世界无法逃避的。事实上，中国的天道观就是从**"天命靡常"**这个最基本的形势估计中发展出来的长生久治之道。在其中，概念哲学是说不出任何"打在点子上"的话的。许多不着边际、不知内情的解释，都是因为没有深切理解这个大局势和其中的争斗发生机制所致。所以，《孙子兵法》可以作为削去形而上框架、显示天道（比如老子之道）的台阶。

用兵在于求胜。虽然《孙子兵法》也给出了大量的用兵规则，但它的要义却不在于阐释求胜利的定法，而在于揭示能够使这些法则发挥出来、活起来的势态和境界。一般的将领不知这个境界，他们之间的争斗无非是军力之争、法则之争；简言之，条件之争。既争于气力，又斗于心计。这种厮杀作一团的肉搏、计搏对双方而言都无必胜或起码"不可［被战］胜"可言。"战胜而天下曰善，非善之善者也。"① 不少统兵者深感"战而胜之"的结果不可测度。所以或凭运气，或依卜筮，或无真实根据地相信仁义之师天下敌。然而，对于孙子和范蠡这样的人，在"战而胜之"的对局和迷信某种外在者这两种可能之间，还有一个人与天地相参的道境或"善之善者"之境。"是故胜兵先胜而后求战，败兵先战而后求胜。"② 怎样才能"先胜"于战斗之前呢？通观孙子全书，这种先胜并非指上面讲的那种用技术装备和组织管理的巨大差异来保证的对战争的"垄断"，而是指"其所措必胜，胜已败者也"，也就是使自己的思想反应的方式（"所措"）进入了或用海德格尔的话"先行到"（vorlaufen）了一个必胜的境界和势态："胜者之战民也，若决积水于千仞之谿者。"③ 到了这个更本源的地步，智与勇反而被包藏起来了，"故善战者之胜也，无智名，无勇功"④。这是因为与善战者接战之敌，不管它从军力上和排兵布阵上讲如何强大严整，却已在关键处处于劣势，所以似乎无须智勇就可一击而溃。能到

① 《孙子兵法·地形》。
② 同上。
③ 同上。
④ 同上。

这个地步，就是由于善战者在接战之先已捕捉、建构起了陷敌于必败之地的势态。

因此，一般的将领看到的是敌我双方的军力、士气、地形、天气和各种用兵规则，他根据这些条件而计划战役，并根据战场上的变化而临时调整。但善战者的视野中除了这些条件和规律之外，还看到一种"无形有象"的相争势态和境域，它比任何条件和道理都更真实地决定最终的胜负。当然，这势态与条件不可分，但却不能还原为具体的条件；条件却只能通过这势态发挥作用，成为正面的条件。简言之，有了势态就必有条件，有条件却不一定拥有势态。而且，人能切身领会的只有势态，条件和规律只有随势态才能被领会并得到随机应变的运用。势态是活的、体验着的、随时发生着的，条件和规律本身则是死的、对象化的和现成的。善战者所知的是势态，而不善战者所知的只是条件和法则。"知己知彼者，百战不殆。"[①] 这里的"知"，最终只能意味着势态境域之知，而非现成的条件之知、规律之知。至于为什么不能将势态和境域型的领会视为一种高级的规律或理则，上面已讨论过了。这里还可以再做一种解释：规律对于将领是外在的，所以总存在一个如何运用规律才能奏效的问题，这样向后倒退是无穷尽的。"运用之妙，存乎一心。"但关键恰恰在于这"一心"并非是主观的、无由而入的神秘，而是只在构成境域中才能得其"妙"者。因此，所谓"总稽万理"的道本身，已经不可能还是一种规律，更不会是一种理念实体；那样的话，道本身就只能是一个处

---

① 《孙子兵法·谋攻》。

于无穷倒退和躲避之中的干瘪的概念，而非本源发生着的构成境域。作为这种境域的体现，"势"与知势者之间没有距离，两者相得益彰、相互构成。所以，知势者必随势而行。用海德格尔的话讲就是："作为**完全的能在**去生存。"①

　　那么，如何才能知势呢？很明显，这不只是一件知晓法则与规律的事，而是一个明白在用兵这件事上道本身的问题。对于春秋时的中国人，一切知识的源头和妙处都在于它的道性，所以从根本上都是相通的。而知"道"是一个将现成的知识和道理化为无形的境域并因而具有原本的构成力的问题。老子讲："损之又损，以至于无为，无为而无不为。"②孙子则讲："形兵之极，至于无形。"③之所以能由无为达至无不为，由无形引出"应形于无穷"，而不是在损去有为和有形之后落得一个干巴巴的虚无，就是因为，人和世界的本性从"存在论上讲"是一个相缘相构的境域，既非主体，亦非客体。所以，损去现成的存在预设，尤其是主客分离态的知识（可"形"者），就必化入境域而变为无形的切身领会。"能因敌变化而取胜者，谓之神。"④这样的领会才是有势有境的领会，在一切概念活动和经验积累之先运作。它的表现之一就是"其势险，其节短。势如扩弩，节如发机"⑤。充满了临机而发、"悬权而动"的构成力，让对手防不胜防，"故能为敌司命"⑥。

---

①　海德格尔：《存在与时间》(*Sein und Zeit*)，第 264 页。

②　《老子》第四十八章。

③　《孙子兵法·虚实》。

④　同上。

⑤　《孙子兵法·兵势》。

⑥　《孙子兵法·虚实》。

这种知势和乘势并不神秘，人从根本上就由生存的势态造成。这"势"或"势态"，与讨论海德格尔时讲的"存在论的构成"或"解释学的处境"极有相通之处。它们无形而有大象，是充满了"使之可能"或"能存在"的原初构成境域。而且，这势态是人"天"生就有的，只在人生的切近体验中出现，不可能被抽象为观念物。婴孩如不天生就在这势态之中，如何能学会从根本上无法用现成者解释的"语言"。学习第一语言的过程就是一个知势和乘势的过程，既非"联想律"也非单凭"结构"就可说明。"模仿"的前提乃势态的相通。不过，人的知识和经历增多，倒往往遮蔽了这"势"，他只看见现成的物和规则，却不知它们只是因势因境而有存在意义。当然，不练兵，不学用兵之法也就谈不上用兵之道；但也只有将这练就之兵和学成之法还原到势域之中，"如登高而去其梯"[①]，方可显出真正的用兵之道。人的举手投足也是处处因势而成就。如能将此势态推广开来，则处处有道。"吴人与越人相恶也，当其同舟共济，遇风，其相救也如左右手。"[②]

整部《孙子兵法》讲的就是这样一个在一切现成者之先，并使真切地运用这些现成者可能的势域的构成。（用兵之）道只能是这样一个切身的势域而非规则和实体。为什么要"避实而击虚"？因为"像水"那样的兵势要向虚处流注才可伸张其势态；而且只有这种处于"实"的边缘之虚而非泛泛的空间之虚方是致命的构域，击这样的虚才能既容易（"以碫投卵"）而又牵动全局，调动对手。

---

① 《孙子兵法·九地》。

② 同上。

也正是因为势域是对抗局面中的最真实存在，对手的兵将再多，如与构势无关，"亦奚益于胜败哉？"①能用势的军队不是现成的对手，而是恍惚不定而又似乎无处不在的境域之军。"形人而我无形"。"敌所备者"就必多，能与我真正接战的就相应减少。这样，"我为一，敌分为十，是以十攻其一也"②。如无势，想做到这一点是不可能的，反而会被对方"将计就计"，围而歼之。而且，如不乘时造势，怎能"其疾如风，其徐如林，侵掠如火，不动如山，难知如阴……悬权而动"③呢？在一个胸有战势的将领眼中，任何东西，不论是天气、地形、兵员、装备、水火、时令，还是国情、民情、军情、士气、将帅的心态，都可用来造势，亦可被势造成。其间"微乎微乎……神乎神乎"④的变化样式是无穷无尽的。

以奇正言之，则"正"偏于可形者、可被概念规范者、现成者；而"奇"偏于不可形者、不可被规范者、随机而构成者。所以"奇"更需依势和造势。"凡战者，以正合，以奇胜。故善出奇者，无穷如天地，不竭如江河。……战势不过奇正，奇正之变，不可胜穷也"⑤，只有在势域之中，才有真正的"善出奇"，而不流于荒诞不经或华而不实。

治军也须用势。后来慎到与韩非的势论多半源于《孙子兵法》和《老子》。孙子讲："道者，令民与上同意也，故可以与之死，可

---

① 《孙子兵法·虚实》。
② 同上。
③ 《孙子兵法·军争》。
④ 《孙子兵法·虚实》。
⑤ 《孙子兵法·兵势》。

以与之生，而不畏危。"①这样的道就绝不可能只是法则、赏罚和一般的道德说教可以开显的。"民与上同意"是一个终极性的和生存论的问题，凭借概念思维和框架中的经验都解决不了它。从思想上讲，这是一个如何将发散的普遍性和个别性收敛到一个意义发生境域中的问题，让军和民只能在、只愿在这个境域中生存，"而不畏危"。单纯的极权控制和单纯的放纵，都达不到这个境界。周公、孔孟、老庄所追求的都是这样一个天道流行的境界。讲到具体的治军，那么第一点便是"将能而君不御"②，也就是君主和将领都有一个认势域为最不可抗拒者的识度。君主有此识度，就知他所能做的只是使天下有道，并在不得已而战时选派得力将领；至于军争，那就非在势态之中者不可言之。君主的至上地位和圣旨的普遍有效性必须依从境域的大势，否则这地位和普遍有效性就都将化为乌有。将领有此识度，则知受命于君，合军聚众、与敌交战之后，就进入了一个与朝廷上"三呼万岁"完全不同的境域，一切当以造势乘时而善战取胜为务，以至于"君命有所不受"③。

将领带兵，则应"求之于势，不责于人"④。平日双方都需募兵、组兵、练兵，造成一个可以进入战场的基本势态。一旦进入生死相搏的战场，无势域见识的将领只知依据赏罚、军纪、鼓动……这些或物质或心理、或普遍或特殊的手段来维持士气；而有势域见识者则不止于此，他要让所有这些手段随当场引发的境

---

① 《孙子兵法·始计》。

② 《孙子兵法·谋攻》。

③ 《孙子兵法·九变》。

④ 《孙子兵法·兵势》。

域来造势乘势。他清楚地知道：人是一种对于境域比对于别的任何东西都更为敏感的存在者。随机而发的势态能让最勇敢者变得胆怯，让平常者变得如雄狮一样威风凛凛、英勇豪迈，甚而可以杀身成仁；或令机灵者笨手拙脚，而让憨傻者占尽便宜。古今无数战争，包括各种竞赛都表明这一点，只是大多人不明其中的势域道理，或归于运气，或归于条件。而只有"任势者，其战人也，如转木石。木石之性，安则静，危则动，方则止，圆则行。故善战人之势，如转圆石于千仞之山者，势也"①。所以，利用战势来组兵、练兵、治军比其他任何方式都有效和真实，"投之无所往，死且不北，死焉不得，士人尽力。兵士甚陷则不惧，无所往则固，深入则拘，不得已则斗。是故其兵不修而戒，不求而得，不约而亲，不令而信"②。之所以会这样，就因为"无所往"的终极形势削去了一切现成者的有效性，逼出了纯构成的境域；一切在平日框架经验中索而难得的美德（智、仁、勇）和士气，陡然成为生存势态的必需者、必然者。这种处于构境之中的军队能成就平日绝难成就之事。"投入亡地然后存，陷之死地然后生。"③此"存"、此"生"与海德格尔的"Existenz"（生存）之义息息相通，也是《老子》之道所蕴涵者。

若说用兵"如转木石"不人道，怎样用兵才算人道呢？是将部下视为一个个主体，向他们说清楚面临的危险和局面，让他们有所选择和倾向之后，再将他们送入战场吗？其实，军队进入战场

---

① 《孙子兵法·兵势》。

② 《孙子兵法·九地》。

③ 同上。

本身就意味着进入了一种非现成的境域，准备好去面对一切可能。势态从来就无法事先从观念上讲清楚。所以，自古以来，没有人责备孙武的用兵方法，却大有人批评"申韩之术"的刻薄狡诈。这是因为前者的对抗局势使主与客、目的与手段这二元对立失效，用兵者与被用者命运相通、同气相求，只能任势而求生。在这里，兵与将均非主体亦均非客体，都是依从势态的要求而行为者，何诈之有？"视卒如婴儿，故可与之赴深谿，视卒如爱子，故可与之俱死。"[①]在这种返本归源的状态中，全军上下同一舟、共一域，"击其首则尾至，击其尾则首至，击其中则首尾俱至。……故善用兵者，携手若使一人，不得已也"[②]。申韩讲的君主统御之术则不然，法术之势及下而不达上，因而未造成包卷全局的境域。这样，君王为主体、实体，臣民为客体和达到目的的手段，整个格局就是现成与构成的杂拌，并无纯粹的终极情境，当然也就没有在这种情境中才会发生出的纯一和诚信。自战国起，儒家也逐渐失去了以终极的构成境域达到"不可掩"之诚信中道的识度，而以无境域背景的道德伦常或天人相通之说敷衍。因此，历代帝王外尊儒而内不（能）离申韩，两相互补，但毕竟不能通贯为彻始彻终的天人境界。

　　使用间谍的至极处也充满了对抗和势域。"用间有五：有因间，有内间，有反间，有死间，有生间。"[③]然而，不同的渠道来的情报不一定一致；而且，由于间谍所处的特殊情境，将领与间的关

---

① 《孙子兵法·地形》。

② 《孙子兵法·九地》。

③ 《孙子兵法·用间》。

系比君王与将领之间的关系还要微妙。间细深入敌方，独处于身
不由己的变异之境，他送回的情报可以影响甚至左右将领的决策。
这样，一方面将领的命令并不能完全决定间细的行为，他必须给
间细足够的回旋空间；另一方面将领本身的行为在一定程度上倒
要由间细的密报决定。"故三军之事，莫亲于间，赏莫厚于间，事
莫密于间。"①而且，由于间所处的是一个不直接对抗的局面，他的
身份可以被各种形势和遭遇所构成。所以，可以有"反间"。"反
间者，因其敌间而用之。"②这种在境域中被当场构成的反间是最致
命的，因为它在对方将领头脑中的现成身份和信用一下子都为我
所用，使我在相当直接的意义上"能为敌之司命"。所以，"五间
之事，主必知之，**知之必在于反间**，故反间不可不厚也"③。反间一
旦造成，则对方将领的现成化思维，不管是识别功能还是推理功
能，都成了我方手中的机会和利器。如果他认为这种可概念化的
对象和规则就是"道"的体现的话，这种道理越多越严密，他的
失败就越无可改变。他如果"愚朴"一些、"惚恍"一些，反倒有
救。能够现成化的对象和思维之所以不能主宰生命与人生，其深
理也在于此，因为"反间"无论在人的身体中，还是在观念层次上都
是可能的。当然，己方的间也可能为敌所用而成为反间。甚至可
以设想某个间细成为双重反间，给敌对双方提供或真或假的情报，
巧妙地利用战局的变幻不定而令双方都认他的情报为真（因为其
中大有"解释学"的空间），相信他是自己的间或反间。这样的间

---

　　① 《孙子兵法·用间》。

　　② 同上。

　　③ 同上。

在某种意义上和某一段时间中就成了直接影响战局的巨间，他由一种工具而摇身变为玩弄双方主子于股掌之上的情报幽灵。"孰知其极？其无正？"① 所以，"用间"绝不只是通过手段达到目的的问题，而是一个充满了危险与机会、生与死的相互构成问题，非有势域乃至天道的终极识度不足以用之。"非圣智者不能用间，非仁义不能使间，非微妙不能得间之实。"② "间"就意味着"处于两者之间"，可以比拟于海德格尔刻画"自身的缘构发生"（Ereignis）时常用的一个词，"Zwischen"（居间）。这种"间"如果是根本性的，那就比它的两端更本源，因为正是在两者之间所发生的实现了这两者，决定了这两者。所以孙子叹道："微哉！微哉！无所不用间也。"③ 军事上的间细只是这种存在论意义上的"缘发之间"的一个不完全纯粹的体现。它影响到战势的向背，尤其是决定完全依靠间细的将领的决策。但越能用势的将领便越不容易被敌方的情报和反间所伤害，"故形兵之极，至于无形；无形，则深间不能窥，智者不能谋"④。这就是临机（依缘）而构成的不可败坏和无法战胜之处，因为无形任势之兵是更深刻意义上的"间"：天人之间和天地之间。

---

① 《老子》第五十八章。
② 《孙子兵法·用间》。
③ 同上。
④ 《孙子兵法·虚实》。

第 13 章　老子

对于终极问题的探究无法依据现成的概念框架，但又不可能完全凭空而行，因而必须"缘"于某种微妙的技艺（"几""艺""术"），以便让思想非现成地发生出来和被维持住。数学对于古希腊人、瑜伽对于古印度人都作为这种几微而起作用。与它们不同，中国古代思想特别是先秦思想中似乎没有特别突出的、为人普遍尊崇的思想技艺或艺术。《易》在汉代之后起过相当大的作用，但在先秦时似乎也只是众多技艺中的一种。而且，对卦象解释的任意性相当大，"象数"如何切真地激发和保持本源的"义理"或"道"从来就是一个挑战。孔子、老庄似乎很少受到《易》的直接影响，老子"大象无形"的讲法甚至可能就是不满意那种拘于易象的做法的表示。实际上，中国古人看出，各种切身的生存技艺都可能揭示出和维系住道。而且，有真见地者也都看出，离开了这切身技艺的运作，人的思想就会陷入华而不实、"与影竞走"的空疏境地。

中国古代的源头思想的蜕变也与此相关。这就是说，当开创者（比如孔子、老子）的思想与它"缘"出的技艺，比如六艺、治国、劳作、静坐、养生、用兵等等，一旦分离，其中的"要妙"就蔽而难见了。后人对它的理解极易沦为一种概念上的思辨和任意构建。本书之所以要在分析老子之先讨论韩非子与孙武子，就是因为从某个角度讲来，后两者的势论更直接地与某种技艺（统驭臣民、用兵）相连，在一个偏窄但紧张发生的局面中揭示出道的终极构成性。而这一见地在后人解释《老子》时几乎再也见不到了。所以，这种时间上的逆推，即从韩非到孙武，再及老子，意味着缘构道境由狭窄的统驭之术舒张到对抗之术，再扩大至宇宙人生境地的"还原"。

一、终极处境中的构成之道

韩非子探讨一种能构成臣民的生存、并因而令其无所逃避和蜕变的势态；孙子则力求领会在军争对抗中仍然能立于不败之地的势态。定则、条件之所以不敷用，原道的终极性之所以不可避免，就是因为这是一个总有可能被愚弄、被篡改、被重新做成的局面。"天命靡常"对于古人不仅意味着天不可被现成规范，更显示出天的无所不在，并因此而要求一种更本源的领会方式和对待方式。《老子》的道只有置入这样一个比军争还要根本和广阔的对抗形势或"靡常"境地才能被激活为一个纯构成的本源。道论中的所有那些"惚恍"和"难言之隐"都出自这样一个形势的造就，甚至逼迫，因为只有这样才能在一个比笛卡尔的怀疑所假设的局面还要深彻的靡常形势下"立于不败之地""不战而屈人之兵"[1]，达到长生久视、长治久安的境界。

---

① 《孙子兵法·地形》，《孙子兵法·谋政》。

　　"反者，道之动；弱者，道之用"①。"反"首先是对根本的无常局面的认识，其次提示出适应于这种局面的对策。"反"意味着绝不可依靠任何现成者，而总是在它们的反面和反复中看出道的动向。② 这种对于线性的思维来讲处处都是陷阱的状态却不是完全无望的，其中确有一个让大道通流的境域。"弱""柔""虚""静""冲"等等，是老子用来表示道的一组"无形大象"。它们透露出的"妙"义是：在一切具体法则的终结处，并没有更高级的存在者和法则，而只能是一种"柔弱"到再无一丝一毫现成性可循的纯势态。有一分"坚强"或"形""质"，就有一分可被"反"对的把柄和实处。而且，这再不被摆弄的终绝处，也不是干瘪的空无，因为那样的空无仍是一种观念上可把捉的现成者；而只能是将一切现成性"反"过来的发生的构成态。

　　"致虚极，守静笃，万物并作，吾以观复"③。真正的虚极和笃静必是一种壁立千仞的终极情境，其中一切都失去了现成存在性。一切形而上的理和形而下的器都禁不住这虚静的大化。这一点是老子与后来解释老子者及讲形而上下者的最关键的区别。对于老庄，这虚极处离形而上者（理）绝不比离形而下者更近。正因为达到了真正切身的"虚极"，才会"万物并作"。因此，老庄一方面摒弃可被现成化和相对化者，另一方面运用了大量的形而上下浑然不分的"大象"来投射出、引发出至道的意境。像

------

　　① 《老子》第四十章。
　　② 海德格尔解释亚里士多德时讲的"重复"与此"反复"的含义暗通。参见第3章第二节。
　　③ 《老子》第十六章。

"冲""虚""谷""水""婴孩""风""山木""解牛之刃"等等，都是一些"在世界之中"的、在称手使用中显现的活象，比易的卦象更能引发道境。"惚兮恍兮，其中有象"①。与后人按某种现成路数的阐发方式很不相同。这种"风格"的不同正显示出思想的透彻程度的不同，达到终极情境的思想必有原发的"信言"②气象。可惜的是，战国以后，这种葱茏朴茂的气象就只在文学、书画、工艺作品中见得到了。

　　"三十幅共一毂，当其无，有车之用。埏埴以为器，当其无，有器之用。……故有之以为利，无之以为用。"③ 这段话中，"有无相生"④；以"器"为象，显示出了一个在"有"的终结处存在的虚无境域。这种"无"既不是概念可把捉者，也不是无从领会的"黑洞"，而是有势态的、能统驭有、成就有之所以为有的构成域。类似于海德格尔讲的有生存构成力的"缘在的空间性"⑤。《老子》第一章中讲的"有"与"无"也处于这种"相生"互构之中。"故常无，欲以观其妙；常有，欲以观其徼。此两者同出而异名，同谓之玄，玄之又玄，众妙之门。"⑥ "有"的根本含义（"常有"）在于显示一切现成者的界限（"徼"）；而这种界限的充分完整的暴露也

---

① 《老子》第二十一章。

② 同上书，第八十一章。

③ 同上书，第十一章。海德格尔在写于 1943 年的《诗人的独特性》一文中，全文引译了《老子》的这一章，以阐发一些重要问题。参见以上第 1 章 38 页的注释①及本书附录的一·5。

④ 《老子》第二章。

⑤ 海德格尔：《存在与时间》（ *Sein und Zeit* ），第 22—24 页。

⑥ 《老子》第一章。

就是"无"的显现。这个与有相互牵涉的无就是日常讲的那种缘有而又成就有之为有的发生势域，所以是"妙"的，不拘于现成的有无之分。因此，这种根本意义上的有与无就"同出而异名，同谓之玄"。这里的同并非"同一"，而意味着同出于一个终极形势，共同构成一个能与此终极形势相合的原发生境域。"玄"与冲虚、柔弱一样，指有无相生的纯构成境界。只有领会到这个境界之所以不能被现成化的理由，才能入"玄之又玄"的"众妙之门"。

二、误解"道"的一个原因

《老子》中还有对于有无的另一种说法，即倾向于将"无"视为终极的构成境域，也就是道本身，而在某种程度上将"有"视为现成的有者；并由此衍生出了一种有"形而上"色调的表达方式。比如，第四十章讲："天下万物生于有，有生于无。"[①]这种说法很容易造成这样一种近乎宇宙发生论的解释，即无作为一个独立的终极本体生出了有，而这个有又接着生出了天下万物。如果这么理解，那么第一、第十一等章节中的"妙"义或类似于海德格尔讲的现象学存在论的含义就不见了。是的，一切现成存在性达不到本源境域，因为这境域就是在终极处的发生构成。但这并不意味

---

① 1998年公布的《郭店楚墓竹简》(文物出版社)中，有迄今可及的最早《老子》文本。它提供的这一章(《老子》第四十章)的原文是："反也者，道动也。弱也者，道之用也。天下之物生于有，生于无。"这就恰好为本书(完成于1995年)这一部分的论点做了佐证。它表明老子实际上多半没有主张什么"以无为本"的超现象界的形上之道。这么一来，这一章与《老子》第二章和第十一章中讲的有无关系就没有什么冲突了。

着这构成境域是一个可独立于一切有的本体，更不意味着这个本体可以"生出"万有。这境域缘于有而成就有之为有，离开了有之终极也就没有无的境域，两者从"意义逻辑"上就分不开，"同出而异名"。这境域确是更本源的和有构成发生能力的，一切有之为有都因它而成，但这"发生"并不意味着一个还有独立的现成存在性的东西生出另一个现成东西；它只能意味着一切有只是在这种发生构成态中才是其所是。说到底，"无"就相当于"根本的构成"；构成域就是指有的构成态，而绝没有一个在一切有之外的"无"的境域。真正的无境或道境就是我们对于有的构成式的领会，得道体无就意味着进入这样的领会境域。

所以，第四十章中的"有生于无"也可以理解为：对于有的透彻领会生自对于它的终极构成状态或"无"的领会。同一章中讲的"反者，道之动"也同样适应于有无关系。不过，必须承认，这一章的后一半、第二十五章的一开头（"有物混成，先天地生……"）和第四十二章的"道生一，一生二，二生三，三生万物"等处，都有某种引人去做宇宙发生论解释的误导力。当然，如能时刻意识到道所面临的终极形势，并因此而体会到全书的"微妙玄通"①之意，宇宙论一类的实体化解释是可以避免的。

《老子》第十一章通过器物（车、器皿、屋室）的譬喻，也可能造成这样的印象，即有与无在某个意义上，比如从现成空间上是可以分开谈的。这样的例子还有一些。这里的关键在于理解和解释的取向：是使有无更深彻无间地相互构成呢，还是将两者从

----

① 《老子》第十五章。

观念上拉开，以至无可以被看做有的宇宙论本源。所以，《老子》一书既充满了纯构成的玄通妙义，又包含有被人曲解的解释学空间。由于此书极有可能经过战国时人的改动和编纂，其中表达倾向的不同也就不难理解了。历史上思想文献的通例是，越是晚出者、伪造者，越是"形而上"得厉害。《论语》相当忠实地记录了孔子言论，就免去了这一层尘灰。后人对《老子》和"道"的解释，不论是张衡的、严遵的，还是王弼的、河上公的，都有将"无"或"道"独立为某种最高级的存在者的倾向。除了时代风气的僵化这个主要原因之外，此书本身也确有不尽乎纯之处，以至于授人以柄。

三、道任天势

在《老子》面对的终极情境面前，一切寻常的存在者、计谋、礼仪、道德、权力和鬼神都会对人失去意义，如果它们没有处在某种原发状态中的话。"道"在老子看来就意味着这种状态。老子相信，他讲的玄德妙道已经从根子上化去了失败和丧失意义的可能，处在这种状态中的人就已经处在了一个"先胜而后求战"的生存势态之中，"如转圆石于千仞之山"①。乘此势者处处得心应手，"出其所不趋，趋其所不意。行千里而不劳者，行于无人之地也"②。他之所以无须去争而自然而然地获得生存的可能与含义，就

---

① 《孙子兵法·兵势》。
② 《孙子兵法·虚实》。

是因为势所必至的缘故。所以，"孔德之容，惟道是从。道之为物，惟恍惟惚。惚兮恍兮，其中有象；恍兮惚兮，其中有物。窈兮冥兮，其中有精；其精甚真，其中有信。自古及今，其名不去，以阅众甫。吾何以知众甫之状哉？以此"[①]。老子以"惟恍惟惚"形容道之势态，能从此天势者，则于境域的开合窈冥中见得有象、有物、有精、有信，无入而不自得，所以能"自古及今，其名不去"。这就是"不战而屈人之兵"的境界。生存是一场无处无时不在进行的"（战）争"，充满了生死机变；一切宁静、自然、和平、美德都被这生死之争所托浮、所造成。敏慧者知道，在这样一个局面中，除了任天势之外，别无良策。"婴孩"的道性和生机都来自这天势，所以能至柔弱而无死地。它虚柔得能唤起母亲、父亲舍生忘死的至爱，能打动社会人心的恻隐本能，"鬼物守护烦㧑呵"，"天地为之久低昂"。它处的"环境"恰是一个能让它存活生长的天势。老子认为，如能观其复，守其一，则天地为我父母，万物为我护神，焉有不长生久视之理？至德之感天动地，是势之所为，并非"迷信"。人生的一切波澜变幻、柔情慷慨，实际上都因势而发。天势即活的"自然"。

由此可见，道的深义并非指宇宙论的本体，生一、二、三、万，任其"发展"，最终收回。这恰是失道的现成者的形态，得此（伪）道丝毫无助于人对生死命运的领会。道（"无"）必有活势，不离人之有而使此有成为真有。老子道的枢机所在不是物，不是宇宙，也不是道德观念和理则，而只是人的生存：一切其他存在

---

① 《老子》第二十一章。

形态的意义都由此发生而得其"存"与"在"。王弼讲的"崇本以息末，守母以存子"①，比汉代盛行的宇宙论解释要切中问题，但也因缺少本与末、母与子之间的构成势态而流于空疏。他将道本身视为"无"、"无形"、"无名"，其理由也与韩非所讲的类似，在于一方面，"名必有所分，称必有所由。有分则不兼，有由则不尽"；另一方面，"道也者，取乎万物之所由也"②。这种以概念上的普遍（"兼"）与特殊、形而上与形而下来理解道与万有关系的做法，完全不合乎《老子》一书的基本思路，更没有看出其中隐含的法天地自然的绝大势道。老子不仅不以这种概念方式论证道之本，而且用了大量的"形而下"的譬喻（象）来显示道的势态，比如"水""谷""门""赤子""愚人""张弓""朴"等等；说明在他心目中，道不避形，亦不避名，而只是不滞于定形与定名。道象的特点就在于含势而不滞于形名。

"大道泛兮，其可左右。"③道势如水，乘此势则可左可右，左右相救，总有生机。然而，这势却并不滞于"高势"。"正言若反"，老子更愿求诸那似低而绝高之势。"上善若水，水善利万物而不争，处众人之所恶，故几于道。"④以"低"与"不争"泯绝那些滞于形名之争，而得潜在的大势态，"故天下莫能与之争"⑤。"天下莫

---

① 王弼：《老子指略》，见《王弼集校释》，上册，楼宇烈校释，中华书局1980年版，第196页。

② 同上。

③ 《老子》第三十四章。

④ 同上书，第八章。

⑤ 同上书，第六十六章。

柔弱于水，而攻坚强者莫之能胜，其无以易之。"[①]这里讲的"水"并不是五行中之一行，更不是"原质"，而是象征着道的势态和域性。再没有什么能置换（"易"）之，与它作对，因为它是终极处境构成的势态。"柔弱"象征其不有不无、有无相生。老子讲的柔弱、低下、虚无都不是观念性的、现成状态的和任人摆布的，而是含势的、构成态的和无从摆布的。所以，"人之生也柔弱，其死也坚强"[②]。

"万物负阴而抱阳，冲气以为和。"[③]对这句话不可做宇宙论的解释。这里讲的阴阳不是两种各自独立和相对的"基本元素"。它们如阴阳面一样不可分，又截然相反，因此共同造就了一个容不下半点现成观念的发生格局。如果万物确是"负阴而抱阳"的话，那么就势必"冲气以为和"。阴阳相交并非生阴阳，亦非生现成的万物，而是生"气"，即原发的构成态。这气至虚极至柔弱，饱含冲漠之势；不仅与万物相通，而且是以一种得机中时的势态优游于此相通境域之中，因此"以为和"。"气"在《老子》中并不占有突出地位，但可能由于它比"水""谷""无"等更能引发人们对于有无相生的微妙状态的思想体验，后人对它越来越偏爱和重视。不过，其中的构成洞察一旦丧失，这"气"也就被观念化为宇宙论意义上的"元气""精气"；遇到那些要讲更抽象的"理"的人，就不得不与这（道）理分离而成为"气质"等等。究其源，它只意味着道本身，是突出道的缘构本性的"大象"之一。它既不

---

① 《老子》第七十八章。

② 同上书，第七十六章。

③ 同上书，第四十二章。

抽象，也不形象，而是所谓"无状之状，无物之象"①，与海德格尔解释康德时讲的"纯象"乃至龙树理解的"缘"类似，都是居于形而上下之间，反复于有无之间的本源构成。从不会有"独立的"构成，而只有居间周行的构成。这居间比观念本体论的"独立"要更本源。"道"永远居间。（就如同海德格尔讲的"Ereignis"永远居间一样。）无怪乎后人要表示那概念名相说不出、实物也举不出的更真实也更严格的居间状态时，就说"气""气色""气象""气数""气运""气势"等等。可以说，何处有道与天势，何处就有气、气象和气势。

得道而任天势之人是一种更高级的主体或"超人"吗？从根本上讲，这绝不可能，因为人非化入构成境域而不能任天势。老子意识到的是一个彻里彻外的相争局面，势必扫净一切私意宿念（可相比于维特根斯坦批评的"私人语言"）而不能已。"处众人之所恶"如果被终极形势化，还有什么机心可存呢？婴孩赤子诚于中而信于外，方可乘天下之势，他唯一的护神只是他的无知和天真。"今一犯人形，而曰：'人耳，人耳'，夫造化者，必以为不祥之人。"② 韩非窃以为老子、孙子之道可以为我（君主）所用，取其"奇"而避其"正"，不知这天下大势奇中含正，正复为奇，渗透了孙武子讲的"无所不用间"的缘构形势。因而"非圣智不能用间，非仁义不能使间，非微妙不能得间之实"③。要乘势而无势之

---

① 《老子》第十四章。

② 《庄子·大宗师》。

③ 《孙子兵法·用间》。

德，则反为势所伤[1]。这也就是老子讲的"从事于道者，道者同于道，德者同于德，失者同于失"[2]的道理。势道永远比人的算计要更真实、更有力。

因此，求道所面临的与追求任何现成者——不管它是形而上者还是形而下者——所涉及的是完全不同的局面。这里"以天地为大炉，以造化为大冶"，容不下"人耳，人耳"的主体杂质。佛家用"无我"和"缘起"来表示这个局面。孙子则从另一个角度来适应和反用这个形势："求之于势，不责于人。"这也就是说，不要想望将主体意义上的人训练成能应付终极处境者；只有借势从时，才能应对这"阴阳不测"的大形势，开启出人性和人生的极致。这就是所谓"英雄造时势"和"时势造英雄"的深义。真英雄所成就的乃是时势，而非任何现成的业绩，而这时势反过来也必造就英雄。所以，"为学日益，为道日损。损之又损，以至于无为，无为而无不为。取天下常以无事，及其有事，不足以取天下"[3]。"学"指的是获得越来越多的框架化了、观念化了的知识和规范，就如同荀子"劝学"所讲的"学"；因此越学越看不到边际，也就越不见势之所在。为"道"则首先意味着得大机大势，所以必须"损"，损去一切可依凭的现成者，如登高去其梯，显出那让一切"为"都失去意义的终极形势。在此形势下，道之天势和天德成为生存的必需，成为在倾斜的瞬间最应手自发的扶持。一旦进入这样的构成势态，外露的"为"和"争"反而不需要了，因为这"善

---

① 《老子》第七十四章。
② 同上书，第二十三章。
③ 同上书，第四十八章。

出奇"的构成势态总是"出其所不趋，趋其所不意……行于无人之地"①。其实，我们的日常生活中充满了这种"无为而无不为"的经验，不然的话举手投足都做不到。只有"无智名，无勇功。……其所措必胜，胜已败者"②的天然势态才能成就大事于无事之中。所以，"取天下常以无事，及其有事，不足以取天下"。这与孙武讲的"胜兵先胜而后求战，败兵先战而后求胜"是一个道理。"天之道，不争而善胜，不言而善应，不召而自来，绵然而善谋。天网恢恢，疏而不失。"③

求道的关键就是要达到事态的边缘（域）和终极处，致虚极，守静笃，则万物并作。这也就意味着撇开知觉中的现成"焦点"，而入至柔、至朴、至虚的"边缘域"；随此构域而行，而非随现成物而行，就是"为之于未有"④，哪有不顺势而就的？"为无为"⑤就相当于为之于边缘构域。"天下难事必作于易，天下大事必作于细"⑥；这里的"易"和"细"与荀子"劝学"中讲的"不积跬步，无以至千里；不积小流，无以成江海"大异其趣；它们不是现成的细小单位，而是指终极处的希微之境、未兆之有，貌似细小却

---

① 《孙子兵法·虚实》。这里取"行于无人之地"的字面义，而非它在原文中的含义。这种解释学意义上的"投机取巧"还有几处，比如上面引的"无所不用间"，就主要不是指"到处都可以使用间谍"，而意味着天道形势总是居间而发生，不受现成者的规范。当然，这衍义与原义也还是有某种意思上的联系。

② 《孙子兵法·地形》。

③ 《老子》第七十三章。

④ 同上书，第六十四章。

⑤ 同上书，第三章。

⑥ 同上书，第六十三章。

已乘势，"是以圣人终不为大，故能成其大"[①]。乘势者必是眼中有边缘构域、并认此境域为最真实存在的敏锐者。治国治军治身贵在入此境而得天势，焉有靠"积小流"而"成江海"的？

《老子》一书中的"反"，说到底，就是从现成反到构成，从焦点反到边缘域。只说由"末"返回"本"还嫌笼统，因为这"本"还有被独立化、实体化的可能。所以，此书中的所有反语，比如与"大""强""实"相反对的"小""弱""虚"，都不是概念上的相对语，而意味着一个全新的思想维度，也就是与通常的平板思维不同的那样一个构成的、边缘域的领会境界和生存境界。进入这个"恢恢"境界的"道人"有独特的风貌气象，就如第二十章所描述的："我愚人之心也哉！沌沌兮！众人昭昭，我独昏昏；俗人察察，我独闷闷。澹兮其若海，飂兮若无止。众人皆有以，而我独顽似鄙。我独异于人，而贵食母。"这"母"就是处在日常视野边缘而不为人知的构成境域，一切昭昭察察的现成者究其极都是这"澹兮其若海，飂兮若无止"的境域所成就者，而非宇宙论意义上的被创造者。

孙武子讲道："将军之事，静以幽，正以治。能愚士卒之耳目，使之无知。……帅与之深入诸侯之地，而发其机，焚舟破釜，若驱群羊，驱而往，驱而来，莫知所之。"[②]这里讲的"深入诸侯之地"即有上面所讲入边缘构域的效用。而"愚士卒之耳目，使之无知"也正是以道域治军，从而"发其机"的方式之一。说到底，

①《老子》第六十三章。
②《孙子兵法·九地》。

将军能做到这一点也非"静以幽"而有"愚人之心"不可。这样的"愚"恰是俗人所"不可及"的"为无为，事无事，味无味"①的境界，与（比如）基督教倡导的"愚"德有外在的相似之处，但内中包含的现象学构成的见地却是后者所不具备的。

"深入则专"②。以缘发的构成域为务的思维形态也不可能是不专一的，因为这里是真正的"无所往"的终极处，还根本没有主与客、全与分、形与质的区别。人在其中如婴孩之在母怀。因此，老子讲的"一"③不应被理解为宇宙论意义上的由道"生"出的一个从出状态。④它就是道境本身的原本构成态，"和其光，用其尘，是谓玄同"⑤，**势必**为一而不二。说到底，道就是此玄构境域，也必然具有此境域的构成势态。失此天势的境域就只是"元气"，而失去境域的道就只是"理"；连纹（文）理都没有了的道就是概念"实体"和"总规律"了。这与老子讲的"大道废，有仁义；慧智出，有大伪"⑥是一个意思。当然，我们已看到，《论语》《中庸》里讲的仁义与老子的"道德"颇有思想方式上的相通之处，绝非后世陋儒的见识可比。而且，老子本人的学说不是也被后人剖判得"大伪"横生，也需要"令有所属，见素抱朴，少私寡欲"⑦吗？

---

① 《老子》第六十三章。
② 《孙子兵法·九地》。
③ 《老子》第二十二、三十九、四十二章。
④ 参见严遵《老子指归》卷二《道生一》篇。
⑤ 《老子》第五十六章。
⑥ 同上书，第十八章。
⑦ 同上书，第十九章。

四、老子的生存关切

从《论语》看，孔子学说所缘之而发的几微主要是礼、诗、乐和史（春秋）。他的思想在其中"从心所欲，而不逾矩"地运作，形成了博大温文、随机而发、尽性尽理、悠游深厚的感人风貌。墨子思想看来很受二流工匠技艺的影响。《孙子》则饱含兵争、弓矢、地形、用间的张力势道和奇变。主宰韩非的是那个能拧紧和驱动臣民命运的发条机制，以便让整个国家为君主而自动地运作，滔滔不绝。至于老子，与以上这些思想家有所不同。虽然班固推测"道家者流，盖出于史官"，《史记》也讲老子（李耳，字聃）为"周守藏室之史"；然而，通读《老子》，虽有"执古之道，以御今之有，能知古始，是谓道纪"这样的话，却没有任何具体"以史为鉴"的痕迹。其中连一个人名、一个地名、一个朝代名、一本书名、一件史实，或哪怕是附会的史事也没有出现过。这在先秦的思想文献中恐怕是绝无仅有的。就是《孙子兵法》也还提及"常山""吴越""伊挚""吕牙""夏""殷""周"等等。老子或《老子》的作者好像完全不注意具体的事实，全副心思都投入了对于至道境界的体会。而且，它居然是用韵文写出来的！充溢回荡着"诗化之思"（海德格尔语）的铿锵音节。此外，尽管没有事实，这书中却处处可见通"玄（有无相生）"的现象或大象。没有它们，这部书不仅完全不可理解，也不会有什么思想价值。

实际上，最深远地激发老子思索的几微就是人的生存格局。对于老子，"生"绝不是一个现成的形态，以至可以拿它当做起点去谈"贵生";相反,生存是在一个无常局面中的本源构成问题和终极问题。因此,它具有最真切的思想引发力、推衍力和非框架的制约力。而且,由此出发,可以充满原初领会地深入一切其他问题,比如伦理、技术、礼乐、用兵、治国、修身,等等。所以,老子思想尽管以"生存"为枢机,却不是"生命哲学",去依某个形而上学的框架来理解生命现象。当然,也不是"自然哲学"或自然主义哲学,如果自然被理解为实在论意义上的现成自然的话。相反,这里是生存本身的格局和要求在"朴"直地引动思想,与现象学的由"事情本身"或"人的实际生活体验"来引导思想的路子很相近。

在这部"五千言"的书中,出现了丰富的人生现象:母、赤子、屋室、门户、器皿、舟舆、田地、仓廪、弓矢、小径、大道、山谷、水流、江海、鸡犬、渊鱼、柔条、暴雨、骤风、天地、绣服、利剑、圣人、善人、智人、愚人、百姓、盗贼、家乡、国家、侯王、祭祀、战争、素朴、贵贱、上下、左右、雄雌、明暗、生死,等等。然而,老子看待它们的方式既非形而上的,亦非形而下的,而更近于纯现象构成的,用海德格尔的话讲就是"形式指引"的,即看出这些现象自身所蕴涵的势态和境域。人的生存就与这种现象境域而非现象规律更直接相关。而且,正是生存问题所涉及的终极形势使得构成境域的思考方式和体验方式成为最不可避免的。

在这个问题上,《老子》与其他思想流派有重要的不同。在古印度,终极问题并不表现为"生存本身的构成"问题,而是生存的意义问题,或脱离苦难和束缚的问题。这个问题的高远性使它超越了人的有限生存的视野。实际上，对于印度古人，不仅人的今世生存是个现成的事实，通过"轮回说"，人的永恒的生存也是难以摆脱的事实。而且，恰恰是这种摆脱不掉的生存使得我们受苦受难，因为它从根子上讲是分裂的和无常的。所以，印度古人无法从人生现象本身的运作机制中汲取终极开启的思想动力。古希腊人视终极问题为"原质""知识的确定性来源""幸福的含义"和"神的最高存在性"的问题，所以也漏过了人的生存本身。对于以上这两大潮流而言，人的生存本身的问题都不是原本的存在问题和意义（至善、解脱）问题，而只是有待于从更高深的理论和体验来得到说明的问题。

中国古代思想关注的是"这个世界"或"这个人生世界"。而且，说到底，是与人的生存紧密相关的"天"和"天下"的问题。一开始，它主要体现为在天命靡常的形势中如何"以德配天"、保持住一个王朝或一个诸侯国的生存的问题。儒家的仁义礼乐，墨家的尊天非攻，乃至《易》《诗》《书》《春秋》这类文献的编纂，其本旨无一不与"天下兴亡"密切相关。在这方面，中国古代文化与古希腊（荷马史诗、哲学）与古印度（吠陀、奥义书）的文化趋向非常不同。所以，中国古文化可被视为一种图生存（"常"的本义）的文化，或对于生存问题有特殊敏感的文化。当然，各家的生存之道有不同。儒家就会觉得墨家和法家太急功好利，缺少生存必需的回旋余地，所以绝不能"维天之命，於穆不已"。不过，儒者们却往往陷于礼制和伦常化了的仁义之中，变得越来越迂腐，失去了原本的生存视野。老子思想的特点在于直接关注生存本身的问题，不管它指社稷的存亡，还是指个人的生存。而且，更关键的，他不再将人与国的生存视为一种现成目的，可以通过某种外在的手段（富足、节信、尚同、礼仪、伦常、法术等等）维持住。对于他，生存或生命有它自身的构成机制和视域。换句话说，人与国的生存是一个"自然"的和野生演替的问题，而不是一个在某种框架笼子中豢养成活的问题。各种失误的根源就在于看不到这个生存本身要行的大道，而要用某种现成的道术（可道之道）来安邦定国、修身养性。而在老子看来，在一个根本是开放和无常的局面中，不可能有"生存垄断"的方法。所以，生存本身从长远看一定要自行其道，成为"天之道"；顺之者生，逆之者亡。任何矫揉造作的道术都无法抗拒这个大势态。

对于老子，人从生存本身、构成势态本身学到的比从一切其他的方式中学到的要更真切、更生动，也更人道。强调以生为本，并非在强调以保存现成的生命为目的。在这一点上，老子不同于杨朱的贵生和后世道教中求长生的倾向。他深知人从根本上就出入于生死之间，没有哪种个人的私愿和小道术能经受得住这生命本身、生存本身的"陶冶"。而且，过分地追求生存（"以其生生之厚"）往往使人陷于死亡（"动之死地"）[①]。在老子和后来的庄子看来，生存和生命是面对终极形势的终极问题，生存之道乃终极之道。其"玄德深矣，远矣"[②]。人的一切美德、知识、道术、信仰都源出于此自生自行、"独立不改，周行不殆"的大道；得之则得机得势而生气勃勃，失之则平板干瘪而脱落死亡。老子之所以能

---

① 《老子》第五十章。

② 同上书，第六十五章。

讲"绝圣弃智，民利百倍；绝仁弃义，民复孝慈；绝巧弃利，盗贼无有"① 这样很激烈的话，就是因为他自信已找到了真正清新不竭的终极源头。生存之道使美德成为美德，使知识成为造福的知识和技术，使信仰成为真切的信仰。反之则不然。再没有哪种人造出来的，用社会关系、理论构架、各种体制维持的机制可以从根本上增添和改动生存的玄机。

老子思想真是素朴之极而又深远之极，那些困扰古代人和现代人的最重大问题——人生的根本意义问题、终极实在问题、科学技术与信仰传统的关系问题、环境问题、伦理问题等等——在他那里都可以得到某种或显或隐的解答。在老子看来，离开了生存的构成玄机去讨论生存的意义、终极实在、真理与价值就如同离开了渊水去寻鱼、离开了根本去活枝一样失策。这种识度与孔子的"未知生，焉知死"的见地很类似。生存本身的构成几微一定是有无相生、难易相成、前后相随、阴阳相和，一定会让人生发生出原真的意义，乃至达到超出现成生死的境界。

对于老子和庄子，至道就是生存之道，而不只是求生存之道，因为生存本身的洪炉大冶必荡尽一切机心和人为规范，还万类一个本然的公道。"夫大块载我以形，劳我以生，佚我以老，息我以死。故善吾生者，乃所以善吾死也。"② 依人的价值框架所做出的各类评判都只是境外的比比划划，"朝三暮四"，绝达不到至天然又至终极的领会境界。所以，得道之人既不厚生惧死，也不滞于死

---

① 《老子》第十九章。

② 《庄子·大宗师》。

理而害生。他的不惧死既不同于告子的"不动心",也不同于儒家的"杀身取义",更不同于为某一教义的殉道(可殉之道就不会是生存之道),而是达到生存终极境界之使然。生死的外在区别已消泯于那样一个混成境域之中。

五、道是生存的顶极形态

有人讲,老子之道是为弱者设计的生存之术。此言有一定道理,如果我们能看到人从根本上都是弱者的话。再强的人,比如秦皇、汉武,在事关自身的生死时都是虚弱的。人生而柔弱,却几乎都生在一个似乎强者才得活、才活得好的生活构架之中。失败者自然丧气委顿,成功者在趾高气扬之余,亦若有失。而且,今日成功者或许是明日的失败者。层层关口,层层筛选,越是高者和强者跌得越是致命。最后,剩下的孤家寡人已被现成化为他的地位和身份,时刻恐怕他人夺去,再无生存的乐趣可言。所谓"历史"或"正史",绝大多数就是这种人生战场的胜负记录。无怪乎老子身为史官,在他倾吐心曲的书中对那类历史却不屑一顾。然而,在人生化境中,从远古时起,就有一类对于生存本身特别敏感的人。他们心中那根柔弱之极又虚灵之极的生命之弦时时颤动,使他们无法完全让自己就范。这类"痴人""愚人"对于"进取"总是心存芥蒂,总是觉得人生的意趣在所有这些得失成败的构架之外。他们永远真情实意地留恋和向往那淳朴的、先人的、母性的、孩童的、不分彼此的和与生俱来的境况。"天下有始,以为天下母,既得其母,以知其子;既知其子,复守其母,没身不殆。

塞其兑，闭其门，终身不勤。开其兑，济其事，终身不救。见小
曰明，守柔曰强。用其光，复归其明，无遗身殃，是为习常。"[①]
这是一种根本的生存形态的抉择，海德格尔称之为"决断"，即让
自己的全部一生（"没身"，"终身"）只跟从生存本身的境域（"天
下母"）。尽管在能做出这种抉择之前，在世间成长的人就已"知
其子""用其光"，也就是已知那些在社会体制中的成功所需要的
种种知识、权术和技能；但他（她）仍"复守其母""复归其明"，
就如同后来的陶渊明一样"归去来"。这种涉及人生总态势的、导
致放弃一切"机会""发展""富贵尊荣"的抉择不可能只出于对
某种道理的概念认识，而一定是出于天性和实际遭遇，透过让众
人神魂颠倒的体制现象，感受到了生存本身的清纯浩荡的气息的
结果。只有到了这种境地和势态，人才能真正厌弃一切"开兑济
事"的体制型的人生形态，而归复那虽然看上去弱小、古怪，却
闪烁着真情光明的生态。它的决断和彻底不亚于献身于某个宗教，
但又完全不必要有宗教的教条、教规、庙宇、教团生活；尤其是
不需要有一个超越此生存之上的大神和天堂。对于以道境为生存
形态的人来讲，那种以教条、教士团体、天堂与地狱的区别为核
心的教义是另一种更精微也更可厌的体制。道既非原则，亦非另
一个更高级的实体世界，而就是这个人生世界的顶极形态、自然
形态。入道之人何必出家？这生存大化就是家乡和母亲。道人的
决断不是要离开世间，而只是脱开世间的体制形态，而依身于它
的纯构成形态和纯自然的形态。

---

① 《老子》第五十二章。

可以设想，自有人类以来，就有这种挚爱生存本身的人生形态。仰慕它的人往往有这样的传说，即在惚恍的"古始"，人们生活在一种与现今非常不同的"天与人不相胜"[①]的冲和状态中。那时的人可能不像今天的人拥有那么多观念知识和强力，但他们生活得尽情尽性，没有现今这么扭曲可悲的生态。实际上，自有文字记载的历史以来，求道的人们就在一代代地厚古薄今，寄希望于未来。而文字历史所记载的大多是可悲可怖的人生事件。因此，道的生存境界似乎一直处在"历史"的边缘或被遮蔽的阴影之处，像山花野草一样在人力不及处岁岁枯荣不绝。久而久之，则有树丛林莽生出，鸟兽得其所，而世人亦得其庇护。那里的人生形态何其宁静、无名、悠久、自生自没而"不殆"。当人看到山中千年古树或百岁老人时，不禁神往。然而，生存道境并不只是体制战场的花边点缀，让"文明人""城里人""得志者""发达国家"等等当蛮荒孑遗而观赏。任何文明人、强人、控制着银行和核弹的人，当事关自身生死时都面临"道"的形势。这道是那虚浮历史下的真正的潜流和"江海"，使得那历史可能。所以又有各种"天运""气数""历史发展的动机""文明的兴替规律"之说。而且，当一旧体制倾覆和一个新体制初生之时，终极形势会出露于社会生活之中，人们对于道境中生存形态的仰慕或更殷切。而且，看目前人类生存的大势，正趋向"只有一个地球"的终极形势，传统的体制形态或现成化的生存形态捉襟见肘，已越来越不敷大用。迄今数千年的"历史"样式已渐趋"无所往"，整个人类正面临一个极深彻的"转向"，即人的生存道境从边缘域转换为生存的中心源泉的转向。不管是以悲还是喜的方式，这转换已乘天势，"若决

---

① 《庄子·大宗师》。

积水于千仞之谿",无法避免了。历史将不再是强者和智者的历史,而是生存者所经历的境界。真正了解了海德格尔其人(见第1章第一节),特别是那"田野道路"所代表的人生境界,就会明白他钟情于道家的最大缘由了。

迄今为止,除了在"桃花源"中,人的生存一直遭到体制的持续不断的削刈砍伐,以至于人生的总体形态屈留在"杂草"或(在最好的太平盛世时)"灌丛"这样矮化和相对贫乏的阶段上。当然,天灾与人祸,比如体制的骤然崩塌,可以让这种形态进一步退化为沙草窝子、墙头屋檐的茅草丛或沙荒地。体制的自然退去则将显示出生存本身的境域,它"无声无臭"的虚柔运作将静静地、绵绵不绝地鼓满人生的风帆,人的生存将在历史上第一次进入"还从物〔体制〕外起田园"[①]的境界,不受摧残地自然演替到它的顶极形态,也就是大道流行的真正的人间盛世,或"天上人间"不分的生存境地。

不少人认为儒家在两千多年中是中国体制("主体")文化的代表,而道家则主要是非体制的、补充性的。不论这种说法对于战国之后的中国适用与否,或适用到什么程度,它并不适用于先秦,也不尽适用于儒家的创始人。孔子心目中的礼乐教化的终极形态(仁)并不是硬性的体制,而是柔性的、构成的生存形态。"老者安之,朋友信之,少者怀之。"[②]"子曰:'无为而治者,其舜也与?夫何为哉,恭己正南面而已矣。'"[③]"兴灭国,继绝世,举逸

---

① 王维:《桃源行》。

② 《论语·公冶长》。

③ 《论语·卫灵公》。

民，天下之民归心焉。"①孔子一样是"信而好古"、崇尚无为淳厚
之世的。尽管他通过礼乐而行的无为与老子的通过势态而行的无
为而无不为有区别，但两者的思路是内在相通的。此外，孔子本
人的精神气象也充满了生存本身的生机，绝非荀况、董仲舒这样
的体制化了的儒者可比。"［曾点］曰：'暮春者，春服既成。冠者
五六人，童子六七人，浴乎沂，风乎舞雩，咏而归。'夫子喟然叹
曰：'吾与点也。'"②没有这样充溢着生存道境的思想风貌，要在中
国取信于人和"得天下"是不可能的。正是由于中国古代思想的两
位大师——孔子与老子——都有这种生存识度和柔慈宽厚的境界，
不论后世人如何不济，这个文化在大部分时代中从来没有被完全
体制化和现成化，总有一眼眼人生的清泉淌在乡村山野，也总有
各种意义上的逸士高人、民谣山歌指点和影响着天下大势。"人间
四月芳菲尽，山寺桃花始盛开"③。这是中国文化最可贵也最令人依
恋神往之处。

六、小国寡民

《老子》处处用势、顺势、使势相交以成往复不绝之势。其中
的"活眼"就在于能处身于"无为而成"的境域之中。"无为"绝
对不是一种现成状态，等同于什么都不干或任人摆布宰割；它是
主动到了"无主"而动的纯势态。"为无为"也就是任势而动，在

---

① 《论语·尧曰》。

② 《论语·先进》。

③ 白居易:《大林寺桃花》。

似乎虚无却正构成着的地方做手脚。

《老子》一书处处体现出这样一个与现象学的构成观相通的识度，即天下万物万事并非止于现成者的集合，而是在无法抗拒的大化之流中被构成者。所以，任何事情在未被现成化为有形有名因而可争可夺之前，都要先处于一个希夷惚恍的构成态之中。用势的关键就在于体会到这种构成状态并"从事"之。眼中只有现成状态者则总处于生存的劣势，与大化流行为敌。而依从构成态者则总处于顺势。如能体会有无相生的"玄"义，则反能以大化本身为势，穷尽生存之妙。"其于游刃，必有余地。"① 上面第三节已讨论了个人从思想上入境得道的方式，兹不赘言。很自然，老子会将这条构成的思路延伸到关于整个天下的得道形态的思考中。"小国寡民"标识出这种共同存在的人生形态，但其中的构成势态和可能的变通却往往为人所不见。

《老子》第八十章这样讲：

> 小国寡民，使有什伯之器勿用②，使民重死而不远徙。虽有舟舆，无所乘之。虽有甲兵，无所陈之。使人复结绳而用之。甘其食，美其服，安其居，乐其俗。邻国相望，鸡犬之声相闻，民至老死不相往来。

为什么国要小、民要少呢？这是因为这样人们才时刻感受到

---

① 《庄子·养生主》。

② 此句据帛书甲本改。

生存的边际和活的境域，而不被湮没于、削平于广大无边的国家、民众和体制之中。行政化的国土大到超出了那时人的生活视野，民众多到互相妨碍和拉平而不是互相支持而成活的地步，人的生存就失去了天势；要想避免天下大乱，就只能诉求于人智所设计出的刑名体制了。在那种情况下，空间只是远近大小、时间只是历时长短而已。它们只与人的感性、知性和意愿的实现相关，而与人的生存含义本身无关。然而，如果国与民被"损"到了人能感受到他的生活世界的分量的程度，社稷或社团就会"首先和经常地"面临一种终极境地并因而处在它的生存本身所构成的势态之中。这样的势态造成了使人生天然地充满意义和美德的生态，无为而善为。《孙子兵法》和《韩非子》中以"投之无所往"和"法术"造就的构成势态在老子这里被自然地造成于人的世间生活，因而化身于人的根本生存和存在，再无破绽和断裂可寻。

这样的人群活在虚柔乘势的道境之中。它可被理解为现象学构成意义上的原发社会，而绝不只是历史学和人类学意义上的"原始社会"。在这样"闷闷"、"淳淳"的社会之中，正奇相辅相和，人们"不争而善胜，不言而善应"[1]。"圣人处上而民不重，处前而民不害，是以天下乐推而不厌。"[2] 所以，体制社会认为是必要的东西在这里可能形同虚设。人们使用"十百人之器（大的器械）""舟舆""甲兵"，是为了在纷纷扰扰的世界上争利益、争时间、争空间。如果人的生存方式本身就具有原发的意义，就像

---

[1] 《老子》第七十三章。
[2] 同上书，第六十六章。

《击壤歌》所吟唱的:"日出而作,日入而息;凿井而饮,耕田而食;帝力于我何有哉?"那么,十百人之器就可以不用,超出原本生存需要的利益就可以不争。日月星辰、四时节气、风霜雨露、草木虫鱼,在这乡土上自然发生繁衍的生活本身就自在自足。人民因此"重死而不远徙","不出户,知天下;不窥牖,见天道"①。舟车虽有,却无所乘之。这样的社会从根子上就"知足"而"常足"②,绝无用甲兵去侵凌他人的动机。人们活在一个"独立不改,周行而不殆"的切身状态中,用不着数字化的复杂算计,也用不着概念化的层层推理,于是"使人复结绳而用之"。从老子使用"使……""虽有……""无所……"的句式看来,他完全意识到自己所处的"当代情境",并相信在这种情境中生活的人仍然应该而且可能以某种方式回复到"配天古之极"③的状态。"夫物芸芸,各复归其根。归根曰静,是谓复命。复命曰常,知常曰明,不知常,妄作,凶。"④

要不勉强地做到这一点,非任天道之势而行不可。任势乘时,则面对的不是现成物,可乘虚蹈空却牵动全局。于是,难事可作于易,大事可作于细,"为之于未有"⑤,自足而知止,无须以超出人生自然尺度的器械、利刃、智巧、体制、鬼神去争一日之长短。以那些手段无顾忌地争利和占有,就是"代大匠斫",希有不自伤

---

① 《老子》第七十四章。
② 同上书,第四十六章。
③ 同上书,第六十八章。
④ 同上书,第十六章。
⑤ 同上书,第六十四章。

其手者；因为"手段"总是含有自身势态的"鬼神"，一旦无人生
势道的统摄，必"伤人"①。"民多利器，国家滋昏；人多伎巧，奇
物滋起；法令滋彰，盗贼多有。"②这样，人就活在充满各种杀机的
体制里，苟延残喘于"旦旦而〔被〕伐之"③的贫乏生态中。按照
老子，只有柔弱化和势态化了的寡民小国才能生发出并维系住丰
满自然的人生形态。"解其分，和其光，同其尘，是谓玄同。不可
得而利，不可得而害；不可得而贵，不可得而贱，故为天下贵。"④
这种元门道可入、无分锐可恃、无利害贵贱可言的玄同态令体制
的利刃无从下手，故为天下贵。"玄德深矣，远矣，与物反矣，然
后乃至大顺。"⑤在此玄远顺时、得机得势的生存中，人民就会以其
所食为甘，以其所服为美，以其所居为安，以其风俗为乐。邻国
之间，并无相互窥测攀比之念，遥闻鸡犬之声，知其乐而自亦乐，
所以至老死而无须现成意义上的往来。这就是活在终极道域中的
人生。

　　"小国寡民"蕴涵清新之极的人生意境和思想意境，是真正
"信道笃而自知明……特立独行，穷天地亘万世而不顾者"⑥，老子
"道"的活生生的含义最切近、最有气象也最不易被宇宙论和概
念论败坏地显现于其中。在这种领会中，人生可以无声无臭、无
名无利，而又穷微尽妙得无半点缺憾。上面讲过的激发老子思想

---

① 《老子》第六十章。
② 同上书，五十七章。
③ 《孟子·告子上》。
④ 《老子》第五十六章。
⑤ 同上书，第六十五章。
⑥ 韩愈：《伯夷颂》。

的枢机，即人的生存本身的意义机制，在这里得到了充分的展现。人于神思恍惚时回想儿童少年时的"希微"经历，生发出"平旦之气"，但"梏之反复，则其夜气不足以存"①。老子之道的根本意义就是让这样的经历和气息充满人生，原始反终，沛然莫之御。无歌无诗而韵意畅然，无色无味而终生享用。陶渊明之为诗为人透露出这种人生境界的一角。没有这种识度和气韵，就意味着还没有入老子之道，或还在用概念名相梏之伐之而不自觉。

　　相当多的现代批评者认为老子的小国寡民说是不切实际的"乌托邦"。如果不考虑这个学说中包含的势道，那么这种指责就确有道理，因为大国的"甲兵"和体制会强加到弱小的"部落"上头。然而，以上的讨论包含着这样一个认识，即老子的生存之道乃是用兵之道和治国之道的极致，消融了后两者中的争战和不通透，保留了和本源化了它们包含的构成势态。《老子》非常关注用兵和治国。一方面揭示硬性的用兵治国的不可取之处，另一方面则探讨如何使"为无为"之天道完整元痕地体现于这两者之中，以取得"先胜"和"无为而治"的势态。"婴儿"之弱不同于对手之弱；它是在一切二元分裂之先的生发境域。"虎无所措其爪，兵无所容其刃。夫何故？以其无死地。"②中国古人认这个人生世界为唯一真实世界的思想倾向在这里得到一个最切身的表现。这个世界既是我们经验的，又是玄妙的或有无相生相成的，因为我们的生存经验本身就充满了构成张力而玄之又玄。"小国寡民"说并不

---

① 《孟子·告子上》。
② 《老子》第五十章。

是一个观念上的理想和感情上的寄托，而是人的生存势道的"生活形式"。"虽有……无所……"的表达方式透露出其中包含的思想张力和变化可能。它的"无声无臭"的本色使它很难见于有好事之癖的"历史"，以至陶潜似乎只能在"桃花源""山海经"中寄其遐思。然而，只要有生存本身的天机天趣之处，就有它和它的各种变样（族居、隐居、乡俗、帮会、寺观、耕读……）的滋生繁荣，如同野草野木一样。**"天命靡常"**的大形势使得体制化永远不可能垄断人生局面，因而总有生存本身的境域所在。"道法自然"避免不了，在这样或那样意义上的"小国寡民"也就避免不了。中华文明的生机就在于，她的天道观、非实体化和人格化的终极观总是为自然的和构成式的生存留下了更丰富的"林中空地"。

与战国时代儒者的"大同"说相比，老子的小国寡民说的独特之处就可更清楚地显露。《礼运》一文假称孔子而言："大道之行也；天下为公，选贤与能，讲信修睦……是谓'大同'。今大道既隐，天下为家，各亲其亲，各子其子，货力为己。……是谓小康。"这样的"大同"之世就确实近于一种观念上的"理想国"了。它带有墨子的"兼爱"气息，与《论语》中孔子的思想方式特别是关于"礼"的构成观大异其趣。"天下为公"是对人的共同生活方式的具体的和现成式的规定，并非对人的生存势态的追本溯源。"公""私"之辩并不能恰到好处地切中生存含义或道的问题本身。一个社会可以从体制上是"为公"的，但却桎梏人的生存。"小国寡民"则与一切体制相左，却与人的生存意义的天然构成密切相关，尽管其中的"势道"需结合《老子》全书方可看清。

第 14 章　庄子

　　庄子承继老子，但有许多新思路和新境界的开显。老子视人的生存本身为道的意义来源。这生存总面对着无现成物可恃的"靡常"局面，所以不得不"自然而然"，也就是必须关照自己的生发维持。而这种生发维持只能在虚柔至极的境域中实现，靠势态的周行构成。这样一个"混成"的、纯构成的道观或道论完全为庄子所接受。然而，庄子与孙子、韩非子等人不同，并不只是将这种道观用于人生的某一方面，更没有像"黄老"学派那样将老子学说宇宙论化，而是继续深究人的生存本身的含义，将其中的内蓄之势变通和舒显到了个人经历的各个独特方面。而且，更关键的是，庄子对于这样一个道论中的纯构成机制特别敏锐，以各种方式来保持它的真切性。

一、终极形势不可避免

　　《庄子》的一大特点就是将《老子》中隐含的前提揭示出来并加以论辩。老子道论的一个重要背景就是对"靡常"局面的深切体验。依此，则有无必相生而相成。但老子除了在第二十三章中偶有涉及之外，几乎没有直接讨论这个终极局面。庄子则细致地论证了"靡常"或"非现成"形势的无可逃避。在"齐物论"中，我们读到："有始也者，有未始有始也者，有未始有夫未始有始也者。有有也者，有无也者，有未始有无也者，有未始有夫未始有无也者。俄而有无矣，而未知有无之果孰有孰无也。今我则已有谓矣，而未知吾所谓之其果有谓乎？其果无谓乎？"这一段话马上令我们想起以前讨论过的古印度的《创生歌》（"那时既没有存在，也没有非存在……"）和龙树破尽名相的缘起说，它们具有相当类似的见地和穷究到根源的思想锋芒。不过，这段话也显示出庄子"重言"和"卮言"的风格："有""无""始"虚虚实实，相互投射和消融，是一段鼓点越来越紧凑直到回旋于一气的思想圆舞。它还让人想起海德格尔惯用的表达手法和早年讲的"形式指引"法。

这段话中，第一个"始"字是个实词或名词，意谓着"开始""起点"或"根本"。紧跟着的第二个"始"字则是个虚词或副词，意味着"曾（经）"。因此，头三句的意思就是："有开始，有未曾有开始，有未曾有未曾有开始。"如此三进，"始"与"未始"被损之又损，以至于无一是处。这与龙树的"逻辑"型的论证不同，但也绝非任意的语言游戏。既"有始"，那么，这种说法本身和"始"本身的含义就允许人合乎规范地想到"未始有始"；这样，也就必须允许向"未始"处的进一步的回溯。于是知"始"之靡常。这样一种论证与康德讲的第一个二律背反亦有可比较之处。然而，第三句的开头处还留下了一个"有"，似乎还有迈农所说的"意义对象的存有"的味道，所以意犹未尽。于是庄子来处理这有本身。谈"有有"（用英文讲就是"having being"）就要允许谈"有无"（having non-being），于是也就可以设想"未始有无"

［注意，这里"未始"又加入进来］，及"未始有夫未始有无"。这样也就损去了"有"与"无"的定性。虽然第七句的开始处仍有一个"有"，但由于"有"本身已被化解，它也就无可执著，只是一个纯揭示性的"维持在场"或"形式指引"。这里，正是因为"有"与"无（没有）"是最基本的说话方式或"范畴"，它们之间的相互依存与"方可方不可，方不可方可"的牵连才特别直观地被显现出来。所以，"未知有无之果孰有孰无也"。这句话中前面的"有无"为名词，后面出现的"有""无"为谓词。"化声相待"，实实虚虚，直接显示"有""无"之靡常。顺势而下，则"有谓（肯定判断）"与"无谓（否定判断）"的定性亦被化去。这样，我们就面临一个有无、是非都不足据的终极局面。

这一段话甚至可以看做对《老子》第一章的某种注解。那里讲"无，名天地之始；有，名万物之母"。王弼对它的注解贯穿着"以无为本"的理解："凡有皆始于无，故未形无名之时，则为万物之始。及其有形有名之时，则长之、育之、亭之、毒之、为其母也。"[①]他将"无"视为存在论意义上的"始"或本源，而将"有"和"母"都视为从出者，明显地不合《老子》原意。庄子那段话则揭示这种意义上的"始"绝不足以充任本源之道，因从它可引出"有未始有夫未始有始也者"。庄子思想的犀利之处就在于看出了，如果视"有"为一从出名相，那么与它相对而言的"无"也只能是一名相，这是此种表达方式本身或思维方式本身决定的。从思辨角度、从语言断定的角度去论证无的"未形无名"的本源地位不

---

① 《老子》，第一章注释。

但于事无补，反而会进一步陷入对有无、是非的执著之中。"俄而有无矣，而未知有无之果孰有孰无也。"对于"有"的任何否定或限制，对于"无"也同样有效。从语法上讲，"有"与"无"就根本不是名词或可以独立出现的实词，而只能是化于语境或道境之中的虚词。从意思上讲，有与无离开了对方就不成意义。所以老子在这一章中要讲"此两者同出而异名，同谓之玄"。这个"玄"，以及"虚""冲""希""夷""微"等等，是老子的纯构成识度的体现，失去它就毁了整个道论的发生枢机和终极意识。

庄子是老子之后、惠能之前对于这样一个终极形势（"至境"）和构成枢机最敏感的思想家。"齐物论"一章是中国古代文献中最清晰地揭示这个形势与枢机的文字，相当于龙树《中论》在印度思想中的地位。它完全致力于从各个角度（有无、是非、彼我、生死、真伪、同异）剥离出被概念名言框架遮蔽的那非有非无、无可无不可的底蕴，彰显老子道中的"玄"意。《老子》一书却缺少如此彻底的"防腐"机制，反而包含"有生于无""道生一、一生二、二生三"这些在孤立情况下容易引起误解的句子。所以，后世对《老子》的平板化、实体化的解释滔滔皆是，而对《庄子》，则难以使之就范或"器之"，只能以"其言洸洋自恣以适己""过激"这样的话去敷衍。总之，庄子将老子思想中的纯构成含义进一步地深化，不同于孟子将孔子学说伦理化的做法，而更近乎龙树对释迦牟尼缘起说含义的追究。

二、依天势而得真知

与古希腊的智者不同，庄子在充分意识到这消融一切有无是非的终极局面之后，并不止于一种平面的、相互对待的实在观和知识论，或所谓"相对主义"，而是与老子一样，深入到一个能经受住靡常天运的真知或玄知境界，被他称为"天""明""道""枢"……"彼出于是，是亦因彼；彼是方生之说也。虽然，方生方死，方死方生。方可方不可，方不可方可。因是因非，因非因是。是以圣人不由，而照之于天。"①圣人或有真知的人不被实质化、观念对象化和概念体系化的思路框住，也就是"不由"，而让"天"的构成境域充分实现出来以得其"照"，这样才有认识的光明和至极。"是亦一无穷，非亦一无穷也，故曰莫若以明"。庄子深知名相思维中的对立双方总能各自为自己找到某种支持，总可以而且似乎必须进行下去而"无穷"。但这其中没有根本的构成，以及这种构成激发出的光明或"自明"。这"明"与海德格尔讲的"Lichtung"（"林中空地""澄明"）及胡塞尔的纯直观的"明证性"（Evidenz）都有相通之处，也都意味着在一切实质化和主客对立化之先的纯显现，是人与世界、人与天相构和之处。这放出领悟光明的境域只有在彼此是非不得而存的终极处方能显现。"彼是莫得其偶，谓之道枢。枢始得其环中，以应无穷。"②

---

① 《庄子·齐物论》。

② 同上。

　　由此可见，庄子讲的"齐物"，并非只是将是非、有无、大小、长短、彼我等同视之而已。要是那样的话，他的学说与"天下"篇中所讲的"齐万物以为首"、"公而不当，易而无私，决然无主"的彭蒙、田骈、慎到的学说就没有什么区别了。对于庄子，从观念上知道是非、成毁"通为一"是一回事，而真能入此通一之境、"得其环中"则是另一回事。关于"齐物"的论证使人认识到体制框架中的是非有无不足据，人所面对的是一个"方可方不可，方不可方可"的终极形势；然而，要能在这个形势中周行而不殆，得其"常道"，则非透过有无是非而化入一个根本的生发境域，从而取得生存本身的构成势态不行。《庄子》中的"游"讲的就是进入了这种构成境域后的任势而游、依天乘时而游，这才是活的和有境界的齐物。

　　庄子以多不胜收的"寓言"层层"指示"出这个本源的道域。"逍遥游"全篇都在绵绵不绝地开启这样一个境界。"北冥有鱼，其名为鲲，鲲之大不知其几千里也"。此鲲之"大"一下子舒张开我们被桎梏于是非机栝之中的思想，而能容纳、养活如此大鱼的"北冥"也一定是令小知望而兴叹、"相忘"于其中的浩瀚汪洋[1]。这一开篇便是境象横生，夺人心魄，绝非只是"艺术"手法而已。"大"对于老子和庄子都不只意味着空间之大，而在大多数情况下意味着"本源之大"和"超出概念和经验理性的境界之大"。老子讲："天下皆谓我道大"[2]，"万物归焉而不为主，可名为

---

① 《庄子·秋水》。

② 《老子》第六十六章。

大"①,"大盈若冲"②,"故道大、天大、地大、王亦大"③。在庄子则有"大鹏""大树""大言""大风""大瘿",等等。它们都是揭示"无形"境域的"大象"④,当然这大象绝非现成的形象,势必转化多方才能尽其非现成本性。所以,此鲲"化而为鸟,其名为鹏,鹏之背不知其几千里也。怒而飞,其翼若垂天之云。……水击三千里,抟扶摇而上者九万里"。境象愈大愈活。然而,庄子笔锋一转,撇开大鲲、大鹏、南冥北冥,开始显示这化游所依凭的境域本身。"野马也,尘埃也,生物之以息相吹也。……水之积也不厚,则其负大舟也无力。覆杯水于坳堂之上,则芥为之舟,置杯焉则胶,水浅而舟大也。风之积也不厚,则其负大翼也无力,故九万里,则风斯在下矣,而后乃今培风"。只有那托负者深广到能使其中的东西浮起而运作无碍时,真正的"境域"才出现,"游"才可能。这段话蕴涵了得道的微妙含义,值得再三品味。首先,它暗示,还有任何自重之心、自大之意的人不可能入境,不管他有多么深厚的修养。你必须让"水"与"风"从根本维度上超出自己的主体性(意志、欲望、思想),方能脱开由现成实体主宰局面的"胶"的状态,感受到境域本身的托浮。这种"逍遥"不只是一种自由感,更是切合终极情境的认知。其次,这种"在境域之中"不仅与"被环境决定"不同,而且与随波逐流(比如海德格尔讲的"与人共在"的在世形态)的夹生形态也不同,因为入境意味着彼此的充分贯通和切中,而随潮流者与潮流还有彼此可言,

---

① 同上书,第三十四章。
② 《老子》第四十五章。
③ 同上书,第二十五章。
④ 同上书,第四十一章。

所以无"常随"可言，无"常势"可任。尽管这样，这逍遥游与
随波逐流的世俗形态在感受到境域气息这一关键点上仍有相通之
处。逍遥者并不是厌世的、形而上的"真我"，也不能在实在的意
义上离世独立；他只是能将随波逐流形态的根底——构成境域——
充分地实现出来，"独与天地精神往来，而不敖倪于万物。不谴是
非，以与世俗处。……芒乎昧乎，未之尽者"①。天下再沉浊，亦是
天道的境域，人生的境域，亦容许人去"应于化而解于物"。中国
古人以世间为终极，道家以势域本身为实在的思想在这里得到充
分的表现。如何与"人间世"打交道的问题对于原初道家和儒家
而言都不是一个道体如何应用于世间的从出问题，而就是天道本
身的构成问题。体与用、形而上与形而下对于孔子及老庄在最关
键处都是不分彼此的。

从概念思维的角度来看，这种既化于境域又不只是随波逐流
的纯意识状态或人生形态是不可能的。对于柏拉图和基督教神学，
超越了流变现象界的意识和存在只能是不变的灵魂和实体。对于
古印度正统思想而言，解救只能意味着对于摩耶现象界的超越，
纯意识因而只能被理解为一种"大我"或"真我"。无我的纯意
识、无实体的最终实在，在他们看来，是绝对无法领会和表达的。
这种框架是如此易于控制人的思路，以至先秦之后的天道观和现
代人对于老庄的解释，大多未臻于终极（存在论）意义上的化境。
然而，庄子讲："野马也，尘埃也，生物之以息相吹也"。最终极者
如春天野外的游气一般；而且，这游气并不是亚里士多德讲的宇

---

① 《庄子·天下》。

宙论意义上的原质或始基，而是生命本身、生存本身、思想本身、意义本身的气息境域。人生于此境域，一直依凭它而活，而存，而思。一切"我""对象""实体"都是从这种"以息相吹"的虚柔境域中衍生出来的肿瘤而已，除了使人胶着而失势之外，并无真切的功用。离开了这生发境域去求真实的本体和人生无异于缘木求鱼。"鱼相忘乎江湖，人相忘乎道术"①。只有生存境域本身"告"之者、"道（导）"之者为最合适者和最终极者。

由此可知，魏晋人郭象对于"齐物"与"逍遥"的解释并未得其真义。相比于乘九万里风势而徙于南冥的大鹏，庄子讲到"蜩与学鸠"。它们似乎颇有"齐物"的见解，所以笑话大鹏而言道："我决起而飞，抢榆枋，时则不至而控于地而已矣，奚以之九万里而南为？"郭象注道："苟足于其性，则虽大鹏无以自贵于小鸟，小鸟无羡于天池，而荣愿有余矣。故小大虽殊，逍遥一也。"②郭象以为从观念上明白小大同一的道理，不相互攀比，就算得其自性，也就是"逍遥一也"，所以在这里将"小鸟"与"大鹏"等同视之。这不符合庄子原意。在庄子看来，大鹏之飞培积了九万里的风云，它的徙运已可算做某种意义上的"游"，与一般靠身力之飞属于不同的境界，所以才可以"去以六月息者也"。而矜矜自得的蜩与学鸠之飞则还是在凭气力扑腾，"决起而飞，抢榆枋，时则不至而控于地而已矣"，远没有达到"天机自张"的程度。所以，对于大鹏的游境，"之二虫又何知？"结合上下文可知，庄子恰是在嘲讽而

---

① 《庄子·大宗师》。

② 《庄子·逍遥游》，郭象注。

非在赞同这种自视"有极"的"小大之辩",因为它还停留在观念之辩的层次上,并没有得游境的气势。

所以,接下来,庄子让宋荣子(很可能就是"天下"篇中讲的"宋钘")斥笑类似于二虫的自得之人。然而,宋子的"定乎内外之分,辩乎荣辱之境",乃至"天下"篇中讲的"不苟于人,不忮于众。……见侮不辱,救民之斗",都还是有精有粗,"犹有未树也"。列子则更进了一步,可"御风而行",以至可"旬有五日而后反……免乎行"。这才真正开始脱开了主客彼此的对峙胶着状态,任风势而游。不过凭"风"而游还"有所待",并非终极意义上的"以息相吹"。只有到了"乘天地之正,而御六气之辩,以游无穷者",才算无所待的至极之游,因为它依凭的是终极境域本身的生发气势,在靡常处得有常,化臭腐之物为神奇之境,因而可没身而不殆。到了这样的纯构成的地步,无我之人、无为之为、无名之言就不再是不可思议的了,"故曰:至人无己,神人无功,圣人无名"。至此,庄子算是层层递进、左右排闼地开示出真正切身的齐物之知和逍遥之游的缘构底蕴,使先秦天道观得到一次充满势态和气象的显露。用西方来的术语讲,它既不是宇宙论的,也不是理念论的,而是构成存在论的。从观念上近于道家的彭蒙、田骈、慎到,及后来的黄老学派、魏晋玄学与老庄的最大不同就在于未能充分领会道论中的构成域的识度,以至将境域本身削为无境之"与物宛转"、元气论、宇宙生成程式和观念思辨。"非生人之行,而至死人之理。"[1]

---

[1] 《庄子·天下》。

三、气虚得势

从上一段讨论可知，道的境域何其不现成，只在相反相成的对立之终极处、两难处逶迤隐现。只要这种境域不主宰局面，一切都会弄巧成拙，"神奇复化为臭腐"[①]。"无用""不材"和"无为"如果无势域可依，也要像"山木"中讲的不鸣之雁被杀而烹之。被削剪挤压为概念、实体和伦理原则之道，恰是致人于死路之理而非使人生存之道。"人间世"反复申明依义理而行或"师心"而行的不智、不真与"执而不化"。那么如何才能化入真境，做到既不违心又不师心呢？庄子讲到"坐忘"与"心斋"。"颜回曰：'回益矣。'仲尼曰：'何谓也？'曰：'回忘仁义矣。'……'回忘礼乐矣。'曰：'可矣，犹未也。'他日复见曰：'回益矣。'曰：'何谓也？'曰：'回坐忘矣。'仲尼蹴然曰：'何谓坐忘？'颜回曰：'堕肢体，黜聪明，离形而去知，同于大通，此谓坐忘。'仲尼曰：'同则无好也，化则无常也，而果其贤乎？丘也请从而后也。'"[②]《庄子》一书中，特别是在被认为是庄子原作的内篇中，孔子往往扮演这样一个有儒家背景的求道者或得道者的角色。可见，在庄子心目中，儒道两家的基本思路是相通的，尽管有"小大精粗"的不同。"忘仁义"与"忘礼乐"之所以还不够，是因为这种有初步齐同感的意识还未入有气势可依的境域，仍然难免于人生的两难困境。"堕肢体，黜

---

① 《庄子·知北游》。

② 《庄子·大宗师》。

聪明，离形而去知"意味着既不追随肉体感官，亦不屈从理智概念框架，因为它们所认知者都已是某种现成对象，不能再随机而发。所以必须将它们也"忘"掉，才能同于大通境域，进入"游"（用康德的术语就是"先验想象力"，用海德格尔的术语讲就是"先行的能在"）的状态。

　　然而，如何才能"忘"掉这如魂附体一样的形与知呢？从"精神现象学"的角度看，越想忘掉就越难忘掉，就如同越想入睡者就越难入睡一样。这里是一个有无相生的终极局面，绝不随心所欲。"心斋"则给出了一条走出"怪圈"的线索。"回曰：'敢问心斋？'仲尼曰：'一若志，无听之以耳，而听之以心，无听之以心，而听之以气。听止于耳，心止于符。气也者，虚而待物者也。唯道集虚，虚者心斋也。……夫徇耳目内通，而外于心知，鬼神将来舍，而况人乎？是万物之化也，禹舜之所纽也。'"[①]"听"代表感官，其功用为接受某物；"心"的功能则止于与某物的"符合"。但这接受和符合的功能并不是本源的或能独自行使的。要能接受就必能符合，要能符合就必能接受，两者必协同运作不可。而使这种"一（若志）"可能者必比"耳"与"心"更本源，不然的话就不可能做到"无听之以耳"与"无听之以心"。这个本源的意识状态就是"听之以气"。"气"既不是任何具体的认识官能，也不是任何认知对象和抽象的（物质）实体。它是感官与心识的统一所要求、所逼出的最根本的居间发生状态，不可能再带有任何现成的性质。"气也者，虚而待物者也"说的就是这个意思。它是适合于人的天性

---

　　① 《庄子·人间世》。

的本源，不是"精气"、"元气"那样的抽象"场"，而只意味着纯构成、纯缘起意义上的势态引发，也就是"虚"这个不有不无、纯居中的词所显示者。老子讲："致虚极，守静笃，万物并作"；又讲"万物负阴而抱阳，冲（虚）气以为和"，说的也是这个意思。孙武讲的"用间"、韩非讲的"密成"都蕴涵这纯势态的引发意。让一切以"理"为准的人感到难以把捉。因此，这虚性的或纯势态的气才能使接受外物的耳目"内通"，而又使内在的心知外向，两者相冲和而使万物的显现和维持可能。到了这种纯构成境地，主客、彼此的确定性势必被化去，让外人疑为鬼神之能的势道认知形态就清晰地出现了。所以，老庄讲的那使人的生存认知得机得势、玄游无待者也可以理解为这里讲的气。"气"这个词的好处是很有些隐喻冥通的意味，但如果被解释为宇宙论意义上的、在天地之先的鸿蒙元气，就有失去它的纯构成势态的危险。进一步对象化就会使它堕为一种原质、气质，乃至形而下之"器"，与无质可言的"理"相对。

从"气"这个词在中文中的极丰富的用法中可知，它确是历代中国人体会天道的"近譬"。每当人要表达那既非具体对象亦非一己观念、既非有形质者亦非抽象道理的微妙含义时，就不期然而然地求之于"气"这个有无之间的大象，因为它提供了一种表达和理解非现成者、余意不可尽者的可能。"天气""地气""节气""正气""邪气""阴气""阳气""灵气""运气""勇气""神气""骨气""怒气""士气""泄气""气数""气节""气色""气势"等等，简言之，"道"无处不在，那么以"气"为首的一组构境之词对于中国人来讲也无处不在，因为他从古至今就活在天道与天下的构成境域之中，而"气"恰是对这种境域型的存在状态、生存状态和领会状态相当"称手"（zuhanden）和"出神"（ekstatisch）的描述。他用"气"所表示的真情、真义和真境用非构成境域的词和概念绝对无法传达。现代搞哲学的人将它解释为"物质""精神""场""能""始基"等等，都不尽意。它是中国人"生活世界"的"生长点"，是终极性的构成、生存和理解，总走在对它的概念化和实质化之前。而这恰恰就是"道"的原义，得道就意味着能进入这样的混然自行、不顾一切、使一切随之而成的顶极之处。"圣人将游于物之所不得遁而皆存"，也就是"游乎天地之一气"①。这种游于气境是纯生存势态的、忘我的、出神入化的。明白了这样一个生存构成的气机，就不会将老庄的道论实体化和现成化了。

四、道境与道言，天机与机械

如果人的本性，不是"主体"和"阿特曼"，而只能在游乎天下之一气中实现，就有这样的问题：如何理解这无主体性可言的**大化境域本身**的人生意义乃至认知意义？如何才能像"风"那样"蓬蓬然，起于北海；蓬蓬然，入于南海；而似无有"②，而又能有意义地达到至道、至极与"至乐"呢？这样的认知与生存形态与慎到的"块不失道"③又有什么区别呢？这是道家要回答的最重要的问题之一。庄子对这个问题的尖锐性有着特殊的敏感，他的有

---

① 《庄子·大宗师》。
② 《庄子·秋水》。
③ 《庄子·天下》。

关阐述在先秦是最出色的。有这种敏感就不会将"气"实质化为物质或气场，而一定要追究出它的构成本性不可，因为非如此就无法说明一个无形而上主体性的但又充满了原发意义的人生境域。佛家中观缘起性空的无我论传入后，庄学与之结合而启发了禅宗空廓洒脱、无处可住而又无处不有意象的境界。

第一，庄子看出，如果主客或彼我的差别从思想上是无根的，那么主体之我化于境域就并不意味着让客体（"块"）来主宰局面，而意味着主客双方一起化于一个虽无"真君"主宰、却是有真义和悟性光明可言的新境界。他讲："非彼无我，非我无所取。是亦近矣，而不知其所为使。若有真宰，而特不得其眹。可行己信，而不见其形，有情而无形。百骸、九窍、六藏，赅而存焉，吾谁与为亲？……其递相为君臣乎？其有真君存焉？如求得其情与不得，无益损乎其真。"①在"彼"与"我"都不能主宰的情况下，似乎需要一个真宰或真君来统率全身的脏器与单元，不然就好像说明不了人生的"有情有信"似的。庄子在这里设想了多元论的"递相为君臣"和一元论的"有真君存"这样两种可能。然而，他指出，如果这确是一个"彼是方生"的构成局面的话，那就不仅没有设立任何一种真君的可能，也没有不"有情有信，无为无形"的可能。这根底处一定是"明"和相生之"枢"。所以，说到底，"如求得其情与不得，无益损乎其真"；也就是：不论能不能找到一个真君，于说明人生的真义和本来面目都无损益可言。这类真君（不管他是"谁"）的存在与否完全是"附加的"，所以应该被悬置掉。

---

① 《庄子·齐物论》。

真君的消隐并不会对人生与世界的意义有丝毫的影响。"游心于淡，合气于漠，顺物自然而无容私"① 不仅不会使人生被物化，反倒会让那被"彼我"所桎梏的真义至情像打喷嚏一样② 势不可挡地被释放出来。

第二，庄子诉诸语言现象来显示一个无定物可言的局面可以有人生的根本大义。"夫言非吹也。言者有言，其所言者特未定也。果有言邪？其未尝有言邪？……道恶乎隐而有真伪？言恶乎隐而有是非？……欲是其所非，而非其所是，则莫若以明。"③ 语言表达似乎总是在言其所言，也就是有意义可言；但深究之下，"其所言者"或指谓的对象却无"定"性可言。在这样的无可落实的情形下，语言到底有言还是无言？对应到上面的问题就是，一个无真君归属或实体支持的人生意识到底有意义还是无意义可言的？庄子看出，如果语言所谈者从根本上讲是可确定的，也就是有是非可言的，那么语言反倒会失去原本的含义和道（言）性。同样，如果人生境界可以从根本上被判别为有真宰（"灵魂""上帝"）的或无真宰的，那么这人生就无生存本身或道本身的含义可言可道了。所以，语言的根本功用不在于辩驳是非，而在于彰明人的生存本身的含义。"化声之相待，若其不相待。和之以天倪，因之以曼衍，所以穷年也。"④ 这"化声"之言因势从时而发，所以尽管有意义，却不滞于某个对象和主体。这种化于语境之言也就是所谓"卮言""重言""寓言"。这种言使人应于化而解于物，得无用之

---

① 《庄子·应帝王》。

② 《庄子·秋水》。

③ 《庄子·齐物论》。

④ 同上。

大用，"所以穷年也"。"穷年"在这里不仅指穷其天年，也有穷尽
人的生存意义之义。"以卮言为曼衍，以重言为真，以寓言为广。
独与天地精神往来，而不敖倪于万物。……其于本也，弘大而辟，
深宏而肆；其于宗也，可谓稠适而上遂矣。"① 由此可见，庄子视那
依语境本身而说话的语言活动为**道言**或**大言**，与只知去判断是非
的**小言**迥然不同。后世割裂道言与道体的做法不合庄子原意，也
表明持此观点者已不再知晓道言对于揭示一个不需要主宰者的道
境本身的人生意义是何其重要。

　　第三，庄子将道或气的境域本身的构意机制也理解为"几"
或"机"。"种有几。……万物皆出于机，皆入于机。"② 在"应帝王"
中，壶子向列子谈到"德机"和"气机"，都是指超主体的境域发
生机制。这几微对于庄子而言也就是"天机"。一方面，"其耆欲
深者，其天机浅"③。另一方面，禁欲苦行也未必能张其天机。这天
机属于生命和生存本身，它的发动既是非主体性的，又是妙趣横
生的。"夔谓蚿曰：'吾以一足，趻踔而行，予无如矣。今子之使
万足，独奈何？'玄曰：'不然，子不见夫唾［打喷嚏］者乎？喷
则大者如珠，小者如雾，杂而下者，不可胜数也。今予动吾天机，
而不知其所以然。'"④ 人生中其实处处是天机发动而不知其所以然。
行走坐卧、吃喝搔痒、喜笑怒骂，都是因境而生，到何处寻其所
以然？用反思的、科学的方式找出的理由只是附加的所以然，于

---

① 《庄子·天下》。

② 《庄子·至乐》。

③ 《庄子·大宗师》。

④ 《庄子·秋水》。

人生真义并无损益可言。没有这种返璞归真、"不求甚解"（陶渊明）的识度，就无道境可言。"已而不知其然谓之道。"① 韩非子讲的"道者，万物之所然也"（解老）须结合这句话，才能不使人误解这万物之所然是一个超境域的"总道理"。道境本身无是非有无可言，所以在最终极处只能是一个天机发动而不知其所以然。后来禅宗里盛行的"禅机"或"机锋语"，其乘时任势之机即由此天机之机而来。《楞伽经》《金刚经》都没有这典型的中国气韵。

第四，庄子亦用人的技艺活动本身的悟性来彰显道境的良知巧意。任何技艺活动只要有主宰者的心意和意之所在的对象在那里起作用，就无巧妙可言。"以瓦注［下赌注］者巧，以钩注者惮，以黄金注者殙。"② 佝偻丈人以竿黏蝉，如拾起东西一样容易，是由于"吾处身也，若厥株拘；吾执臂也，若槁木之枝。虽天地之大，万物之多，而唯蜩［蝉］翼之知，吾不反不侧，不以万物易蜩之翼，何为而不得？"③ 老人之所以能形同槁木、心若死灰而又巧不可言、为而必得，就是因为他完全投入的黏蝉活动本身是有自身几微的境域，入其境而天机自张。

这类寓言中最著名者当属"庖丁解牛"④。一个宰牛的屠夫也同样可以在"技"中体验出"道"，表达为舞乐音韵节奏，就因为他所依凭的不是感官和自己的心识，而是人与牛都参与其间的构生境域，以至于能够"以神遇，而不以目视，官知止而神欲行"。

---

① 《庄子·齐物论》。

② 《庄子·达生》。

③ 同上。

④ 《庄子·养生主》。

庄子讲的这种超概念理性的并能体现于人的手艺劳作之中的认知，并不相当于实践认知和实用主义的认知观。在这些西方的非概念型的认知观看来，被人的生活、生产实践和活动证明有效者、符合规律者即为真理和真知。持这种观点者会欢迎一切能"增进人的实践能力（比如生产力）"或"增强人的适应和改造环境的能力"的技术和工具。庄子的认知观则不然。在他看来，只有在人的生存境域中构成的才是真知，只有那游刃于气域里的技艺和工具才是造福而非祸害人生的。换言之，"实践"对于道家来讲不意味着主体改造客体，而只能是人的生存体验本身，在其中主客处于还未分离的"以天合天"的相互构成态中。因此，它从根子上是境域型的，并以此境域本身而非任何主客存在者为有无意义、有无价值的终极标准。于是，在庄子看来，任何脱开或可能脱开这冥构境域的机巧和工具都不再是开张天机者，而是其扰乱和破坏者。下面这段出自"外篇"的寓言曾引起过海德格尔的朋友海森堡的极大关注，海德格尔关于技术的讨论也应该与它有所关联：

子贡南游于楚，反于晋，过汉阴，见一丈人方将为圃畦。凿隧而入井，抱瓮而出灌，搰搰然用力甚多而见功寡。子贡曰："有械于此，一日浸百畦，用力甚寡而见功多，夫子不欲乎？"为圃者卬而视之曰："奈何？"曰："凿木为机，后重前轻，挈水若抽，数如泆汤，其名为槔。"为圃者忿然作色而笑曰："吾闻之吾师，有机械者必有机事，有机事者必有机心。机心存于胸中，则纯白不备；纯白不备，则神生不定；神生不定者，道之所不载也。吾非不知，羞而不为也。"子贡瞒然

惭，俯而不对。^①

生存境域本身的"机"制为几微、为天机，而离境域之机则为"机械"。这机械已不像庖丁手中的"游刃"，使人进入"以神遇，而不以目视"的领会境界，而是那突兀独立、反逼迫人去迁就于它的异物。人的自然生存在它面前倒像"刘姥姥看自鸣钟"一般地滑稽可笑了，而那些就范于它的人们的生死安危、穷通苦乐就都要由这个无生境的东西所代表的构架体制决定了。

正如老子的"小国寡民"说，这个灌园叟的寓言具有令人从层层迷雾中醒悟的呼唤力。它居然能将人生的苦难之源追溯到如此切近之处。仔细想来，其中的确饱含真知灼见。能不顾惜祖辈们"怡然自乐"于其中的人生形态，只是为了用力寡而见功多，就那么爽快地去迁就"机械"，这种人或人群就开始丧失了生存的天良，而被"机心"主宰。此端一开，何处是个尽头？"自此以往，巧历不能得，而况其凡乎？自无适有，以至于三，而况自有适有乎？"^②说到底，人无法控制求功利的机制；各种功利算计倒会逐渐从整体上控制人生，按照机械机心的运作规律和框架将它切分重塑。那样的人生就如同"相处于陆"的鱼虾，以"呴湿濡沫"^③为文明，早已不知那相忘于江湖的自得境界了。这种脱离境域的举动却从来都有一个极有力的道理来支持，即采用见功多的机械增强了人的改造与适应环境的能力，有益于生存。这种"技术理性"

---

① 《庄子·天地》。

② 《庄子·齐物论》。

③ 《庄子·大宗师》。

似乎是自明的和完全充足的，因而强烈影响到了人类历史的走向，特别是在西方工业文明驱迫下的近代史走向。在海德格尔之前，还没有哪个西方的大思想家看到这种历史动因的不必然之处，或可反思之处。然而，老庄在两千多年以前，面对"十百人之器"和桔槔这样的机械，就已透视到人类今天和未来的神生不定、道之不载的局面；这不能不归于中国古人以这个世间为终极存在的基本态度，特别是老庄对于人的生存境域本身所具有的终极意义的敏感。他们并不一般地反对使用工具，因为一方面"有之以为利，无之以为用"，另一方面"无用之大用"；而只反对那会宰割生存境域的机械、机事和机心。

五、真人

　　一个以人的生存为枢机，以这生存的构成境域为终极的学说会很自然地体现于为某种"真人"（得道而露真性之人）观。这不是伦理学和人类学，而是对道的更活灵活现的阐发。"知天之所为，知人之所为者，至矣。……且有真人而后有真知。"[①]由此可见，庄子憧憬的真人、至人既不会是西方意义上的经验主义者，亦非概念先验主义者；既非杨朱那样的利己的贵生派，亦非去用生命捍卫超越原则的殉道者；既非功利化的墨家者流，亦非伦理化、道学化了的儒者；既非必然论者，亦非意志自由论者；而是那认人的生存境域本身为终极实在者，也就是那能游于天境气域之中的

---

　　① 《庄子·大宗师》。

人；"乘天地之正，而御六气之辩，以游无穷者。"然而，这种游境者可以有千变万化的表现形态，就如同人生本身的不拘一格一般。

首先，看一下庄子对"真人"的描述："古之真人，其寝不梦，其觉无忧，其食不甘，其息深深。真人之息以踵，众人之息以喉。屈服者，其嗌言若哇。其耆欲深者，其天机浅。古之真人，不知说生，不知恶死；其出不䜣，其入不距；翛然而往，翛然而来而已矣。不忘其所始，不求其所终；受而喜之，忘而复之，是之谓不以心捐道，不以人助天。是之谓真人。"① 像这样描写真人的睡眠、吃饭、呼吸的样态，并使这种描写与思想学说本身息息相通者，只能出自非概念型的思想流派。对于它们，概念语言和观念思想，不论多么逻辑和理念化，也达不到终极问题所要求的表达和理解的深度，所以必须诉诸纯"现象学"和"生存论"的语言和思路。奥义书时的古印度人就曾通过"生命气息"（prāna）和"无梦之睡眠"来领会梵（Brahman）和大我（Ātman）的含义。《考史多启奥义书》讲道："生命气息者，大梵也。——派吉雅尝如是言。而属此生命气息之为大梵者，眼安立于语言之后，耳安立于眼之后，意识安立于耳之后，气息安立于意识之后。"② 这一段令人想到庄子在"人间世"中讲的"无听之以耳，而听之以心，无听之以心，而听之以气"的"心斋"。两者都认为感官和主体意识不足以达到终极实在，而只有在两者"之后"的、更精微的境域方是根本的存在状态。感官、意识及其所感所识者只有依凭这根本的

---

① 《庄子·大宗师》。

② 《奥义书》，考史多启Ⅱ.2。

气息构成（东方人的"先天综合"）才有可能。不过我们很难说庄子以某种方式受过《奥义书》的影响。中国古文化的天道观中包含的境域型思想方式完全可以而且几乎是势必孕育出"气"的思想。况且，我们下面将会看到，庄子对于气的理解也有别于印度哲人。在同一《奥义书》中，我们又读到："我为生命气息，为般若（智慧）自我。……独生气为般若自我，摄遍此躯体而正起之者也。……有人于此熟眠矣，了不见若何梦境，其间彼与生气合而为一，则语言与一切名皆入焉，眼与一切色皆入焉，耳与一切声皆入焉，意与一切思皆入焉。当其醒觉也，如火星由烈焰散射诸方，诸气皆如是由此自我散归其本处。"[①] 已得真理之人在熟眠中无梦境生，意味着他完全化入了梵我合一的生命气息之中。"彼与生气合而为一"。在醒觉时分散开的语言、感官、反思意识功能这时都归入此生气的纯构成境域。然而，此《奥义书》作者认为这气（prāna）是真正的自我或般若自我（prajnātman）。我们日常的意识自我实际上统摄不了众感官，而必须由更本源的第三者也就是般若自我来完成这最根本的综合。所以，这思路就是：经验自我的根本是生命气息，而生命气息又只能被理解为般若自我。这般若大我为"摄遍此躯体而正起之者"。也就是"世界之大君，即万事万物之主宰"[②]。

庄子与这条思路的相似之处在认气而非自我意识（"心"）为最本源者；但与印度讲"气"者不同，庄子不再将这纯构成的、

---

① 《奥义书》，考史多启Ⅲ.2。

② 同上书，考史多启Ⅲ.9。

有情有信有识的气域归结为一个更高的真宰或大我，而是视为最终极的生存境域。从表面上看，这两种看法只涉及表达方式的不同；但正如佛家与奥义书正统派的区别所显示的，这个细微的不同会导致深远的后果。佛家思想的特色就由"无我"的缘起观表现出来，因而更靠近庄子。然而，在印度以《吠陀》和《奥义书》为根的文化气氛中，佛教的这个反实质化的思想特点很难具有创新力地坚持下去。大乘中的一些流派以某种方式又恢复了"大我"的主宰，并因此而导致了向印度教的回归。在中国，大乘佛教与老庄的融合产生了新的生命，使"无我"之说在禅宗中达到了境域的特别是语境的自觉。

庄子描写的真人就并非一个大我和主宰，而是化于生存境域之人。"翛然而往，翛然而来而已矣"。这"翛然"就是无所羁留、任运而化之状态。它表明真人对于生存的终极意义已参透到如此至极的地步，以至于不仅不滞于境域中的对象，连境域生存本身的归属亦不追究，"不求其所终"。因此，他"不知说〔悦〕生，不知恶死"。这两个"知"字显示出，真人并非块然不怕死，而是不知怎么去恋生怕死。也就是说，他并非是因为将生命还原降解到了无生之物（"块"）和"至死人之理"而不惧死，而是由于达到了生存之境的终极而超出了生死的区别。

因此，不贪生恶死是一种纯构成的乘势境界，并非指将生命体验降解到非生命过程的结果。"人之生，气之聚也，聚则为生，散则为死。若生死为徒，吾又何患？故万物一也。"[①] 如果按照流行

---

① 《庄子·知北游》。

的解释，将庄子这段话中的"气"理解为无生存势态的原质场，那么这种宇宙论或形而上学本体论的"万物一也"的认识绝不会消除认识者的惧死情结。"彻底的唯物主义（元气论者）者"从观念上讲是无所畏惧的，但在生存境域中却不尽然，或起码不能靠此观念认知就做到"死生无变于己"[①]。海德格尔在《存在与时间》第30节对于"怕"和第40节对于"畏惧"（Angst）的分析相当中肯地显示出，怕的根底是"逼临"势态的，并不能归结为引起害怕的存在者。"只有那在它的存在中就牵涉到这个存在本身的存在者才能害怕。……这种害怕总是以或明或暗的方式揭示出缘在（Dasein）就在它的缘（Da）之在（Sein）中。"[②]生存的根本构成势态使怕和怕死可能，这种怕的消除不能诉求于无势态的原质状态，而只能来自对此势态的终极状态的领会和进入。而这就意味着对于"气"的纯构成势域的领会。"为无为"的任势境界转化到生死问题上，就是"不知说生，不知恶死"的境界。

西方哲学家关于人生意义和理想人生形态的讨论大多滞于观念理性的形态，从没有达到过能穷尽生死意义的纯构成势态的领会。柏拉图笔下（比如《斐多篇》）的哲学家典型苏格拉底不惧死，因他相信人的灵魂不死和另一个世界的存在。伊壁鸠鲁要我们相信死亡是一件与我们的生存不相干的事，"因为当我们存在时，死亡对于我们还没有来，而当死亡时，我们已经不存在了。因此死对于生者和死者都不相干"[③]。柏拉图的办法是论证人的灵魂在另

---

① 《庄子·齐物论》。

② 海德格尔：《存在与时间》（*Sein und Zeit*），第141页。

③ 《古希腊罗马哲学》，第366页。

一个更高级的世界中的永存，因而是硬性地取消了而非是真正解决了生死问题。伊壁鸠鲁的论述依据"庸俗时间观"，从方式上颇类似芝诺的反对运动和变化真实性的论证。海德格尔揭示出真正合适于人的"尺度"的构成时间观，表明人的存在从根本上就不能拘于现在的现成点，而一定要投射出"方生方死"的生存境域。所以，死对于思想着的生者来说一定是相干的。柏拉图的人生观可谓是"常论"，因人的灵魂常存不灭；伊壁鸠鲁的人生观可谓是"断论"，生与死可断然区分开来。亚里士多德的存在论和时间观断中有常，但仍未构成域化，反映在人生观上就是认最幸福的生活为理性的沉思生活。因为它"因其本身而可取。……具有它自己本身所特有的愉快"①。这种看法与老庄视人的生存本身（即"道"）为一切意义和幸福的来源的看法有思路上的类似，两者都认为至福只能"因其本身而可取"，而不能来自追求一种超越人生体验的目标。然而，亚里士多德对这一点的理解并不通彻至极，因为他的"理性"观还是柏拉图式的。他这样讲："与人比较起来，理性乃是神圣的，符合于理性的生活与人的生活比较起来，就是神圣的。"② 所以，人的最幸福的生活说到底是理念的、而非以人生境域为终极的。

在庄子看来，不仅人生与至道不可分，人的生存气象和韵味更与道不可分。只有浸润于人生境域的思想才能不"胶"于对象和主体。而境域之思并不意味着只是顺势飘浮，它必有境域本身

---

① 《古希腊罗马哲学》，第 327 页。

② 同上。

和势态本身的气象或"纯象"可领会。以上所引庄子对真人、至人、圣人的描述只是其中的一大类而已。它的特点是相当直接地配合道论，彰显道本身的非主非客的构成境域性。然而，这种道象或气象，不是西方哲学里讲的"本质"（eidos，essence），能一劳永逸地、但也是无人生几微尺度地规定"真人"的意义。构成域型的体道方式使气象对于人来讲既是非主观的、稳定的、可深切领会的和可传达的，又不是封闭的和无边缘牵挂的。相反，这种气象总引发人去更境域化地、更情境化和语境化地去体会人生意味。这也就是说，气象从根本上就不是唯一的和排他的，而是成团成簇的和（借用维特根斯坦的一个术语）"家族相似"的；非如此反倒无确切的境域领会可言了。体会一首诗意味着领会其气象或进入其意境，此气象意境与其他诗的意境并不混淆，但它本身依体验的形势可以生发出姿态各异的新意新境。不这样的话又有何气象可言？"得道之人"的气象与某个框架思维中的人的形象很不相同。一方面，连中国的老百姓也知道"道人""仙人"的独特风貌；另一方面，这气象本身在人生境域或境遇中可千变万化、泼染无方而又冥会暗通。惟其如此，"道"和"道人"才具有终极的可领会性，在无常大潮中愈化愈真。这也正是为人称道的庄子本人和《庄子》（内篇和一部分外杂篇）这本书的"朴茂"风格之所在。后学的手笔往往呆板、少气象。

所以，在《庄子》中，还可见到各种各样关于有道者的描写，其中尤以那些融汇入人生和世间的具体情境者更微妙动人。除了上面已讲过的那些以手艺体道的人（佝偻丈人、梓庆、庖丁、汉

阴丈人）之外，还有所谓"才全而德不形者"①。他们或残疾、或病
而几死、或愚痴丑陋，却都化于人生至境而无悔无憾，"与物为春，
是接而生时于心者"②。比如，申徒嘉为"兀者"，即曾犯刑律而失
一足，成为世人眼中的贱人，处于司马迁所说的"身残处秽，动
而见尤"的悲苦无告的境况之中。在庄子的寓言中，他与郑国名臣
子产同师于伯昏无人。合乎情理地，自视为"执政"的子产羞与
之为伍，并斥责他不知贵贱进退。申徒嘉的申辩大意是：就人生
活于刑律法纲的体制中而言，那么人人都"游于羿之彀中"，都处
于被刑律"射"中而致死致残的境地。人孰无过？不被射中者只
是运气好而已。然而，就人生存于生命本身的构成境域（"伯昏无
人"的隐喻义）而言，又有什么现成的体制身份可以常存而断分
出贵贱高低呢？"吾与夫子〔老师伯昏无人〕游十九年矣，而未尝
知吾兀者也，今子与我游于形骸之内〔即游于生存境域之内〕，而
子索我于形骸之外，不亦过乎！"③于是子产知己不道之过。西方文
化至近代孕育出"自由"和"平等"的人生要求，不能不说是一
种要抵制体制化的天良呼声，感动和召唤了一整个历史时代，至
今余韵未绝。然而，这种自由平等缺少境域的滋养、势态的成就。
自由限于个人的主体自由和权力，即在某些现成化了和体制化了
的可能性之前的选择自由，并非人的天然生存境域的自由和"游
乎天下之一气"的自在之游。平等也只意味着在法律面前的平等，
并非超体制是非的生存本身的平等或"天均"。上述这个故事略微

---

① 《庄子·德充符》。

② 同上。

③ 同上。

展示了道家的更深沉的平等观。"人人生而自由平等"，这在西方只是一个要通过体制化去实现并因此而被大打折扣的理想，对于道家而言却是指在主客对峙之先的人的天然构成状态，人生的全部意义和价值只能由之而来。中国文化之所以不能没有道家和道化了的佛家这两眼山泉，其道理也在于此。如果"君君、臣臣、父父、子子"中本应包含的天意被遮掩住，这"礼"就会沦为体制的网罗。人道如不通于天道，就是"至死人之理"。如果成功、成名、得救是更好的，那么失败者、不成名者、未得救者就只能苟且偷生，人生本身的终极意义或天意就会暗而不明、郁而不发。由此亦可见，道家的基本思路中已含有大慈大悲的菩萨行的睿智。

《庄子》中还有一大类寓言，描述如何在一个体制化的"人间世"中维持生存境域。其中一个重要的策略就是求"无用之大用"。然而，此"无用"并非现成者，非有势态可乘不足以活人。海德格尔引用过的"社树"或"大木"的例子在《庄子》中出现过多次，其基本思路是：先见一超出寻常的高大古树，令人叹为观止。既而究其所以然，方晓它正因无一处可为人用，"其大本拥肿而不中绳墨，其小枝卷曲而不中规矩"，故不被人剥折摧残，得享天年。然而，如"山木"篇中"杀不能鸣者"的寓言所示，此"无用"和"不材"也可成为致死之因。所以，大木或生于为人敬畏的社坛，或生于人力难及的深山，都是为了取其势而成其无用而大用的境界。可见，有道者不仅要处于材与不材之间，更要让这"之间"乘时任势方能构成护持生存的大气候。"庄子笑曰：'周将处乎材与不材之间。材与不材之间，似之而非也，故未免于累。若夫乘道德而浮游则不然……一龙一蛇，与时俱化，而无肯专为。

一上一下，以和为量，浮游乎万物之祖，物物而不物于物，则胡可得而累邪？’"①只有到了这般终极境域，浮游乎万物之祖，化身于与时俱化、以和为量的势态几微中，方能令体制的规矩刀斧无从下手，"胡可得而累邪？"这样的识度与乘风而游的大鹏以及支离其形而气韵盎然者，可谓"以息相通"，只是因语境的不同而各呈异象。

庄子寓言所及者广，动物植物、奇人逸士、江海风云、鬼影骷髅，无所不用；且多因其本然的状貌气象而成说，故思深意远而余韵悠长。譬如社树山木，并不只是一代言角色，实为蕴藉绵绵的境界意象，非《伊索寓言》等可比。

六、梦与痴——《红楼梦》的道境

正因为道只可理解为构成着的生存境域，真人的无梦之眠与世人的梦境就有气韵相通，两者之间并非形而上下的关系。梦的特点在于，它不是现实的经历，但却能让做梦者信其为真实的经历，因为其中有现实经历的一切体验要素和境遇。所以，它是形容人的境域式生存状态的一个绝好比喻。"梦饮酒者，旦而哭泣；梦哭泣者，旦而田猎。方其梦也，不知其梦也。梦之中又占其梦焉。觉而后知其梦也。且有大觉而后知此其大梦也，而愚者自以为觉，窃窃然知之。君乎，牧乎，固哉！丘也与女，皆梦也；予谓女梦，亦梦也。是其言也，其名为吊诡。万世之后而一遇大圣，

---

① 《庄子·山木》。

知其解者，是旦暮遇之也。"①梦的奇妙之处在于，梦境生于人的意识之中，却有超溢出主体意识的境域构成机能。人在其中可以不亏一毫地经历任何可能经历的事情，因此自古被人认为具有神异的暗示力。它给深思者的启示是：人可以在自信绝对真实的境况中被从根底处愚弄，如果他能以某种方式被催眠入梦的话。笛卡尔的怀疑所针对的就可以被解释为一种由魔鬼导演的理智幻梦，尽管这位近代西方哲学之父与他的先导柏拉图一样，远不具备澄清这个问题的能力。弗洛伊德以人的潜意识和性力来解释梦，只不过是将一般的意识理论说不清者移到了一个可以任意杜撰的潜在世界中去。其基本的思想方法与主体论和反映论没有什么本质的不同，都是用一个与人的意识无存在论关联的原则来解释意识中所发生者。庄子则将梦视为人的基本境况及其构成本性所难于摆脱的一种生存形态。从道的构成观点看，从来也不可能有一个现成的实在世界，以使我们能区别开在手边的现实与挥之则去的梦境。人的生存境域中的一切从存在论上讲都是构成的，具有实在论者强调的一切客观性、非观念性，但在绝大多数情况下仍可被视为一种梦境，因为人还未自觉这构成的纯几微，所以总被某种异于生存本身的力量驱使，无法畅游于生存本身的意义境域。也就是说，梦中人并未充分化于此生存境域，被从出的幻境摆布而不知其幻。"方其梦也，不知其梦也。……而愚者自以为觉，窃窃然知之。"所以，与人的生存梦境相对的不是日常的清醒状态和时空世界，而是化入道境的无梦深眠，即游乎天地之一气的"大

————————

① 《庄子·齐物论》。

觉"态。解人于倒悬之苦的觉悟并不可能硬性地超越人生梦境，而是透入其幻化气机而得纯构成的势态。

因此，与以前对于海德格尔的"非真正切己状态"思想的分析相应，我们可以将庄子心目中的人的生存梦境做三层来理解。第一，产生此梦境的机制也就是构成道境的几微，即人的生存境域本身。两者之间只有小大精粗、纯与不纯之别，并非现象与本体、多与一、恶魔与上帝的区别。说到底，梦是掺杂了体制因素的道境，不纯的道境。因此，第二，人生梦境的自觉就意味着接引到至道玄境中去。"人生如梦，一樽还酹江月"（苏轼），已含有道性；"浮生若梦，为欢几何"（李白），也是颇有体会之言。人们从来都用"梦幻"来抚慰人生，获得最终的和解，就如层云舒展于山峦沟壑，洒降甘霖。"混日子"与"混世"也是感受到了观念对之无可奈何的生存境域之后的生活态度。此"消极"中并非没有"损之又损，以至于无为"的影子。人之生也柔弱，"草民"哪能只靠"奋发向上"过日子？这里蓄含了天然深沉的人道精神和自由平等识度，并不同于西方的"人道主义"。第三，梦中人可以"自以为觉"，形成各种基于现成状态的社会。在其中区分"君（主宰者）"和"牧（被主宰者）"、胜者与败者、强者与弱者。这种自以为清醒实在、孜孜于贵贱是非的状态最使人生痛苦不堪、易于夭折，因为它最硬性地对抗生存的本然势态。它在梦中，却没有梦境的滋润；它以体制手段求生，却因之失去了生存风味。这是无梦之梦（失眠），与真人的无梦之眠或大觉正相反对。

"假作真时真亦假，无为有处有还无"。《红楼梦》是中国文化的梦境和道境的最精致入微的一次融合和展现。"其间离合悲欢，

兴衰际遇，俱是按迹循踪，不敢稍加穿凿，至失其真。只愿世人
当那醉余睡醒之时，或避事消愁之际，把此一玩，不但是洗旧翻
新，却也省了些寿命筋力，不更去谋虚逐妄了。"[①] 将人生的悲欢离
合、兴衰际遇描述得愈真，则其间的梦意也就愈浓，道境也就愈
可能呈现。

此书中的主角贾宝玉是梦中人，而且是愈来愈自觉其梦的梦
中人。他的禀性就活脱脱地体现出人生梦境的本来含义。在道家
思想的境遇中，得道之人绝非西方伦理学中概念骷髅一般的"理
想人（格）"，而是有生存气象的人。一般人心目中的道人是仙风
道骨、深藏不露、乘时用势、出人意表，甚至"不食五谷，吸风
饮露，乘云气，御飞龙，而游乎四海之外"[②]。然而，我们已看到，
《庄子》对这种化于境域之人给出了从本质上更丰富多样的、只有
家族类似的描述。其中最令人感兴趣也最会心者莫过于那些身处
于人间世的道者。他们或"愚"或"丑"，或"呆"或"狂"，将
任何"正儿八经"、"岸然道貌"抛诸身后，却又意蕴深远，得生
存之灵气："云将东游，过扶摇之枝而适遭鸿蒙。鸿蒙方将拊髀雀
跃而游，云将见之，倘然止，赞然立，曰：'叟何人邪？叟何为
此？'鸿蒙拊髀雀跃不辍，对云将曰：'游！'云将曰：'朕愿有问
也。'鸿蒙仰而视云将曰：'吁！'云将曰：'天气不和，地气郁结，
六气不调，四时不节。今我愿合六气之精以育群生，为之奈何？'
鸿蒙拊髀雀跃掉头曰：'吾弗知！吾弗知！'云将不得问。"[③] 谁能

---

① 曹雪芹：《红楼梦》，第一回，人民文学出版社 1964 年版。
② 《庄子·逍遥游》。
③ 《庄子·在宥》。

在这里分清楚呆傻与智慧、精神分裂与天机盎然？身处沉浊天下，总是行必中矩、言必"庄语"，岂不遮却了天性、闷杀了人生？因此，梦境中的道者必有荒唐之中的真情真性。此为生存构境本身之色，也就是佛家讲的："色不异空，空不异色"的天然本色。

宝玉的天性、梦性可用一"痴"字形容。在红楼梦的语境中，这个字充溢着生存境域的终极深意，既不只是被对象左右的"痴呆"，也不只是偏于主观一面的"痴心"，而是痴情于梦境本身的空蒙深远而又缠绵不尽。痴者一方面通灵于生存境域，因此"聪俊灵秀之气，则在千万人之上"；另一方面，柔情缱绻于此境而又不知如何从容对付境中体制构架的逼迫，只能以似傻如狂的乖张"支离攘臂，而游于其间"①。所以，"其乖僻邪谬不近人情之态，又在千万人之下"②。令明白人为之恻隐、为之感伤、为之无可奈何而入终极意境。"满纸荒唐言，一把辛酸泪！都云作者痴，谁解其中味！"③非有此"天分中生成一段痴情"，又如何见得人性根底处的梦境，又如何能尽性尽意地体现出人生虚幻中的真情。"反者，道之动"，宝玉一出，天机便张；"发作起狂病来"④，就有纯情意境生。《金瓶梅》等书，虽然写得生动，却无此点睛的虚灵境界，算不得上上品。这境界正所谓"为于无为"之境；在老子那里得其源，在孙武子、庄子等人手中张其势，至陶潜、王维、李白、张旭、郑板桥等，则气象铺漫，至曹雪芹，则化为梦境人生中的一

---

① 《庄子·人间世》。
② 曹雪芹：《红楼梦》，第二回。
③ 同上书，第一回。
④ 同上书，第三回。

段痴情。

　　老庄以生存境域本身为意义根源，宁守柔弱而又生意盎然的朴愚，不求充满机事机心的进取。宝玉则说："女儿是水做的骨肉，男子是泥做的骨肉，我见了女儿便清爽，见了男子便觉浊臭逼人！"[①]女儿如纯净之水，对于他就意味着柔弱但天机微妙、纯白真挚的人生境界；这里的男子则表示在体制化的框架中争是争非、相刃相靡的人生形态，见之"便觉浊臭逼人"。书中可见，宝玉爱惜一切天然弱小纯真者，而对于要规范人生的体制反感之极。至于居中的"糊涂"境界，他也可暂且混迹于其中。所以，尽管禀赋奇高，他绝不是那个社会中的适应者，不入佛门道境便无所适从。由此也可见得老子的"小国寡民"和庄子讲的"至德之世"合乎至情至理之处。

　　"空对着，山中高士晶莹雪；终不忘，世外仙姝寂寞林。"[②]贾宝玉与林黛玉之情既非世俗和肉体的，亦非纯理念精神的，而是纯梦境或纯缘境的。西方传统哲学从来进不到"情境"之中。"情"的蕴意，不管是男女间的、母子间的、自然与人之间的，只能通过纯境域而得到理解。道家思想的根底处就有阴阳缠绵发生的大境界，有情有信，无为无形。孔夫子也极喜欢以言男女之情的诗境、乐境来开显仁爱的纯发生之境。好德应如好色一般方为至真。后世的理学家虽然大多写得好诗，但到底被"存天理、灭人欲"的形而上下之分拘束住了。从相貌人情上说来，宝钗并不逊

---

　　① 曹雪芹：《红楼梦》，第二回。
　　② 同上书，第五回。

于甚至超过黛玉，但终因缺少天性气象而不能相容于宝玉的生存势态。《红楼梦》既非"现实主义"，亦非"浪漫主义"；鼓动它的是人的生存势态本身的几微，它所揭示的乃是真假、虚实相互引发和缠绕的人生幻境的气象。细细体味之下，会比直接的讲经说道更能开启玄机道性。"齐物论"讲："昔者庄周梦为胡蝶，栩栩然胡蝶也；自喻适志与，不知周也。俄而觉，则蘧蘧然周也。不知周之梦为胡蝶与，胡蝶之梦为周与？周与胡蝶，则必有分矣，此之谓物化。"平常所谓的梦与觉，并无根本的区别；"梦之中又〔可再〕占其梦焉。……予谓女梦，亦梦也"。然而，庄子并非"相对主义"者，而是相信梦与觉"必有分矣"。只是这种区分不能靠实在论者讲的"现实"和主客关系得到，而只能于"物化"之中被揭示。这物化意味着物我两化而入境，即将梦做透了的真境，非于得机得势处不能发生。《红楼梦》一书的妙处就在于能借人生本身蕴涵的大机大势而出意境和情境。世人的种种痴心在宝玉那里纯化、境化为看似乖张之极实则醒人之极的痴情，以至满盘皆活，气韵生花。

第三部分

海德格尔思想与
中国天道观的比较

第 15 章　海德格尔思想与
中国天道的相通之处

　　至此，我们已经讨论了海德格尔的前后期思想、东西方终极追求的不同特点、印度的正宗学派和佛家缘起说，以及中国古代天道观的各种表现。在这些讨论中，已不时地做出了一些跨文化的思想对比。然而，当我们正式着手于海德格尔学说与中国天道观的比较研究时，还是面临巨大的挑战。中西思想之间的交往早已开始。但是，一个多世纪以来，从中国一边看，这交往已经不再主要是出于好奇和互惠，而是出于生死存亡所迫而势必为之者。我们的近现代先人被各种痛苦的激变逐出了已呈衰势的中国古学，流放到崎岖硗薄、"主义"横行的中西混合体之中。其中的浮浅、躁动、虚张声势、任意敷衍等等现象至今还不得不被容忍着，就是因为这个美其名曰的"比较和交往"的大势所致。其实，这里边尤其在开始时，哪有多少真正认真可信的比较和交往，有的只是"比较"方便的输入和转译而已。请来的西方人和学了西方哲学的中国人视西方的理性精神和概念哲学方法为放之四海而皆准者，参照着它、"比较"着它来剪裁、切割中国古学，以此来决定何为思想的精华，何为反理性的糟粕。所谓"中国哲学"就是这么建立或收容改编起来的。

　　这样的思想交往自然不能令人满意，因为它从根子上就是夹生的。最后弄到似乎只有考据才是唯一的实在之学。近些年来，由于现代西方哲学中语言中心论或用 R. 罗蒂（R. Rorty）的话来讲"民族（文化）中心论"（ethnocentrism）地位的高涨，就出现了一种"不可比较""不可翻译""无法对话"的议论。借这种说法，人们可以发泄对于概念比较方法的不满，引起对自己文化的思想独特性的反省。然而，想要完全脱离开这迄今为止是蹩脚的交往去理解东方的母语文化特别是这种文化的思想根源的倾向也只能是夹生的，因为它自己的出处和处境已经是被比较和交往这个"天时"所造成的了。不意识到它，便"开口即错"。唯一可能的有意义工作只能是一种充分意识到语言和人的生存形态本身的界限和本源构成能力的比较和交流，也就是中国、印度与西方三方或更多方在不失掉各自的思想势态的情况下的对话。而且，只有达到了终极之处，不受体制框架束缚的思想纯势态才会出现，两个文化之间的实质性交流才有了可能。

　　海德格尔思想与中国天道观从根本上都是纯势态的。如果能意识到这一点，那么两者之间的对话就绝不会止于概念上的比较，而有可能成为展示思想本身的机缘。在这个对话中所理解的天道，应该深合于我们读孔、思、老、庄、孙子时的体验，得我心之同然，并发我心之未及，但又带有、而且不得不带有现象学存在论所牵引着的西方哲学的背景和思路。对于海德格尔的理解也是一样。它在此对话中不会不浸透于中国人的天然视野之中，但这浸透不应妨碍，反而应深化我们"朝向事情本身"的真切与至诚。

一、非现成的识度

1. 思考终极的两种方式

人通过纯思想的而非其他别的什么精神能力来将某个问题追究到极点，就产生了西方的哲学和中国的天道学。人生的经历尽管从表面上看可以很不同，但其中却有深刻的共通之处，即一种根本的不守常和出其不意，尽管"常"与"意"似乎就近在手边。这种困惑特别能引发深思者的究极之心。此外，不同的人去想到"再也没有什么可想"的具体方式，即一般意义上的思想方式可能很不同，以至于对某个问题比如"快乐的意义"，能得出很不同的答案。柏拉图、亚里士多德、伊壁鸠鲁、康德、孔子、杨朱、庄子等等对"快乐"就各有各的看法，由此产生了不同的主张（在西方被哲学史家称为"主义"）。然而，更重要和根本的区别发生在对于思想方式本身（Weg，"道"）的含义的理解上。也就是说，对于"思想在什么情况下算是达到了终极、真想透了、再也没有什么可想的了"这个问题，人们有很不同的、自觉或不自觉的看法；而这种（往往是不自觉的、处于视域边缘的）看法——可以称之为"终极意义上的思想方式"——更深远地决定了哲学的和纯思想活动的走向。在这里，可以区别出两种终极意义上的思想方式。持第一种思想方式者认为，思想如果能够找到终极的意义载体或最可理解的"什么"，就走到了尽头，再也没有什么可想的了。至于这个"什么"是什么，从古至今有不同的说法，并由此而形成了不同的主义。第二种方式的持有者认为：人的思想在任何什么那里都还未达到尽头，或再没有什么可想的终极，因为一切什么都涉及"怎么"，也就是如何能被人理解、被当下实现出来的问题。按照这第二种看法，一切终极问题都是一个"到底如何可能？"的问题，而不是一个"到底是什么？"或"如何达到（某个）目的？"的问题。这"到底如何可能？"就意味着如何能被直接理解，达到再没有什么可想的透彻自明。因此，并非任何意义载体，而是对于构成意义的几微（机制）的揭示才会有助于达到这种自明。

这样一种对思想的终极状态的看法对于传统哲学家来说是不可思议的。不能被任何一种意义载体（表达式、语法规则、理念对象、物理对象）穷尽的纯意义、在一切可规定状态（包括行为状态）之先的纯可能、在一切分叉之间的纯居间，对他们来讲是神秘的、非理性超越的。但是，对于具有这种纯构成的思想终极观的人来讲，再没有比意义和理解的境域构成更自然、更不可避免的了。人生的基本经验中就处处是这种纯构成所造成的明白境界。

从古至今，纯思想所追求的就是这种终极领会，不管它以宇宙的本源、生死的意义出现，还是以"天下兴亡之所系"的面貌出现。我们不能说自柏拉图以来的哲学家们完全缺少这种领会，怀疑主义、学派之间的相互批评，尤其是现象学和维特根斯坦式的分析哲学的兴起，都从不同角度表现出思想的原初追求所应该具备的那种敏感。然而，这一"哲学"的潮流至海德格尔时为止，毕竟以对某种"什么"的把握为主要特征。我们也不能说中国的思想家们大都具备这种领会，因为战国时的不少学说、先秦之后的大多数学说都没有能够达到这个思想的顶尖之处，被宇宙论、道德主义、形而上下说纠缠得半死不活。尽管如此，中国古人的天道观从西周开始，经孔子、老子、范蠡、孙子、庄子等人的阐扬，将构成式的理解渗透到了这个文明的方方面面之中。虽然这"道"逐渐被蛀蚀得面目大改，蓬头垢面，但大的气象还是与众不同的。

由此看来，能够深切地体现出以上讲的第二种见地，并自觉地将其舒展开来的思想是很难得很稀少的。海德格尔的存在观与中国古代的天道观就是其中的两个佼佼者。除此之外，古印度思想特别是大乘佛学的中观论，以及中国的天台、华严、禅宗，乃至现代西方哲学中的维特根斯坦思想都以不同的方式领会着纯构成的终极含义，尽全力剔除掉现成化的杂质。

因此，海德格尔的学说不只是一个单独的或属于某一流派的思想，而应理解为整个西方哲学对于自己的原本使命的自觉，以及对于过去两千年来思想方式上的偏差的纠正。由于这种自觉和转向，思想的终极含义又对人们彰显出来。另一方面，中国古老的天道观也绝不是个现成的思想遗产，可以随手拈来进行比较。相反，它隐遁于大量不得要领的解释和论说之后，需下一番刮垢磨光、提要钩玄的功夫方可见其天意或终极含义。只有这样，也就是在两者都复活了思想的本来活力的情况下，海德格尔与天道观之间的对话形势才可能出现。

2. 海德格尔思想与中国天道的非现成识度

海德格尔的存在学说与中国古代的天道观之间的最大共通之处就是：两者都深知，凭借任何被现成化了的观念绝不足以达到思想与人生的至极。这样一种见地不仅很难达到，更难于彻始彻终地通贯到底。中西文化中，或不如说是在人类迄今的"历史"
中，思想的现成化和体制化是个特别顽固的倾向；不落实到个
"什么"头上，思想就好像还没有个着落似的。所以，海德格尔与
中国古代的求道者都面临一个如何摆脱掉现成的思想方式、使自
己的终极理解鲜活通透起来的问题。

　　作为 20 世纪的人，海德格尔面对两千多年的西方哲学传统，
深感思想的本性久被遮蔽。它首先体现在对于"存在"含义的理
解上。在前柏拉图的古希腊思想家那里，"存在"（eimi，eon）与
"思想"（logos）的本义息息相通，都意味着一种当场的开显和保
持，也就是现象学的纯构成。希腊文化的魅力就是由此而来。巴
曼尼德斯讲的"存在"中的纯构成见地经芝诺的犀利悖论而彰显，
赫拉克利特的"逻各斯"（思想）则在时间的川流和活火焚烧中摆
脱了一切现成性。他这样指责那些生存于逻各斯的构成之中而又
只看得见现成者的人："对于'逻各斯'，对于他们顷刻不能离的那
个东西，对于那个指导一切的东西，他们格格不入。"① 可以讲，赫
拉克利特说出了西方古代智慧的纯构成良知。海德格尔之前的西
方一直没有充分地理解他，或者将他视为一个"对人类鄙视"的
"神秘主义者"②；或者将他视为与巴曼尼德斯相对立的、主张流变
（运动）的形而上学者，只是通向柏拉图和亚里士多德这两座高峰
中的一个环节而已。我们已在以上第 3 章中看到，海德格尔完全
不同意这种"哲学史"观。

---

① 《古希腊罗马哲学》，第 26 页。
② 罗素：《西方哲学史》，上卷，何兆武、李约瑟译，商务印书馆 1963 年版，第
69 页。

苏格拉底仍然具有构成的见地。他不轻下判断，而这"判断"
往往意味着给出某种"什么"。"我不以所不知为知"，因而被神谕
宣布为最智慧者。他视自己是神派来叮咬雅典国，使它脱开现成
状态而被激活的一只马虻。很不幸的是，这位在那里不受欢迎的
揭蔽者反被那匹"良种马"踏死，因为它讨厌从"睡眠中被人唤
醒"，反倒愿意"过着昏昏沉沉的生活"[①]。更具有讽刺意味的是，
正是这位马虻的弟子柏拉图，以苏格拉底的名义表达出了一个西
方传统哲学中最大的"什么"：理式论，并由此而使他之前的伟大
深刻的怀疑精神和现象学见地被在很大程度上遮掩了。海德格尔
之所以要"摧毁"或"消解"（Destruktion）西方的存在论历史，
就是因为这历史将思想之为思想的终极缘由遗忘了、闷裹住了，
总以某种什么或存在者来冒充，以致一直在"过着昏昏沉沉的生
活"，却还自认为充满了清醒的理性精神。

西方人的喜爱"冒险"或"创新"就源于这种根本的虚假状
态。没有哪个有独立思考能力者愿意认同于别人找到的现成之物，
因为他作为一个后继者，似乎处在一个更有利的寻找位置上，也
似乎更有可能找到或发明些什么来说明世界的本源和人生的意义。
于是就有所谓"哲学范畴的发展"，做出一层套一层的思想梦境。
因此，每一个哲学新潮带有对前面一切学说的批评和一切都要从
头开始的意向。"我对于哲学没有什么话可说，只是我眼见到它虽
然经过了千百年来最杰出的才智之士的研讨，其中还是找不出一

---

① 柏拉图：《苏格拉底的申辩》，见《游叙弗伦、苏格拉底的申辩、克力同》，严
群译，21D，商务印书馆1983年版，第56页。

件事不在争辩之中，因而没有一件事不是可疑的。"①笛卡尔的这段
很有见地的话实际上是一切概念形而上学，包括他自己开创的形
而上学无可逃避的命运。每个概念哲学家也都在追寻思想的终极，
但却总在合理地否定了别人之后又在思想的祭坛前放上势必遭后
人否定的"什么"。"扬弃"与"被扬弃"之后有"什么"被最终
地赢得了吗？没有。只有那如幽魂鬼影一样的思想终极还在闪动。

康德关于"如何可能"的探讨和胡塞尔对"直观自明构成"
的追求给这样一个毫无希望的思想局面带来了转机。但是，只是
到了海德格尔，才达到了对于思想的纯构成使命的一个比较彻底
的和存在论意义上的自觉。任何充分汲取了其中蕴意的思想者都
绝不会再像前人那样"搞哲学"了。

在中国，从西周开始，古圣贤们就明确地意识到"天"这个终
极的纯构成含义。"天命靡常"意味着，任何现成者不管多么尊贵，
都不足以通达天的深意。"以德配天"意味着，只有人的生存形
态才能通天；而且，只有能充分体现生存形态的构成意义的"德"
行才能"配天"，即不受制于现成状态地、"日日新，又日新"②地
理解天意。这种领会天意的纯构成的方式（以及这领会本身）后
来就被称为"道"。讲到底，天并不高于人，而只是高于或深于任
何一种现成者和现成状态。天和道在中国古代智慧中就意味着纯
构成的本源状态。当然，后来的道家、法家也有时将"人"与"人
治"作为现成状态的代名词，与"道"和"无为而治"对立起来。

<hr>

① 笛卡尔：《方法谈》，第一部，见《十六—十八世纪西欧各国哲学》，北京大学
哲学系外国哲学史教研室编，商务印书馆1975年版，第140页。

② 《大学》第二章。

　　这种天道观既是极难得的，又是意义深远的。在别的文明中以哲学或个人修炼形态微微闪现的构成见地在古代中国居然体现在文化的主导形态之中，不能不说是人类智慧的一大奇观。而且，它的深彻微妙居然能与人的宗教倾向，即将人天然的终极关怀人格化的倾向相抗衡，使得中国三千年来不仅从未被（人格）宗教化，而且绝不缺少终极的人生体验。毫不夸张地讲，正是这种纯缘构的天道观最有特色地塑成了中华文明。"周监于二代，郁郁乎文哉！吾从周。"[①]尽管中西双方都有"不肖子孙"，但由孔子和老庄的学说塑成的天道文明与由柏拉图、亚里士多德加上基督教所规范出的文化形态还是大不一样的。

　　有这样的一种看法，即认为老庄与孔子的罕言性与天道的态度根本不同，他们不但正面地讨论天道，而且建立了以"道"为中心的形而上学、认识论和方法论。持这种意见的人没有看到，老庄的非现成化的天道观一方面与概念形而上学水火不同炉，另一方面又与孔子纯构成的思想方式息息相通。老庄对仁义礼智的批评表明他们的探求风格与儒家不同。这两位深思者以人生的天然构成境域为终极，而且对于任何一种体制化倾向都不信任。孔子则相信仁义礼智可以不受体制观念的束缚，成为我们体验天道、揭示天意的艺术。然而，这两者在厌恶形而上的抽象实体和表达方式这一关键点上是完全一致的。孔子讲的"正名"就是"复礼"，并没有赋予"名"以概念实在性。所以，从整体上看，中国的天道观是一种相当彻底的缘构终极观，它吸引了海德格尔的特殊注

――――――――――

　　[①]《论语·八佾》。

意不是偶然的。

二、人间体验为理解之根

　　人类的本性从来不会满足于任何一种现成化的生活形态。当他被沉重的体制和恶劣的外部环境压迫时，也只能无可奈何地混世。一旦这体制有了裂痕，给人的本性以可乘之隙（Riss），它首先要掀翻的就是正迫使他现成地生活和思想的东西，生发出一场场震撼人心、重塑人生的"狂飙运动"，以一种模糊的、恍惚的方式去追求那久违了的真实和意义。西方思想家们往往称这种现象为"追求自由"，并相应地视人的本性为自由。人生而自由，却总被他所处的国家、法制、意识形态、宗教、道德风尚、经济关系、社会关系弄得不自由、不自在。而且，关键似乎不在于是哪一种国家、哪一种宗教、哪一种关系，简言之就是哪一种"什么"，而在于人的本性就容不得被个"什么"拘管着，就像野鸟的本性不被拘管一样。逃出各种形式的奴役、压迫、重获自由的感觉是那么至真至纯，令人一尝之下就愿以终身相许。"不自由，毋宁死。"然而，野鸟的自由有归宿，山林荒泽就是它"是其所是"之处；人的自由却难得有个真实的归宿。它只在苦难的黑夜中才放出幸福的光辉，实现了的自由反而不再动人，实际上就已不是自由了；就如同实现了的"现在"就已不是真正的现在一样。以"自由"的名义，人们可以做出各种荒唐罪恶的事情。

　　近现代西方思想曾以各种方式追求过这样一个目标，即在人的本性中找到能配得上自由的素质，而真正的自由就意味着这种素质的开显，或人自身中的自由的释放。对于大多数思想家来说，只有理性配得上自由，或能够长久地享用自由而不反受其害。整个近代西方文明就是对于这种能维持住、调弄好自由的理性机制的追求。科学、工业技术、民主制和哲学上的理性主义都是这样一个大潮的不同体现。经验理性、自律自主的理性、与神和自然相合的理性、真善美兼具的理性，乃至在历史中以相反相成的方式显现的辩证理性等等；在各种枯燥抽象的论证和考察后边，是对于人生幸福可能性的顽强探索。然而，观念理性与那穷尽人的天性的自由毕竟有不同。因此，对于启蒙主义所开启的理性，对于由这种理性规范出的生活形态、国家形态、文化形态，人亦有极深的失落感和"不自由"的感受。这并非人们的过分挑剔，不懂得"自由就在于自己为自己立法"的道理，而是由于这种观念理性化了的自由确乎不尽合人的本性。所以，浪漫主义、意志主义、直觉主义、神秘主义、历史主义等等，也是风起云涌地冲击着理性主义的构架，以各自的方式为真正的自由招魂。然而，观念理性主义似乎注定了是这个时代的主体构架，各种各样的反理性主义注定了只是一种大局已定形势下的补充罢了。这种时代的命运可以从个人的生活形式的选择上看出。一个较长久地体验过西方理性主义所规范的自由生活形态的人，不管他或她从情感上（可能）如何依恋古朴的、自然的、非西方的文化和生存形态，却很少有愿意返回到那种生存形态以终其一生的。这里（即观念理性的自由形态）尽管不完美、有极深的缺憾，但它安全、透亮、有机会；而"那边"（自然的自由形态）则一切都是不定的，可以美好得让你陶醉，又可以野蛮、独断、残暴得让你发抖。因此，"最佳"的生活策略是身居理性自由之中，而旅游于自然自由之表。可以讲，这样的自由形态在今天的现实中还是主流。

从 20 世纪起，人们从**思想**上首先开始突破这种观念理性主义主宰的格局。现象学、分析哲学都努力去寻求一个非现成的和真正不可避免的思想起点，也就是人生形态的思想投影。这些探讨已不再是"补充"了，而是从思想方式上顶替了传统的观念理性，揭示出一种至今还未澄清的、令人困惑的理性形态。正是因为这种自身澄清的缺乏，它还远没有被西方文化消化，重塑其伦理、国家、经济等生存形态。在 20 世纪的西方哲学中，海德格尔占有一个比较特殊的地位，即在批评、反省过去两千多年特别是近代西方哲学的基础上，有意识地去探讨自由本身（存在本身）的，而不是被某种观念规范了的自由（存在者）的生存方式。他既承接了西方近代的求自由的精神，又深刻意识到自由本身的纯构成性，因而能从方法上更准确地切中这似乎永不能被有意义地思想的非现成者。人的自由是有限的（endlich）、现世的，这并不是消极的说法，好像人的自由总要被外在的必然和现实拘限着。它的真正含义是：人的自由不得不自己保持住自己，以便活现在这个世界里，就以这个世界为实现的终极（Ende）。把自由设想为全能（神、超人）或随意（幸运的人），就都失落了它最紧张发生的原义。将它理解为自己为自己立法并加以遵循的自由虽然大大深化了一步，但还是没有穷尽自由的艰难、不现成和势域本性，就如同富贵官宦人家只靠"家法"还不能维持住家族世代兴盛的"顶极群落"一样。在海德格尔看来，以前的形而上学和神学都还没有能够真正面对人的自由生存的可能性问题。

因此，"存在本身"并不是一个有关概念意义的问题，而是由人（Da-sein）的"在缘""是其缘"所引出的问题，也就是人的缘发（ereignend）自由（Da）如何能"在一个世界之中"被构成并被保持住的问题。离开了这个对我们来讲最切己的人生意义（自由、幸福）问题，脱开了这个人生于斯、止于斯的有限的或终极的世界境域，"存在"就是最空洞的概念或"变项的取值"（奎因语）了。这也绝不是以伦理学问题、宗教问题来代替认知和本体问题，而就是最纯的、最究根的纯思想问题。海德格尔在意识到《存在与时间》被人们"错解"之后，在《康德书》中所要说明的就是这个道理。一切理性的根基问题，"先天综合"问题都可归根到"先验的想象力"和作为纯构象的"时间"，而人的生存（Da-sein）及其在这个世界中的自由（真正切身的存在形态）更鲜明地突出了这种先验想象力和时间的纯构成意义。

可见，海德格尔的贡献起码从形式上看，不在于发现了什么新的问题，而在于揭示出了"存在"和"自由"这类终极问题的性质。它们不能通过提交某种"什么"，不管它是概念的还是表象的来解决；就如同人不能靠"上帝的本体论证明"来从思想上解决信仰问题，或靠伦理学原理来解决人生意义问题，靠主客认识论来解决认知问题一样。而且，他同时显明，这些超出了传统的形而上学和神学方法的有效处理范围的问题与纯思想的领会确实大有干系，并可以通过某种思维方式进行有意义的阐释。更重要的，他表明了，这类终极问题与人如何在生存经历中完全境域式地构成自身的问题是不可分的。换句话说，真正的终极问题就是人生存于世间的意义问题，或这种生存本身所构成的人生意义问题。它有非真态的和真态的这两种不同的但息息相通的形态。

对于中国古人来讲，西方人经过两千多年的摸索而终于在海德格尔这里得到的"终极不离人的世间境域"的见地是一个基本的识度。而且，这种以人世生存所蕴涵者为终极的态度断不像一些东西方文化比较学家所说的，应归于中国人的不善冥思和缺少超越的想象力，而应视为天道观的非现成本性使之然；否则，那"致广大而尽精微，极高明而道中庸"和"玄之又玄""莫若以明"的境界就无从解释了。

起码从西周开始，"天"就是中国人心目中的终极所在。但是，对于那些主导了中国古代思想潮流的人而言，这天既不是从实体意义上超越了人生者（比如基督教的上帝），也不是人的欲望、意志和观念思想的代言者，比如希腊的诸神，而意味着这个"人间世"的境域所在和意蕴所在。中国古文化的特性就在于能反省到，宗教化并非人生意义的最合适的表现，最真切的天意只能体现在饱满的人世生存形态中。正如脂砚斋对《红楼梦》（五十六回）的评论："叙人梦景极迷离，却极分明，牛鬼蛇神不犯笔端，全从至情至理中写出。"[1]当然，这世间形态也不就是人欲横流、主客相对、斗智斗狠的"现实世界"，而是人天相济、相生相持的幻梦世间和觉悟世间。实际的"天道"，在中国古代智慧者的眼中就是人生最原发的那一**居间**形态，过"高"过"低"、超"前"滞"后"就都不能尽其极致。诉诸西方的观念哲学和人格神宗教，不管它

---

[1] 陈庆浩：《新编石头记脂砚斋评语辑校》，中国友谊出版公司1987年版，第623页。

表现为什么主义、什么神学，是无论如何不能切中这种终极观的。只有海德格尔的充分缘构境域化了的人性观、自由观和宗教观才能与它"接得上话"。

三、终极即构成境域

终极对于海德格尔和天道思想家不能在任何意义上被现成化，因而只能活生生地呈现于人的世间生存之中。所以，真终极就只是人与世界相互构成的缘发生境域。然而，这本身就是终极的世间是个什么意义上的世间呢？它就是我们天天混迹于其中、被它养育和限制的家庭、学校、交往圈子、职业圈子、邻里圈子、本地本省、社会国家、国际社会……吗？为什么绝大多数人在其中随境浮沉、悲多于欢而并未达到终极开悟呢？回答只能是：我们只有这一个人生世间，此外再没有获得意义和理解的根和源。不过，"生存于世间之中"与"生存于对此世间的领会之中"毕竟不完全等同，因为生活于世间或"天下"之中者可以不明白此世间之所以为世间的底蕴；在海德格尔那里这底蕴就是"存在本身"，对于先秦人来讲则是"天意"。"人们"（das Man）往往误认世间中的某些存在者而非此世间的境域本身为实在，不晓得此境域先于一切境中物事并使其可能的道理。圈子、团体、组织、社会和国家当然是世间的体现，但往往是掺入了体制构架的世间形态，并不能使人得大自在。

那么，做了这种"在世间之中"和"在领会世间之中"的区别之后，讲终极就是世间还有什么意义吗？这个被海德格尔称为

"存在论的区别"会不会引起又一个涉及如何领会"世间本身"的观念上的无穷后退呢？从上两节的分析可看出，即使有这种区别，讲终极就是世间仍然具有极关键的思想意义，因为它转换了我们理解终极实在的方式和基本势态。终极不再被视为任何一种什么，而只能是在一切什么都被穷尽时所显露出的缘发境域。这样，也就不会引起求助于一个又一个更高级的存在者的无穷后退。世间境域与世间存在者没有彼此之分、高低之分，只有边缘域与注意点、源与流、海与波之分；这种"缘-分"与现象与本质、个别与一般、物质与精神、人与神之分极为不同。而且，更重要的，与那些越来越抽象的"什么"式的终极，比如本质、实体、普遍、上帝不同，这境域的终极相比于境中的存在者离我们不是更远，而是更近（naeher），近到与我们自身分不出彼此。我们举手、投足、说话、思想、意愿，分析到底都是缘发境域式的。因此，"存在者的穷尽"是一个收敛到自身而非发散到无穷的自悟自显的过程。孔子曰："能近取譬，可谓仁之方也已。"[①]说的就是这个入中道诚境的方式。所以，这种世间境域的终极观是真正切身的（eigentlich），以豁然贯通的明了为终结。

这"自身"也并非一个主体自我，而只意味着无由再退的终极交汇和自身的缘构成。禅宗六祖惠能讲的"真如自性"、"本心"也只应在此缘发生和域构成的意义上理解，不可视为自把持的心体，更不是与缘起性空相对立的"自性"。《坛经》这样记述五祖向惠能传法："五祖……为说《金刚经》。恰至'应无所住，而生其

---

① 《论语·雍也》。

心'，惠能言下大悟：一切万法，不离自性。遂启祖言：'何期自性本自清净，何期自性本不生灭，何期自性本自具足，何期自性本无动摇，何期自性能生万法！'"①听到"应无所住，而生其心"便悟，正是佛家本色，也可见"心"和"自性"对于禅宗而言，皆是缘起性空而生万法的终极，没有任何可把持的现成性。所谓"无住"，又被惠能说成是"念念时中，于一切法上无住"②，这又似受到中国天道观的"天时""时中"思想的影响。这无住而时中的缘发自性即世间的境域本身，也就是"世人本自有之"的"菩提般若之智"③。所以"自心归依自性，是归依真佛"④。这样理解的佛、开悟、涅槃就绝不是指某一种存在者，比如释迦牟尼的肉身（及舍利子）和一个与此世间不同的极乐世界，而就是此生此世的缘境本身、自性本身，"本性是佛，离性无别佛。何名'摩诃'？'摩诃'是'大'。心量广大，犹如虚空……世人妙性本空，无有一法可得。自性真如，亦复如是。善知识！自性能含万法是大，万法在诸人性中"⑤。这些话中充满了佛家缘起说和中国天道观的终极识度。"摩诃"（Mahā）在梵文中的意思确是"大"，但惠能所说的"心量广大……能含万法"却也有老庄所讲的"大道""大象""大树""大言"之"大"的含义。前文中曾讨论过，这"大"意味着超出一切现成拘范的"宏大而辟"，化入原发的境域。惠能用了大

---

① 《坛经》（宗宝本），行由第一。
② 《坛经》（法海本），十七。
③ 《坛经》（宗宝本），般若第二。
④ 《坛经》（宗宝本），忏悔第六。
⑤ 《坛经》，六十一。

乘空宗（龙树）讲的"空"（sūnya）这个词，却赋予它以"虚空"这样更有道家色彩的境域含义。但他也一再点明此虚空的非现成性，不可"［执］著"之，不然便要弄巧成拙。

正是因为惠能充分体会到了中国和印度两大传统中非现成的精妙之处，及其可融会贯通之处，才做出了那些拘泥于经文和佛教成规者永远做不出的"大"事情，即充分张扬出佛家缘起说，特别是龙树所阐发的缘起观的思想蕴意，摒弃一切现成性，包括被佛教徒们世代尊崇的现成者，比如坐禅（佛家的瑜伽）的必要，诵经、礼佛、布施的功能，等等。他主张"内外不迷，即离两边。……若悟此法，一念心开，出现于世"①。在惠能这里，我们清楚地看到：彻底的非现成终极观一定"出现于世"，也一定包含"离两边"的中道构成见地和境域实在观。龙树的中道与中国天道观的中道尽管背景不同，表述方式不同，但其中的终极识度确是遥相呼应的。禅宗出现于这两个潮流的汇合顶端，将这构成境域的终极观表达得活灵活现、无滞无碍，"不思善，不思恶，正与么时，那个是明上座本来面目！"②这里面没有二元分立，没有与生活经验、缘起经验的离异，也没有人为的观念规定；有的只是从现成形态向使之可能的构成形态的转化，由散漫的分门别类的状态向豁然贯通的缘发生状态的转化。此境域本身之所以使人"言下便悟，顿见真如本性"③，就是因为我们本身、世间万物别无其他，就是这纯构成的境域势态。就是在迷梦之中，在从出的虚假状态

---

① 《坛经》（惠昕本），四十四。

② 《坛经》（宗宝本），行由第一。

③ 《坛经》般若第二。

中，也还是因此势态而能成其梦、能是其假。缘境与境中缘起者从来就"牵挂"在一处，千回百转、死而复生，总在境中，绝非传统的二元关系可比。所以，像龙树那样破尽现成，像老庄那样损之又损，所示者也不会是个干瘪的空无或仅仅相对的关系，而是至真至极的觉悟和无为而无不为的境界。

海德格尔与中国天道观（包括禅宗）在这最关键一点上是一致的，即认为终极的实在不管叫"存在本身"也好，叫"天"或"道"也好，只能被理解为纯粹的构成境域。称之为"境"和"域"，取的是这样一个意思，即终极既不是任何现成者，又活生生地在场，使我们领会当下涉及的一切可能。所以，一方面，这种理解与一切实体化的终极观不同，它不设定任何更高的、脱离意义构成境域（比如生境、语境）的终极者，也不需要这种意义上的"阿基米得点"；但是，另一方面，这种构成境域的终极观也不同于实用主义和各类无根的"后……主义"，因为它取得了一种尽管是非实体的却浸润到了人生最深处的终极理解，而不只是以"相对"来对抗"绝对"，以"漫游"来躲避实体化而已。这类相对者只是绝对实体破裂成的碎片，还带有"准"现成性，并未真正充分地消解转化为纯构成的领会意境。卷入这类碎裂型的自由思想世界，人们会在初次的清新感之后很快失落于无真切意义和理解可能的沙砾环境中。这种像沙丘一样流动的相对主义的思想方式与由人工固定的、形而上学的思想方式的关系犹如"中心"和"（力求中心化的）边缘"一样，相互需要，但两者之间却并未形成相互构成的发生境域。简言之，20 世纪以来，特别是在当今这个"后工业化""后冷战""后哲学"的时代[1]，反形而上学是个赶滥了的时髦，而真正的难处在于不避开终极问题地消解掉形而上学包括宗教形而上学的终极观，增进我们对于人生在世本身的领悟。

所以，这种终极的构成境域本身不能再带有任何现成性，比如"（物理学意义上的）场""环境""历史性""文本解释空间"等等。这些都只是构境的现身化或从出形态而已。这终极境域只意味着一切现成者终结处的透亮（Lichtung）或透悟，也就是人的最原本的领悟境地。

印度《奥义书》的"梵我为一"的智慧揭示的也是这样一个主客区别已无意义的原初境界，只是它没有充分清晰地看到人的世间（摩耶）生存的本源地位，仍然期望通过根本超越人的世间生存形态而在瑜伽体验中达到更高级的终极境界。这是海德格尔和中国天道思想家们无法同意的。所以，当惠能赋予禅宗以真正的"中国特色"时，首先要纠正的就是对于"禅"的含义的传统理解。他不再认为坐禅中的禅定能使人透悟终极境界，而只有在"行住坐卧"之时、"无所住"之处随缘发生的"禅机"方是让人达到至境的真禅。一切还有分别心处都无终极境界可言。因此，要"透得无门关……透不得无门关，亦乃辜负自己"[2]。《无门关》言道："将三百六十骨节，八万四千毫窍，通身起个疑团，参个'无'字。莫作虚无会，莫作有无会，如吞了个热铁丸，相似吐又吐不出，

---

① 参见罗蒂《后哲学文化》，黄勇译，上海译文出版社 1992 年版。

② 《无门关·乾峰》，《大正藏》第四十八卷。

荡尽从前恶知恶觉。久久纯熟,自然内外打成一片,如哑子得梦,
只许自知。蓦然打发,惊天动地,如夺得关将军大刀在手;逢佛
杀佛,逢祖杀祖,于生死岸头,得大自在。向六道四生中,游戏
三昧。"① 入终极境域而"得大自在"者必化开一切不缘发者、偏执
者。"参个'无'字",却不许"作虚无会",也不许"作有无会",
而要"如吞了个热铁丸,相似吐又吐不出",在左右不是、有无不
可的居间之中荡尽一切现成者,化入缘境的自发之中。于是"内
外打成一片",浑然一气,透关得入。"于生死岸头[即终极处],
得大自在"。至此透悟之境,即入三昧禅定(samāhdi);但它并非
坐禅的僵定,而是"游戏三昧"的境域构成之缘定。

读这等奇文字,令人叹绝!入此终极境域似乎极难,"一人向
深深海底,行簸土扬尘;一人于高高山顶,立白浪滔天"②。同时又
似乎至简至近,所谓"平常心是道"③。下面这桩"公案"(禅师与
学生对话的记录)隐含此难易之辩:

南泉[普愿禅师]因赵州[从谂,南泉弟子]问:"如何
是道?"泉云:"平常心是道。"州云:"还可趣向否?"泉云:
"拟向[有某种特殊的追求和取向]即乖。"州云:"不拟争知
是道?"泉云:"道不属知,不属不知;知是妄觉,不知是无
记。若真达不拟之道,犹如太虚廓然洞豁,岂可强是非也。"
州于言下顿悟。④

---

① 《无门关·赵州》,《大正藏》第四十八卷。
② 《无门关·乾峰》。
③ 《无门关·平常》。
④ 同上。

讲"平常心是道"这句话既表现出典型的中国风格，又揉进了佛家中观"涅槃即世间"的见地。若不明了领会终极实在的非现成形势，就无法测出其中的大悟性，徒增困惑。这平常心即人生的原本领会。想对它再做区别、以求高蹈，比如将它区别为俗谛义与真谛义，并以真谛义为"趣向"，反而会将事情弄糟（"乖"），偏离人的根本道性。所以，这平常心至简易，因它与我们生存本身浑然一体，类似于海德格尔讲的"实际的生活体验"。得此平常心极难，因为在体制框架中的人总想舍简从繁，妄加区别评判。这平常心可相比于孔子的"中庸"之诚，老庄讲的无为之为、齐物之明。只是，经过了中印两大文化中多少代人、多少流派的反复穷究与辩难，禅宗对于这原初领会的非现成性似乎更敏感。人的非分欲望和追求，不管是朝向物的还是朝向名相和精神的，都不是这蓄含生存的原本势态的平常心。出家人的生活形态似乎注定了一定有所求，"不拟争知是道？"所以南泉普愿禅师和所有禅宗大师首先要清除的就是对"求道""成佛""读经""坐禅"或一个精英形态的执著。"道不属［区别心之］知，不属不知。"平常心恰是纯居间构成的，"平常"中含有"壁立千仞""无过不及……一羽不能加，蝇虫不能落"[①]的纯真势态。到了这般不有不无的田地，就只能用"太虚廓然洞豁"这样的境域语和境域思路冥会之。本书中讲的"构成"之所以又要讲成"境域"，所谓"缘构境域"，也是出自这个穷极而不得不化的道理。为此，平常心也就是纯粹的缘境之心。它的难得不是因为我们的能力不够，而是由于这能

---

　　① 《太极拳经》。

力被分裂为各种关于"什么"的感性、知性、欲望、意志，反而对自己最切近和最饱满自发的形态盲然无视。其实，我们从来都生存于纯构成的居间境域中，从来都"不有不无"地化开了、超出了概念理性无法真切解决的各种悖论。"平常心"不只是那不去深究、因而不受怀疑主义折磨的"健全常识"，而是走过无数两难和刀口剑锋的原本明白；明白那里并无深奥、并无发生，只有在现成构架中的越来越精致、残忍和远离源头的拼斗较量。因此就有"止于至善"的大透大悟，敢于做出这样生死不变、先行到头的决断：这里就是终极，就是生存的原义之所在！

四、境域本身的消息

要深切体验中国天道观和海德格尔存在发生观的妙处和独特之处，不能如常见的研究方式那样，只限于名言概念的分析，因为这种分析说到底揭示不出这种超概念名言的思路的最关键处，也就无法将这种思路与现代西方哲学中的许多反实体主义并在某个意义上也结合人的生命活动的学说区分开来。由人的生存所构成的终极境域，叫它"存在本身"也好，"天""道"或"佛性"也好，一定要在一切立论之先、主体意识之先原发地显露自身，让自身被人"看"到、"听"到、"领会"到；而且就在这看、听和领会之中构成着自身。"道也者，不可须臾离也，可离非道也。……诚者自成也，而道自道也。诚者物之终始，不诚无物。……诚者非自成己而已也，所以成物也。……故时措之宜也。"①

这终极境域的显现，不管它发生于日常生活的活动中，还是艺术诗歌中，都不会是抽象的、无动于衷的。这显现并不传达任何关于个别存在者状况的信息，却一定富含移时换境的"阴阳消息"。依从此境者虽然"毋意，毋必，毋固，毋我"②，却一定是尽性立命、无愧无悔、死而无憾。"其为人也，发愤忘食，乐以忘忧，不知老之将至云尔。"③ 所以，这境域本身一定打动人的根本，有着"不异空"之天然本"色"。它一定有光、有声，让人能看见、能听到；但又不会只是那被看者和被听者，而一定是那让人看到者、让人听到者。"明"在西方、印度、中国的深思者那里都有开启真实的含义，就是因为终极问题本身的彻底性所使之然。海德格尔与中国古人的特殊识度则在于看出这明并不来自一个更高的实体，而就是人的构成型的生存本身所发生出的。这"大光明"、这"海潮音"④，尽管希夷惚恍，却与人无别、与物无碍，正是人之所以为人、世界之所以为世界者。我们说它不可见、不可闻、不可说，是因为它不是任何有定性的对象。在这个意义上，海德格尔与老庄都看到这"明"并不能与"暗"相隔绝，而是所谓"盛满了黑暗的光明"⑤。人格神的信仰和观念的理智尽管诉求人的不同的精神能力、运作于不同的人生层面，但有一点却是共同的，即认为光

---

① 《中庸》第一、十三、二十五章。

② 《论语·子罕》。

③ 《论语·述而》。

④ 《妙法莲华经》，鸠摩罗什译，第 24 品："梵音海潮音，胜彼世间音。"当然，在中国的大智者看来，这"海潮音"与"世间音"从根本上就分不开。

⑤ 参见附录一·3。

亮（真、善、美、存在、有用）与黑暗（假、恶、丑、不存在、无
用）在根本处是不同的，不管它们如何能在宇宙时间和观念发展
中相互转化。海德格尔与中国古圣们却看出，究极处不能容忍这
种二元化，而一定是最饱满的缘发生。"万物负阴而抱阳，冲气以
为和。"[①] 真正丰满幸福的人生远不是"快乐"（哪怕是沉思的快乐）
或任何传统的伦理学观念能穷尽的，因为它根本就不是一个寻找
某种"什么"的问题，而是一个混然发生的境域构成的问题。从
根本上讲，就无法设想他或她得到了什么就是幸福的，去掉了什
么就脱离了苦海。一切这类向往、说教都不究其缘由，不管它以
多么美好、神圣和有权威的名义发出。涅槃与天之所以不可能与
世间有根本的区别，其道理就在于此。"缘发"是任何神灵也躲不
开的终极。"世间音"的饱满处、感人至深处就是"海潮音"，人
道的至近处、至微处就是天道，岂有他哉！黑夜中的烛光和星光
才是时域中的真光明。那么，不衰的幸福和不退转的解脱、成仁、
得道还可能吗？这个问题在下一章第三节会讨论，这里能说的只
是：幸福和得大自在如果是真切的，就一定是最缘发的和纯粹境
域构成的。活的伦理和信仰必有这样的生存根基。除此之外，都
只是搪塞、粉饰和遮蔽罢了。

　　这终极境域本身的消息浑厚无比、感触万千，但分离的感官
和观念思维却接受不到它，以为自己处在一个无境域可言的时空
框架中。这消息虽然非善非恶、不有不无，却最启发人和感悟人。
它像海潮，像深山鸟鸣显露出的野境，又像远处传来的钟声，不

---

① 《老子》第四十二章。

论那是浸润着海德格尔童年的教堂钟声，还是永乐大钟"声闻数十里"的深沉余韵。诗和乐（韶乐、地籁、天籁）就是为了感知这终极境域的消息而作，让我们浑然天成地"敞开"（Often），达到"思无邪"。海德格尔之所以视"诗人中的诗人"荷尔德林为最纯粹的思想者，也就是缘于此。我们在诗乐中所获得的充满气象的领悟既不是观念理智的，又不是反理性的，而是比这两者更真确的原本明白。一切思想、修行的目的除了更充分地进入这缘构境域，从而明白它本身的消息，还能是什么呢？海德格尔在《存在与时间》中曾在"畏惧""牵挂""良知的声音""朝死的先行决断"和"时间域"中展示这终极境域及其消息的特性；在他后期的写作中，又转向语言境域、诗境和自身的缘构之境。他一直认为作为"缘在"的人就是由存在的缘发域造就，因而天然地能领会这境域本身的非现成消息。这既不是范畴先验论，也不是经验感知论，而是境域构成论。先验与经验的区别在这里已失去了意义。中国古圣们也都视"天"和"道"本身至诚如神、有情有信，都在一切区别之先认同一个混成发生的中道域，以及天然地就属于这境域的良知和道性。没有这种洞见的学派，比如墨家，就难于长久生存于中华文化的氛围之中。天一定有天意，至诚者可知其几而得其消息，明白自己和社稷的天命所在。墨子将孔子的天命理解为宿命，今人又往往解释为听命于有意志之天的安排，都不是夫子原意。这也正是人们领会天道观和海德格尔思想的最大障碍之一。他们总是身不由己地从原本的发生处滑开，"顾左右而言他"。

　　如同"阴阳消息"，这至境本身的消息有涨落盛衰可言，表现

为人的生存势态。终极不是实体，等着我们去发现。它一直就与
人的生存领会息息相通，有其盈缩消长。海德格尔晚期讲到"人
守护着存在"、"语言是存在之屋"，就是以这境域本身的大势态
为前提的。孔子曰："宁武子邦有道则知，邦无道则愚。"[①]又曰：
"天下有道，则礼乐征伐自天子出；天下无道，则礼乐征伐自诸
侯出。"[②]老子言："天下有道，却走马以粪；天下无道，戎马生于
郊。"[③]可见，存在本身和道本身在这些思想家心目中有来去消长，
并不是宇宙论的和形而上学本体论讲的本源和根本规律。存在和
道的消长是整个人生势态和时态的改变，不只与人对规律的认识
利用相关。人无法作为主体去对抗和直接改变这终极境域的潮涨
潮落，因为人之所以为人正是这生存大势所陶冶成的。但是，与
西方非此即彼的思维主式不同，这种境域在先并不意味着这境域
单向地决定人的命运，因为它恰是人的生存所构成的境域。人必
然能以缘发的方式、忘我入境的方式参与这境域的构成。这里充
满了"居间"之"中"的终极摆荡。1966 年，海德格尔在声言"只
有一个神能拯救我们"时，讲道："思想并非无作为；出自其本性，
它就卷入了与这个世界的时代对话。"[④]"通过思想和诗化，为神的
来临做好准备，或者在我们的沉沦中为神的缺席做好准备。"[⑤]这意
味着人以引发缘起的而非改造征服的方式去参与生存势态的构成。

---

① 《论语·公冶长》。

② 《论语·季氏》。

③ 《老子》第四十六章。

④ 席汉主编：《作为一个人和一位思想者的海德格尔》（*Heidegger: The Man and the Thinker*），第 60 页。

⑤ 同上书，第 57 页。

它不可能是实用主义的，因为它并没有现成的目的和结果可言。孔子"知天命"①，同时相信"人能弘道"②。老子讲"为无为""古之善为道者……"。庄子描述的真人是"凄然似秋，暖然似春，喜怒通四时，与物有宜，而莫知其极。故圣人之用兵也，亡国而不失人心，利泽施于万物，不为爱人"③。这是一种独特的天人相济相和的思想方式，既非"制天命而用之"，也非天命决定论，而是得其中而深化于其间。

在强调诗歌是接通人与终极境域这一点上，海德格尔与孔子是"近邻"。作诗和读诗是最具有构成境域性的语言活动，它开启出一个充满了自身韵律和可领悟势态的境界，比主体的观念世界要无可比拟地更丰富、更自持、更可领会，因而似乎是在与神灵沟通，使"礼"具有了在场的揭示性。然而，这种神韵盎然的诗境随人的生存势态而消长，从根本上讲是属于人的生存境域本身的。没有哪种繁文缛礼、官僚体制和教条化了的教会制度能保留住它。它的源源出现就意味着一个人、一个团体、一种学说乃至一个民族和文化的兴盛，它的消退则意味它们的衰亡。周天子通过采风和献诗来观天下气象，与天意相通，与人意相合，可谓人类历史上独具慧眼的开创，与占星术和谶纬之术完全不同，当然也与现代的依据实证和科学的预测术很不相同。提到儒家文化，就离不开"诗云子曰"。孔子对诗与乐的挚爱、对于它们所富含的思想性的鉴赏，在两千多年中影响了这个文化的风貌。海德格尔则认

---

① 《论语·为政》。

② 《论语·卫灵公》。

③ 《庄子·大宗师》。

为"诗所打开的,并且在格式塔的间隙中先行投射出的就是开启之域"①。从事于这种开启终极存在域事业的诗人是纯真的,也一定有超个人的天命,就如同荷尔德林那样。通过语言,时代或时境在他那里形成他无法控制的大潮,以至这语言对于他成为"最危险的财富"。"在这样的语言中,一个民族就历史性地领会了它的世界。"②

---

① 海德格尔:《丛林路》(*Holzwege*),第 58 页。

② 同上书,第 20 页。

第16章 海德格尔思想与天道观的 区别和对话可能(一)

海德格尔思想与中国天道观分属于两个相距如此遥远的文化,而且各自都与自己的传统有极密切的亲缘关系;因此,两者之间有着相当大的区别就几乎是一个不言而喻的事实。不过,要准确地识别和理解两者之间的区别,并探明这些区别是否妨碍它们之间深入对话的形成,却也不易做到。这既涉及两大传统的关系,又涉及西方传统在海德格尔这里发生的"转向",以及如何原本地理解中国的天道观等问题。在深入探讨了这些问题之后,我们会看到,就在似乎无路可走的"丛林"中出现了非现成的、却又是真实可行的对话道路。"在它的路径上,冬天的暴风雪与收获的时日相交,春天活泼的激情与秋季安时处顺的死亡相遇,孩子的游戏与老者的智慧相互对视。但是,就在这独一无二的合奏之中,一切都是清澈的;而田野道路就将这合奏的回声沉默地带来带去。"①

----

① 海德格尔:《八十诞辰纪念集》(*Zur 80 Geburtstag von Seiner Heimatstadt Messkirch*),第14页。

一、时间观与历史观

在海德格尔的前期思想中,时间占有一个极重要的地位。他在《存在与时间》中视时间为理解存在或终极实在的"视域",不同的时间观显示出对于存在含义的不同领会。例如,亚里士多德的时间观是以"现在"为重心的,并具有人的计数活动的构成视野。相应的,他的存在观既有现象学构成学说的特点,又未能充分展示其纯境域构成的源头,以至"存在"有可能作为一个范畴来被把握。将这种时间观进一步平板化就成为"庸俗的"时间观,视时间为一个无限的现在序列,向着一个方向线性地流逝。相应于这种毫无构成视域的时间观,就有现成化了、存在者化了和对象化了的形而上学存在观。然而,我们在中国天道思想家的言论中似乎很少看到对于时间本性的正面讨论,也很少有将不同的时间观与不同的实在观联系起来的考察。

中西两大文化传统对待时间和历史的态度就很不一样。在西方,一方面有从古希腊开始的物质自然的时间观,另一方面有自基督教教义而来的时间-历史观。在哲学中,则有一个反思时间本性的传统。物质自然时间观多半与古希腊数学和概念思维的发达有相当的关联,它基本上就是上面讲的庸俗时间观,即认为时间为一条无终始的、以"现在"为显现点的永逝之流。这种时间没有本身的意义,并使得受其摆布的现象不可能有常驻不变的意义和实在。因此,只能在超时间的理念实体中去寻找存在的意义和真理。这样,在自然历史中,物质实体及其本质特性就是真正的存在者；而在思想、精神世界和人类历史中，形式与目的更能决定存在的意义。教条化了的基督教学说与这种时间观并不冲突，只是它将自然历史从属于由神人关系构成的历史。它同样认为时间流本身并无意义，人生和世界的存在意义只能由更高的或最高的不变实体——上帝——给予，并由人在时间之中体现出来。按照这个讲法，真正的历史是由神的创世救赎计划，特别是由在世界末日的最后审判这个目的地所构建成的历史；它是线性发展的和"有始有终"的，不同于自然历史那种无始终可言的散漫状态。

　　一般说来，中国文化中既缺少物质自然的时间观，又没有神人历史观，有的似乎只是大量的历法、史籍和"五德终始"的循环史观。所以，在西方人看来，中国文化是完全经验的、世俗的，既无概念清楚、形式连贯的客观思维，又没有与神发生大悲大喜的历史关联，所以无由产生宗教的终极精神和命运感。与此相关，在那些通过西方传统哲学框架来理解中国古代思想的人看来，天道思想中缺少"时间"和"历史"的维度。五德转移说只是一种臆想的、自然与人事混同的循环格式，说不上是有客观依据的时间观和有终极发展方向的历史观。最起码，这是两种完全不同的、毫无商量余地的时间－历史观。

　　这样一些模糊背景往往会使人产生这样的错误印象，即在"时间"和"历史"问题上，源于西方传统的海德格尔思想与中国天道观之间的差异足以阻碍有效对话的形成。然而，它忽视了两个关键因素：一是传统的西方时间－历史观在海德格尔那里得到了相当深透的转化；二是中国天道观从根子上就含有原初的时间性，而五德（五行）转移说只是这种原本的"道时"观的退化形态而已。如果我们充分体会到了这两个因素的含义，就会看到海德格尔的与天道的时间－历史观尽管确有所不同，却在最重要之处是深刻相通的。对于这两者而言，作为历史前提的时间不只是个空洞的存在形式，而就是意义的发源地。

按照海德格尔的分析，甚至在大讲"发展"和"历史"的黑格尔那里，时间本身也无意义可言，而只是概念主体辩证发展的一个外在形式 [①]。自我一定要落入时间中，以获得否定之否定的发展；在这一点上，黑格尔超出了他之前的唯理主义者。但是，在这种发展中，自我或绝对概念是真正的主宰，时间是从属性的，并没有存在论的终极意义。胡塞尔的现象学开始从形式上改变这种状况，他对内时间意识的分析表明，时间并不只是"现在"的序列流，或一个只能容纳现成存在者的套子，因为现在正是在过去和未来的视域中被不断构成着和维持着的。这也就是说，时间并不是现成的空框子，而是具有自身的构成结构和维持方式的发生境域。这种分析的存在论含义是极深远的，尽管胡塞尔本人没有或不愿领受这含义。它意味着在时间视域中被构成的意识从根本上也并非是现成的和独立的，它永远与它所处的境域和世界一同被构成。因此，这意识或思想从一开始就既非单纯的主体，亦非从属于客体，而是在原发的时境中（被）构成着。真正切身地理解这个意思就会使人认识到：不仅离开时间视域去侈谈"主体性"毫无意义，就是像胡塞尔那样，将时间视域看做一个以先验主体性为终极的过渡带，也是无切实意义的思想打滑。这就好比佛家的缘起实在观不能再被还原到因果缘起说、聚散缘起说，或被"拔高"为梵我实在观一样。在这个关节点上，龙树的《中论》有

---

① 海德格尔：《存在与时间》（*Sein und Zeit*），第82页。

着无法替代的思想价值。它表明，只要讲缘构成，就不可能再合乎逻辑地去讲任何意义上的现成"自性"或"我性"，缘起境域就一定是真正的、不能再超过的终极。海德格尔超出胡塞尔之处就在于体会到了"视域构成说"中这层**存在论的**意义。此外，海德格尔从康德的"演绎"那里也释放出了一个类似的时间境域，突出了它"在统觉之先而为一切综合之源"的存在论地位。人不能从根本上决定对象被给予的方式，而只能通过时间境域遭遇对象；这样，时机化就是领会存在的最原发视域。这也就意味着，时间本身或不如说是时间所代表的原发境域是一切意义和理解之源，饱含着"能在"或"能是"的势态。

　　海德格尔思想的独特之处就在于他既深入了时间境域的思路，又没有失落掉理性的终极追求。他敏锐地追寻着这境域的存在论解释学的意义，将它调准到了人的生存体验能够直接听到并领会的"波长"上。在那里，人听到的既不是绝对主义的单音，也不是相对主义的杂音，而是令人出神的（ekstatisch）时境本身的悠长乐音和钟鸣。这境音传达着天地与良知相共鸣的消息。因此，人的领会总走在对现成者的把握之先，而牵引着这些把握；总在他的根底处对于世界和人生处境有了一种惚恍但又饱含真象的理解。至于海德格尔的历史观，则完全源于他的缘在时间观①。"事实的历史""目的论的历史"被"还原"掉了，只有出自缘在的解释学处境的构时历史（他早期称之为"实现着的历史"）可以作为我们理解终极的视域。由此看来，海德格尔的时间观既是对西方传统时

---

① 海德格尔：《存在与时间》（ *Sein und Zeit* ），第 75 页。

间观的突破，又是解决西方哲学本身问题的一条合理出路。他已走出了时间思想的现成框架，但又是以一种牵引着的方式超出了它。换言之，它既非可以忽视的异端，亦非可以招安的叛逆，而是一个深刻的改革者，提供了可以改换整个思维场景的潜能。此外，海德格尔的时间观的起源与他的现象学神学的研究有极重要的关联。不过，这个问题将留到下一节讨论。

从前边对中国天道观的讨论中可以看出，中国古代思想中最本源的时间思想并不在五行或五德循环的说法之中，而是在天道的时机化之中。《易经》的"天地盈虚，与时消息"、范蠡的"因天从时"、儒家的"时中至诚"、孙子的"任势出奇"、老子的"惟恍惟惚，其中有象"、庄子的"应于化而解于物"、韩非子对"求其势而不责于人"的权术活用，都是这种天时观的传神体现。这些思想或思想家们都有这样一个洞见：在"天命靡常"的大形势中，任何现成的存在者和观念原则，不管它的等级多高、权能多大，都不足以达到真正的终极。唯有因天从时者，也就是能化入纯构成的时机韵律之中的存在者方有道性，可以配天而无殆，因为天道本身就是时机化的。天的本义既非人格神，亦非物理之天、义理之天；原道也既非实体，亦非最高规律。它们先于一切现成化、实体化和观念化，是那最原初的发生；而最原初的发生对于人来讲只能理解为一个混蒙而又切身的时机发动和恰好命中。"天命"并不意味着决定论，因为天与人都非现成者，而在时境中相构而成。

"道术"就旨在引导人脱开现成而寡势的状态，进入时机化的领会境域之中。一切美德就美在它的去执著而得天势，而一切伪美德就伪在它的现成化而失去时中的诚意。一切可爱就可爱在它的天机盎然，而一切丑恶就丑恶于它的失境干瘪。所以，对于天道思想者，德无定规、美无定形、法无定量、术无定势，而唯境所适。按照这种思路，越有时机和情境之处就越有道术的成活天地，而越规范化、形式化和等级化之处就越会让道术枯槁为法术、心术、技术、算术、权术。所以，与古印度及古希腊不同，在古代中国没有哪一种具体的求道之术的独尊地位，也没有对于日常经验的鄙视态度，反倒普遍认为充满了各种情境的人世生活就是体验道境的原本场所，各种求生存的技艺就是引出时机化领会的几微。

由此看来，对于天道思想家们而言，这天道本身就有时间性。只是，这时间性既不是物质自然的无限宇宙时间，也不是由更高目的规定的有终点的时间，而是在人生境域中发生出的并最恰当地成就人生的时机化时间。它是有限的，因为它发自人的当下体验形势；但它没有一个可预定的终点，因此又是开放的。它不只是主观体验的，而有着最巧合的决定生存命运的效力；但它却无法被测量和被计划，"神无方而易无体"①。它不可能只以"现在时态"为重心，而总是"瞻之在前，忽焉在后"，在三时态的相互朝向和转化中构成一个有"立体"深度的时境。

至此已可以看出，海德格尔的时间观与天道时间观有着关键的相通之处。它们都既不是物质自然的时间观，也不是目的论的时间观，而是缘发境域的自然时间观。这种时间观视原本的时间与人的生存经验相互依存，因而是有限的。所以，时间不是以现在为显示中点的单向流，而是在三个时相的相互转化（出让）和

————————
① 《易·易传·系辞上》。

依存中所成就的境域，具有活生生的立体深度和回旋张力。这时境本身"有情有信，无为无形"，含有使人"能存在"和"能知晓"的消息和势态；人在其中所明了者是用概念语言无法尽传的，不管这明了是以"牵挂"的、"良知"的、"知天命"的、"知几"的还是"与时俱化"的形式出现。这样的时间形态就是人的命运。在这个意义上，不仅诗与乐是时间的艺术，一切与人的生存境域的构成相关的领会活动，不管是修身齐家、用兵治国，还是行住坐卧、搬柴挑水，都是时机化的和引发时境的。海德格尔认为这种意义的时间乃是理解存在本身的视域，而他本人的写作也充溢着诗、乐、舞的显现时机。另一方面，孟子所说的"孔子，圣之时者也"的话用来形容中国先秦天道思想家，以及后来的禅宗大师都是相宜的。"时中"而非"对于永恒不变者的把握"是最高的智慧，这一见地不会产生于西方和印度的主流传统，而只能出现于天道文化之中。所以，在时间问题上的这些共通足以使海德格尔思想与中国天道观成为意境交融的谈友，而与迄今出现过的其他思想形态区别开来。

然而，这两者之间也确有不少相异之处。比如，海德格尔的时间观有着浓厚的西方哲学、神学解释学和现象学的根基，比较清楚地意识到了原本时间作为概念理性变通到非概念理性的桥梁的地位，以及这一变通的学理脉络。而中国天道思想家们，除了庄子，似乎都没有这样一个格概念之物、而后致先概念之知的批判过程和学问历程。因此，他们的表述尽管精彩，却很难有理有节地唤醒陷入概念-表象型思维中的人，也缺少抵御新形式的概念化的免疫力。而且，中国先秦的思想家们，包括庄子，都没有明确地讨论时境本身的三相互缘结构，也没有对时间体验进行现象学式的分析。后来，在印度传来的大乘中观的刺激下，僧肇的《物不迁论》倒是以反题的形式表达出了某种现象学时间观的思路。不过，也正是因为海德格尔的时间观背负着这些理论重负，它在迈入纯构成的时间境域视野之后，已显得有些"精疲力竭"，远没有达到时机化的天道时间观那种出神入化的境地。海德格尔所讲的"时机化"（Zeitigung），主要是指人的不同种类的生存方式，比如"处身情境""领会""与人们共在"，实现自身的时间模式，即以时间三相中的某一相为首要的逸出态（Ekstase）而构成自身。这样的讲法尽管比康德的"先验图几论（Schematismus）"要灵活得多，但在天道思想家看来，一定也还是笨拙死板得很。孔、思、老、庄、孙、韩等人的时机化思路可谓是"始如处女，后如脱兔""无所不用间"的，活泼机变，且切切实实地滋润着人生的各种体验境界。而海德格尔的时间观和后期的语言观，除了开出一个新的思想天地这一伟绩之外，似乎对我们的人生并无**直接的**帮助。当然，关于这一点的另一方面意义，后文还会谈及。

此外，海德格尔的时间观主要以个人的体验为根据，以个人的死亡为"朝向"的终极，并通过这朝向而摆脱"人们"的纠缠，进入独与时境相往来的真正切身的生存状态。尽管这终极已不被理解为可现成规定的目的地或未来某个时间点，但这样一个个人生存的时间样式仍然影响着《存在与时间》中的时间讨论。中国天道思想家们虽然也有"慎独""朝彻见独""置之死地而后生"的讲法，但总的说来，他们更强调时机化本身的破执显真的能力，而不只是个人面对自己的生死存亡时的洞见能力。在他们看来，时机中处处有生死存亡的终极形势，能体悟它开启的境界就可明心见性而得大自在。相反，肉体在时间中的死亡并不一定意味着现成生存方式的死亡，一个活在某种框架中的人就是面对自己的死亡，也往往以这个框架所提供的现成方式（比如"入天国"、"来世因缘"等等）排遣掉逃避掉死亡临近的威胁势态。海德格尔会说，这恰恰说明他还没有真正活在朝向自身死亡的生存状态之中。这话不错，不过也正表明"朝死的先行存在"更多地是入真境的结果而非原因。天道思想家们则恰恰是要通过技艺引发的时机化而进入道境，从而**能够**充满临机势态地领会死亡的蕴意而得自由。因此，天道思想家们更看重技艺情境而不只是某一种特定的人生形势的揭蔽功能。[①] 实际上，海德格尔恰恰是在这种由个人的朝死存在和先行决断引出的时间性问题上遇到了困难，以至不得不"转向"。不过，海德格尔所讲的在朝死和先行决断中开启的个人生存境域，已经从根本上超出了西方近代哲学中流行的"主体"概念；因为，无论是先验的主体还是经验的主体，都无境域可言。

总之，海德格尔的时间观与天道时间观一显一隐、一拙一巧，但又可相互沟通。从某个角度上说来，海德格尔的时间观具有更珍贵的纯思想价值，因为它是一丝一扣地将纯构成的时间观旋到

---

① 在中西思想和文化对比中，往往能看到一种很流行的但却是未得要领的说法，即认为西方以个人为本位，而古代中国却是以社会（家庭、社团、国家）为本位。其实，中国古代的主流（儒、道、释）思想是以"原发境域"为本位，它既体现于人际之中，又体现在个人与天地独相往来的"天人之际"。在西方，"个人"既可以指形而上学的主体，又可以代表一种非形而上学的人性观，比如由克尔恺郭尔、尼采、梭罗和海德格尔的学说所表达者。所以，关键不在于强调"一"还是"多"，而是如何理解它们的意义和关系。

了概念思维的终结处和境域思维的发源处。这样，不仅更清楚地暴露出两种思维方式的关系，而且将一个原发的时间境域维持在了我们思想视野的正中，使之无法再被含糊过去。中国天道思想家们长于境域中的机变和洞察，却疏于反省其根据，并说清为何只能如此的道理。结果就是，这时机化的终极观不能再被后来的玄学家、理学家、心学家们所领会，只能在各种被士大夫们视为雕虫小技的技艺中东露一鳞、西伸一爪了。

二、人格神还是境域之神

1. 海德格尔与天道思想者视野中的"神"

从时间上说来，海德格尔学术事业的开端和结尾都与"神"有关系。从第1章的叙述中可知，他的童年、少年和一部分青年时代是在浓厚的天主教及其神学气氛中度过的。这不仅是指他生于一个天主教家庭，在教育上受惠于教会资助；更重要的是，他曾立志要成为一名神父，并为此做了多年的知识上和思想上的努力。这也就是说，他二十二岁前的精神追求中有一个明确的神学维度。这样的精神趋向有它的危险，最大的危险就是受制于某种宗教和神学理论，而失去与真实存在的深切联系。然而，由于海德格尔异常活跃的思想天性，这个曾吞噬了不知多少人的灵性的"危险"在他那里反倒"生成了希望"。也就是说，这样的终极追求给他造成了一个穷根问底的思想势态，以至能从布伦塔诺的讨论亚里士多德存在观的书以及胡塞尔的现象学中感受到更深刻的东西。对于思想形成期的海德格尔来说，"存在"在很大程度上相当于"神"的思想体现；不过，在发表《存在与时间》以及其后的相当长的一段时间内，海德格尔很少在公开出版物中清楚地显露他的思想事业与"神（上帝）"这个词所代表的精神追求的内在关系，以至不少评论家将他视为与克尔恺郭尔和雅斯贝尔斯不同的"无神论的存在主义哲学家"（应该说，这个称呼中的三个词没有一个真正适用于他）。可是，在他晚年与《明镜》周刊记者的那次谈话中，他声称"只有一个神能救我们"，并同时认为"思想的转变只能通过同源同种的思想"[①]。这在一些人眼中简直成了放弃他以前持有的与东方思想对话的态度，并返回到他的宗教宿根的宣言。

此外，流行的"中国哲学史"中对于中国天道观与宗教关系的看法也加深了这种怀疑。按照这类看法，西周人和孔子讲的"天"包含数重意思，其中一个就是"人格神"或"主宰之天"，另外的则有"自然之天""义理之天""命运之天"等等。更重要的是，按照这种说法，这几重意思特别是"人格神"与其他意思之间并无内在的思想关联。当天指"皇天上帝"时，只意味着非理性的宗教信仰；而当天指思想原则或"天道"时，则与"天帝"无关。因此，一个相当流行的看法就是：中国的天道观就其思想本身说来是无神论的，不管它表现为伦理的、自然主义的、形而上学的还是象数的。

以上两方面的想法合在一起，就造成这样一种意见，即海德

---

① 席汉主编：《作为一个人和一位思想者的海德格尔》（*Heidegger: The Man and the Thinker*），第 62 页。

格尔思想与中国天道观之间在终极问题上不可能形成有效的对话，就如同有神论与无神论的现成立场之间的状况一样。然而，问题在于，"有神论"和"无神论"这类概念并不适用于描述海德格尔和中国天道思想。我们既不能说海德格尔思想生涯的开头和末端是一般意义上的有神论，也不能简单地说他生前公开发表的著作特别是《存在与时间》是无神论的。他的宗教观和神学解释学在其思想的形成期就已经充分地现象学化，完全以这个世界中的原本人生经验或"实际的生活体验"（die faktische Lebenserfahrung）为依据；而他自 1927 年开始发表的早期作品，尽管不明确提及神学问题，却有着极深厚的追求终极神意的大势态。如果不意识到他的神学思想背景，就很难充分理解《存在与时间》中那许多新异讲法的思想动源。实际上，"牵挂""畏惧""实际性""历史性""时间性""朝死存在""先行决断"乃至"缘在"，都与他的神学思想经历及 1921 年至 1922 年的宗教哲学教学有着不可忽视的关联。它们之所以不只是"哲学人类学"的概念，而是存在论现象学的，一个重要理由就是它们所体现的是缘在与作为纯存在的神之间发生的生存关联，胡塞尔的意识现象学方法也已经处理不了这种关联了。人不可避免地具有神性或存在本性，也不可避免地要被这种非现成的本性抛入世界而沉沦于其中，并仍可以在这种丧失自己的状态中听到良知（神意）的呼唤，在先行的朝死决断中明了自己非现成的生存境况。在某种意义上，《存在与时间》是基督教所讲的从原罪堕落（"在世界之中"）到因信称义（"朝死的先行决断"）这样一条救赎历程的现象学-解释学化了的结果，是不讲神的神性追求。也许正是因为他在自己的思想形成期时被人（包括胡塞尔）过多地视为一个"宗教哲学家"[①]，而他对于这种"现象学神学家"的角色安排很不满意，所以特别要在《存在与时间》中完全不（直接地）提及神学问题，而只从人的"实际生活体验"中去开显理解纯存在的境域，以表明他首先是一位纯粹的哲学家、现象学家，而不只是一位"自由的基督徒"（胡塞尔语）。然而，以上已提及，他要通过个人面对自己死亡的解释学处境来开显时间境域含义的企图既不十分恰当，也不成功，并导致了这本书原计划的流产。从 30 年代开始，他的著作中又出现了"神"这个词。然而，他这时已处于《存在与时间》之后的思想阶段；也就不再通过基督教神学的语境和基督再临（parousia）等问题来讲神，而是通过荷尔德林等诗人创构的诗境和现代技术造成的史境来阐发神的离去和再临的存在论含义，以及人应如何"等待"这个神或纯存在的生存势态[②]。可以说，海德格尔从来没有放弃过对神性的追求；但是，同样确真的是，他也从来没有离开过人的处于生死之间的、充满了绝望、焦虑和希望的人生经历来追求神性。这种人与神之间的相互缘构发生（Ereignis）正是他所讲的"存在本身"的境域意义。

对于中国古代的天道，如果只考虑它"道"的那一面，不管是仁道、诚明之道、无为而无不为之道，还是一气相通之道，**似乎**可以完全否认它与神的关联；但是，如果考虑到其中"天"的那一面，这种否认就明显地站不住了，因为"天"甚至到今天还

---

① 克兹尔：《海德格尔〈存在与时间〉的起源》（*The Genesis of Heidegger's Being and Time*），第 150 页。

② 海德格尔：《丛林路》（*Holzwege*），第 265—316 页。

遗留着"灵验的终极"这样的"天命"含义。因此,说"天"对于西周和春秋时人来说是有神性的并不错。问题只是在于我们能否将天与道分开来考虑,或将有神性之天与自然、义理之天完全区别开来。以上对中国天道观的讨论已表明,"天"是中国古人心目中的终极实在和"道"的本源。无天意之道只是无源之水、无本之木。"天命之谓性,率性之谓道。"①天道本来是浑然一体而不可骤分的,有神意之天与自然、义理之天也是如此。一旦将它们分开,则有神意之天就被实体化为"天帝""玉皇大帝",乃至现代人讲的"人格神";而自然、义理之天则被干硬化为宇宙论、伦理学意义上的"道"理了。实际上,天与道是"合则双美,离则两伤"。先秦天道观的主流处于人格神和宇宙论**之间**的原发境域之中,维持住了一种既有神意又不离人世的动态平衡。一些文学艺术的评论家总讲"盛唐气象",我们则可称这种神人相互缘发的思想境界为"先秦气象"。

孔子曰:"天何言哉? 四时行焉,百物生焉。天何言哉?"②这里讲的天难道只是"自然之天"吗? 难道这天可以与他讲的"小人不知天命而不畏"③之天、"天生德于予"④之天、"吾谁欺? 欺天乎?"⑤之天完全区别开来吗? 难道这种区别不正是将西方的"人格神"和"自然"等范畴捕捉不到的、但对于中国天道思想家们

---

① 《中庸》第一章。
② 《论语·阳货》。
③ 《论语·季氏》。
④ 《论语·述而》。
⑤ 《论语·子罕》。

来说是最要紧的终极洞察车裂掉了吗？天道恰恰是在这"瞻前忽后"**之中**发生的、充满了领会契机和灵验的境域，被儒家称为"中庸"或"中和"。"子曰：'中庸其至矣乎！民鲜能久矣。'""子曰：'道之不行也，我知之矣。知者过之，愚者不及也。……人莫不饮食也，鲜能知味也。'"①天道观的枢机和关键就正是在此境域发生"之中"的原味里，失去它就落入过或不及的干涸境地。在这天境之中，人不得不化，不得不诚。而"至诚之道，可以前知。……故至诚如神。……故时措之宜也"②。这"神"并不是人格神或可以观念化的鬼神，而是天道时境本身的神性灵验。这与海德格尔讲的时境化了、诗境化了的神或上帝不正是"以息相通"的吗？

至于老庄讲的"道"，也从来没有与"天"分离过。相反，他们正是要强调这道的天意，免得它被人的观念理性和社会体制戕害了。西方传统哲学讲的"自然""实体"和概念语言化了的"逻各斯"都不是这道的原义，反倒是理解它的障碍，必损之又损方可显明道的天意所在。"天之道，其犹张弓欤？高者抑之，下者举之。有余者损之，不足者补之。……人之道则不然，损不足以奉有余。"③这是道家的中道观。有天意之道总张开并保持住了一个饱满的发生境域，消融化解掉存在者的二元分立状态。而观念化、体制化的"人之道"则恰恰相反，扩大和固定化了这种二元分立，以至天人不交、阴阳不会、天境不开而灾祸丛生。所以，"天下有

---

① 《中庸》第三、四章。

② 同上书，第二十四、二十五章。

③ 《老子》第七十七章。

道，却走马以粪；天下无道，戎马生于郊"①。这天道境域自有原发
生的灵知灵验，"惚恍"之中"有物"、"有象"；"窈兮冥兮，其中
有精；其精甚真，其中有信"②。这种在惚恍之中引发物、象、真、
信的天道观与《中庸》讲的在"中和"发生中达到"至诚如神，
时措之宜"的天道观有着非常相近的洞察力。"同于道者，道亦乐
得之……信不足，焉有不信焉。"③老子在这里讲的"信"是原发境
域本身包含和引发的真信，所谓"**其中**有信"，而不是由个人意向
选择和坚守教条原则达到的牵强信仰。正如海德格尔讲的"畏惧"
不是畏惧某种存在者，这种原信所信的不是作为一种可实体对象
化的人格神，而就是生存本身的原发境域。"有信"之人所归依的
是天境而非一个进入不了我们的人生际遇"之中"的主宰者。"以
道莅天下，其鬼不神；非其鬼不神，其神不伤人；非其神不伤人，
圣人亦不伤人。夫两不相伤，故德交归焉。"④天道本身有境域的、
能使"德交归"的神性；所以，一旦道莅天下，那些与人不交归的
鬼和圣就"不神"了，不再能以它们的人格化实体性"伤人"了。
可见，老子讲的天道也在某种意义上包含着非人格神的神性和从
本根处泽福人生的神意。

　　至于那善于"应于化而解于物"，从而"[与]天地往与,[与]
神明往与"的庄子，就更是经常以"寓言"彰显这天道本身的神
性。这神性就体现在得道之人"与时俱化"的天机发动之中。那能

---

① 《老子》第四十六章。
② 同上书，第二十一章。
③ 同上书，第二十三章。
④ 同上书，第六十章。

"乘天地之正，而御六气之辩，以游无穷"的入道者就是"至人"
和"神人"，具有天道的境域神性，而非"有为"的人格神性。"故
曰至人无己，神人无功。"① 这种无为［而无不为］的神性如此切近
地化于海德格尔所谓的"实际的生活体验"之中，以致它往往显
现于人的技艺活动之中。庖丁说他以解牛得道的境界是"以神遇，
而不以目视，官知止而神欲行，依乎天理"，表明这"神"不只是
心理的"精神"，而是依天而行的神意。对于只依从表象感觉和概
念思维之"（器）官"的人，这神是神秘的、"大而无当，往而不
返"② 的；但境域中人则知其为最天然不过的。就是未得大道之人，
反观自己实际生活经验的根底发生处，又焉能不有这个"以神遇，
而不以目视"的境界呢？海德格尔曾引用过的一则寓言讲道："梓
庆削木为鐻，鐻成，见者惊犹鬼神［所为］"。当鲁侯问其原因时，
梓庆回答道：在造鐻之前，他要"斋以静心"，以求忘却一切观念
区别而返归天性。半月之后，这个天时契机成熟了。"当是**时**也"，
他才能入山选到天然合适的木材，并加工成鐻。这样，就是"以
天合天，器之所以疑神者，其是与！"③ 可见天道之中有神；而且，
唯有天道之中有真正的、"无伤"④ 的幸福之神，而非将人间的终结
（终极）划分为天堂与地狱的主宰之神。这种天道神性观与海德格
尔所讲的在时境、语境和史境中生发出来并保持在人的生存朝向
中的神难道不是很有对话的可能吗？换句话说，海德格尔讲的境

---

① 《庄子·逍遥游》。
② 同上。
③ 《庄子·达生》。
④ 《庄子·天下》。

域发生之神与基督教的原教旨主义者讲的人格化了的主宰之神相近呢，还是与天道思想家们所讲的天境道域中发生出的神意更相近呢？当然只能是后者。

2. 海德格尔早期的宗教现象学

要最切近地了解海德格尔讲的神的时境含义，并加深对于上一节所讲的"时间性与历史性"问题的理解，就必须回到他1920年至1921年在弗莱堡大学开的"宗教现象学引论"这门课。人们往往重视它的第二部分，即讨论保罗书信的那部分。但是，这门课的第一部分也极为重要，尽管它还没有被讲完就遭到一些无法理解其深意的学生的反对，不得不戛然中止[①]。这第一部分是关于"方法论"的"引论"，在其中海德格尔阐述了他在其师兄拉斯克影响下发展出的关于"形式指引"或"形式显示"（formale Anzeige）的现象学方法论思想，是理解海德格尔本人的境域构成型思想方式的重要线索。拉斯克受到老师里克尔特影响，在很大程度上是一位新康德主义者，但又从胡塞尔的现象学，特别是其"范畴直观"学说中吸取了重要的新思路。拉斯克的两个看法，即（1）人的原初经验可以具有理智形式，以及（2）原初经验所体验的先理论的、非对象化的"某物"可以通过"反思范畴"而被表达的看法决定性地影响了年青的海德格尔，引发了他关于"实际性（Faktizitaet）的解释学"和"形式指引"这样两个相互紧密关联的思路。

_____

① 克兹尔：《海德格尔〈存在与时间〉的起源》（*The Genesis of Heidegger's Being and Time*），第150、171页。

它们不仅将他引向了《存在与时间》中的"缘在""生存样式""牵挂"和"时间性"，而且还以新的形态贯通到他后期的学说中，并塑成了他的写作风格，即使用大量（具有方向、境域意义的）虚词、动名词和相互勾连的词丛，从"形式"上构成式地揭示或"指引"出存在的缘发含义。实际上，胡塞尔的现象学、康德哲学、古希腊的亚里士多德哲学、中世纪的司各脱哲学和神秘主义等等，在 1915 年前后就是通过拉斯克而直接作用于海德格尔的。

　　"实际性"是费希特和康德主义者们使用的一个词，用来指示人遭遇到赤裸裸的实在时所面对的那种无任何理性可言的被给予者。司各脱所讲的"这个（haecceitas）"是它在中世纪思想中的一个体现。在经验主义者和康德看来，我们只能通过感觉经验接触到这种实际性。然而，受到胡塞尔"范畴直观"学说的影响的拉斯克认为，这种"逻辑上赤裸的"实际性不仅涉及感觉直观，还涉及人的范畴直观活动。我们之所以能有关于范畴的知识，就是因为我们已经以一种先于理论认知的或"完全投入（Hingabe）"的方式直接经验到了范畴或形式。所以，人的任何生活经验包括对于实际性的直接经验都已经充满了意义和价值，而这"意义和价值"对于一个康德主义者来说就意味着人赋予对象以"形式"，不管是认知形式还是美学的、伦理的和宗教的形式①。受到拉斯克影响，海德格尔发展出了一种解释学的实际性思想，即认为人的最原初的实际生活经验（原本体验、原初信仰等等）已经包含了

①　克兹尔：《海德格尔〈存在与时间〉的起源》（*The Genesis of Heidegger's Being and Time*），第 25 页。

先概念的领会可能或"主动的存在样式"（modus essendi activus）；因此在这种经验中体会到的"原初某物"（Ur-etwas）并不是反理性的"野蛮实在"，而是一切意义和理解的源泉。海德格尔超出拉斯克之处在于，他并不限于用形式对质料的指涉关系来静态地说明这种"意义"，而是将人的原本的**历史性**视为这种范畴直观的原型。人从一开始就非主体地完全投入了他的历史实际性（在《存在与时间》中被表达为时间性的生存"牵挂"）中，并总能从这种含有原发的领会势态的实际性中获得原本的意义。可以看出，海德格尔对于"历史"的理解超出了传统的依据自然时间的历史观，成为纯意义发生式的了。由此，他关于人在历史境域中的实际性学说也超出了胡塞尔本人表述的"范畴直观"，因为这学说不再承认范畴直观或实际生活体验"建基于"一个更基本的"感觉直观"之上。人的原初体验**从起始处**就已经是范畴与直观不可分的、"先验想象"的或先概念领会的了。这也就是海德格尔在《存在与时间》中强调"领会"先于直观的缘由。

这种"实际"观使得那托普反驳现象学的那两条机智理由都不能成立了。那托普不无道理地认为胡塞尔的现象学面临两个困难：一是现象学的反思一定会"停止住经验流"，从而使那被反思到的不再是原初经验；二是任何对经验的描述都是一种普遍化、概念化和抽象化，因而使所表达者不可能是原初经验的"事情本身"①。推究到底，这两条反对理由是对古往今来一切想理解和表

---

① 克兹尔：《海德格尔〈存在与时间〉的起源》（*The Genesis of Heidegger's Being and Time*），第 48 页。

达动态的终极实在企图的挑战。中国天道思想家们和海德格尔都以某种微妙的方式有效地回应了它。在这方面，拉斯克的"反思范畴"起到了引发海德格尔的"形式指引"及后来的"生存和时间牵挂结构"的作用。拉斯克既然使用了胡塞尔的范畴直观学说以说明人的实际性中已经有形式赋予的认知意义，他也就顺理成章地认为，人即便在非理论的完全投入中面临逻辑上赤裸的"某物"，也仍然可以使用某种极空洞但却已有意义的范畴来反思和表达这原本状态，他称这种表达手段为"反思范畴"，比如"有着"（as gibt）、"站在对面"、"和"、"或"、"非"等等。它们总是相互关联，构成一个关于生活体验本身的有趋向性的形式结构。海德格尔接过并深化了这个思路，称这种范畴为"形式指引"或"形式显示"。在他看来，这种由原初经验本身包含的形式牵引（Zug）与"普遍化""抽象化"和"概念化"不同，比它们更原本。这些形式并不干涉和停止原初经验，而只是指引出这经验本身已有的东西（Ur-etwas），比如一种领会的趋向。而且，由于这种形式指引已属于一个实际的历史境域，它的指引或不如说是"揭示"（alētheia，揭蔽）并不涉及一个不断逼近和构成事情（对象）本身的无限形式化过程。而这种"无穷迭加"的形式层级在胡塞尔和拉斯克的学说中都还存在着 ①。

在他的宗教课中，海德格尔首先将"形式化"与"普遍化"区别开来。普遍化意味着从低级的种或属上升到更一般的和更抽象

---

① 克兹尔:《海德格尔〈存在与时间〉的起源》（*The Genesis of Heidegger's Being and Time*），第 49 页。

的属和类；比如从"红"到"颜色"，从"颜色"到"感觉性质"。然而，按照海德格尔，这种依靠某一对象领域的普遍化到一定程度就会被形式化打断；比如从"感觉性质"到"性质（本质）"，或从"本质"到"对-象（Gegenstaendlichkeit，站在对面）"就已是一种形式化而非普遍化了。这种形式化过程不再从某个对象（存在者）领域的质料内容出发，也不再涉及一个普遍性越来越高的层级序列，而是只由那对一切存在者都"无差别"的关系指向或关系姿态所决定。换句话说，形式表述不是由"什么"，而是由关系姿态的"怎么"或"如何"决定的。比如"对象（站在对面）"就并非由现成的被给予者抽象而来，而是由一种纯姿态的"牵引"或"拉近"（anziehen）而来。要理解"对象"或"对站"的含义，我必须脱开被现成给予的内容（"什么"），而朝向这些被给予者的给予方式。在这种形式意义上，这对象就是一种关系的姿态："所向"（Worauf）；被海德格尔视为"形式的和存在论的范畴"[①]。如果我们连这种形式化本身所规范出的形式领域（formal region），比如数学运算涉及的形式存在论范畴也不考虑，而只关注这形式化中的"关系的方面"或"关系的含义"[②]，那么在我们的体验视野中出现的就是**"形式指引"**（formale Anzeige）。它不但完全不同于普遍化，也比形式化要更原本，因为它完全摆脱了任何一种规范行为及其对象域的束缚。很明显，这种"形式指引"所表达的与传统逻辑和概念哲学中讲的范畴和形式有根本的不同。它不再是

---

① 克兹尔：《海德格尔〈存在与时间〉的起源》（*The Genesis of Heidegger's Being and Time*），第 168 页。

② 同上书，第 170 页。

某种抽象化了的什么或现成者，而是一种对一切现成者都无差别的、虚的、含有构成趋势的、只在其"关系"的"实现"中而获得语境含义的纯意义和"是"本身（即"实际性"）。后来的《存在与时间》中充满了这类"因缘"（Bewandtnis）词或带有解释学引发力的、相互粘黏和投映的关系趋向词，比如"Womit"（所共）、"Wobei"（所依）、"Wozu"（所为）、"Worum"（所因）、"Vorhabe"（先有）、"Mitsein"（共在）、"Ver-stehen"（领会）、"Dasein"（缘在）、"Zu-sein"（去在）、牵挂的缘发结构、时间的缘发结构等等。一句话，整部《存在与时间》和海德格尔后期的"诗"、"自身的缘构发生"（Er-eignen），都是在通过这种构成和保持住纯意义境域的"虚而不屈，动而愈出"、"绵绵若存，用之不勤"的"语言"（Sprache）说话。它们构成了人的"存在之屋"，滋生和保护着这充满灵性和原含义的大地和天空。而德语也确实为这种"形式指引"或"语言本身的言说"提供了丰富的来源。解释学理性与概念理性的不同表达方式就表现在这里，而海德格尔的解释学与施莱尔马赫和狄尔泰的解释学的一个重要区别就在于前者有"形式指引"这样一个汇聚了批判哲学与现象学存在论识度的思路和表达方式。在某个意义上，"形式指引"是**海德格尔思想的秘密所在**，尽管他在 1922 年之后就几乎不再用这个有亚里士多德和康德哲学色彩的笨词。它很容易引起误解，因为"形式"毕竟带有过多的传统哲学味道。用"境域指引"或"境域揭示"就要准确得多。这种指引词很类似于《庄子》中讲的"化声之相待，若其不相待。和之以天倪，因之以曼衍……振于无竟，故寓诸无竟"的"卮言""大言""无端崖之辞"。下面这段话用来形容海德格尔的思想表达或关于表达的思想也是合适的：

> 其辞虽参差而諔诡可观，彼其充实不可以已。……其于
> 本也，弘大而辟，深宏而肆；其于宗也，可谓稠适而上遂矣。
> 虽然，其应于化而解于物也，其理不竭，其来不蜕，芒乎昧
> 乎，未之尽者。①

那么，这种形式指引与海德格尔的宗教现象学有关系吗？大有关
系。因为他要将保罗的基督再临观和原始基督徒的实际生活体验
解释为原发时间型的，而原发时间只能通过这种具有关系势态的
境域指引词来表达和理解。

　　海德格尔首先解释保罗给加拉太人的信，强调它包含的非现
成的宗教经验观。保罗声明他之所以成为一名基督徒，不是出于
现成的传统（比如亲身追随过基督），而是出于自己的原初体验。
"因为我不是从人领受的，也不是人教导我的，乃是从耶稣基督启
示来的。"② 因此，一个人是不是基督徒，能不能得救，并不看他
的行为合乎不合乎"律法"，受没受过割礼，而是看他有无"信"。
"人称义，不是因为行律法，乃是因信耶稣基督。"③ 如何真切地理
解这"信"呢？海德格尔认为，《加拉太书》的三章至六章表明这
信一定要体现在人的实际生活中，而基督徒的生活是由"朝向目

---

①　《庄子·天下》。

②　《新约·加拉太书》，1：12。《圣经》引用时给出章节序数。英文引文取自修
订标准译本（Revised Standard Version），中文引文的绝大多数取自和合本（Chinese
Union Version）。

③　同上书，2：16。

标的历程"，也就是真正的"历史"构成的。这历史不是"对象的
（客观的）历史"，而是"实现的历史"，总在关系指向中构成自
身①。因此，这实际的宗教生活经验从一开始就既不是理论的，又
充满了自身解释的可能性和可分享性。"解释总伴随着宗教经验并
驱动着它。"② 比如，在这种经验中，"知"也就意味着爱，神对世
人的爱和人与人之间的爱或关联。不然的话，一个不依靠律法的
现成传统的宗教岂不要流为狂妄和任意？

　　宗教经验中的中心现象就是"听–信"（the "hearing of faith"，
中文《新约》译为"听信福音"），而这却是一件纯境域（时境、
史境和语境）构成的事。所以，在接下来的对于《保罗致帖撒罗
尼迦人（Thessalonians）前书》的解释中，海德格尔着重阐发了这
"恍兮惚兮，其中有信"的道理，或基督教的信仰经验为什么只能
是原初的时间性的理由。

　　首先，这封信的"客观历史"背景可在《使徒行传》第十七
章找到。保罗和西拉在帖撒罗尼迦传道三个星期，既获得了一些
信徒，又招致了当地许多犹太人的强烈反对和迫害，最后不得不
"在夜间"由新皈依的信徒陪伴着离开当地，辗转而到雅典。他非
常惦念帖撒罗尼迦那些"以全部生命跟从"了他的信徒们的命运，
于是派他的同伴提摩太前去帮助这些处于困苦患难之中的人们。
当提摩太回来，当面告诉了保罗那些人所具有的"信心和爱心的
好消息"，也就是他们与保罗之间的紧密关联（bond）后，保罗给

---

　　① 克兹尔：《海德格尔〈存在与时间〉的起源》（*The Genesis of Heidegger's Being and Time*），第 178 页。

　　② 同上书，第 175 页。

他们写了这封动情的、充满了解释学境域含义的信。这封信及保罗的其他书信甚至早于福音书的出现，是至今保留的关于原始基督教的最直接文献。但是，如何将这封信和《使徒行传》所反映出的客观历史局面转化为在"实现着的历史"的局面中的领会呢？海德格尔认为，这客观的历史形势提供了进一步解释的起点，它告诉我们，在保罗和帖撒罗尼迦人之间有一种投入了双方生命的关系，保罗在经历与他们的关系时也就同时是在经历他自己。然而，保罗如何在实现他自身的史境中维持住这种关联呢？海德格尔注意到，这封信中有一些关键词反复出现，比如"知道"（wissen，know）、"成为"（werden，become）就出现了十三次之多。例如："被上帝所爱的弟兄们阿！我**知道**你们是蒙主拣选的……正如你们**知道**我们在你们那里，为你们的缘故是怎样为人。"①等等。这表明保罗以两种方式在经历或体验着帖撒罗尼迦人的境遇：（1）他体验着他们的"已成为（基督徒）"；（2）他体验着他们"知道"自己已成为（基督徒）这个实际状态。而且，他们的"已成为（基督徒）"同时是保罗自己的，他被他们的"已成为"（Gewordensein）以及"知其已成为"包容着和影响着。所以，对于"知道""已成为"这些词（"形式指引"）的重复就不只是关于客观历史事件的一次次报道，而就是**实现**这些帖撒罗尼迦人的历史存在的一部分。就如同乐调与诗句的重现是在实现它们的独特存在而不只是无新意的重复一样，这种"记念"②或对于"已成为"和"知其如何已成

---

① 《圣经·新约》，"保罗致帖撒罗尼迦人前书"，1：4—5。

② 同上书，2：9。

为"的再召唤就是他们作为基督徒的实际生活经验的延伸和维持。这"正在知（其已成为）"构成了这"已成为"的存在，而这"已成为"也同样构成了这"正在知"的存在。而且，这种再现也是保罗与他们的生命经历共同存在并成为他自己的方式。所以，他与他们的关联超出了一个基督使徒与被传教者的单向的、在某个定局之中的关系，而成为在境域"重言"中的相互交融。"我们既然是这样爱你们，不但愿意将上帝的福音给你们，连自己的性命也愿意给你们，因你们是我们所疼爱的。"① 这就是一个不靠现成历史传统而只靠"信"称义的宗教经验的发生和被维持的依据。

这因信称义之知超出了任何个人的主体任意性，只被实际生活体验的境域所决定；而解释这种由实际境域构成的知识就是神学的真正任务。因此，对于这知的"领受"② 就绝不只是被动的，而应被视为"接受式的发生和占有"（receptive appropriating）；它在我们里面的运作也就是"上帝的"或"从上帝来的"运作③。所以，去领受就是去在上帝前转化；"成为"的关键就在"转而朝向上帝"④。这种早期基督教的实现情境本不是希腊哲学的概念化所能把握的，但从一开始希腊哲学就侵入到基督教的学说中。路德是唯一看出这其中的不协调并努力去恢复原初的实现情境的人，所以他厌憎亚里士多德。不过，我们在第 3 章中已看到，通过海德格

---

① 《圣经·新约》，"保罗致帖撒罗尼迦人前书"，2：8。

② 同上书，1：6、2：13。

③ 同上书，2：13；克兹尔：《海德格尔〈存在与时间〉的起源》（The Genesis of Heidegger's Being and Time），第 183 页。

④ 《圣经·新约》，"保罗致帖撒罗尼迦人前书"，1：9。

尔的解释，甚至亚里士多德的伦理学中也有这种"成为"的地位。

这种历史实现情境就是在实际生活体验中构成的时机化时间（kairology），也正是理解基督再临（parousia）的时间性问题的关键。"Parousia"在希腊文中的原义是"在场""来临"。在《新约》中则意味着耶稣基督的再临或再次出现。因此，对于那些期盼者而言，就有了一个基督"何时"再临的问题。这种期待和盼望实际上构成了原始基督教最重要的那一部分精神生活，由此也生出了关于这"时间"的种种疑问、猜想和预言。然而，在海德格尔看来，保罗所讲的基督再临根本就不是指任何客观时间，可以像一个将要发生而现在还没有发生的历史事件那样被人谈论和等待。这种对基督再临的期待的真正意义只存在于这期待本身造就的关系姿态或期待者的生存势态之中，就如同上面讲到的"知"（Wissen）本身造就着"已成为（基督徒）"的实际生存势态一样。换句话说，这个基督再临的时间性问题并不是一个涉及客观历史的现成问题，而是一个实现历史的时境问题，或通过"形式（境域）指引"（"所向""所共""所为"等等）的交织而"称义"的存在论解释学的问题。

"弟兄们！论到时候日期，不用写信给你们；因为你们自己明明知道，主的日子来到，好像夜间的贼一样。"[①]保罗这段著名的话表明，"主的日子"属于那与任何客观的"时候日期"不同的更深邃的时间性。对于那些只知"时候日期"的人来讲，这日子就总像"夜贼"的来临一样不可测度，而且总是在他们打盹时、注意不到

---

① 《圣经·新约》，"保罗致帖撒罗尼迦人前书"，5：1—2。

时、得到现成意义上的"平安稳妥"时降临。因此，保罗心目中
的基督再临或给予历史以终极意义的原本时间性是与人的实际生
存方式密不可分的。因此，保罗马上区分了两种基督徒，他们在
"如何"对待基督再临的关系姿态或生存姿态上是不同的。头一种
基督徒总是说"平安稳妥""没有什么可怕的"，想忽视生活本身
带有的苦痛。因此，"灾祸忽然临到他们，如同难产临到怀胎的妇
人一样"[①]。在保罗看来，这种总是追求某种现成保证的人失去了本
来是"明明知道"的洞察力，因而是活在黑夜之中。"因为睡了的
人是在夜间睡，醉了的人是在夜间醉。"[②]第二种人则对于生活本身
的无常和苦痛保持着警觉。"弟兄们！你们却不在黑暗里，叫那日
子临到你们像贼一样。你们都是光明之子，都是白昼之子。我们
不是属黑夜的，也不是属幽暗的。所以我们不要睡觉，像别人一
样，总要警醒谨守。"[③]这"光明"一方面代表揭开现成遮蔽的"明
明知道"或人的良知，另一方面则表示主的日子（原本的时间
性）的光明。更重要的是，按照海德格尔的理解，这第一种光明
基于第二种光明或基督再临日的光明[④]。这也就是说，这"主的日
子"或原初时间性在它的客观时间来到之前就已发生于人的自觉
受难之中，并被人的"素常所行"[⑤]保持住。而且，说到底，主的
日子或具有终极含义的原初时间总是以这种"先行的""被抛投出

---

①　《圣经·新约》，"保罗致帖撒罗尼迦人前书"，5：3。

②　同上书，5：7。

③　同上书，5：4—6。

④　克兹尔：《海德格尔〈存在与时间〉的起源》（*The Genesis of Heidegger's Being and Time*），第 186 页。

⑤　《圣经·新约》，"保罗致帖撒罗尼迦人前书"，5：11。

的""正在进行的"形式（境域）指引方式来临的，以客观的方式
永远也等不到这种时间。"得救"和"失落"总包含正在构成时的
维度，而不单单是完成时。海德格尔解释保罗书信的目的就是要
揭示只在人的实际生活经验中实现或构成的境域化时间和时机化
时间，它是一切时间性和历史性之源，而且具有原本的可知性和
领会势态。在这里，生存与时间、知识与信行、过去（现在）与
未来已不可能从逻辑上分开。所以，海德格尔讲："基督教的宗教
性就活在时间本身里。"①

　　由此可见，就在海德格尔最有基督教神学背景的解说中，"神
性"或"宗教性"也被贴切地转化成了原初时间的实际构成境域，
因而开通了上帝与人间、基督教之神与中国天道之神的对话空间。
当然，就在这里，我们也看到这基督教的《圣经》如何形成了海
德格尔理解终极问题的一个重要背景。上帝与人通过耶稣基督这
"中保"而交通、而和解。基督是神子，却为有原罪的人类赎罪，
被钉十字架而死；死后三日复活，四十日升天，并将在世界末日
复临而行最后审判。"堕落""罪""罚""死""复活""期待""主
的日子"等等，这些说法在无形中影响到任何要解释《圣经》的
思想家，海德格尔自然也不能例外。因此，他讲的"神"或与神
有关系的问题与中国天道思想家讲的神似乎很不二样。《存在与时
间》中讲的"沉沦""有罪""朝死""决断的先行开启"等等，也
都有基督教神学的影子。不过，关键之处在于，他的"解释"在

_____

　　① 克兹尔：《海德格尔〈存在与时间〉的起源》（*The Genesis of Heidegger's Being and Time*），第 186、178 页。

相当大的程度上化解了这神学的硬性结构，暴露出了与人的实际
生活经验永不可分的、有神意的时间境域。至此，中国思想就可
以参与进来而谋求真实意义上的相互理解了。

三、人的本性与成为"真人"的可能

另一个怀疑海德格尔思想与天道观的对话可能性的重要理由
是：海德格尔坚持人或缘在是存在真理的唯一开启者和看护者，
而中国天道思想尤其是道家，则认为"道无所不在"；从"齐物"
的观点看来，人并没有什么突出的"存在论的"地位。更进一步，
有些人认为海德格尔在《存在与时间》中讲的缘在是一种变相的
"主体"，而这种存在论化了的主体主义与天道思想的自然主义是
大相径庭的。

首先，应该弄清楚分歧之所在，这里的问题不是海德格尔对
人的地位的看法是否有别于天道思想者的看法，因为本书作者同
样承认这种几乎是不可避免的区别，正如在上一节中承认他们在
神性问题上的区别一样。西方与中国的传统是如此不同，以至海
德格尔即使在批判西方概念哲学传统，比如近代的主体主义传统
时，也一定要具有一个能与这个传统发生内在关联的基本姿态，
并因而与不具备这种特殊姿态及表达方式的天道观区别开来。问
题的关键只在于是否能认定这种区别是硬性的或足以阻碍任何有
意义对话的。那么，在什么情况下，双方的区别就算是"硬性的"
呢？涉及这里的讨论，可以设想两种情况。第一，如果海德格尔
的人性观确是主体主义的，类似笛卡尔、康德、黑格尔乃至胡塞

尔的主体主义,那么这区别就起码僵硬到了使它与天道观的对比
是肤浅的,以至从中不可能引发出有生命力的新思想形态。第二,
如果道家思想采取"彭蒙、田骈、慎到"的形态,完全抹杀人与
万物的存在方式的区别,将"齐物"当做现成状态意义上的相等,
那么它与海德格尔的人性观就是相当隔膜的了。然而,从以前章
节的讨论分析中可以看出,这两种情况都不成立。

海德格尔所批评的、所要"摧毁"的恰是西方传统哲学对于人
性或人的独特性的概念式的和主体主义的理解,因为它们遮蔽住
了我们在这个问题上的原发视野。按照古希腊哲学中形成的概念
抽象和定义的方法,人被视为某种"属"加上"种差",比如"理
性的动物"。这实际上就是上一节中所讲的"普遍化"方法的一个
具体运用。由这种方法得到的是一个抽象化了、现成对象化了的
人性观。近代由笛卡尔发展出来的主体主义,不管它是先验的还
是经验主义的,也还是由这种"普遍与特殊"的方法论视野规范
着的。但是,按照海德格尔,这样的普遍化方法对于"人性"这
种有终极意义的、不限于某个具体领域的词已失效,只有形式或
境域指引的方法才能在不硬性切割原初现象的情况下揭示出"人
本身"的实际存在方式。人从本性上不是一个现成的存在者;每
个人都活在自己的生存境况之中,因而总与存在本身的发生与维
持不可分。所以,海德格尔对于人的独特性的理解从方法上就与
西方传统的人性观完全不同。它不再通过概念理性来区别人与其
他存在者,而是将他理解为一种从根本上属于缘发境域的存在者。
这是一种非常独特的区别;它并不从观念层次上规定人属于存在

者中的哪一类，那样的话就仍是将人视为"众存在者之一"①，而抹杀了他的实际生存体验的独特性了。一切意义的源头和一切存在问题的缘起都发自这实际的、谁也代替不了的人生体验。它是在一切存在者及其种类分化之先的终极"生长点"。所以，按照海德格尔，关于人的实际生存体验，也就是"缘在"本性的说法不但不会将人与其他存在者隔离开来，反而会揭示出：作为缘在的人与一切存在者所属于的世界从存在论角度看是不可分的。缘在之缘（Da）或缘在的独特之处除了是这个世界的开启和境域揭示（"形式指引"）之外再不是什么别的有现成自性的东西了。因此，海德格尔关于人的独特性的说法实际上恰恰摧毁了人与世界之间的观念分别和主客区别。说得更明白一些，这是一种齐物之不齐（独特），或根本上无别之区别。它之所以不是一种悖论，原因在于对于人的实际生存状态和世界的理解都已经境域化和缘构化了。所以，海德格尔越是强调人在存在论上的独特身份，这种独特性中所包含的人与世界的相互构成的洞察就越是被置于更明白的境地。说它是一种存在主义型的主体论是不对的。

　　另一方面，我们能说具有"天人合一"倾向的天道思想家完全否认人的独特地位吗？或者，道家的齐物论意味着人与万物完全无别吗？"望文生义"不仅是研究某个思想的特性的大忌，更是进行中西思想比较研究的大忌。应该做的只是：先把各种解释和理论立场放在一边，"自诚而明"地、"照之于天"地去阅读天道思想家们的原著。除了这种完全投入的"实际生活体验"之外，难

---

　　①　海德格尔：《路标》（*Wegmarken*），第320页。

道还有什么"律法"能让人"因信而称义"吗？这种阅读告诉我们，不仅儒家的仁义诚信，就是讲"道法自然"、"以天合天"的老庄学说中也同样有人的独特地位。任何有"终极敏感"的思想家不可能忽视一切理解活动的出发点——人的生存。说"道无所不在"[①]与承认人的生存经验对于"得道"的特殊重要性并不冲突。整部《老子》所讲的就是"人"如何"知道""从事于道"而达到"为无为"境地的道理，绝不是一种客观的宇宙论。这一点在讨论道家思想时已再三辩明了。至于讲"齐物"的庄子，更明白地强调了人和语言的突出地位。除了一些拟人化的寓言笔法之外，这本书从来没有真正认为非人类的存在者可以知道或理解道。相反，它在多处明确表达了这样的意思，即只有通过真正的人，不管称之为"至人""圣人""神人"还是"真人"，无所不在的道性才能显露出来。"夫知有所待而后当。其所待者，特未定也。庸讵知吾所谓天之非人乎？所谓人之非天乎？且有真人而后有真知。"[②]从表面看，道家重"天"而轻"人"。但深究之下可知，它所重的天乃是在"喜怒通四时，与物有宜"[③]的真人那里透露出来的缘构天境；它所轻的人则是受制于观念框架的"小人"，并非真正的人。所以，庄子犀利地看出道家的天人之辩也在未定之数；"庸讵知吾所谓天之非人乎？所谓人之非天乎？"而一切知识的本源就在于人的真实存在。因此，"有真人而后有真知"。这真人总处于原发的体验境域"之中"，游乎天下之一气。所谓得道就是指进入这种非主

---

① 《庄子·知北游》。

② 《庄子·大宗师》。

③ 同上。

非客而有天然灵知的人生状态。老庄讲这种"人"的兴趣绝不亚于孔子和子思。而且，庄子还深切认识到人生的有限本性；"吾生也有涯，而知也无涯，以有涯随无涯，殆已"①。一个真人的生存态势就要合乎这种"有涯"的大形势，看出一切现成者在根本的有限或死亡面前毫无意义，并转而依凭缘发的境域"之中"，从而达到生存意义的终极。"缘督以为经，可以保身，可以全生，可以养亲，可以尽年。"②

　　由此看来，海德格尔与天道思想家们对待"人"和"人的本性"的基本看法不仅不硬性地对抗，反倒是相当接近的。人的本性既不是"动物"性的或能被心理学、生理学分析的存在，也不是"观念理性"的和主体的存在，当然也不是这两者的并列；而只能是在两者之间和之先的生成境域。因此，对于海德格尔，原本的人就是缘在；而此缘在之缘只能被理解为生存（时间、语言）境域的开启。对于儒家，人的天性实现于时中的至诚境界，而此境界只能开显于"能近取譬"的相互构成之中。对于道家，人的真性成就于冲虚气化的天然境域。正因为有这种基本看法的相通，海德格尔才能对"道"发生持久的兴趣。实际上，在他讨论人性观的名篇《关于人道主义的信》中亦可辨认出某种道家的气象。这封信写于 1946 年 11 月，恰值他人生中一个"道家思想高潮"即与萧师毅合作翻译《老子》之后三个月。它的基本趋向，即批评基于概念形而上学的"人道主义"，并揭示一种由境域发生的存在

---

①　《庄子·养生主》。
②　同上。

观引导的人性观，与道家乃至中国主流天道观看待人性问题的基本方式非常接近。除了上面已讨论过的一些论点之外，在这封信中还可发现几处具体的说法似乎受到了《庄子》的直接影响。比如，他这样写道：

> 在对于思想的技术解释中，作为思想元基的存在被放弃了。从智者们和柏拉图开始，"逻辑"就认可了这种解释。人们按照一种不适合于思想的尺度来判断思想。这种判断相当于这样一种做法：为了估价鱼的本性和能力，去观察它能在陆地的干涸状态中生存多久。在一个很长的而且是太长的时间中，思想就处于这种干涸状态之中。人们能否尽力去将思想再次引回到它的元基或所谓的"非理性主义"之中呢？①

这段话与《庄子》中数次出现的"泉涸，鱼相与处于陆……不如相忘乎江湖"、"鱼相忘乎江湖，人相忘乎道术"②的讲法极为相似。它们都是在用鱼在水中和陆地上的境况来说明有境与无境的人生和思想的不同。考虑到海德格尔在别处几乎没有用过这样的比喻方式，这段话极有可能来自他阅读《庄子》的体会。此外，此信中关于思想和语言"为于无为"的特性的论述③也似乎与老庄有关。

在很多情况下，海德格尔思想与天道观之间的"柔性"区别

---

① 海德格尔：《路标》（*Wegmarken*），第 312—313 页。

② 《庄子·大宗师》。

③ 海德格尔：《路标》（*Wegmarken*），第 357—358 页。

为双方提供了深化自己思路的可能。比如，海德格尔的人性观以批判传统形而上学的、主体型的人性观为先导，精当地揭示出它为何阻碍着我们对于终极问题的真切理解。中国天道观中就比较缺少这样一个批判思路，以至很难抵御后来的现成化倾向。它与海德格尔思想的交流就可能起到一个解蔽和复壮的作用。但是，还有一些区别对于双方都意味着一种挑战。在人性问题上，一个相当重要的区别就涉及**人是否能够成为真人**的问题。它直接与西方人讲的"得救""自由"以及东方人讲的"解脱"和"得大自在"的人生境界相关。对于天道思想家，这个问题似乎并不困难。按照其基本思路，由于人从根本上就属于气化道境，所以，当他们看透了并脱开了现成的思想框架，进入了冲和任势的天然境域之后，就成为了真（正的）人。更重要的是，对于老庄、孔思乃至任何东方的圣贤，一个进入了缘发真理境域的人起码有可能不再退落出这个境域，尽管他们都深知，这最终的解脱、得道、得仁的境界实在是微妙得超出了任何一种境外的想象和描述。

海德格尔则更多地看到了人性中的不真态的或不真正切己的那一面。他的起点与天道思想家们相当接近，即认为人的本性是缘发境域式的，而非任何现成形态的。然而，正是因为人总是在缘境的当场发生中获得自身，这种自身是难有定准的。在绝大多数情况下，人被抛入这境域之中而不自知，总有无家可归之感，或误认"大家（人们）"为他的家。真正切己的状态只在朝死的先行决断之中，被完全"出神地"（ekstatisch）、合乎时宜地揭示出来，因而是极难达到的一种人生的纯发生状态。而且，海德格尔在《存在与时间》中不仅没有讨论人如何才能将自身维持于这种缘

发时境的开启状态中，反而在很多地方透露出这样一个意思，即
人根本不可能成为一个只生存于真正切己的状态之中的"真人"。
只要他是一个实际生活着的缘在，他就不可避免地要与不真正切
己的生存状态打交道，融于境域的自由和被拯救感只是暂时的。
人总要从污浊中通过几乎难以忍受的困苦而赢得自由的视域和生
存境域，而后又面临被遮蔽的危险。道家讲的那种无待逍遥的真
人境界，作为一种实际的人生形态，对于海德格尔来讲简直是不
可思议的。他这样写道：

> 因为这个缘在从本性上就是**沉沦**的（*ver fallend*，沉迷
> 的），就其存在的构成状态（*Seinsver fassung*）而言，它也就
> 在"**不真性**"（*Unwahrheit*）之中。……被关闭和被遮蔽就属
> 于这缘在的**实际性**。就其充分的生存的与存在论的意义说来，
> "缘在存在于真理之中"这个命题所讲的与"缘在存在于不真
> 性之中"所讲的是同样原初的。①

此外，当他通过"先行的决断"来解释人的真正切己的存在样式
时，他这样说：

> 缘在在不真性中也是同样原初的。先行决断［在开启的］
> 同时也给了他这样一个原初的确认，即关于他的被关闭状态
> 的确认。先行决断着，缘在将它自身**保持为**一种开放状态，

---

① 海德格尔：《存在与时间》（*Sein und Zeit*），第 222 页。

即向着迷失于"人们"（das Man）的无决断状态的开放；出自它切身存在的基础，这样一种迷失总是可能的。作为缘在的这种总抹不掉的可能性，这种无决断状态就［与开启］一起被确认了。[①]

这是一个比"真态和非真态的人生形态相互可通"要更强的论断。它实际上断绝了人成为东方人心目中的"圣人""罗汉""活佛""至人"和"真人"的可能，因为"缘在从本性上就是沉沦的"，它的真态存在也"同时确认"了它的不真态存在。

　　这的确是海德格尔与天道思想家之间比较硬性的区别。当然，也不可过分夸大它，因为对于海德格尔，有着境域朝向的生存方式与没有这种自觉的朝向而完全随波逐流的生存形态之间有着极重大的不同，人是否能以某种方式领会人生的终极意义也就在于此。30年代以后，尽管他一度极为强调真与不真、光明与黑暗、揭蔽状态与遮蔽状态的相互依存，以至将这些对子的含义转变成了类似于道家讲的阴阳之间的关系，他却一直在这个"贫困的时代"中寻求一种有诗境和真义的思想形态和人生形态。"危机之处生成着拯救"；"充满了辛劳业绩，但人还是有诗意地居住在这大地上。"[②] 海德格尔所引的这些荷尔德林的诗句以及他自己写的诗（《出自思想的体验》）都指示出这种"朝向"本身的生存含义。在这种境域式的、"道"（Weg）境式的朝向和回荡之中，人"并非不幸运地

---

　　① 海德格尔：《存在与时间》（*Sein und Zeit*），第308页。

　　② 海德格尔：《演讲与论文集》（*Vortraege und Aufsaetze*），第188页。

用神性来度量自身";由此引发出的、倾听到的解释学情境及其海潮音,包含着时机化、史境化和语境化了的终极意义。这也就是他的家园之所在。尽管这种"拯救"绝不是现成可实现的,而只是在"期待"中被构成和维持在诗思之中,但它也只有它才是拯救技术时代的生民于倒悬的真正希望,一种边缘境域化了的"希""微"的希望。

> 对于众神来讲,我们来得太晚;
> 对于存在而言,我们又来得太早。
> 而那刚刚开始的存在之诗就是人。①

人总是处于两者"之间",是由史境、语境投射出、过渡和转让出的纯存在。作为缘在的人、由语境造就的人,不可能是被完成了的。

假如天道思想家能够听到海德格尔的议论,他们除了会赞同其中的境域构成观之外,也会产生这样的疑问:如果人的本性就是属(于真)境的,那么有什么绝对不可逾越的障碍,不管它是逻辑上的还是实际人生的,可以阻挡他完全归依于这真境呢?如果有的话,那岂不是说人的本性是二重的,也就是既属真境又属假境的?"缘发"(Da-sein, Ereignis)状态就注定了真态存在方式只能是过渡性的而不可能"周行而不殆"地被实际的人生维持住吗?

---

① 海德格尔:《出自思想的体验》(*Aus der Erfahrung des Denkens*)(Pfullingen:Neske,1947),第 7 页。

如果是这样的话，谈一个原发生的和自维持的时间或语言"境域"还有什么终极含义呢？如果承认人毕竟能通过技艺行为而化身于境域之中，那么缘发的无常就不仅不会再造成遮蔽和现成状态，反而会成为新的发生契机。天境一定能容纳得住时机化，而得天势之人也就一定是"从心所欲，不逾矩"的"圣之时者也"。

　　这种争论能有一个明白的结论吗？很难。但它对双方都可以是有教益的。对于海德格尔，这天道观蕴涵的真人境界乃至"天下太平""小国寡民"的人类生存境界可以提供某种新的思考可能性，也就是一种既不落入现成框套而又能涉世、救世的生存形态的可能性。"只有一个上帝能拯救我们"，对这句话尽管应该做境域构成式的而不是一般宗教式的理解，但它似乎还是太拘板了。

　　另一方面，天道思想可以从海德格尔的人性境域观中得到更有教益的东西。自古以来，这圣人、真人、成佛之人的境界一直是中国人精神追求的伟大动力。但是，无可讳言，对于这种境界的理解和解释充斥着平板化、程序化和观念化的弊病，殊不明了其中的境域委曲和微妙之处。而且，自古以来，就在"圣人""真人""道人""佛"的名义下，做了不知多少虚假的和自欺欺人的事情。对于这些，海德格尔的学说不啻一剂清凉解药，因为它对于真态存在中有可能隐藏着的不真态有着特殊敏感，更清楚地揭示了终极本身的时境和语境本性，并只以招引的、在困苦中期待的姿态来与终极发生关联。任何求至真人生的人都可以从中得到警戒：切莫沾沾自喜，将终极追求变为在一个高级的和更难逃脱的规范构架中不自觉的弄虚作假。须知人生实际的缘发体验和它的天然视野是一切领会的源泉；除此之外，再无其他。

　　海德格尔这种相当谨慎的真人观有其思想来源。第一，他的宗教背景不可能不在这种切身的真假问题上发挥影响。基督教以及它的前身犹太教在人类命运问题上持他救论，也就是，尽管上帝按自己的形象造人，使人在万类之中具有特殊的地位，并与神有某种原本的沟通，但是，人有"原罪"，总倾向于堕落沉沦，因此无法完全靠自己而得救。人所能做的是，相信基督的神性、复活和再临，并要以自己的终身行为不断地坚定这种相信，不断地排除开那无法根除的犯罪可能和魔鬼的诱惑。上一节的讨论已表明，海德格尔在存在论现象学的原发思想视野中重新解释了这些宗教学说，特别是保罗的因信称义的学说，消解了其中的教条，打开了与中国天道神性观的对话空间。不过，我们也看到，这种宗教背景，尽管被相当深刻地缘境化了，还是要形成某种基本的理解姿态，并比较集中地体现在了人的得救方式这个问题上。第二，现象学的基本出发点就是要放弃一切现成理论构架，返回到人的直接体验中去。对于海德格尔，这就意味着回到人的实际生活体验的原发视野中。因此，现象学作为一个运动并没有任何被完成了的理论形态和系统。它不是按照某种概念计划而建筑的一座通天神塔，而是不离大地的各类生态群落。这种基本的思维方式也同样影响到海德格尔的人性观，使他不信任任何一种自称是完满至极的人生形态。第三，西方古典哲学中关于假命题的可能性或"非存在（不是）"的存在论身份的讨论也影响到他在这个问题上的思路。在印欧语言中，"存在"问题与命题中的系词"是"有着词源学的关联，古希腊的哲学家们又将这种关联转移到了思想领域。而且，"存在"或"是"与"真"、"不存在"与"不真"

自巴曼尼德斯以来就有着内在的关联。《存在与时间》的开篇处就引了柏拉图《智者篇》中的一段话。它表达了对于"存在"意义的极大困惑。这困惑就来自"说假的或不存在的东西"所面临的困境。"假"在这里指所说者不存在，而述说一个不存在者的命题之所以能有意义，对于柏拉图就意味着"不存在"也一定具有某种特殊的"存在"；不然的话，就只能向巴曼尼德斯的"唯有存在者存在……非存在者不可能存在"的论断投降，而说"智者是一群制造假象（即关于不存在者的印象）的人"也就不可能了。尽管柏拉图在这篇对话中的论证并不成功，但它提出的"存在"与"非存在"的意义交缠的问题却影响了海德格尔。至于布伦塔诺那本讨论在亚里士多德那里"存在"的多种意义的书，更是促使青年海德格尔走向哲学之路的动因之一。因此，在《存在与时间》里，海德格尔力图在缘在之"缘"中为真态存在与不真态（"不存在"）的存在都提供一个本源的、纯构成的可能性。因此，他从理论上也需要将真态与不真态保持在一个相互关联的对子里。如果真态方式取得了独立的存在身份，那么就可能危及"缘"（Da）的本源地位，使之失去说明不真的语言活动的存在方式的能力。在《论真理的本性》这篇文章中，他进一步发挥了这个观点。在那里，他视真理的本性为"自由"，而自由就同时意味着容许不真或不存在的发生。因此，海德格尔认为真理的不存在决不能仅仅归结为"人类的无能和疏忽"，而应该进一步理解为："这不真性必须就来自真理性。只有当真理性与不真性**出自其本性就不是**漠不相关的，而是属于一个整体的，一个真的命题才能与相应的不真命题正相反对。"① 被这种同时说明真命题与不真命题的可能性的要求所引导，海德格尔很自然地会认为真态的缘在与不真态的缘在的关系也是相互缘起和缠结的。"可见，朝向隐秘的决断开启也就正在走向迷途。"②

---

① 海德格尔:《路标》(*Wegmarken*)，第 188 页。
② 同上书，第 195 页。

第 17 章　海德格尔思想与天道观的
区别和对话可能（二）

一、技艺与现代技术

海德格尔和天道思想家达到境域认知的一条重要途径就是"艺"或"技艺"。第 8 章第一节已经讨论了海德格尔关于技艺（technē）和现代技术（Technik）的思想。在阐析天道学说，特别是孔子和庄子的思想时，"艺"或"几（机）"的作用也受到了注意。以下要做的就是分析海德格尔与天道阐发者们在如何看待技术问题上的重要区别及可相通之处。不过，要使这种分析顺畅地进行，就必须从"技艺"谈起；在这个问题上，双方倒是相当接近的。

"Technē"是一个古希腊文中的词。海德格尔用它有几重考虑。第一，它是西方文字中"技术"这个词的词源，因而便于就势讨论技术问题。第二是它的词典意义为"艺术""技巧"，而这些意思在海德格尔看来也与技术相关。比如手艺是一种技巧，为现代技术的前身。第三，海德格尔认为这个词的原义涉及古希腊人特有的认知方式，即将在场者作为非现成的在场者带到揭蔽状态中来的认知方式，简言之为"带上前来"或"让其显现"。很明显，这个意思与他关于"形式指引（显示）""纯象""逻各斯""去蔽之真""语言"以及"诗艺"（poiēsis）都相通，它们都是与终极的原发境域打交道的纯揭示的而非普遍化、抽象化的方式。总之，这技艺几微是这样一种无形的"间隙"（Riss），通过它，人的认知摆脱了现成状态，被引发到一种"争斗"着的缘构状态中，进入到解释学的处境里。

　　中国天道思想家们虽然没有这么详细自觉地追究"艺""几""机"的相关词义，但他们在这个问题上的基本识度与海德格尔的"technē"有不谋而合之处。孔夫子厌恶任何脱离生活实际体验的形而上学论辩，而只以六艺授徒。这些"艺"对于他不只意味着谋生的技能知识，而更是引发学生们"举一反三"、进入"发而皆中节"的中道境界的几微。他最赞赏学生们将诗、礼、乐融为一境的当场领会能力。《庄子》中则有这样的话："种有几。……万物皆出于机，皆入于机。"[1] 这样讲的"几"和"机"既指道境本身的构意机制，也意味着人出入于这境域的途径。所以壶子能讲"杜德机""衡气机"。与儒家的"艺"有所不同，这几或机就发动运作于我们天然无饰的生活经验中，因而被视为"天机"。所以"动吾天机，而不知其所以然"[2]。正因为人生世界中处处有天机，道也就无所不在。《易传》里多处讨论了"几"的"微"妙。首先，"几者，动之微，吉之先见者也。"[3] 这样理解的几就近乎老子讲的"夷""希""微"，或"无形大象"，指示着已构成了势态的生存

----

①　《庄子·至乐》。

②　《庄子·秋水》。

③　《易·易传·系辞下》。

境域。它还无形象可辨认，所以是"动之微"；可是对于知几者而言，它的到来就如同顺乐曲之势而将来到的音调那样，已经以一种"不知其所以然"的方式活生生地出现在了在场者的期待视野中。因此，几就是"吉凶之先见者"，知几可以前知。但孔子似乎并不将这前知的对象视为个别的，比如一个个在物理时空中将要发生的事件，而是视其为人的生存走向或"天命"。至于"君子见几而作，不俟终日"[①]的说法，与范蠡的"从时者，犹救火、追亡人"是一个意思，因为君子就是以缘发境域而非现成物为真实的从时者。"知几，其神乎"；知几者就能体会到在观念表象者眼中是"阴阳不测"的"神"意。作为六艺之一的《易经》的要旨就在于知几，"夫《易》，圣人之所以极深而研几也"[②]。

　　综上所述，可知这技艺和几微对于海德格尔和天道思想家们都意味着人进入到缘发境域中的先概念-表象的途径，又同时可理解为境域本身的运作机理；人通过它进入存在境域或天道境域。简言之，技艺几微就是介于有（显）和无（隐）之间的发生机制。中西的古人之所以总将它与艺术、手艺、技巧联系起来，就是因为在这些无法依靠观念表象的技艺活动中，人获得了一种无形而可信的认知势态，从而进入了一个更廓大的、充溢着原发意义的境域。这活动与境域相互引发、相互维持，使得新的生命从中绵绵生出而不绝。

　　再往下走，这种技艺和天机就可能衍生出"技术""机制"和

---

①　《易·易传·系辞下》。

②　《易·易传·系辞上》。

"机械"。海德格尔特别清楚地意识到技术的根子就扎在技艺这种发自人的天性的认知活动与形而上学的**结合**之中，因而是西方以及被西方文化控制了的当今人类无可避免的命运。没有任何现成的措施可以直接改变它，唯一可做的就是回返到它的根源，期待由技艺引发的诗境和有神意之境来主宰局面。天道思想者们在两千多年前就意识到了"艺"沦为"器"、"几（天机）"硬变为"机械"的危险，但他们将这种危险视为可以由人的天然良知的选择所避免者，并没有意识到、也不会认为卷入技术世界是人类的"原罪"。这是海德格尔与天道思想家之间的又一个重大的区别；这里，我们又一次感受到了由不同的文化、文字传统造成的一种各自都有理的局面。

在海德格尔看来，现代技术的构架绝不是一个现成结构，可以被抛弃和推翻；它在今天已经生成为一个独霸人生世界的怪兽，排斥其他的、可能是更微妙的揭蔽方式。这条思路还可以使我们看到更多的东西：西医断定中医为"不科学"，西方哲学贬抑东方思想为"神秘主义"，好莱坞式的娱乐排斥京剧、川剧、河南坠子、河北梆子为"不真实、不刺激"，等等；这些现象都有极深远的根源和极蛮横的含义，并代表着一个巨大历史过程的现实。"技术"似乎成了真实的唯一尺度，由它来衡量人的生存形态的合适与否。以这种排他的方式，它自己保障了自己的合法，自己支持着自己的生存。它不会被逻辑和观念、不管是认知的还是伦理的观念驳倒，因为那观念不是其父就是其子。它也不会被限制在某个时空范围内，因为这平板化了时空就是它的伴生兄弟。这父子兄弟聚在一起，无所不在、无所不能，将世界玩弄于其股掌之上了。

现代技术的产品是现成物，这技术构架却绝不只是现成物。它用某种现成形式来**构成**现实。"精神文化"对它的不满，也还是要靠它来表达；克服它的愿望，也只能通过它来实现。它给你带来无家可归的干涸人生，却也总在为你制造新的希望："第……次浪潮"。你似乎在创造它、使用它，可实际上它却在按照它的格式蓄养着人类、安置着社会，颐指气使地决定着个人与民族的升降兴衰。它不仅仅有了生命，而是成了精、中了魔，像柏拉图的理式、亚里士多德的实体、近代的先验主体性一样永不会死、稳操胜券。谁要胆敢不膜拜它、不信仰它，谁就似乎注定了要被"历史"所淘汰，在怀旧的悲凉中死亡，因为当今这现代技术已成了生命或不如叫做活命的象征。哀哉！

中国天道观中没有这么逼真的"技术分析"，因为那时还没有概念思维和技术的不可一世。但是，这种认境域为真实的思想不会不对可能危及境域生存的异己者产生警觉。富于技艺智慧的孔子说："君子不器"①。这里的"器"就是指脱离了缘发境域的技艺；它堕落为有某种固定形式并因而难于彼此沟通的谋生技巧和艺能。再往下，就是朝向技术构架之途了。然而，孔子似乎没有充分探讨过艺与器的关系，为后人的误解留下了可能。从孟子开始的后儒们逐渐失去了孔子用艺境涵养仁义诚信的思想风貌。在这些"一心只读圣贤书"的后人们看来，成仁只与道德行为和修养功夫相关，而"艺"则属于雕虫小技和形而下之"器"的一流，应被排除出主流视野之外。他们看不出，器对于孔子是与艺而非道德

---

① 《论语·为政》。

相对而言的；而且，形而上之道（德）倒是与器更接近，因为它们都具有技艺认知所没有的现成性。由于这基本思路的混乱，"格物致知"就成了说不清楚的一笔糊涂账。这"物"或多得支离散漫，或少得孤零一心；这"格"或为观念之知，或为道德之"正"；哪还有多少《论语》气象。由此，艺与思、人的缘发本性与道德修养相分离，甚至相敌对，士大夫们又到何处去求得真挚不二的"至诚如神"呢？当近代西方列强的技术轰开国门，乒乒乓乓地闯进来时，满朝之中只听见一声"中学为体，西学为用"的呼喊。可惜的是这"体"早已是无根之残体，而这"用"中的活体或技艺本体早已在一片让注疏框住的"读书声"中被忘掉了。

在技艺与器的关系的问题上，老庄与孔子有相似的识度；他们绝不愿意让人生的天然视域被拘束于一个充满了是非逼索形势的构架之中。如果说"器"代表了几的现成形态的话，那么在他们看来，任何有脱开原发境域倾向的现象，比如五音、五色、名利、功业、观念理智以及后儒讲的道德化的仁义，就都是器。天道永远先于被人的价值和观念体系造就的器。而且，《庄子》一方面谈及"几"和"天机"，另一方面又以词源上相关的方式谈到"机事""机心"和"机械"，表明道家已意识到天机和机械各自所代表的人生形态的联系与区别。考虑到这种讲法与老庄全部学说，尤其是"无为而无不为""无用之大用"思想的内在一致，可知这一思路的出现绝非偶然。环顾人类的古代思想，只有中国的天道观中孕育出了这种"超前"两千多年的大智慧，不能不归为它以人生境域为终极实在的独特洞察力。

"泽雉十步一啄，百步一饮；不蕲畜乎樊中，神虽王，不善也。"① 雉在泽中，天机张而自得；被关入樊笼，尽管得奉养尊荣如王者一般，却不是它所愿意的。这其中就包含着从天机到机事的途径。雉在旷野中，就是在"阴阳不测"的缘生天境之中，有自足自乐，也有危险和困乏；进到有固定形式的樊笼里，这些不测就被排除掉了，它似乎可以活得像个君王。机事就是从这种要"替天行道"，而且是更有效地行道的"动-机"之中产生的。机事被认为是对天机的智巧模仿，保存了后者中的一切使生命存活和满足的现成因素；而且，由于它的持存不变的特性，这机事能更有效地、更稳定地提供使人满足的"符合真理"。它的内在逻辑是：人的生存含有天机，也离不开庖丁、梓庆所怀有的那种"以天合天"的技艺；但天机和技艺的纯境域性使得它们并不总是现成可用的、可重复的。所以，为了生存的利益，人该做的就是赋予这技艺某种相对固定的形式，使之现成化，随时可以使用。但是，这"随时性""普遍性""现成性"必然排挤和遮蔽缘发境域本身，使之降为"偶然性"与"个别性"。但问题在于，离开了这境域的生存形态，也就没有了最终的尺度、自安自足和天命体认。一切都没有尽头、没有家园、没有终极的满足和至善。有的只是更有效、更多样、更新奇、更复杂、更高级；在道家看来则是更平板、更做作、更无味、更坚脆也更危险；就像汉阴丈人所说的那样："纯白不备……神生不定"。所以，一个有道者"非不知 [机械之效用]，羞而不为也"②。

---

① 《庄子·养生主》。
② 《庄子·天地》。

　　由此看来，中国天道观尤其是道家不仅看出了这出于艺几的
"器"和"机械""机事"对于生境的威胁，而且更进一步，相信
人能"不为"之而保持原道的纯净天然。老子对寡民小国的描述
就表达出了这种自信："使有什伯之器勿用。……使人复结绳而用
之。甘其食，美其服，安其居，乐其俗。"[①]在这一点上，天道思想
者们不同于海德格尔。

　　这些天道思想者们是不是过于"天—真"了？从某个角度看
是这样的。人的天机盎然的原发世界，因前面讲到的那种"内在
逻辑"的逼迫，似乎是不可避免地要沦落为机械和机事大行其道
的无自身尺度的状态。汉阴丈人羞而不为的桔槔，相比于后来的
水车、堰渠、动力抽水机、人工水库排溉系统，已是可以令人发
思古之幽情的物件了。不能否认，儒、道对于技术的看法确实参
与过中国文化史境的构成，约束过技术的无限发展；尽管这一现
象被受到西方传统思想"启蒙"的人引为憾事。从这个角度看来，
这种思想并不是乌托邦的理论。不过，同样不能否认的是，当今
的天下是以西方传统的概念形而上学为根的现代技术文化的天下。
不采用机械或更高技术的民族，或被屠灭，或被欺负得走投无路
而在技术之路上奋起直追。因此，天道思想对于技术的看法尽管
契合人的最深天性，并因此对人类有着长存不息的吸引力，却是
处在了一个异己的不利环境之中，几乎丧失了直接的发言权。海
德格尔本人极清楚地意识到了当今天下大势的西方根源，并在晚
年比较多地看到了东方思想在这种局面中的软弱（或"柔弱"？）

―――――――――

　　① 《老子》第八十章。

性。在与《明镜》记者的谈话（1966 年）中，他讲道：

> 我相信只有在现代技术世界发源之处，我们才能为技术
> 世界的转向做好准备。换句话说，这种转向不能通过采取禅
> 佛教或其他东方世界的经验而发生。为了这种思想的转向，
> 我们需要欧洲传统的帮助和对于这个传统的新的理解。思想
> 的转变只能通过同源同种的思想。①

根据这段报道就认为晚年海德格尔已丧失了与中国天道的对话兴
趣、完全回到了西方传统是不对的；因为，第一，转变的"同源
同种"性并不排除与异源异种的思想进行对话的必要性，尤其是
这种对话在形成"对于这个传统的新的理解"中的重要性。而且，
对这个传统的新的理解也会反过来促进它与东方思想的对话。其
实，海德格尔这段话恰足以反映出他极看重东方思想在这个问题
上的贡献，不然的话，就像那些基本视野中根本没有东方思想地
位的西方学者，他也就绝想不到要强调"自系自解"的必要。第
二，在各种东方思想中，海德格尔只公开讨论过中国的"道"；但
在这里，当他表示"东方世界的经验"不足以导致技术世界的转
向时，却只特别点出了"禅佛教"②，而没有提及中国天道。这一
"讳言"是有意的。第三，就在同一次谈话中，海德格尔在否认

---

① 席汉主编：《作为一个人和一位思想者的海德格尔》（*Heidegger: The Man and
the Thinker*），第 62 页。

② 许多西方人都错误地认为禅佛教是印度佛学与日本思想结合的产物。参见美国
最流行的韦伯斯特（Webster）字典中对"Zen"的解释。

美国实用主义对于技术世界转向的意义之后，马上讲道："我们中间又有谁能断言，是否有一天在俄国和中国，那非常古老的思想传统将复兴，并因而有助于使人与技术世界有一种自由的关系？"[①]他为什么在这里提及"俄国……非常古老的思想传统"，其原因还有待考证。但是，他说到"中国……那非常古老的思想传统"却很可以理解。本书第 1 章提供的情况充分表明，他与中国道的思想因缘极为深远；而且，不管是在公开的出版物中还是演讲中，他讲到"道"时，除了将这"中国的主导词"与古希腊的逻各斯原义以及他自己的中心思路"自身的缘构发生"并列之外，所具体涉及的不是"语言"就是"技术"，可见他在技术问题上与中国天道观进行过相当认真的对话，并受益良多。第四，中国天道观在近几百年来遭逢无数"内忧外患"，不仅本身的思想精华被遮掩，而且身处逆境，其深妙合理之处远远没有充分显露出来。不过，我们也已看到，由于"只有一个地球"的形势越来越明显和切身，天下大势正在朝向不利于现代技术文化的一边倾斜；谁又能说这"臭腐"不在新形势中又"化为神奇"？不过，有一点很清楚，如果没有与西方本源思想对话的催化，这"化"是极难发生的。至于海德格尔与道家关于技术问题的具体对话，将留待本章最后一节分析。

---

① 席汉主编：《作为一个人和一位思想者的海德格尔》(*Heidegger: The Man and the Thinker*)，第 61 页。

二、语言与道言

在语言问题上，我们面临与以上几节所涉及者相类似的一个讨论局面，即海德格尔思想与天道观特别是道家在这里似乎有很大的差距，以至令一些人怀疑甚至否认双方的对话可能；但是，在更深入地了解了双方的思想之后，就会看出对话的契机所在。实际上，这样一个局面更为尖锐地表现在了这一节要分析的问题上。

海德格尔特别是后期海德格尔对于"语言"的存在论地位的强调已尽为人知。其实，他早期的解释学化了的现象学探讨就不可避免地要卷入语言问题，而他关于"人的实际生活体验"和"形式指引"的学说就是他的存在论语言观的初期形态。在《存在与时间》中，这种存在论解释学的思路主宰着整个讨论的"解释学形势"，虽然"语言"在那里还没有被给予像"时间性"那么重要的地位。20 世纪 30 年代之后，语言和语言的原初形态"诗"逐渐顶替了时间性而成为透露和牵动缘发境域（Ereignis）的最重要的几微。

在许多人看来，海德格尔的这种"语言情结"与天道思想家们，尤其是老庄对于语言的看法正相对立。在流行的解释中，特别是在受到了日本学者（比如铃木大拙）影响的海外汉学界中，老庄以及后来的禅宗被普遍认为持一种"终极无（可）言"观；也就是否定"言"与"道""悟"的任何根本性的关联。这种简单化和公式化的偏颇说法加剧了这样一种印象，即海德格尔与天道观在语言这个问题上没有任何值得一提的共通之处。然而，正如上面指出的，这种印象实际上是两种偏差的叠加造成的。持这种看法的人没有看到，一方面，海德格尔已经将西方传统的表象－工具型的语言观消解成了缘发境域型的语言观；另一方面，老庄、惠能都区别了表象的"小言""文字"与开示境域的"大言"和"应语随答"，并且都认为对终极真际的体验不仅与道言不抵触，反而必须要有道言所催化出的深阃意境不可。揭去了这两层蔽障之后就可明了，海德格尔与老庄禅宗在语言问题上反倒是内在相通的，尽管这些中国古人除了庄子之外并没有对语言的终极含义有那么清楚的论述。不过，惠能开创的禅宗却在实际的修行中将机缘化了的语言与终极开悟融成了一个出神入化的大语境和大悟境。

　　本书作者在一篇论文 [①] 中考察了"道"的词源，提出了这样一个看法："道"起码自西周以来就已有了"言说"之义。而且，在《论语》《庄子》《老子》《孟子》等书中就可以找到这种用法。老庄特别是庄子甚至有意识地利用这种"道言"来构成"大道不称"的语境。本节的后一半将简略地报道这个考察的一些结论。至于海德格尔对于"道"的语言维度的发掘，将放到最后一节中讨论。

　　正如第 7 章第四节所阐述的，海德格尔不认为原本的语言是任何意义上的现成者，比如"符号系统""交流手段"或"交际活动"。那样的语言，就如那托普讲的，无法表达现象学所关注的

---

　　① "海德格尔的语言观与老庄的道言观"，载《德国哲学论丛》，1996 年号，中国人民大学出版社。

人的原初经验。对于海德格尔，语言是一种几微（technē），而且是"最精巧的、最易受感染的"几微。它的本性就是"让其显现"的"说"（die Sagen）①。因此，原本的语言先于我们的言语和交流。只是通过向语言敞开，我们才能够去言说、去思想、去交流。这原发的语言境域给了我们能去开口和能去领会的基本势态。语言的原本形态不是对命题的"陈述"，也不是对现成观念和意愿的表达，而是"诗"（Dichtung）或诗境的构成；它使人有了原本的明白和领会视野。这样理解的语言就不只是引发意境的机制，而更是本身就充满了原初消息的大意境。说到底，不是人说语言，而是"语言本身在言说"（Die Sprache spricht）②。作为缘在之人的最大缘分就是能听懂这语言境域本身的纯显现之说。用庄子的术语来讲就是，只有听懂了语言本身的"天籁"，才能去说日常的"人籁"或言语。这样理解的语言（"逻各斯"）就是一个承载着原初消息的存在论的势能域，它收拢着、滋养着和维持着我们的生存世界。在这个意义上，海德格尔讲"语言是存在之屋"③ 在同一个意义上，他又讲："解释学首先并不意味着解释，而只是带来消息。……因为［语言］决定了解释学的关系。"④ 这样一个语言境域很可以相比于老子讲的那个惚恍中有物、有精、有信的道境或道言之境⑤。

---

① 海德格尔：《在通向语言的道路上》（*Unterwegs zur Sprache*），第 254 页。
② 同上书，第 12、254—255 页。
③ 同上书，第 111、166、267 页。
④ 同上书，第 122 页。
⑤ 《老子》第二十一章。

　　海德格尔的学术活动就是自觉地去恢复思想的纯正语境和诗意的工作。以"形式指引"的方法为起点，他在写作和讲学中尽量使用"粘言""卮言""重言""寓言"和"触类旁通""回旋互映""喻中设喻"等各种当场牵引开显的手法，旨在恢复语言表达纯思想时的诗性或缘构性，让语言本身说出在一切表象和概念化之先的、又是最不可避免的含义。由此可见，相比于传统的语言观，海德格尔讲的"Sprache"已经有了何其深刻的新含义。

　　天道思想中，儒家似乎比道家更重视"言"的作用。作为一个以继承西周的"文"统为己任，以"学""艺"为识仁得道的基本方式的学派，"言"自然要被认为是"不朽之盛事"的。然而，我们这里关注的不是对一般的语言功能的看法，而是对于语言与终极实在关系的看法。在这个关节点上，孔子言论中反映出的语言观与老庄、海德格尔的看法确是很接近的，与后世的儒家学说倒是相距甚远。正如以前讲到的，他的思想事业中有一个极重要的"不语""罕言"的维度。他绝不将"神""天道""性"这些终极存在当做语言的表达"对象"，不管是表象的、描述的对象还是观念化、实体化的对象。"子曰：'予欲无言。'子贡曰：'子如不言，则小子何述焉？'子曰：'天何言哉？四时行焉，百物生焉。天何言哉？'"①孔子这里讲的"无言"中的"言"字应被理解为那用来表达现成对象之言，也即"夫子之**言**性与天道，不可得而闻也"中的"言"②；而不是"有一**言**而可以终身行之者"③之"言"，或"君

----

① 《论语·阳货》。
② 《论语·公冶长》。
③ 《论语·卫灵公》。

子于其**言**，无所苟而已矣"①之"言"。后面这种言就是他终身"**学而不厌，诲人不倦**"、为之"**发愤忘食，乐以忘忧**"之言。不领会这种"**不愤不启，不悱不发**"②之言，就无以得仁，因为正是这种由境域启发出的言才令人"**举一反三**""**能近取譬**"，维持于意境本身的势态之中而不偏坠入某一个意义对象。不入此境，就不会明白那在境外者看来是"不可能"的中庸境界③。至于孔子对"诗""乐"这种纯思之言的推崇和投入，就更是尽人皆知了。细细体会，《论语》确已有了几分禅意，或有了应机问答的因缘。"子曰：'吾有知乎哉？无知也。有鄙夫问于我，空空如也，我叩其两端而竭焉。'"④要贴切地理解这"叩其两端而竭"的含义，恐怕禅宗的"灯录"而非程朱的注解会对人更有帮助。

　　老子曰："知者不言，言者不知。"⑤这里讲的"言"，或老子和庄子视为知道障碍的"言"是语言本身呢，还是某一类语言呢？不带成见地通读老庄的书，或依从最基本的学理良知都会引向后种选择。也就是说，老庄所"不言"之言只是作为表象和交流现成观念手段的"小言"而已。老庄有早期维特根斯坦的终极敏感，但完全不必要得出《逻辑哲学论》6.54节那样的结论，即他们自己所写、所说的一切对于"知道"是"无意义的"，因为他们具有早期维特根斯坦所不具备的"属于道境本身的语言"识度，可简

①　《论语·子路》。
②　《论语·述而》。
③　《中庸》第九章。
④　《论语·子罕》。
⑤　《老子》第五十六章。

称为"**道言观**"。老子这样言其言："吾言甚易知，甚易行；天下莫能知，莫能行。言有宗，事有君。夫唯无知，是以不我知。"[①] 非常明白，他坚信自己的言对于领会道有极端重要的**正面**意义；这言"甚易知，甚易行"，但惜乎哉，一般人却"莫能知，莫能行"。如果他也像早期维特根斯坦那样认为自己的言就像用过之后必须丢掉的"梯子"那样是无根本意义之言，就绝不会这样说了。只有一个既有终极敏感，又持有表象语言观的人才会陷入早期维特根斯坦所面临的那种自己否定自己的困境：既要去说终极实在，又不能有意义地去说。这是个确确实实的困境，而根本不是什么"自做自扫"的大智慧。能当"梯子"使用的语言，不管用后丢不丢掉，就一定是有意义的；从根本上就无意义的语言活动怎么也不可能有"得意忘言"的功能。造成这个困境的前一个因素，也就是意识到终极实在不可能成为语言的陈述对象，的确是深刻的；但造成它的第二个因素，即认为语言只能陈述式地表达思想，却是相当肤浅的流行见解而已。后期维特根斯坦完全抛弃了它。

自王弼以来流行的"道本无言"的说法就是这类困境的一种表现，而且是相当平板化的表现，并必然陷入**言道死结**。在这些解释者看来，言或名只能是概念表象的，所以只能与形而下者或"有"打交道；对于形而上的道体或"无"，就只能"无言"。然而，不仅《老子》、《庄子》和一切后人的解释，就这"无言"二字也都是言。于是，他们只好这样解释：道本不可言，但又不得不去言之；所以只能暂且地、勉强地去言它，以便通过这言去达到无

---

① 《老子》第七十章。

言自悟的道境。正所谓"得意忘言，得鱼忘筌"。但这种说法中有**一个无法克服的弊病和死结**，即：如果道毕竟不可言，那么你如何能通过言说它而得其意呢？你越去言说这不可言之道，不正是南辕北辙，离它越来越远了吗？因此，当你要掉过头来"不言"或"忘言"之时，剩下的除了一片干巴巴的虚无之外还会有什么呢？那真能够让人"得意忘言"之"言"只能是本来就有意义、就能让人得"意"境的大言。这样的言本来就是化于语境、道境而让人"忘"其存在的。作为纯粹的"让其显现"，这言根本就没有使人不得不意识到它的固定形式。

老子上面那段话中的"言有宗"就意味着言道之言或"道言"总以道境本身为宗，不透入其中就还是不知"吾言"的妙处所在。言道之言只能是"其中有精、有信"的真言，而不能是自相矛盾的"假言"或"假名"。① 这里没有"辩证"话头的地位，只有在一个原初境域中的相互引发。由此可见，真正的言对于老子来讲一定是可以言道之言；言与道有着根本的境域关联。妨碍得道的只是缩瘪为表达手段的小言而已。"道可道，非常道；名可名，非常名。"② 这段话常被人含糊地解释为道本身（"常道"）与言无关。仔细推敲一下便可知，这两句在跳着旋舞的"粘言"是在说，道本身不可被（作为一个对象）道，名本身不可被名；那可被道之道、可被名之名就不是常道与常名。"常名"是不是（原本的）语言活动呢？如果不是，那么叫它"名"岂不毫无意义？而且，如果按照最流行的解释，第一句中的第二个"道"字是指"说"的话，

① 参考第 10 章第三节关于龙树的三是偈，特别是其中"假名"的讨论。
② 《老子》第一章。

那么"常道"也断乎不可与"言说"无关；它只能意味着"说本身"或"道言本身"。所以，这两句的真正含义是：道（或名）不可被作为一个现成的对象言说，因为那种道就不是常道或道言本身（或常名）了。简言之，道不可被道被言，却一定是自道自言。类似于海德格尔讲的"语言本身在言说"之意。《老子》第一章整个是在讲"不可道""不可名""无""始"与"常道""常名""有""母"之间那种"同出而异名，同谓之玄，玄之又玄"的相互缘发构成的"妙"义。老子不是道体与道用、无与有的分离论者，而是体用相即、有无相生的缘构境域论者。"万物负阴而抱阳，冲气以为和。"不做这样的"中道"理解，道本身还有什么"玄之又玄"的蕴意呢？

至于《庄子》，不仅明确区分了言道之"大言"和障道之"小言"，而且直接将这似乎"谬悠""荒唐""无端崖"的"卮言""重言""寓言"视为"独与天地精神往来，而不敖倪于万物"的必由之道；并将自己的思想特质归于这种大言或道言①。总之，老庄的道有一个言的维度，其言又有一个道的维度。这"道言观"的存在是一个长期以来被遮蔽而又不可否认的事实。

有助于形成这种遮蔽的另一个因素是，不少学者尤其海外学者不知晓甚至否认"道"这个词在老庄的时代已有了"说"或"道出"的意义。②更多的学者虽然没有这种文字学上的反对态度，却

---

① 《庄子·天下》。

② 瓦茨（A. Watts）:《道：水流之道路》（*Tao: The Watercourse Way*）（New York: Pantheon Books，1975），与黄（A. C. Huang）合作，第38—39页。在那里瓦茨认为"道"在西元前3世纪（他心目中的《老子》写作期）不具有"说"的意义。

还是认定老庄不会在"道言"的意义上使用这个字。所以，下面将分析"道"的词义以及它在儒道著作中的使用情况。

"道"的原义应是"道路"。《说文解字》支持这一看法，《诗经》中也有这方面的明显例证。由此，衍生出了一些其他的含义。其中主要的四个意思是："通（打开）""引导（教导、指导）""规则、原则、方法"及"言说（道出）"。前三种没有什么可争论的；问题在于最后一个意义（"言说"）是何时出现的，天道思想家们是否意识到了这个意义。

按照本书作者的考证，"道"的"言说"之义最早见于《尚书》中的"周书"。古文献学者一致认为《尚书》中"今文、古文［本］皆有"的二十八篇是真书；特别是其中的"周书"部分，"是保存下来的当时的原有文献"[①]。就在《尚书》的周书"康诰"中，周公以周成王的名义训告将去做卫侯的康叔，其中有这么一句："既**道**极厥辜，时乃不可杀。"其中"道"字只能做"说出"、"坦白地讲出"解。原义是："［对那些偶然犯了大罪的人］他既然已经完全**讲出**了（'道'）犯罪实情，就不可杀之。"蔡沈的注为"既自**称道**，尽输其情，不敢隐匿；罪虽大，时乃不可杀"[②]。另一处在《尚书》的周书"顾命"，其中写道："曰：'皇后凭玉几，**道**扬末命，命汝嗣训……'"这里的"道"也只有"说出"一解；全句的大意是：太史官向周康王传达周成王临终遗言，说道："大君王依着玉案，

---

① 刘起釪:《〈尚书〉》，见《经书浅谈》，《文史知识》编辑部编，中华书局1984年版，第20页。

② 《四书五经》，上卷，见《书经集解》，中国书店1958年版，第88页。加重号出于引者。

郑重地**说出**临终遗言，命你谨守文王武王之大训。"① 这两处证据说明早在西周早期（西元前 1000 年左右），"道"已具备了"道言"、"言说"之意。

在《论语·宪问》中，有这样一条："子曰：'君子之道有三，我无能焉；仁者不忧，知者不惑，勇者不惧。'子贡曰：'夫子自**道**也。'"其中第二个"道"字被所有注释者训为语言的表达活动。《孟子》一书中至少有两处"道"在"道言"的意义上被使用："孟子对曰：'仲尼之徒无**道**恒、文之事者，是以后世无传焉。'"② "有人于此，越人关弓而射之，则己谈笑而**道**之；无他，疏之也。其兄关弓而射之，则己垂涕泣而**道**之；无他，戚之也。"③ 朱熹将这几处"道"字注为"言也"、"语也"。细读原著的上下文即可知，在这两处的三个"道"字，除了"言"和"说"之外，绝无他解。

《老子》与《论语》、《庄子》与《孟子》共属相同的语言时代，这两部道家著作的作者不会不知道"道"的"言说"之义。上面已分析过了《老子》第 1 章蕴涵的道言观。《庄子》中则有多处在"道言"意义上使用"道"这个字的例子。比如，"齐物论"中讲："夫大道不称，大辩不言，大仁不仁……孰知不言之辩，不道之道？若有能知，此之谓天府。"这是中国古文中特别是《老子》《庄子》中常用的表达微妙意思的方式，即给出一系列排比句，每一句中都是"大 A 不 a"这样的或稍加变化的格式。其中的"A"指这个词的超出了概念名言可表达范围的含义；"a"则指还陷于二元

---

① 《四书五经》，上卷，见《书经集解》，中国书店 1958 年版，第 126 页。

② 《孟子·梁惠王上》。

③ 《孟子·告子下》。

构架的词义。"A"与"a"有时就是同一个字，比如"大仁不仁"、"上德不德"；有时则是不同的近义字，比如"辩"与"言"、"道"与"称"。所以，讲"大道不称"，正说明在庄子心目中"道"与"称道"是近义的，具有"道言"或"说出"的意思。庄子就基于这种意思，用"大道不称"或"不道之道"来否定大道可以被概念性言语（"称""小道""小名"）作为一种对象表达，以显示此道本身的自身原发性和"道出"本性。

在《庄子》中还有一段文字学上的佐证："诗以道志，书以道事，礼以道行，乐以道和，易以道阴阳，春秋以道名分。其数散于天下，而设于中国者，百家之学时或称而**道**之。"[①]一些注释家将前六个"道"字训为"达""通"或"导"，但都将第七个"道"字训为"（称）说"。[②]这是因为"道"与"称"连用就排除了其他解释的可能。而且，前六个"道"字也并非完全没有"道出"或"道言"之意。"诗以道志，书以道事"中的"道"起码可以理解为与"说出"相关。当然，训为"通""达"也都对。从这里恰恰可以看出"道"的含义的演变——从"道路"到"疏通""引导""（使之）达到""方式""教导"乃至"言说"——是何其自然的事情。

从以上的分析中可见，不但"道"字起码自西周时起就已经有了"言说"之义，而且就在《老子》《庄子》中，这种意思也有了切近的表现。为什么老庄总要讨论道与名言的关系呢？这是

---

① 《庄子·天下篇》。

② 参见《庄子集释》，郭庆藩编辑，中华书局 1961 年版，第 1069 页。

由于他们一方面深知终极真实（"道"）无法被语言表象和概念化；另一方面，这些以人的世间生存为源泉和归宿的思想者们明白，人的终极追求无法完全逃避语言境域。因此，就需要一种"大言""常名""常道"或"不称之道"来成就人的求道。何况，"道"字本身就有语言和言说之义。简言之，以缘发境域为真实的天道思想如果足够深彻的话，就势必发展出自己的道言观来。而这种道言观与海德格尔的语言观已是可以相通的近邻了。

三、海德格尔所理解的"道"

在有重大影响的西方哲学家中，海德格尔是少数几位与中国的道发生了真实交流的思想家之一。而且，在各种东方思想中，"道"是唯一一个被他公开地、认真地讨论过的"主导词"。更重要的是，他对于道的解释与他自己的最基本的思想方式相一致，与他当时最关心的问题相配合，反映出这"道"对于他的深远含义。以下就将依据公开发表的海德格尔著作中四次直接涉及道和老庄的文字，以及有关的事实 [①] 来讨论他是如何理解中国道的。

————————————

　　① 参见本书附录。在此修订版（2006 年）的"附录"中，加入了一个新发现的重要材料。即海德格尔在《诗人的独特性》（1943 年）一文中，引用《老子》第十一章全文来说明《存在与时间》阐述的"存在论的区别"以及荷尔德林的诗人独特性，其论旨涉及海德格尔的时间观乃至全部思想。所以现在应该说：在海德格尔公开发表的著作中，至少有五次直接谈道论玄。不过，这里不可能讨论这个新材料了。

1. "道"的原义是"道路"

　　1946 年夏天，海德格尔与中国学者萧师毅合作，要将《老子》或《道德经》译成德文。此次合作以失败告终，但这场经历使他对"道"的字源义和衍申义有了直接的了解，促使这位已倾心于道家多年的思想家在公开出版的著作中讨论"道"的意义。下面是这些论道文字中很重要的一处中的第一部分，出自《语言的本性》（ 1957—1958 年 ）。

　　　　"道路"（ Weg ）很可能是一个语言中古老和原初的词，它向深思着的人发话。在老子的诗化的（ dichtenden，诗意的 ）思想之中，主导的词在原文里是"道"（ Tao ）。它的"原本的"或"真正切身的"（ eigentlich ）含义就是"道路"。但是，因为人们将这道路轻率和浮浅地说成是连接两个地点的路径，他们就仓促地认为我们讲的"道路"不适合于"道"的含义。于是"道"（ Tao ）就被翻译为"理性"、"精神"、"理智"（ Raison ）、"意义"或"逻各斯"。[①]

　　海德格尔在这里认为"道"的原义是"道路"。如上一节后半的词义考察所显示的，这种看法无可指摘。但是，后来的绝大多数注释者和翻译者却不在这个原本的含义上，而是在它的各种概念化、抽象化了的衍申义上来理解道。比如韩非的"万物之理"、王弼的"无名无形"的"本（ 体 ）"。近代人更是常常认道为"最普遍的原

---

　　① 海德格尔：《在通向语言的道路上》（ *Unterwegs zur Sprache* ），第 198 页。

则"和"最终的实体"。在西方那一边，翻译家们出于类似的理由
而将"道"译为"理性""精神""［概念化了的］逻各斯"等等。
总之，海德格尔和中西哲学家们都知晓"道"是一个意味着"终极
实在"或"万物之所由"的主导词；但是，由于他们对终极实在的
看法不同，对于"道"的理解也就很不一样。大多数哲学家觉得
"道路"这个词的意思太浅近具体，无法表达道的普适性、无限性
和终极性。海德格尔则认为他们过于"轻率和浮浅地"看待了"道
路"（Weg），将它仅仅视为"连接两个地点的路径"。这样的道路
就成为两个现成存在者之间的一种现成的空间关系了。与这些看
法相左，对于海德格尔，通过"道路"而理解的道比这种外在的
现成关系要深刻得多。道的"原本的"（eigentlich）含义并不只是
指这个字的词源义，而是意味着它的"真正切己的"、揭示其本来
面目的本源义。紧接着上面引的那一段，他写道：

　　可是此"道"（Tao）能够是那为一切开出道路（alles
beweegende）之道域。在它那里，我们才第一次能够思索
什么是理性、精神、意义、逻各斯这些词所真正切身地要说
出的东西。很可能，在"道路"（Weg）即"道"（Tao）这
个词中隐藏着思想着的说（Sagen）的全部秘密之所在（das
Geheimnis aller Geheimnisse，玄之又玄者），如果我们让这名
称回返到它未被说出的状态，而且使此"让回返"本身可能
的话。今天在方法的统治中存在的令人费解的力量可能并正
是来自这样一个事实，即这些方法，不管其如何有效，也只
是一个隐蔽着的巨大湍流的分支而已；此湍流驱动并造成一

切，并作为此湍急之道（reissenden Weg）为一切开出它们的
路径。一切都是道（Weg，道路）。[①]

这"为一切开出道路之道"就绝不是任何意义上的现成道路，不管
它是物理的还是形式的、概念的。它只能被理解为纯构成的、引
发着的"湍急之道路"。更关键的是，海德格尔不认为这"道路"
之义的深刻化和本源化就意味着理则化和概念精神化。那湍急之
道仍然是道路，只不过不再是现成的道路而已。"湍急的"（reis-
senden）这个词在海德格尔的语汇中也是大有深意的。它与他刻画
"技艺"含义时所用的"间隙"（Riss，撕裂、草图）这个词同源[②]，
表示由几微间隙引发的相互争斗又相互属于的缘发构成态，因而
是"湍急的"，摆脱掉一切现成状态而发生着的。从初期海德格尔
讲的现象学和解释学意义上的"实际生活体验"开始，这湍急和
充满了间隙引发力的道路就一直引导着他。如果他不在"老子的
诗化思想"中认出了这湍急的和几微畅然之道，这位开道型的纯
思想家能被中国古道吸引数十年吗？

2. "湍急之道"就是缘构的（ereignende）"境域"

这种为一切开出路径的道路在海德格尔看来就是一种存在论
意义上的构成域。他写道：

---

① 海德格尔：《在通向语言的道路上》（*Unterwegs zur Sprache*），第 198 页。

② 参见以上第 8 章第一节和本章第一节，以及海德格尔的《丛林路》（*Holz-
wege*），第 49、56—57 页，《在通向语言的道路上》（*Unterwegs zur Sprache*），第 27 页。

对于思想着的思想来说，此道路应被视为一种境域（die Gegend）。打个比喻，作为域化（das Gegnende）的这个域是一块给予着自由的林中空地（Lichtung），在其中那被照亮者与那自身隐藏者一起达到此自由。这个自由的并同时遮蔽着的域的特点就是那个开路的驱动。在这一驱动中，那属于此域的各种路出现了。[1]

这里，将道路视为域并不主要表示从"线"推广到"面"或"立体空间"，而是意味着从现成态跃迁到缘构态，从平板发散的观念表象思维转化到有境域可言的构成思维。湍急之道一定要通过自身的阴阳"间隙"引发出领会境域，在林莽幽深、风雨晦暝的深处开出"一块给予着自由的林中空地或澄明境地"。而且，这种湍急的、充满"间隙"的道境不只是被照亮的揭蔽状态，它同时还保持着黑暗深沉的那一面。也就是说，这境域的自由不是单向的、只知消耗的自由，而是有"回旋余地"的、含有几微机制的自维持着的自由，因而是真正切身的自－由。

正如第8章第二节所言，海德格尔的基本思想方式就是缘构境域式的。他的每个重要思路，不管是"实际生活的体验""形式指引""缘在""在世界之中""牵挂""先行决断""时间""历史性""语言""诗""自身的缘构发生"等等，无不具有一个回旋互构的趋向势态，并只在这构成势态中而非普遍化和概念化中得到揭示并获得自身的意义。按照这些思路，终极的实在，不管称之

---

[1]　海德格尔：《在通向语言的道路上》（*Unterwegs zur Sprache*），第187页。

为"存在""神"，还是"天道"，只能是这缘发境域本身，而非任何脱开境域的实体。可见，海德格尔对于中国道的"开道境域"的理解就出自他最贴己的思路："自身的缘构发生"（见第 7 章第三节）。这样，我们就读到他论道的另一处文字：

> 人与存在以相互激发的方式而相互**归属**。这种相互归属令人震惊地向我们表明人如何被让渡给（vereignet ist）存在，存在也如何被人的本性所占有（zugeeignet ist）这样一个事实。在这个构架中盛行的乃是一种奇特的让渡（Vereignen）和占有（Zueignen）。让我们只去经历这个使得人与存在相互具有（geeignet ist）的构成着的具有（dieses Eignen）；也就是说，去进入那被我们称之为**自身［身份］的缘构发生**（*Ereignis*）的事件。"自身的缘构发生"这个词取自一个从出的语言用法。"Ereignen"原本意味着："er-aeugen"，即"看到"（er-blicken），以便在这种看（Blick）之中召唤和占据（an-eignen）自身。出于思想本身的需要，"自身的缘构发生"现在就应该被视为一个服务于思想的主导词而发言。作为这样一个主导词，它就如同希腊的主导词**"逻各斯"**（*logos*）和中国的主导词**"道"**（*Tao*）一样难于翻译。[①]

在海德格尔那里，"自身的缘构发生"这个词所刻画的是一种将任何问题追究到穷极处时必然出现的终极构成状态。表象的和概念

---

① 海德格尔：《同一与区别》（*Identitaet und Differenz*），第 24—25 页。

的思维方法从根本上讲是二值的；它探讨任何问题时，总要将其
分成两极，然后再寻求两者之间的关系。不先构造出这样一个有
形或无形的框架，它就无从下手。认知一定要由主体相对客体讲
起；认知对象一定有形式与内容之分；终极存在要么是实体，要
么是性质；这实体要么是一，要么是多；人的本性一定要从物质
（肉体）和精神（心灵）来考虑；人的认知能力也就要分为感觉直
观和理智思想两层；研究的方法则要从分析或综合开始；等等。
然而，海德格尔从他早年的思想经历中已体会出，用这种方法永
远达不到对终极问题的中肯解答。现象学的"到事情本身之中去"
和"范畴直观"的新思路在某种程度上咬开了这种二元化的现成硬
壳，因为它要求在一起手处便有双方的相互构成；比如"实际生
活经验"中已有非概念化的理性和意义，用不着更高的形式规范来
授予，而且，海德格尔发现，即使是极敏感出色的哲学家，比如
康德和胡塞尔，当他们自身造成的思想势态（"先验的想象力""意
向构成"）要求着一种终极突破，即在终极视野中消去二值框架的
有效性时，也还是不能跨出这最关键的一步，因为他们确确实实
地感到：如果消去了这最根本的大框架，就一切都不可测了。于
是，在终极问题的关键处，他们也就只能靠在分叉之间的滑来滑
去维持一种不生育的平衡。

　　作为一位有过千辛万苦的思想探求历程的思想家，海德格尔
深知这种"畏（缩）"的某种合理性，离开框架而没有真切的缘发
机制就意味着对一切思想成果的放弃，或新的形而上学构架的出
现。他提出的这个"自身的缘构发生"就旨在做这最重要又最危
险的"画龙点睛"的工作，让思想在终极的尖端，在令康德、胡

塞尔、亚里士多德也把持不住的打滑处维持住一个纯发生的平衡。因此，二元框架的效力被消解，范畴"间隔"被转化为引发"争斗"的几微"间隙"。这里没有二值构架的简单抛弃，就像神秘主义者所希望的，而是它的转化、间隙化和势态化。思想的全部微妙处、痛切处、得大自在处尽在于此。

说这"自身的缘构发生"就像古希腊的逻各斯和中国的道一样"难于翻译"，也是极有深意的。首先，它表明了在海德格尔的心目中，这三者的含义都超出了本质上是分叉的概念名相所能传达者，所以无法被某个现成的词翻译，比如上面提到的那些被人用来翻译"道"的词。但是，这并不意味着它们与语言无关；恰恰相反，这些词义就在纯显现的或"让其显现"的语言经验中被当场引发出来并保持在这语境里。就在上面这段引文中，可以看出，海德格尔动用了德文的和他自创的一切纯势态的语言手段，去粘黏、影射、牵引、开启和维持住"Er-eignis"这个词的纯缘构的含义，而绝不让它被现成化为任何一种现成观念。这是语言本身、思想本身在终极处吐出的气势磅礴的火花和剑芒，根本无法一一对应地翻译，但可凭语境本身的意义势态而相互领会。这也就意味着，"缘构发生"只能被理解为本身充满意义势态的境域。"这个自身的缘构发生是这样一个自身摆动着的域，通过它，人和存在在其本性中达到对方，并通过脱开形而上学加给它们的那些特性而赢得它们的缘构发生的本性。"[1]

从以前对老庄之道以及其他天道思想的分析可以看出，海德

---

[1]　海德格尔:《同一与区别》(*Identitaet und Differenz*)，第26页。

格尔用"（自身的）缘构发生"来比拟中国道是很有见地的。这天道不是任何意义上的"可道"对象，包括形而上学理论框架赋予的对象，却能以各种（儒、道、兵、法、禅）方式被引发、被充满势态地维持在了真切的终极领会处。这是一切观念达不到的、让他们或"过"或"不及"的至诚时中之处和任势乘化之处。《老子》讲："反者，道之动"①，是因为这道在根本处是不平静的，它那里没有可供概念把捉者，只有在相反相成的"惚恍"和"混成"中构成的象、物、精、信。所以，老庄和其他天道思想家的言论中到处是"反"语和构境之语。思想的湍急之处，语言的大机必张，在回旋投射中彰显出那"不可被说"者和"难于翻译"者。

3. 道与语言

以上的讨论已表明，终极实在不是缘境之外的实体或意义单位，而就在境域中构成自身。所以，表象的、概念的、传送式的语言手段永远对付不了这样的非现成终极，因为它实在是贴近惚恍得如鬼影附形、与语言本身难分彼此。这种实在的含义只能在语言本身的运作中纯境域地显现出来、道将出来。因此，很明白这层道理的海德格尔在讨论了道路之道的非现成性和构成域性之后，说出了这样一句话："很可能，在'道路'（Weg）即'道'（Tao）这个词中隐藏着思想着的说（Sagen）的全部秘密之所在。"②对比了"自身的缘构发生""希腊的逻各斯"和"中国道"之后，

---

① 《老子》第四十章。

② 海德格尔:《在通向语言的道路上》（*Unterwegs zur Sprache*），第 198 页。

他这样写道："将此缘构发生思索为自身的缘发生（Er-eignis）意味着对于这个自身摆动的境域的结构（Bau）进行建构（bauen）。思想从语言得到去建构这种自身悬荡着的结构的工具，因为语言乃是最精巧的、也最易受感染的摆动。它将一切保持在这个自身缘构发生的悬荡着的结构之中。就我们的本性是在这个悬荡着的结构中所造成的而言，我们就居住在此自身缘构发生之中。"[①] 如果没有上一节的讨论，海德格尔的这种"道言观"很可能会令一些人感到牵强。我们也知道，海德格尔在与萧师毅的合作中曾一再追问"道"在中文中的各种意思。所以，他应该知道"道"这个字所具有的"言说"之义，尽管萧师毅很可能不会向海德格尔建议这个意义与老子的"道"有何重要关系。然而，就凭上面已讲过的学理本身的内在要求，海德格尔就可以达到"'道'这个词中隐藏着思想着的说的全部秘密之所在"的结论。它比任何考据都更重要。海德格尔之所以讲到"老子的诗化思想"，不只是由于他知道《道德经》由韵文写成，更因为他认为老子关于道的思想本身就是诗性的，或由语言本身的构成势态"道"出的，而非是作为命题对象被表达出的。此外，上一节的讨论也已表明，揭示出"道"本身的"道言"维度对于复活道的原义是非常重要的一步。

4. 道、技艺与技术

海德格尔谈"道"和引述老庄的四篇文章都以这种或那种方式涉及"技术"和技术性的"方法"。这与他对道和老庄的理解以

---

① 海德格尔：《同一与区别》（*Identitaet und Differenz*），第 26 页。

及他本人的学说脉络有关。"湍急的道路"意味着道与"间隙"以及"技艺几微"的含义紧密相关;"老子的诗化思想"、"语言的全部秘密之所在"等讲法又点出了道与语言的诗性之思的关联。而且,中国的主导词"道"也与海德格尔的主导词"自身的缘构发生"相提并论。然而,我们知道,技艺、诗、缘构发生的含义都与他讨论的技术问题的思路直接相关。

海德格尔一再提醒,技术和方法有着"令人费解的力量"[1],并"从根本上决定着现实的一切现实性"[2]。在他看来,通过技术构架去经历实际存在是我们这些在西方文明影响圈中的现代人不可避免的命运,因为这技术就来自人的技艺本性和西方古希腊概念哲学的联手。这种技术和方法威胁到了我们的生存境域,因为它只会以"整齐划一"[3]的方式"冲压"[4]我们的生存形态。"这种〔技术〕方法,所跟随的实际上是'道路'的最极端的蜕变和退化的形式。"[5]但是,即便是作为道路的最退化的形式,这技术方法也还是与道和缘构发生有斩不断的关联。所以,技术造成的历史命运不会被"不要技术"的意向和做法所改变;改变只能来自追溯这技术的技艺和"自身缘构发生"的本源;以求在这种回复之中"脱开形而上学加给的那些特性"而返回到人的缘构生存形态之中去。正是在这个追本溯源的转化努力中,海德格尔最强烈地感受到了

---

① 海德格尔:《在通向语言的道路上》(*Unterwegs zur Sprache*),第 198 页。

② 参见附录一·3;《海德格尔全集》(*Gesamtausgabe*),第 79 卷,第 95 页。

③ 《海德格尔全集》(*Gesamtausgabe*),第 79 卷,第 94 页。

④ 海德格尔:《在通向语言的道路上》(*Unterwegs zur Sprache*),第 197 页;参见附录一·4。

⑤ 海德格尔:《在通向语言的道路上》(*Unterwegs zur Sprache*),第 197 页。

中国道的思想吸引力。在他看来，这道是"湍急的"，也就是充满了技艺几微（诗、语言）的引发间隙的，走上这种道路的思想就势必脱去观念化的现成思路和价值取向，在由这间隙引发的而不是范畴割裂的缘构发生的境域中重新赢得自己的本性。因此，在并提"自身的缘构发生"与"中国道"之后，海德格尔马上讨论了这缘构发生之道对于解决技术问题的关键意义："一个在这样的缘构发生中出现的对于这个［技术］构架的转化——它绝非单靠人的力量可以做成——带来的是一个此技术世界的缘构发生式的回复，即从它的统治地位转回到在一个境域中的服务。通过这样一个境域，人更真态地进入到此缘构发生中。"① 这种"技术世界的缘构发生式的回复"之所以可能，就是因为人的缘构发生的原初方式不是现代技术而是技艺活动，特别是诗化的活动。人类的唯一希望——这个能"救我们"的神——就是隐藏在技术本质中的诗性几微和境域。在这方面，老庄所代表的中国道的"诗化的思想"就有"无用之大用"、"无为之大为"。"此道路即是那将我们移交给我们所属于之处［的力量］。……是那为一切开出道路之道域。在它［"道"］那里，我们才第一次能够思索什么是理性、精神、意义、逻各斯这些词所真正切身地要说出的东西。"② 西方的概念"理性"形成了技术本质中的硬性的一面；对于这种理性的非概念前提（湍急的人生生存体验）的开启意味着"思索……这些词所真正切身地要说出的东西"，这也就是从根本上化解技术的

---

① 海德格尔：《同一与区别》（*Identitaet und Differenz*），第 25 页。

② 海德格尔：《在通向语言的道路上》（*Unterwegs zur Sprache*），第 197—198 页。

"统治地位"，使之转回到服务于人生境域的柔性角色中。以这种方式，这条中国的思想道路"将我们移交给我们所属于之处"。

因此，海德格尔引用老庄原话的那两处都涉及让技术"回复"到缘发生境域这个当代最重要的问题。在《思想的基本原则》（1958 年）中，他这样写道：

> 此〔与黑暗相缘生的〕光明不再是发散于一片赤裸裸的光亮中的光明或澄明："比一千个太阳还亮"。困难的倒是去保持此黑暗的清澈；也就是说，去防止那不合宜的光亮的混入，并且去找到那只与此黑暗相匹配的光明。《老子》（第二十八章，V. v. 斯特劳斯译）讲："那理解光明者将自己藏在他的黑暗之中"〔"知其白，守其黑"〕。这句话向我们揭示了这样一个人人都晓得、但鲜能真正理解的真理：有死之人的思想必须让自身没入深深泉源的黑暗中，以便在白天能看到星星。①

对于海德格尔的后期"行话"以及本章第一节所讨论的问题缺少了解的人无法理解这段话。"光明""澄明"意味着揭蔽状态，"黑暗"意味着遮蔽的、隐藏的状态。在海德格尔看来，现代技术意味着一种构架化的单向开发活动，只知去揭蔽、去开发知识与有用的光明，而不知保持这揭蔽的前提，即隐藏着的境域势态（"大地""黑暗"）。这种技术型的揭蔽开光的极端例子和结果就是原子弹的爆炸产生的致死强光："比一千个太阳还亮"的赤裸裸的光亮。

---

① 《海德格尔全集》（*Gesamtausgabe*），第 79 卷，第 93 页。参见附录一·3。

为了改变这种局面，就需要寻到"那只与此黑暗相匹配的光明"，也就是与人和生命的境域势态共尺度的光明、知识和可用性。而这也正是老子讲的"知其白，守其黑"中蕴涵的智慧。"白"在这里代表阳、天、动、光亮、乾、有，"黑"则代表阴、地、静、黑暗、坤、无。而真正理解了光明一面的人一定会"将自己藏在他的黑暗之中"，因为离开了这一面，光明和刚阳就无天地之势可依，就会干枯为坚强的"死之徒"，或"处于陆"的鱼虾。"有死之人"则意味着人的根本"有限性"[①]或"缘在"本性。作为缘在，人只能从自己的实际生存缘境中获得意义和生命来源；也就是说，他必须让自身先"没入深深泉源的黑暗中"，取得天然的缘发势态，然后才能与这个已经与自己相缘生的世界发生知识的、实用的、价值的关联。他的真正切身的存在方式就在于不离开这黑暗泉源、境域的势能所在，以致"在白天［也］能看到星星"。生存的智慧就意味着穿透理智和实用的白昼世界而看到神意之星。这"星星"代表黑夜境域本身的"清澈"之处。海德格尔在他《出自思想的体验》的诗中写道："朝向一颗星星，只此而已。／思想就意味着收敛到一个所思；／就像一颗星星，这思想保持在世界的天空。"[②]

　　细细体会《思想的基本原则》中的这一小段话，可以帮助我们看出海德格尔前期思想过渡到后期的契机所在，即以"先行的决断"或"去除遮蔽"为特征的真态生存方式学说为何一定要改

---

　　①　海德格尔：《康德与形而上学问题》（*Kant und das Problem der Metaphysik*），第 21 页。

　　②　海德格尔：《出自思想的体验》（*Aus der Erfahrung des Denkens*），第 7 页。

变为以开合互构为特征的缘构发生说。此外，海德格尔在《流传的语言和技术的语言》中讨论庄子"逍遥游"末段（论"无用之大用"）的文字也包含类似的思路。只是在那里，"有用"取代了"光明"的地位，"无用"取代了"黑暗"的地位；"此无用者正是通过不让自己依从于人［的标准］而获得了它的自身之大［即'大树'之'大'］和决定性的力量。"[①] 由此，也可以感受到中国天道的智慧有多么深远的、还隐藏着的思想维度可以开发。通过海德格尔这座宏大的、充满了引发"间隙"的思想桥梁，那被人讲疲殆了的甚至宇宙论化了的"阴阳"学说似乎一下子恢复了它原发的纯思想势态，不但可以与西方哲学中的问题产生"意义的粘黏"，而且势必被牵引到构成人类实际生存的历史运作之中。

　　本章第一节已经讲到，发自技艺几微的活动与技术活动的不同就在于前者不是单向的，只知用势和耗势；而是能"知其白，守其黑"，在用势的同时玄妙地蓄势或转化出新的生存势态。这也就是老子和孔子的诗化之思所要开创和回复的天下大化的人生境界。只要还有人生和世界，这智慧就不会过时，如果我们还能领会这"时"的纯势态的和纯机缘的道境含义的话。

---

① 参见附录一·4。

结　语

　　当这本书到达它的终结（Ende）之处时，还有一个问题有待回答：这个终结仅仅是一个曲终人散的终了呢，还是包含着某种领会势态的明了？换句话说，读者是否能感受到，一个虽然还处在边缘的但却有着巨大潜力的思想可能性正在到来？这指的是中西和东西思想进行微妙的和势必重塑双方的对话可能性。一百多年来，中国的有识之士一直在寻求这样一种可能；没有它，中国文化在这个世界中就没有未来。到目前为止，西方很少有人从思想本身关注这种可能。但是，没有它，西方的生存形态能有一个不致死的"光明"未来吗？中西思想的巨大差异使得任何直线的真实交流不可能。但是，当我们走到再无任何现成之路可走的绝境时，难道还有什么硬性的区别可以阻挡人与人之间、思想与思想之间宁静之极的相互理解和生动之极的无言对话吗？

　　海德格尔在自己的书房中挂了一对条幅，上面是由萧师毅为他书写的《老子》第十五章中的两句话："孰能浊以止，静之徐清？孰能安以久，动之徐生？"萧在两者中间加了一横批："天道"①。海德格尔在他 1947 年 10 月 9 日给萧的短信中用德文讲出了他对此条幅的理解："谁能宁静下来并通过和出自这宁静将某些东西移动给道，以使它放出光明？谁能通过成就宁静而使某些东西进入存

---

① 《海德格尔与亚洲思想》（*Heidegger and Asian Thought*），第 100 页。

在？天道。"（《亚》102—103）他的理解从文字上讲已经与原文有了一定距离；然而，正是在这牵引着的而非阻断着的距离或"间隙"中出现了对话。就在概念和技术的喧嚣退去之后，在山中晨光熹微的"宁静"里，一个"惚恍"的声音在呼唤着："存在"与"天道"，"进入存在"与"移动给道"。这里难道没有能与"黑暗相匹配的光明"？

附录 海德格尔与"道"及东方思想 ①

张祥龙 编译

一、海德格尔论"道"

1. 人与存在（Sein）以相互激发的方式而相互**归属**（Zusammen *gehoeren*）。这种相互归属令人震惊地向我们表明人如何被让渡给（vereignet ist）存在、存在也如何被人的本性所占有（zugeeignet ist）这样一个事实。在这个构架中盛行的乃是一种奇特的让渡（Vereignen）和占有（Zueignen）。让我们只去经历这个使得人与存在相互具有（ge-eignet ist）的构成着的具有（dieses Eignen）；也就是说，去进入那被我们称之为［**自身身份的**］**缘构发生**（*Ereignis*）的事件。"自身的缘构发生"（Ereignis）这个词取自一个从出的语言用法。"Er-eignen"原本意味着："er-aeugen"，即"看到"（erblicken），以便在这种看（Blick）中召唤和占据（an-eignen，获得）自身。出于思想本身的需要，"自身的缘构发生"现在就应该被视为一个服务于思想的主导词而发言。作为这样一个主导词， 25

---

① 这些译文的大部分曾以"海德格尔论'道'与东方哲学"为题发表于《道家文化研究》第六辑（陈鼓应主编，上海古籍出版社 1995 年版，第 381—392 页）。这次将那里译自英译本的一些段落根据德文原本重译或修改，并增加了一些材料。

它就如同希腊的主导词"**逻各斯**"（λόγος）和中国的主导词"**道**"（*Tao*）一样难于翻译。"自身的缘构发生"这个词在这里并不意味着我们通常叫做一个事件或一次显现那样的东西。这个词现在是作为一个只以单数形式出现的名词而被使用。它所指称者只在单数中——不，更确切地说，不在任何数目中而只是唯一地——缘构发生而具有了自身（ereignet sich）。我们通过现代的技术世界而经历的存在与人的命运机制只是这个所谓"缘构**的**发生"（Ereignis）的**序幕**。这个缘构发生却并不必然保持在它的序幕中，因为在此自身的缘构发生中，这样一个可能性出现了，即此缘构的发生将这种［技术］构架的统治转化为一种原发的缘构发生。一个在这样的缘构发生中发生的对于这个机制的转化——它绝非单靠人的力量可以做成——带来的是一个此技术世界的缘发生式的（ereignishafte）回复，即从它的统治地位转回到在一个境域中的服务。通过这样一个境域，人更真态地进入到此自身的缘构发生中。

　　这条道路将我们引到哪里来了呢？它将我们的思想引入了"［自身的］缘构的发生"这个词刻意要表达的那种单纯和质朴（Einfache）中。现在似乎出现了这样的危险，即我们将我们的思想漫不经心地带到了某种疏远的普遍性中来了；但实际上"缘构的发生"这个词所直接表达的乃是所有近邻中的最切近者，而我们也早已经居住在此邻里之中了。还有什么比这个自身身份的缘构的发生离我们更近（naeher）的呢？它使我们逼近（naehert）我们所属于者和我们归属的地方。

这个自身的缘构的发生是这样一个自身摆动着的域（Bereich）。通过它，人和存在在其本性中相互达到对方，并通过脱开形而上学加给它们的那些特性而赢得它们的缘构发生本性。

将此缘构发生思考为自身的缘构的发生意味着对于这个自身摆动的境域的结构（Bau）进行建构（bauen）。思想从语言得到去建构这种自身悬荡着的结构的工具，因为语言乃是最精巧的、但也是最易受感染的摆动，它将一切保持在这个自身缘构的悬荡着的结构之中。就我们的本性被让渡给了此语言而言，我们就居住在此自身的缘构发生之中。

——海德格尔:《同一的原理》（*Der Satze der Identitaet*），收于《同一与区别》（*Identitaet und Differenz*）（Pfullingen：Guenther Neske，1957），第24—26页。

2. 这三个演讲意在使我们可能去经历语言。第一个演讲倾听 197 一个凭借语词的诗的经历，并思索这个经历。如此这般，这个演讲将自己保持在与思想相互毗邻之处。在那里它驱动着自身舒卷开合（Er bewegt sich in ihr hin und her）。

第二个演讲思索这种驱动（Bewegung）的道路或方式（Weg）。照现在的说法，知识的对象是属于某个方法的，即将一切都按照科学技术的计算法而冲压成形的方法。这种方法所跟随的实际上是"道路"的最极端的蜕变和退化的形式。

与此相反，对于思想着的思想来说，此道路（Weg）应被视为一种域（die Gegend）。打个比喻，这个域化着（das Gegnende）^①的域是一块给予着自由的林中空地，在其中那被照亮者与那自身隐藏者一起达到此自由。这个给予自由并同时遮蔽的域的特点即是那个造路的驱动（Be-weegung）。在这一驱动中，那属于此域的各种路出现了。

在一种到底的思想中，此道路乃是那达到我们自身［之路］（was uns gelangen laesst，或那移动和发送我们的力量）；正是在这个意义上，它是那够得着我们的东西；在此道路中，我们被涉及或传讯到庭（indem as uns be-langt）。我们常将"belangen"［词义为"追究责任""起诉""与……有关""涉及"］这个词只在其一般意义上理解，即去将某人交付审讯和盘问。但是，我们也能在一个更深刻的意义上来思考"Be-langen"这个词，即将它理解为"达到"（be-langen）、"召集"（be-rufen）、"照看（保护）"（be-hueten）和"保持（留下）"（be-halten）。这个"Be-langen"意味着：那伸出来达及（auslangend）我们本性者；它要求并因

---

①　这个"Gegnende"不能［只］被当做与"Gegner"（敌方，对手）有关的动名词，于是被译为"逆反的东西"或"对立者"；而是应被看做是"Gegend"（域，境域）的一个变体，即相关于德国南方方言口语中的"Gegnet"（地域化，域化）的动名词。

对于这个词，即"Gegnende"或"Gegnet"，海德格尔在《任其自行》（*Gelassenheit*，1959年）中做了清楚的说明。比如："在其古老的形式中，这个词［Gegnende，或Entgegen-kommen（迎面而来，迎合）］的意思是'Gegnet'，也就是自由的伸展（freie Weite）。我们能够从它推测出所谓'域'（Gegend）的本性吗？［回答是肯定的。］"（德文版第39页）"Gegnet是逗留着的伸展（verweilende Weite），它以收拢一切的方式开启自身。于是，就在这伸展处，开放之域（Offene）被保留和延续着，让每个东西出现在它的根据（Beruhen）之中。"（德文版第39—40页）

这些讲法与下面的第5个材料（出自《海德格尔全集》75卷）的内容很有些可比性。

此而被移交给它所属于之处。此道路即是那将我们移交给我们所属之处，让我们被牵涉到或被传讯［的力量］。我们这样来理解"Be-langen"似乎有任意曲解语言之嫌。如果我们将"Be-langen"的这个意思与人们对它的通常解释比较，那么我们的理解确是一种曲解。但是对于语言的深思熟虑的使用不能被一般俗常的解释所左右，而必须被语言本身所蕴涵着的丰富性引导，以便让它将我们移送给（召唤到）语言的说（Sagen）之中。正因为它是域，此域产生出道路。它驱动［我们］并造出道路（Sie be-weegt）。我们在这样一个意义上听到"Be weegung"这个词：提供和建造最初的道路。此外，我们将"bewegen"理解为：引起某种后果，比如引起某种位置上的改变，引起增加或减少，引起一般性的改变。但是"Be-weegen"这个词意味着：此域给出道路。根据施瓦本和阿雷曼地区的方言的古老用法，"weegen"可以表示开辟一条道路，比如通过深雪覆盖的旷野而开辟出一条道路。

　　具有"提供道路"这个意义的"Weegen"和"Be-weegen"这两个词，以及具有"使［我们］被移送、被牵涉进去"（Ge-lan-genlassen）这个意义的"Weg"（道路）这个词与后面这几个动词一样，都属于发源地域和河流流域的类别；这几个动词是："wiegen"（摇晃、掂量）、"wagen"（冒风险）、"wogen"（波动、鼓涨）。"道路"（Weg）很可能是一个语言中古老和原初的词，它向深思着的人发话。在老子的诗化的（dichtenden，创构的，充满诗意的）思想之中，主导的词在原文里是"道"（Tao）。它的"真正切身的"（eigentlich，原本的）含义就是"道路"（Weg）。但是，因为人们将这道路轻率和浮浅地说成是连接两个地点的路径，他们就仓促地认为我们讲的"道路"（Weg）不适合于"道"的含义。于是"道"（Tao）就被翻译为"理性"、"精神"、"原因"（Raison）、"意义"或"逻各斯"。

可是此道（Tao）能够是那为一切开出道路（alles be-weegen-de）之道路。从它那里，我们才第一次能够思索什么是理性、精神、意义、逻各斯这些词所真正切身地要说出的东西。很可能，在"道路"（Weg）即"道"（Tao）这个词中隐藏着思想着的说（Sagen）的全部秘密之所在（das Geheimnis aller Geheimnisse，玄之又玄者），如果我们让这名称回复到它未被说出（Ungespo-chenes）的状态，而且使此"让其回复"本身可能的话。今天在方法的统治中存在的令人费解的力量可能也是和正是来自这样一个事实，即这些方法，不管其如何有效，也只是一个隐蔽着的巨大湍流的分支而已；此湍流驱动和造成一切，并作为此湍急之道路（reissenden Weg）为一切开出它们的道路。一切都是道路（Weg）。

　　——海德格尔：《语言的本质》（Das Wesen der Sprache），收于《在通向语言的道路上》（*Unterwegs zur Sprache*）（Pfullingen：G. Neske，1959），第196—198页。《（海德格尔）全集》（*Gesam-tausgabe*）（Frankfurt am Main：Vittorio Klostermann，1985），第12卷，第185—187页。此文章来自海德格尔1957年12月和1958年2月在弗莱堡大学做的演讲。

3. 我们冷静地承认：思想的基本原则的源泉、确立这个原则的思想场所（Ort）、这个场所和它的场所性的本质，所有这些对我们来讲都还裹藏在黑暗（Dunkel）之中。这种黑暗或许在任何时代都参与到所有的思想中去。人无法摆脱掉它。相反，人必须认识到这种黑暗的必然性而且努力去消除这样一种偏见，即认为这种黑暗的主宰应该被摧毁掉。其实这种黑暗不同于昏暗（Finsternis）。昏暗是一种赤裸裸的和完全的光明（Licht）缺失。此黑暗却是光明的隐藏之处（Geheimnis，隐秘），它保存住了这光明。光明就属于这黑暗。因此，这种黑暗有它本身的纯洁和清澈（Lauterkeit）。真正知晓古老智慧的荷尔德林在他的诗《怀念》第三节中说道："然而，它递给我／一只散发着芬芳的酒杯，／里边盛满了黑暗的光明。"

此光明不再是发散于一片赤裸裸的光亮中的光明（das Lichte）或澄明（Lichtung）："比一千个太阳还亮"。困难的倒是去保持此黑暗的清澈；也就是说，去防止那不合宜的光亮的混入，并且去找到那只与此黑暗相匹配的光明。《老子》（第二十八章，V. v. 斯特劳斯译）讲："那理解光明者将自己藏在他的黑暗之中"［"知其白，守其黑"］。这句话向我们揭示了这样一个人人都晓得、但鲜能真正理解的真理：有死之人的思想必须让自身没入深深泉源的黑暗中，以便在白天能看到星星。更困难的是将这思想的清澈性作为收拢来的光亮去保持。此光亮只愿如此这般（als solche）地发光（scheinen）而已。那只愿发光者却并不闪耀（leuchtet）。对于合乎思想规范的知识的严格表述也只愿这样发光或显现，以使得这规范的内容和它的绝对有效性对于每一个人都是明白无误的。

对于本文题目"思想的基本原则"的首次解释立即将我们引入了黑暗。无论这基本原则出自何处，不论它出自思想本身或出自那思想必须在基础之处加以思考者，或根本就不出自这两个来源中的任何一个，这基本原则的出处都对我们隐而不见。而且，通过黑格尔对于思想的辩证式的解释，这思想的［传统］规范就失去了它到那时为止还有效的形象和角色。

　　思想进入到辩证法的维度中使我们马上就无法再去轻易地谈论"这个"（真正的）思想。"这个"思想原本就不存在于任何地方。如果我们将此思想表象为一种普遍的人类能力，它就会具有一个令人惊异的形象。在我们的时代，在全球范围内，一种整齐划一的思想方法（eine gleichfoermige Denkweise）获得了世界史［中］的统治地位。当我们引用这个事实的时候必须马上同样明确地记住，这样一个整齐划一的思想仅仅是我们称之为"西方欧洲"思想的历史形象的平板化了和实用化了的形式。我们还几乎没有去经历和充分承认这个思想的决定命运的独特性。

　　在其死后出版的早期手稿中，卡尔·马克思声言："**全部所谓的世界史**只不过是人类通过人的劳动对自身的生产，这种劳动乃是为了人类［的目的］而对自然的改变（Werden）。"（《早期手稿》I，1932年，307页。）

　　许多人会拒绝对于世界史的这样一种解释以及这个解释所依据的关于人类本性的看法。但是，没有人能够否认现时代的技术、
95　工业和经济作为人类自我生产的劳动从根本上决定着现实的一切现实性。仅凭这个确认，我们就已经显示出了这个思想维度的一个特例；而上面所引用的马克思关于（作为"人类自我生产的劳动"的）世界史的说法就是活动在这样一个维度中的，因为"劳动"（Arbeit）这个词在这里并不意味着单纯的活动和成就（Leistung），而是在黑格尔的劳动概念的意义上发言。这种劳动概念被

理解为辩证过程的基本特性，通过它，现实向现实性的改变（das Werden des Wirklichen dessen Wirklichkeit）得以开展和完成。与黑格尔相对立的马克思并不在自己把握自身的绝对精神中，而是在那生产着自身和生活资料的人类中看待现实性的本质。这一事实将马克思带到了离黑格尔最远的一个对立面中。但也恰恰是通过这样一个对立面，马克思仍然保持在黑格尔的形而上学里；因为，就每种生产的真正生产性是思想而言，现实性的生命和支配能力总是作为辩证法，也就是作为思想的劳动过程而存在，不管这种思想被认为和贯彻为思辨－形而上学的、科学－技术的还是两者的混杂和粗糙化。每种生产在自身中已经是反－思和思想。

　　——海德格尔：《思想的基本原则》（Grundsaetze des Denkens）（Frankfurt：V. Klostermann，1994），《海德格尔全集》，第79卷，第93—95页。此文最早发表于《心理学和心理疗法年鉴》（*Jahrbuch fuer Psychologie und Psychotherapie*）（6. Jahrgang，Heft 1/3，Muenchen：Karl Alber，1958），第40—41页。

　　4. 这个演讲［报告］的题目，"流传的［传统的］语言和技术的语言"，可能令人感到奇怪，为了提示某种东西，这个题目应该这样来称呼这些在其中出现的名称——"语言""技术""流传"（"传统"），以便让人感到它们需要一个充分的决定。在何处达到这种充分性呢？就在那样一个地方，在其中我们通过对这些概念的深思熟虑而经历到今天所**存在着**的东西，以及那牵涉、威胁和困扰我们的缘在（Dasein）的东西。这样一种经历是必要的。因为如果我们对今天所存在者置若罔闻并僵板地受制于关于技术的语

言的流行看法，我们就会从学校（它的任务和工作）那里抽走适
6　合于它的决定力量或将两者割裂开来。

　　"学校"意味着从公立学校［八年制小学和中学］到大学的所
有教育事业。就其结构的落后而言，此种学校在当今也许是最僵
化的，它的"（综合性）大学"的名字只不过是一个被艰难维持的
假名称罢了。同样，"职业学校"这个名字也陈腐了，落后于这类
学校在这个工业化时代所从事的东西。令人怀疑的还有关于职业
教育学校、普遍教育或一般意义上的教育的言论是否还符合这个
被技术时代冲压成的实际情况（Sachverhalte）。人们可能会这样反
驳：名字所包含的东西取决于实情（Sache）。说得不错。但如果
情况竟是这样，即如果没有与之相应的语言，对于我们就会没有
实情以及与实情的充分关联；或者反过来，没有这种正确的实情
关联，就没有真正的语言，那又会怎么样呢？正是在我们所达到
的无言说状态面前，存在着这种实情关联，如果这言说的意义将
我们带到了此语言的边界的话。此边界也还是语言的，并在自身
中包含着词和实情的关联。

　　因此，"技术""语言""流传"这些名称所说的东西、我们如
何倾听它们、它们是否在其自身中告知我们今天正存在着的东西
（即那会在明天与我们遭遇者并在昨天已向我们透露者），就都不
是无关痛痒的。所以，让我们现在就做一次冒险的研究，以便唤
醒我们的知觉。在什么意义上这是一次冒险呢？就是在这样一个
意义上，即此知觉意味着去唤醒无用（Nutzlose）的意义。在一个
只有那些直接有用的东西才行得通并以需求和消费的增大为目的
的世界里，对于无用者的提示马上就会显得大言无当。一位受人

尊敬的美国社会学家大卫·瑞斯曼在他的著作《孤独的大众》[原注：D. Riesmann：*Die Einsame Masse*，《霍渥尔兹德语百科全书》，72/73号，汉堡，1958年，H. Schelsky撰写前言。参阅第13页]中断言：为了保证当代工业化社会的生存，必须优先考虑消费潜 7
能，而不是原材料和生产潜力的获得。然而这种[消费]需求是被那些所谓直接有用的东西所决定的。在这种有用者的统治地位面前，无用者还会有和能有什么分量呢？但是，在它不让自身被直接的实用性质所决定的意义上，无用就是物（Ding，又可译为"事态"、"事情"）的意义。因此，深思物的意义的理智尽管无法利用实践的有用性，这物的意义却仍然是最必要的。没有这个意义，可用者就会是无意义的，并因此毫无用处。在探讨和回答这个问题之前，让我们先来听一听一位古代中国的思想家、老子的学生庄子作品中的一段话：

（无用之树）

惠子谓庄子曰："吾有大树。人谓之樗。其大本拥肿而不中绳墨，其小枝卷曲而不中规矩，立之途，匠者不顾。今子之言，大而无用，众所同去也。"庄子曰："子独不见狸狌乎？卑身而伏，以候敖者；东西跳梁，不辟高下；中于机辟，死于网罟。今夫斄牛，其大若垂天之云。此能为大矣，而不能 8
执鼠。今子有大树，患其无用，何不树之于无何有之乡，广莫之野？彷徨乎无为其侧，逍遥乎寝卧其下。不夭斤斧，物无害者;无所可用,安所困苦哉!"①

在《南华真经》[即《庄子》]文本的另一处,还有两段类似的、文字上有所变化的话。[译者注:这应该是第四篇"人间世"后半中的"匠石之齐……"和紧接着的"南伯子綦游乎商之丘……"两段话。]这些段落说出了这样一个见地:人对于无用者无须担忧。无用性的力量使他具有了不受侵犯和长存的能力。因此,以有用性的标准来衡量无用者是错误的。此无用者正是通过不让自己依从于人[的标准]而获得了它的自身之大(Groesse)和决定性的力量。以这种方式,无用乃是物或事情的意义。

因此,当我们冒险去思考"技术""语言""流传"这些词所表达的实情和实际情况时,这样的一种研究就并非要直接导致一种在教学中引入实用性课程形态的思想。通过这种研究,一个视野(Gesichtskreis)倒是能够在无用中向认知开启,如果我们自己对之还没有注意到的话。这个[在无用中开启的]视野或地平域,时时处处地决定着所有关于教学和实用的思考。

——海德格尔:《流传的语言和技术的语言》(*Ueberlieferte Sprache und Technische Sprache*)(Erker, Herausgegeben von Hermann Heidegger, 1989),第5—8页。此小册子出自海德格尔于1960年7月18日在国家教师进修科学院为职业学校的理科教师举办的培训班上发表的演说手稿。

---

① 此段在第一篇"逍遥游"的末尾。——译者

5. 但什么是作诗或诗化（Dichten）呢？诗（Dichtung）的本性与超出所有历史的那些东西无关，而只能源自历史，并被历史性地决定。

诗人自身说出诗是什么；他总是按照他所诗化的东西的本性来言说。这诗的本性是否能够和必须独自来到诗歌之中，并且是在哪个方面、以哪种方式来到诗歌之中，就取决于这种被诗化的状态（Gedichtete）了。

如果一个诗人必须独自诗化（dichten）这诗的本性，而且是将这诗的本性当做历史性的东西，或正在来临者（Kommendes）来诗化的话，那么，这诗人就时间而言的被诗化状态就被突显出来，以至于这位诗人的独特性直接进入了光明。

让作诗成为那样一种（命令听从者的）先行道说（Vorsagen）吧！它在还未被说出的道说（noch ungesprochene Sage）中、随着存在之词来道说着（dem Wort des Seyns nach-sagende）。在这种道说之中，一个民族的语言得到了保存。

这样一位独特的诗人就是荷尔德林。从天命或发送源（Schickung）那里，发送给他（ist ihm geschickt）这独特性。在那随着存在召唤而道说着的先行道说之中，这发送源决定着他的道说，并同时诗化了这诗人及诗的本性和"诗人的天职"，而这诗人及诗的本性就是被这存在的召唤而召唤起来的。

如果存在本身就在这个发送源中进入语词，那么这被发送的诗也一定会诗化这存在本身以及存在的真理。而这就意味着，这存在是纯发生的（sich ereignet），只在自身的缘构发生（Ereignis）中得其命运，并［因此而］被称作历史或历时（Geschichte）。

　　这样一位在其诗歌中一同诗化了诗之本性的诗人，从正在来临着的将来，也就是正在来临着的时间（aus der Zukunft Kommende：die kommende Zeit）那里，诗化了历史（Geschichte）本身和命运（Geschickte）。

　　……

　　只要我们将这历史当做［对象化的］历史学的（historisch）东西来表现，我们就注意不到（achten nicht）这诗人自身。这种表现总是遗漏了这诗人，因为它拒绝去倾听这诗人的道说和被他道说出的东西。

　　……

　　独特的问题倒是：我们是否未注意到那总在原本来临着的时间？或者说，我们是否学会了这种注意或留心（die Achtsamkeit），并且由它而能够原发地思念（das urspruengliche Andenken）那去思索者（das zu Bedenkende，去馈赠者）。

　　这样思念着，我们转向一种记念（Gedaechtnis），它记念那在诗化及思化之道说（dichtenden-denkenden Sage）中向人诉说的和被遗赠（vermacht ist）给人的东西。在这样的记念中，对于人的本性的最高规定成为现实，因为这规定是从存在本身的深处被奉献给这记念的。

　　我们就这么滞留于不注意之中呢，还是设法学会这注意？这是一个历史性的独特抉择。通过它，那将来化的进程（Zukuenftigen）就回应了正在来临者，告别了现成的僵死过去（bereits Vergangenen），充满了感受力地不断流逝着（Vergehenden）。

　　可是，我们这些数百年来就处于不注意状态之中的人们如何学会这种注意呢？

　　我们通过观看那不显眼的简朴（Einfache），越来越原发地获得（aneignen）它，并且在它面前变得越来越羞怯，而学会这种注意。

　　那些简朴事物的不显眼的简朴使我们靠近了那种状态，依循古老的思想习惯，我们就将这种状态称为存在（das Sein），并与存在者（Seienden）区别开来。

　　老子在他的《道德经》的第十一首箴言诗中称道了在这个区别之中的存在（das Sein in *diesem* Unterschied）。这首箴言诗曰：

　　　　　　　三十根辐条相遇于车毂［**三十辐共一毂**］，

　　　　　　　　　但正是它们之间的空处（das Leere zwischen ihnen）

　　　　　　　　　提供了（gewaehrt，允许了）这辆车的存在［**当其**

　　　　　　　　　无，有车之用］。

　　　　　　　器皿出自（ent-stehen）陶土［**埏埴以为器**］，

　　　　　　　　　但正是它们中间的空处提供了这器皿的存在［**当其**

　　　　　　　　　无，有器之用］。

　　　　　　　墙与门窗合成了屋室［**凿户牖以为室**］，

　　　　　　　　　但正是它们之间的空处提供了这屋室的存在［**当其**

　　　　　　　　　无，有室之用］。

　　　　　　　存在者给出了可用性（Brauchbarkeit）［**故有之以为利**］，

　　　　　　　　　非存在者（das Nicht-Seiende）则提供了存在［**无之**

　　　　以为用]。^①

　　这个引文包含着这样一个意思：那处于一切之间者（das Zwischen alles），当它就在其自身中被刚刚打开时，并且在留逗（或片刻）与境域的展伸中得其伸展时（weitet in die Weite der Weile und der Gegend），它多半会被我们太轻易和经常地当做无意义的东西（das Nichtige）。

　　这些留逗或片刻作为逗留着的境域（die verweilendc Gegend）而存在。源自这些域化着的留逗**之间**（das Zwischen der gegnenden Weile）^②，所有的**在之间**（Inzwischen）就获得了其本性以及这样一种区别的可能性，即将在某某之间（*Inmitten*）意义上的所谓"在之间"与在其间（*Indessen*）意义上的**在之间**加以区别的可能性。**在某某之间**是其本身处于地点与空间里面的聚集，而**在其间**则是这样一种聚集，它本身在瞬间与时间中会集着和伸张着。

　　在这种 [真正的] **在之间**里，人居留着或居住着（wohnt），如果他的居留就是那思念（Andenken）的话。这种思念在正保留着的状态中被留住（im Bleibenden verbleibt），而这正保留着的状态就在对真理 [或保持-状态] 而言的存在遗赠中被保持下来（welches Bleibende verwahrt ist im Vermaechtnis des Seyns an die Wahrheit）。

　　在之间-对立着的留逗-记念-记念中包含的、在遗赠的展幅

---

　　① 方括弧里面是此章的中文原文。
　　② 译文中的黑体是译者所加，为了使读者留意海德格尔所强调的那些过渡环节。下同。

中对反着的逗留就是所谓"内在状态"-人的"空处"（»das Leere«
des Menschen）：源自此空处，那些精神、灵魂、生活的维度，及
它们的（由形而上学表象出来的）统一才首次获得其本性。

　　——海德格尔：《诗人的独特性》（Die Einzigkeit des Dichters）
（此文写于 1943 年），《关于荷尔德林；希腊之旅》（*Zu Hoelderlin*；
Griechenlandreisen），《（海德格尔）全集》75 卷，Frankfurt am
Main：Vittorio Klostermann，2000，36—37 页，41—44 页。

　　6. 海德格尔致齐格弗里特·布略泽先生 [①] 七十诞辰贺信（1965
年 8 月 8 日）：

亲爱的布略泽先生：

值您七十寿诞之喜庆前夕，我欲持奉一句格言，一句就像是为您
而发的格言。

　　它来自老子"论道"之书 [即《道德经》]。

　　它如是道曰：

_____

　　① 《海德格尔全集》（*Gesamtausgabe*）第 16 卷编者在关于此信的注解中，这么
介绍此人："齐格弗里特·布略泽（Siegfried Bröse，1895—1984），前县 [市] 长和高
级行政专员，被纳粹党员作为不受欢迎的县长而解职。自 1934 年携家眷至弗莱堡，差
不多听了海德格尔所有演讲课并且参加了许多讨论班。1945 年后，在巴登州政府任高
级行政专员。1949 年至 1971 年担任由他参与共同创办的弗莱堡艺术协会会长。此信发
表于纪念文集——《齐格弗里特·布略泽》，弗莱堡艺术协会（齐格弗里特·布略泽 85
寿诞纪念文集），内部出版。"（第 814 页）

工作完成,

抽身退去,

此乃天之道路。①

[功遂身退,天之道。]

该书第九章(由 J. Ulenbrook 翻译[Bremen：Schünemann 出版社,1962 年])

您通过此次中国艺术展,将您在弗莱堡艺术协会的工作推上冠冕之巅。这次展出将于明天,也就是您七十岁生日之际开幕。

我大胆猜测,为这一时刻安排这次展出的念头,源自一番深思熟虑,它希望在此艺术作品展示的同时能够引人去深思。

因为：

您展示的艺术作品来自于一个拥有四千年丰富历史传统的世界,她自从上个世纪的最后十年以来,一直在与我们的技术型世界的时代进行着日益升级的抗争(Auseinandersetzung)。

而您展示：

艺术,一种在远古的、自身封闭的持续传统中被传承的艺术——却在一个世界性文明(Weltzivilisation)那里,在其科学技术力量的世界时刻中,由于这种历史

---

① 此句的德文译文是："Dem Werk nachgehen, sich selbst entziehen, das ist des Himmels Weg"。

性经验而将自身溶解成了单纯的信息形式。

艺术和技术——这一定是最令人惊讶的一个对立（Gegensatz）。

然而，这一分歧着的对立还不引向那样一种冲突（Widerstreit），也就是那能够迫使我们去深刻地经历思想和构形（Gestalten）的冲突。

与其说这［信息形式的艺术］是艺术创作，倒不如说它只是一个假象；它有时居然想要以其不间断的产品，来与日新月异技术作用下的产量一较高下，而不是去耐心思考这个冲突——即艺术作品涵泳持留着的（verweilend）宁静和技术不断加快速度赶超的狂躁之间的冲突。

但不寻常的是，古代中国世界的思想已经以自己的方式对此冲突先行做出了思考。

因为老子在其书第十五章里这样说：

> 有谁能够，让旋搅之水通过寂静的照料而得以澄清？
> 有谁能够，让平静通过持续运动的照料而得以生产？①
> ［孰能浊以［止］静之徐清，孰能安以［久］动之徐生。］

---

① 它们的德文译文是："Wer aber ist imstande, ein quirlend Wasser / durch die Behutsamkeit der Stille zu klären?//Wer aber ist imstande, die Ruhe / durch die Behutsamkeit dauernder Bewegung zu erzeugen？"

海德格尔对于这两句的特别关注，多半与萧师毅的影响有关。见本《附录》的三·7。

跟此处被问到的以及还有待思考的冲突相比，每个可被领会的尝试都拒绝对所提到的对立面做出辩证的扬弃，因为辩证法只是无所发问的专制（die Diktatur des Fraglosen）。

更确切地说，这是让艺术的自身（Eigene）与科学技术的自身，第一次站立于使它们发生冲突的自身之中并让这冲突被看到的时候了。

我想说，为这一时刻准备的中国艺术展，就是因此而有所作为了。

同时，这一展览对于亲爱的布略泽先生，也是其一生引人深思的活动的精彩见证。

我以一个祝愿来附丽刚才所做的论断：

您想用艺术以及艺术活动描摹您的经验，在语词中谨守您的经验。

您因此而能够将您的活动推向相应的完满，从而使后人快乐和有所裨益，并追随品达在《内美安之歌》之四的第6—8诗行所说的话：

> 但语词（Wort）比起作为（Gewerke），活得更长远，
> 如果凭借仁慈之命运，它
> 从心地深处汲取出源语言（Sprache）。

马丁·海德格尔

——海德格尔：《致齐格弗里特·布略泽先生七十诞辰贺信（1965年8月8日）》，《海德格尔全集》第16卷《谈话和其他见

证：在一条生活的道路之中（1910—1976）》（*Reden und Andere Zeugnisse Eines Lebensweges 1910—1976*，*Gesamtausgabe*，Band 16，Frankfurt am Main：V. Klostermann，2000）的第245篇，第617—619页。朱锦良译，张祥龙校。

二、海德格尔关于东、西方思想关系的言论

1. 在1934年的夏季学期，我开了一个以"逻辑"为题的讲座。但实际上，这是一个对"逻各斯"的思考，在它那里我寻求语言的本性。但是我又用了几乎十年的时间才能够说出我那时所想的。直到今天，我仍然缺乏合适的语词［来说出我所想的］。那种尽力与语言本性相称的思想视野的全域依然被遮蔽着。这也就是我无法肯定我对于语言本性的思索是否**也**切中东亚语言的本性，是否最终——这也是一个开端——语言的本性能达到思想的体验的原因。这个本性本应提供这样一种保证，使欧洲和西方的说（Sagen）与东亚的说以某种方式进入对话；在此对话中，从一个共同的本源中涌流出来的东西在歌唱着。

——海德格尔：《出自一个日本人与一个发问者之间的关于语言的对话》，《在通向语言的道路上》，德文单行本第93—94页。英文版（New York：Harper & Row，1971），第8页。此对话发生于1953—1954年中。

2. 对于我，与那些相对于我们来说是东方世界的思想家进行对话是一桩一再显得急迫的事情。在这个事业中的最大的困难，

就我所见，来自这样一个事实：在欧洲或在美国，除了很少几个例外，几乎就没有什么［思想家能］通晓东方的语言。另一方面，将东方的语言翻译为英文，就如任何译作一样只是一种权宜之计。

　　——海德格尔 1969 年写给在夏威夷召开的"海德格尔与东方思想"的会议的信，其英文译文见《东西方哲学》(*Philosophy East & West*) 杂志，20 卷，3 期，1970 年 7 月。此信的德文原文已经刊登于《海德格尔全集》16 卷 (Frankfurt am Main：V. Klostermann, 2000)，第 721 页。

　　3. 今天，无论谁敢发问式地、有思想地、因而准备好去卷入地对我们每个小时都在体验着的这个世界的震荡之深刻性做出反应，都必须不仅注意到我们当今的世界已完全被现代科学的认知欲望所主宰；他还必须首先认识到，任何一个现实的思考要能有所作为，都一定要通过与古希腊思想家们和他们使用的语言的对话而在我们的历史缘在的基地上扎下根子。那样一种对话还在等待着它的开始。它差不多还没有被准备好；可是，它却是我们与东亚世界进行不可避免的对话的前提。

　　——海德格尔：《科学与沉思》，《演讲与论文集》(*Vortraege und Au fsaetze*) (Pfullingen：Neske，1978)，第 43 页。英文译文见于《关于技术的问题和其他文章》(*The Question Concerning Technology and Other Essays*) (tr. W. Lovitt，New York & London：Garland，1977)，第 157—158 页。此文章来自海德格尔 1954 年 8 月做的一次演讲。

三、关于海德格尔与中国及东方思想的
关联的一些报道与事实

1. 1930 年 10 月 8 日，海德格尔在不来梅（Bremen）做了题为《论真理的本性》的演讲。第二天，又在克尔勒（Kellner）家中举办了一个讲座。当讨论涉及 "一个人是否能将自己放到另一个人的地位上去" 时，遇到了困难。海德格尔当场向克尔勒索取一本德文本的《庄子》，读出其中第十七章 "秋水" 末尾的 "庄子与惠施濠上观鱼" 的故事。

此演讲的一位参加者比采特（Petzet）回忆到："海德格尔读了关于鱼之乐的故事。它一下子就更强地吸引住了所有的在场者。就是那些还不理解［海德格尔所讲的］真理本性的人，思索这个故事就会知道海德格尔的本意了。"（比采特：《不来梅的朋友们》，《回忆马丁·海德格尔》（*Erinnerung an Martin Heidegger*）（Pfullingen：Neske，1977），第 184 页。参见波格勒（O. Poeggeler）和帕克斯（G. Parkes）各自的文章，《海德格尔与亚洲思想》（*Heidegger and Asian Thought*）（ed. G. Parkes，Honolulu：University of Hawaii Press，1987），第 52、105 页。）

2. 据一位日本学者 Nishitani 报道：在 1938 年时他曾给海德格尔看铃木大拙所著《关于禅宗的论文》一书。后来，海德格尔邀请他去家里谈论这本书，并自己到大学图书馆借了仅有的一本有关禅宗的书，也觉得 "很有趣"。（《海德格尔与亚洲思想》，第

10 页。）

3. 1946 年夏季，海德格尔与中国学者萧师毅合作将《老子》
（《道德经》）译为德文。（详情见本书第 1 章。）这次合作在完成了
《老子》中有关"道"的八章翻译后，由于萧师毅的退出而于当年
夏季中止。当萧师毅于 60 年代再次与友人一起访问海德格尔时，
海德格尔又一次提及此事和萧的退出。（见萧师毅（Paul Shih-Yi
Hsiao）:《我们相遇在木材市场》,《回忆海德格尔》，第 121—127
页。萧师毅:《海德格尔与我们的（道德经）翻译》,《海德格尔与
亚洲思想》，第 94—98 页。）

4. 波格勒报道海德格尔在 1960 年于不来梅做的题为《象与词》
的演讲中，使用《庄子》第十九章"达生"中的"梓庆为镰"的
故事来拒绝在美学讨论中流行的质料与形式的二元区别。（《海德
格尔与亚洲思想》，第 55—56 页。）

5. 海德格尔在 1966 年接受《明镜》杂志的访问（此访问记于
海德格尔去世后发表）时讲:"我并不认为在这个全球性的技术世
界中的情况是不可改变和无法逃脱的命运。相反，我正是在这里
看到思想的任务。即思想在其限度之内帮助本来意义上的人取得
一个与技术本质的满意的关系。"……

记者问：美国人今天具有这种关系没有？

海德格尔：他们也不具有。在实用主义的指导下，他们仍然
陷于有关如何对发展技术的操作和控制的思想中。这样一来，他

们就堵死了思考现代技术的真正本质的道路。当然，在这同时，在美国也有一些人从实用主义和实证主义的思想中解脱出来。我们中间又有谁能断言，是否有一天在俄国和中国，那非常古老的思想传统将复兴，并因而有助于使人与技术世界有一种自由的关系？

……

海德格尔：……我相信只有在现代技术世界发源之处，我们才能为技术世界的转向做准备。换句话说，这种转向不能通过采取禅佛教或其他东方世界的经验而发生。为了这种思想的转向，我们需要欧洲传统的帮助和对于这个传统的新的理解。思想的转变只能通过同源同种的思想。

（《"只有一个神能救我们"：〈明镜〉访问记（1966 年）》，W. J. 里查德森（Richardson）英译；载于《作为一个人和一个思想家的海德格尔》（*Heidegger*：*The Man and the Thinker*）（ed. T. Sheehan，Chicago：Precedent，1981），第 61—62 页。此"访问记"的德文版见《海德格尔全集》第 16 卷，第 677、679 页。）

6. 费舍-巴尼克尔（H. A. Fischer-Barnicol）回忆到，虽然海德格尔 30 年代（当萨特还是个年青教师时）就与日本学者有了交往，但他"在此期间还是从中国［古］人那里学到了更多的东西"。（费舍-巴尼克尔：《反射与调解》，《回忆海德格尔》，第 102 页。又见《海德格尔与亚洲思想》，第 50 页。）

7. 海德格尔的书房中挂着一对条幅，上面是萧师毅为他书写的《老子》第十五章中的两句话："孰能浊以止，静之徐清？孰能安以久，动之徐生？"萧师毅并在中间加一横批："天道"。(《海德格尔与亚洲思想》，第100页。)

海德格尔在他1947年10月9日给萧师毅的短信中，用德文讲出他对这两句话和横批的理解。他写道："谁能宁静下来并通过和出自这宁静将某些东西移动给道，以使它放出光明？谁能通过成就宁静而使某些东西进入存在？天道。"(同上书，第102—103页。)

后　记

　　上大学时，我已深感中西思想发生真实交流之不易。用西方传统哲学的概念无论如何也传达不出读老庄、孔孟时的丰厚感受；而且，不管这些概念取什么样激进的、变化了的形式，也还是"圆凿方枘"，进不到中国古代那个韵味悠长又切近机变的思想世界中去。然而，大的形势却是，不用西方哲学的思路和语言，在今天就无法将一个思想讲得"头头是道"。一段时间中，我感到绝望，很想到山中静居，直接体验那"言不尽〔其〕意"的道境。

　　后来，读到几篇海德格尔著作的中文节译。虽然不了解里边一些词的确切含义，也不清楚其具体思路，但一读再读之下，却"惚兮恍兮"地或糊里糊涂地就被它们吸引了。（这也可能正是今天和未来许多人对海德格尔著作初次发生兴趣的方式，正如他关于"存在"所讲的，人们总已经对它的含义有了某种模糊的、前反思的，但却确有"缘"由的领会，尽管进一步的理解是罕见的。）而且，直觉告诉我，这个人的思想中似乎包含着别的西方哲学学说里没有的、能与中国古代思想冥会暗通的东西。但是，那时国内几乎还没有让人深入了解它的条件。

　　20世纪80年代中期，我到美国去读研究生。这是一段充满了挑战、困惑，也充满了机会和新鲜感的生活。我用西方语言学了西方的形而上学、逻辑、伦理学、印度思想、中国思想、现象学、分析哲学、科学哲学等等。对于人生的感受，我与写《渥尔登》（或译为《瓦尔登湖》）一书的梭罗（H. Thoreau）接近；在思想上，则是维特根斯坦和海德格尔最令我关注。维特根斯坦的敏锐批评抽空了传统西方哲学的基底，海德格尔则以一种既简朴又深沉的方式开示出了一个前所未闻的思想境域，对于那些不满意于概念方法而又不愿放弃思想追究的人有莫大的吸引力。然而，要真正"严格地"理解这个境域的含义，却极难。难就难在这境域的"不断不常"，进入它既不能只靠否定，又不能靠建构，而只要求在根底处、"间隙"处的转化。比如，理解这境域要求哲学史的视野，特别是现象学的、批判哲学的、古希腊哲学的视野，但又要突破它们的拘限；既要有诗境的微妙，宗教的终极关切，又要不失思想的透彻。好比冰化为水，水又化为气；这"气"并不散为虚无，而是缠结牵挂地收拢在绝顶之处，蒸腾酝酿成对于终极问题的领悟。就在这"千回百转"的阅读、揣摩、参照、印证之中，对于中国"道"的理解也渐渐入境。我的硕士和博士论文都与海德格尔和东方的道家、佛家、禅宗有关。

　　回国后，想把博士论文《海德格尔与道家》改写成一本中文书。但是，一旦写起来，这改写就变成了重写。新的体会在这三年多里不断涌现，那些学院气的"对比"也非消解不可。此外，我逐渐感到海德格尔思想不仅与他个人感兴趣的道家有关，而且与整个先秦天道观的主流也不隔膜。于是调整了写作计划，书名也改为现在的样子。对于海德格尔的阐述，直到全书收尾阶段还在增删。比如关于他早期宗教现象学观的分析，就是新近加入的。

　　这几年也写了一些关于海德格尔以及他与中国思想关系的论文。它们主要与2、3、4、16、17章中的某几节有关。此书中的绝大部分是第一次与读者见面。

张祥龙

一九九六年二月四日写于北大

修订版附记

　　此次修订，就正文而言，主要涉及文字上的一些订正，当然也有少数意思上的调整和事实的厘正。此书差不多十年前出版，一年后加印时，就曾修改过一些文字上的错误。但这些年中，一些热心的读者（以北大的学生为主）又向我指出了一些问题，加上我自己发现的，就都趁这次再版的机会而校正过来，不由得生出了一股"捉净了虱子"的快感。当然，可能还有未捉到者，敬请读者不吝赐教。

　　值得一提的是，这次在附录——"海德格尔与'道'及东方思想"——中加入了一个新发现的材料，就是《海德格尔全集》第75卷一篇题为《诗人的独特性》（1943年）的文章的一部分。海德格尔在其中引用和翻译《老子》第十一章全文，用来说明《存在与时间》阐发的"存在论的区别"的含义和荷尔德林的诗人独特性。它关系到海德格尔对于"时间性"和"存在原义"的理解，以及他后期的思想，具有不可忽视的学术含义，并很有助于我们进一步了解他涉入道家的深度。至于另一些有关海德格尔与道家关系的材料，读者还可在拙著《海德格尔传》（在台湾出的修订版改名为《海德格尔：二十世纪最原创的思想家》）中找到。

　　我要感谢那些对这个修订版有过帮助的人们。我的学生林丹、朱刚和朱锦良，阅读全书后指出了一些问题。此外还有一些同学也做了类似的事，这里能记起的是张卜天和孙毅。我还要向北大与德国的学术交流项目及德国学术交流中心（DAAD）申谢，它们的帮助使我得以在德国讲学近一年（2004 至 2005 年），发现了上面提及的那个新材料。

　　最后，我深深感激这十年中学界同仁和读者们对此书的关注和某种厚爱。抱歉的是，对于那些充满呼应热情的来信，我不能一一回复，而只能托诸思想上的神交了。

丙戌年元月（西元 2006 年 2 月）记于畅春园望山斋

人名索引

词汇索引

图书在版编目（CIP）数据

海德格尔思想与中国天道 / 张祥龙著. —北京：商务
印书馆，2022（2023.12 重印）
（张祥龙文集；第 1 卷）
ISBN 978－7－100－21264－9

Ⅰ.①海…　Ⅱ.①张…　Ⅲ.①海德格尔（Heidegger,
Martin 1889－1976）—哲学思想—思想评论 ②天道—研
究—中国　Ⅳ.① B516.54 ② B2

中国版本图书馆 CIP 数据核字（2022）第 101167 号

张祥龙文集
第 1 卷
海德格尔思想与中国天道

商 务 印 书 馆 出 版
（北京王府井大街 36 号　邮政编码 100710）
商 务 印 书 馆 发 行
北 京 中 科 印 刷 有 限 公 司 印 刷
ISBN　978－7－100－21264－9

2022 年 9 月第 1 版　　　　开本 710×1000　1/16
2023 年 12 月北京第 2 次印刷　　印张 37

定价：176.00 元

张祥龙文集